KB151777

윤리와의 대화

나는 어떻게 살아야 하는가?

RANDOLPH M. FEEZELL &
CURTIS L. HANCOCK 저
박 장 호 역

경성대학교 출판부

일러두기

1. 본서의 각주와 내주는 모두 **역자**의 주석임. 본문에서의 내주는 (*   )로 처리함.

2. 본문에서의 진한 고딕체(예 : **정직**)는 원문에서 이탤릭체로 저자들의 강조임.

3. 원문에서의 서적은 『   』로, 논문은 「   」로, 주요 용어나 문장은 "   "으로 표기함.
   다만, "   "표시 중에는 독자의 이해를 돕기 위한 역자의 첨가도 다소 있음.

윤리와의 대화 : 나는 어떻게 살아야 하는가?

■ 차 례 ■

머리글

    종래의 많은 윤리 교사들처럼 우리가 이 책을 통해서 독자들에게 제공하고자 하는 것은 윤리학에 대한 입문 과정 그것입니다. 이 책이 상당부분 전통적인 양식을 취하고 있지만, 윤리학의 전통적이며 기본적인 주제들을 비교적 탈-전통적인 양식으로 제시하기로 의견을 모았습니다. 우리는 논의의 참여자들이 도덕 생활의 기본 원리와 근거에 관해 격론을 벌이는 일련의 대화들, 철학적 대화들을 글로 적게 된 것입니다.

형식

    우리가 윤리학의 주요 주제들을 대화의 형식을 빌어 제시한 것은 무엇보다도 교육적 고려를 우선했기 때문입니다. 사실, 저자들이 함께 윤리교육에 힘을 쏟은 지 25년이 넘었습니다. 우리는 강좌를 개설할 때마다, 학기가 바뀔 때마다, 햇수를 더해갈 때마다 학생들이 무엇을 이야기하고 또 무엇을 묻는지를 더 잘 알게 되었습니다. 이 대화 형식은 다른 보통 교과서들의 일방적인 해설식 진술보다도 학생들의 요구에 보다 현실적이고 매력적으로 부응할 수 있는 방법입니다. 우리는 철학적 배경이 거의 없는 학생들에게도 가능한 한 명료하고, 생생하며 흥미 있게끔 주제들을 다루고자 했습니다. 무엇보다도 우리는 학생들이 윤리학의 내용과 그 탐구 방법(철학화의 과정) 양자에 대한 모종의 자신감을 얻기를 바라는 마음이었습니다.

    철학은 단순히 고독한 성찰이나 학자들의 고전 해석 작업이 아닙니다. 철학은 단순히 우리의 상이한 삶들을 통일시키는 어떤 사상, 가치, 혹은 신념들

1

을 갖는 것이 아닙니다. 철학은 적극적인 사유 혹은 아리스토텔레스의 표현대로 지적인 습관입니다. 철학은, 중요한 의미에서, 의문을 제기하고, 비판하며, 도전하고자 하는, 다른 사람들과 더불어 행하는 참여, 추구, 탐구의 활동인 것입니다. 언제나 그러하듯이 그 이상적인 모형은 플라톤의 저작들, 특히 초기의 소크라테스 대화들입니다. 그 대화들에 있어서 철학은 삶의 구체적인 관심사들과 관계를 맺습니다. 소크라테스에게 있어서 철학은 한가한 잡담이나 추상적인 사유가 아니었습니다. 그에게 있어 철학은 본질적으로 우리는 어떻게 살아야만 하며 우리는 무엇을 추구해야만 하는가에 관한 물음들과 관계된 것이었습니다. 우리의 대화들이 플라톤의 박식함과 철학적 소양을 따라가지는 못할 것입니다. 하지만 우리의 대화들은 플라톤 못지 않은 열정과 몰입으로 활기차 있습니다. 철학은 그만한 가치가 있으며, 철학적 대화는 아주 멋진 것이라고 우리는 믿고 있습니다. 우리는 또한 사상을 대화 형식으로 제시할 때 그 교육적 효과는 아주 크다고 믿습니다.

내용

앞서 말씀드린 대로, 이들 대화에서는 윤리학의 전통적인 많은 주제들이 논의됩니다. 첫 번째 대화에서는 학생들에게 대체 윤리학은 무엇에 관한 이야기인지 감을 잡게 해주며, 윤리학 혹은 윤리적 성찰이 어느 정도까지 개인적이며(어떤 의미로는 "주관적") 어느 정도까지 비-개인적인지(어떤 의미로는 "객관적")에 관한 물음을 제기합니다. 두 번째 대화에서는 윤리는 필연적으로 종교와 관계가 있다거나 윤리는 반드시 종교적 믿음에 근거해야만 한다는 입장을 비판합니다. 우리는 이른바 "신명설(神命說)"을 비판하고, 윤리적 사고는 자율적임을 논증합니다. 세 번째 대화에서는 기술적 상대론과 규범적 상대론 모두에 대한 공평한 일반적 비판을 합니다.

네 번째, 다섯 번째, 여섯 번째 대화에서는 각각 윤리적 이기주의, 공리주의, 칸트의 의무론(deontology)을 논의합니다. 우리는 각 이론들의 중심 사상을 제시하고 어떤 사람들은 왜 각 이론이 우리의 도덕적 생활에 대해서 부적절하거나 미흡한 설명을 한다고 생각하는지를 공평하게 검토합니다. 여기서 독자 여러분은 좀 더 나은 이론에 대한 감을 잡을 수도 있거나, 적어도 우리의 도덕적 삶의 "두터움(*간단하게 해명될 수 없을 만큼의 복잡함)"과, 그리고 어떤 이론이 도덕에 관한 완전하거나 철저한 그림이라고 주장하고 나설 수 있으려면 갖추어야 할 설명 과제들은 어떤 것들이 있는지에 대해서 향상된 이해를 가질 수 있을 것입니다.

　일곱 번째와 여덟 번째 대화에서는 윤리학 입문서로서는 다소 관례를 벗어나는 기획입니다. 일곱 번째 대화는 우리의 도덕적 삶에서 중심을 차지하고 있는 덕(virtue)을 명확하게 이해하도록 해줍니다. 많은 윤리학 입문서들은 이른바 "덕의 윤리학"을 경시하고 넘어갑니다. 이는 참으로 유감스러운 일입니다. 왜냐하면 그러한 생략은 고대와 중세에 있어서 아주 많은 담론들을 지배했던 자연법 전통을 소홀히 취급하는 것이기 때문입니다. 이 중요한 전통을 다룸으로써 이 책의 진가는 높아지는 것입니다.

　여덟 번째 대화는 윤리학 입문 교재로서는 다소 정형을 벗어나는 것입니다. 하지만 우리는 이 주제가 그만한 가치가 있다고 생각합니다. 그것은 도덕 발달에 관한 캐롤 길리건(Carol Gilligan)의 글들에 의해 고무된 것이라 할 수 있습니다. 이 대화에서는 여성은 도덕적 상황을 전형적으로 "배려의 윤리(ethic of care)"에 따라서 접근하고 재구성하는데 비해, 남성들은 이와 대조되는 "정의의 전망(justice perspective)"에 따른다는 그녀의 생각을 논의합니다. 배려의 윤리는 "덕 윤리(virtue ethic)"로 해석해도 무방합니다.

　마지막으로는 윤리학의 효용 가치에 대한 간략한 논의가 "맺음 말"을 대신합니다. 이 논제는 중요합니다. 왜냐하면 하나의 학문으로서 윤리학이 갖는 가치와 본질에 관해서는 전문적인 철학자들 사이에서조차도 불확실성과 불일치가 존재하기 때문입니다. 윤리학 강좌에 대한 회의론까지도 거론됩니다.

우리는 각 대화의 장들이 그 자체가 독립된 논의로서 성립될 수 있다고 믿고 있지만, 학생들이 대화의 등장 인물들에 친숙해지고 대화의 진전을 느끼게끔 선생님들이 각 장의 순서를 지켜주시기를 희망합니다.

지도방법

각 장 말미에 제시한 인용문들(*사상가들의 담론)은 대화에서 비판적으로 논의된 입장을 분명하게 드러내기 위해 제시하였습니다. 그 인용문들은 논쟁의 양 편 모두를 대변하기 위함은 아니었습니다. 각 입장에 대한 비판들은 본문의 대화가 진행되면서 등장합니다.

각 대화 말미에 제시한 물음들(*탐구 문제)은 토론을 위해 사용하실 수 있습니다. 각 대화에서 언급된 주요 논제들에 초점을 맞추고 관련 논제들에 관해 보다 깊은 고찰을 이끌 수 있도록 학생들은 물음들을 주의 깊게 읽어야 합니다. 선생님은 각 대화의 말미에 언급된 추천 도서들(*추천 도서) 가운데 하나를 과제로 내주셔도 좋을 것입니다.

도입 장 "학생들에게"에서 제시된 예들은 자발적인 토의를 유도하고 학생들에게 그들이 대화에서 논의되는 주제들에 관해서 철학적으로 사고하고자 할 때 그들 자신의 전제들에 대해 보다 민감하게 해주는 데 활용될 수 있습니다. 이어 제시된 문항들 또한 이러한 가정들을 분명하게 인식하게끔 하는 데 기여할 것입니다.

우리는 우리 교재가 학생 여러분들이 접근하기에 용이하면서도 지적 도전감을 불러일으킬 것이며, 여러 수준의 강좌에도 적절하다고 믿습니다. 우리는 선생님들과 학생들에게 이 교재가 윤리학에 다가갈 수 있는 유용한 입문서가 되어 주기를 기대합니다. 이 교재는 일차 혹은 주-교재로서 혹은 응용 윤리학 강의의 기초적 이론으로서도 활용될 수 있을 것입니다. 우리는 또한 많은 윤리학 강좌들에서 추천 보조 도서로서도 활용될 수 있을 만큼 명료하면서도 너무 전문적이지 않게 집필되었다고 여기고 있습니다.

감사의 말씀

우리는 이러한 기획을 지원해준 보건정책과 윤리학 연구소와 크레이톤대학교 대학원에 감사를 드립니다. 크레이톤대학교의 여러 분들과 가진 좋은 대화들은 원고를 다듬고 정리하는데 큰 도움이 되었습니다. 감사드립니다. 특히 Charles Dougherty, Joseph Allegretti, Beverly Kracher에게 깊은 감사를 드립니다. 또한 Nanci Borg와 Peggy 두 분은 직접 육필로 원고를 작성하는데 많은 수고를 하셨습니다. 로커스트대학의 두 분은 이 기획을 완결지울 수 있도록 도와 주셨습니다. 예술과 과학 대학 학장이신 Thomas J. Trebon 박사 그리고 철학과 학과장인 Wilfred L. LaCroix, S. J. 두 분은 우리에게 많은 작업 편의 시간과 재정적 지원을 주셨습니다. 그리고 이 교재의 검토자 여러분들이 책의 질을 높이고 가독성 있는 문장으로 다듬도록 좋은 제안들을 해 주셨습니다. 우리는 Don Fehr, Jo Glorie, Peter Coveney를 포함한, Paragon House 출판사 여러분들로부터 받은 격려와 편집 도움에 깊이 감사드립니다.

마지막으로, 관료들에게 윤리학을 가르치면서, "참호"속에서 수년동안 우리와 같이 했던 Sandra Waddell과 Alan Lacer에게 고마움의 인사를 전합니다.

들어가는 글 : 학생들에게

이 책은 도덕 생활의 기초사항들에 관한 철학적 대화들을 담고 있습니다. 우리는 자주 도덕적 결정이나 결단을 내려야 하는 상황에 놓이곤 합니다. 우리 대부분은 적어도 몇몇 도덕적 가치들에 대해서는 그 중요성을 익히 알고 있습니다. 그리고 우리 중 많은 이들은 우리가 어떤 것들을 추구해야 하며, 우리는 무엇을 행해야 하며, 그리고 우리는 어떤 종류의 인간형이 되고자 애써야 하는지를 결정함에 있어서 그 가치들을 극히 중요한 것으로 여기며 생활하고 있습니다. 하지만 우리가 인간 생활의 도덕적 차원들에 관해서 성찰하고자 할 때는 많은 당혹스런 의문들에 부딪치게 됩니다. 대체 도덕이란 무엇인가? 왜 우리는 도덕을 가져야 하는가? 도덕은 목적이나 추구해야 할 대상을 가지고 있는가? 도덕적 가치는 다른 종류의 가치들과 다른 특징들을 가지고 있는가? 그렇다면 대체 도덕적 가치들은 어디서 오는 것인가? 도덕 생활의 저변에는 하나의 기본 원리가 존재하는가? 일련의 근본적인 원리들이 존재하는가? 도덕적이라 함은 무엇을 가리키는가? 도덕은 자기-이익과 어떤 관계가 있는가? 왜 우리는 도덕적이어야 하는가? 혹은 왜 우리는 도덕적으로 선한 삶을 살려고 노력해야 하는가? 도덕 원리들은 주관적인가? 객관적인가? 절대적인가? 상대적인가? 도덕 원리들은 합리적으로 정당화되는가? 도덕은 기본적으로 감정에 관한 문제인가? 우리는 이제껏 정말로 도덕적으로 옳고 그름이 무엇인지를 알고 있는 것인가? 어떤 도덕적 권위자들이 존재하는가? 도덕 전문가들이 존재하는가? 등등 이러한 질문들은 우리가 쉽게 답할 수 없는 곤혹스런 물음들입니다.

여러분 중 적지 않은 학생들이 아마도 이런 유형의 물음들에 대해서 생각해본 적이 있을 것입니다. 그리고 이들 물음들에 대해 나름대로 확고한 의견을 가진 학생들도 적지 않을 것입니다. 반면, 이들 물음들의 일부 혹은 많은 것들에 대해서 아예 자신 있게 대답하지 못하는 학생들도 적지 않을 것입니다. 적어도 윤리학 강의를 듣거나 윤리학과 관련된 책을 읽음으로 해서 생기는 의의는 그런 활동들이 이러한 중요한 물음들에 대해서 진지하고 계속적인 성찰에 관여할 수 있는 기회를 제공해 준다는 것입니다.

사람들이 어떤 상황에서 무엇을 행해야 되는지를 결정해야만 하는 그러한 예들을 아래에 나열해 놓았습니다. 일부 예에서는 사람들이 일정한 행동 경향들에 대해서 판단을 내렸습니다. 그 예들은 도덕과 관계가 있는 것이라 하겠습니다. 예들을 처음부터 쭉 읽어 나가십시오. 무엇을 행해야 되는지를 결정하도록 해 보십시오. 그리고 그 예가 "도덕적" 상황 혹은 "도덕적" 평가의 사례를 기술하고 있는 것인지에 대해 스스로 물어 보십시오. 마지막으로 이 예들을 고찰한 후, 이어 제시되어 있는 간단한 문항들에 답하십시오. 그 예들에 대한 당신의 생각과 질문에 대한 답변에 대해서 기꺼이 논의하시기 바랍니다.

1. 헨리 교수는 그리 멋지지 못한 캠퍼스를 가진 어느 대학교에서 윤리학을 가르치고 있습니다. 그가 가장 못 마땅해 하는 주변 환경중의 하나는 대학교의 잔디 상태입니다. 학생, 교수, 교직원들은 자꾸만 잔디 위를 걸어다니려 하기 때문에 잔디에는 보기 싫은 길이 생겨납니다. 그런 행동들은 언뜻 보기에 사람들이 목적지(이를테면 도서관)에 몇 분 더 빨리 갈려는 욕망에서 나오는 것 같기도 합니다. 헨리교수는 그런 행동들이 사람들의 둔감한 태도로 인한 것을 알고 학생들에게 좀 덜 걸어서 가고자 하는 자그마한 편의 때문에 보다 아름다울 수 있는 잔디가 갖는 가치를 잃어 버려서는 안 된다고 항상 설득하려 합니다. 그는 사람들이 대학교정 잔디가 볼품없게 되는데 "일조"해서는 안 된다고 믿습니다.

2. 소피아는 환경운동에 깊은 관심을 가지고 있는 유니테리언 교회 목사입니다. 그녀는 슈바이처를 연구하고 있는 데, 알다시피 그 분은, 받아들여야 할 윤리는 오직 하나의 근본적인 원리, 즉 우리의 행동은 모든 생명에 대한 외경

을 표현해야 한다는 신념을 가진 분이었죠. 소피아는 우리가 모든 생명들을 신성하게 보존해야 하기 때문에 우리는 살아 있는 모든 존재들을 다치게 하거나 해롭게 해서는 안 된다고 믿지요. 그녀는 이 윤리적 관점이 극단적인 시사를 가질 수 있다고도 보지만, 삶에 대한 외경 원리와 일관되는 행동을 기꺼이 하려 합니다. 그녀는 우리가 동물을 죽이는 일, 곤충을 박멸하는 일, 심지어는 별 이유 없이 풀을 뽑거나 나무를 베는 일까지 그것들이 갖는 윤리적인 의미에 주의를 기울여야 한다고 믿고 있습니다.

3. 해리에트 부인은 십대의 아들로 인해 어려움을 겪고 있습니다. 그 아들은 우수한 테니스 선수인데, 아들의 경기 태도가 점점 나빠지고 있습니다. 그는, 경기 중에 소리를 지르고, 심판 판정에 항의하고, 경기 진행요원을 함부로 대하고, 상대 선수를 아예 무시하는 어떤 프로 테니스 선수들의 행동을 따라 하는 것 같습니다. 그녀는 그런 행동은 나쁜 것이라고 생각하며, 바로 그 테니스로 인해 아들은 그녀가 가장 큰 인격적 결함중의 하나라고 생각하는 것, 즉 겸손치 못함을 배우고 있다고 봅니다. 그녀는 아들이 그 행동을 바꾸거나 테니스를 포기하거나 어느 하나를 택하도록 할 셈입니다. 그녀의 생각으로는 좋은 인격(character)을 갖는 것은 성공한 테니스 선수가 되는 것보다 더 중요한 것입니다.

4. 브래드는 봄 학기 강좌를 모두 이수하면 오는 5월에 졸업하게 될 대학생입니다. 그는 철학에 흥미도 없고 재능도 없기 때문에 철학 필수 과목 수강을 지난 학기까지 미뤄 왔었습니다. 아직 쓰지도 않았고 사실 그 준비도 안되어 있는 그의 마지막 논문의 제출 기한은 내일입니다. 물론 그가 내일까지 제출하지 못하면 그는 학점을 딸 수가 없습니다. 그의 방 친구인 죠는 다른 교수의 강좌를 듣고 있는데, 그가 자신의 옛날 논문을 줄 테니 그것을 대충 베껴다 제출하라고 제의합니다. 브래드의 담당교수가 그가 제출한 논문이 표절한 논문임을 발견할 가능성은 거의 없습니다. 브래드는 어떻게 해야 할까요?

5. 팜은 한 지역 대학 농구 선수인데, 그 대학은 운동선수에 대한 무작위 약물검사 프로그램을 개발했습니다. 그녀의 아버지는 시민 법률 구제에 봉사하는 변호사이며 운동선수 출신입니다. 아버지는 그녀에게 그 프로그램을 실시하지 못하도록 방해하는 체육학과에 대해 고발하는 고발장에 서명하라고 말씀하십니다. 그녀는 또한 운동선수의 사생활을 침범하며 무작위로 사람을 선정하는 것도 나쁜 일이라고 생각합니다. 하지만 그녀의 감독은 만일 그녀가 서명하면 절대 시합에 나갈 수 없을 것이라고 말합니다. 팜은 어떻게 해야 합니까?

6. 사업가인 넬슨은 그가 운영하는 가구점의 매상이 좀더 늘어야 한다고 판단했습니다. 그는 통신판매 회사와 협정을 맺을까 하고 고려 중입니다. 통신판매 회사는 사람들에게 전화를 걸어서 그 사람들이 가구회사가 출연하는 무료 선물, VCR이나 상품권을 받게끔 당첨되었다고 통보하지요. 그것을 받는 사람은 직접 그 가구점에 와서 선물을 가져가야 합니다. 물론, 전화를 받는 모든 사람들이 선물 상품권을 받게 되어 있습니다. 그런데 그 선물 상품권은 소비자가 어떤 물건을 사게 되면 약간의 가격을 깎아 주는 쿠폰이나 다를 바 없는 것입니다. 넬슨은 그 계획이 상점의 매상을 올리고 사업에 도움을 줄 것이라고 확신하지만, 무언가 양심상 개운치 않다고 느낍니다. 왜냐하면, 그런 상황에서 사람들을 상점에 오도록 만드는 것이 옳은 일인지 자신하지 못하기 때문입니다. 그는 어떻게 해야만 할까요?

7. 변호사인 레이몬드는 주력 상품이 모피코트인, 번창하는 대기업의 법률 고문으로서 좋은 자리를 제안 받고 있습니다. 레이몬드의 약혼녀인 바바라는 지역의 동물 권리 운동 단체의 회장을 맡고 있습니다. 바바라는 그에게 동물도 최소한 어느 정도의 도덕적 고려 대상에 포함되어야 하며, 인간이 동물을 이용하는 가장 흔하면서도 잔인한 방법중의 하나가 돈 많은 사람들이 모피

코트를 입는 것이라고 설득합니다. 바바라는 레이몬드가 좋은 자리를 제안받고 있다는 것을 알고, 원리상 그는 그 자리를 거절해야 한다고 고집합니다. 그는 어떻게 해야 하나요?

8. 유부녀인 조안은 사업상 여행을 하는 중입니다. 그녀는 어떤 남자를 알게 되었는데, 자신이 그 남자에게 육체적으로 매력을 느끼고 있는 것 같습니다. 그 남자는 자기 방에 가자고 제안합니다. 그녀는 남편이 그러한 부정을 거의 눈치채지 못할 것이며, 그녀 자신이 이 남자와의 쾌락을 아주 좋아하게 되리라는 것을 알고 있습니다. 그녀는 어떻게 해야 할까요?

9. 네 자녀의 엄마로서 혼자 살고 있는 젊은 여성인 메리는 정부 구호를 받으며, 약물 중독 증세가 있습니다. 다소 안면이 있는 어떤 사람이 열세 살 된 자신의 큰딸을 포르노 영화에 출연시키면 큰돈을 주겠다고 제의합니다. 메리에게는 식구들을 위해서 그 돈이 절박합니다. 그리고 딸에게 말하면 딸은 포르노 영화에 나가려 할 것을 알고 있습니다. 메리는 어떻게 해야 할까요?

10. 닉은 모로니아라는 곳에 살고 있습니다. 그 곳은 흑인이 주민의 다수를 차지하고 있으며 단지 인종이란 기준만으로 흑인들을 제도적으로 차별하는 법체계를 가지고 있습니다. 닉은 점점 증가하는 인종갈등을 경험하고 있는 작은 도시의 경찰서장입니다. 그는 치안유지를 위한 조처를 내려야 한다고 판단합니다. 그는 지역의 흑인 지도자들을 체포하여 정식 기소 없이 그들을 감옥에 보내며, 그 지도자들의 공개적인 성명만이 그 상황을 진정시킬 것임을 알고 있습니다. 그는 흑인 지도자들을 고문하지 않고는 서명된 성명을 받아 내지 못합니다. 그래서 그는 그들을 무기한 투옥시키려고 마음먹습니다. 그는 이러한 일들을 해도 법을 위반하는 것이 아닙니다. 그는 무엇을 해야만 하나요?

윤리에 관한 설문

동의하면, '동', 다른 의견을 가지면, '다', 잘 모르겠으면, '모'라고 적으시오.

_____ 1. 어느 누구도 도덕적으로 옳거나 그른 것은 참으로 알지 못한다.

_____ 2. 결국 무엇이 옳고 그른가를 말하는 사람은 '어느 누구'이기 때문에, 어떤 사람이 무엇이 도덕적으로 옳고 그른지를 안다고 주장하는 것은 정당화될 수 없다고 보아야 한다.

_____ 3. 도덕(morality)은 한 개인이 어떻게 행동해야 하는가, 그리고 개인적 가치들이 얼마나 상이한가에 대해 말해 주는 것을 포함하기 때문에, 도덕은 개인 의 취향에 관한 문제이다.

_____ 4. 나에게 도덕적으로 옳은 것은 다른 사람들에게 도덕적으로 옳지 않다.

_____ 5. 도덕적으로 행해야 할 옳은 일을 아는 것은 아주 어렵지만, 적어도 때때로 우리는 그것을 행한다.

_____ 6. 도덕은 당신의 이성이 당신에게 행하라 명하는 것을 따르는 것이라기보다는 당신의 가장 강한 감정을 따르는 것이다.

_____ 7. 도덕은 이론적으로는 좋지만 실천적으로 실재적이지 못한 이상 체계 (ideal system) 이다.

_____ 8. 도덕은 본질적으로 내가 행동할 때 내 자신의 이익은 물론 다른 사람들의 이익을 고려하는 것을 포함한다.

_____ 9. 도덕판단은 유사한 상황의 모든 사람들에게 적용되기 때문에 보편적인(universal) 것이다.

_____ 10. 좋은 이유 없이 존재에게 고통을 가하는 것은 결코 도덕적으로 적절하지 못하다.

_____ 11. 도덕적 주장은 의견(opinion)상의 문제이지 지식(knowledge)의 문제가 아니다. 왜냐하면 사람들이 도덕적으로 옳거나 그른 것에 대해서 불일치를 보이기 때문이다.

_____ 12. 모든 사람은 각자 자신의 의견을 가질 권리가 있기 때문에 모든 도덕적 의견은 그 타당성에 있어서 평등하다.

_____ 13. 도덕적으로 옳은 것은 내가 도덕적으로 옳다고 믿는다는 그것에 불과하다.

_____ 14. 어떤 도덕 판단들은 보편적이며 객관적으로 타당하다.

_____ 15. 도덕은, 단지 특정사회에 살고 있는 다수 사람들이 시인(approval)하거나 시인하지 않는 것의 함수이다.

_____ 16. 노예제는 언제나 어느 곳에서나 도덕적으로 그른 것이다.

대화에 나오는 주요 인물

피터 : 윤리학 교수이다. 영국인으로 말투가 다소 딱딱하다. 이는 아마 그의 전공 학문의 성격과 그가 성장기를 영국에서 보낸 것과 무관하지 않아 보인다.

소피아 : 유니테리언교[1] 목사이다. 강직하며, 직설적이며, 의심이 많으며 좀 전투적인 편이다. 환경문제와 여성운동[2]에 관심이 있다.

로즈 : 소피아의 오랜 친구이다. 소피아와 로즈는 고교 때부터 알고 지내 왔다. 그녀는 네 자녀의 어머니이다. 특별히 철학에 관심 있어 보이진 않으나, 좋은 사람임은 분명하다.

랜솜 : 배낭여행 남자 안내원이다. 그는 대학원에서 레크레이션(Recreation Studies) 석사과정을 이수하고 있으며, 종교적으로는 근본주의자[3]이다.

사라 : 배낭여행 여성 안내원이다. 그녀는 운동과학 석사과정을 밟고 있다. 그

---

* 이하 모든 각주는 역자의 각주입니다.

1) the Unitarians. 삼위일체설(trinitas 성부 성자 성령을 일체로 보는 교의로 325년 니케아 공의회에서 공인)을 부정하고 하나님은 한 존재임을 주장하는 기독교의 한 교파. 즉, 그리스도의 신성을 부정한다. 인간주의를 지향한다.

2) Feminism. 일반적으로 남성과 동등한 사회적, 정치적, 여타 권리들을 옹호하는 교의나 운동을 말한다. "여성주의"라고 번역하는 추세이다. 여성주의에는 자유주의적, 마르크스주의적, 급진적, 정신분석학적, 사회주의적, 실존주의적, 포스트모던적 경향들이 있다. 본서에서는 "여덟째 마당 : 윤리와 여성"에서 관련 주제를 다룬다.

3) Fundamentalist. 근본주의란 현대주의에 대한 반발로서 그리고, 신앙과 도덕뿐만 아니라 문학적인 역사적 기록에 있어서(이를테면, 하나님의 천지창조, 성모 마리아의 처녀성, 부활, 예수의 대속, 재림 등) 성경의 무오류성을 강조하면서 20세기 초반부에 미국 개신교에서 부상한 운동을 가리킨다.

녀는 사교적이며, 대학 대표 선수로 뛰었었다. 그녀는 야외활동을 아주 좋아한다.

보브 : 성공한 사업가이다. 그는 종교와 도덕에 있어서 좀 보수적이다. 그는 다년간 여름마다 아스펜 연구소에서 개설한 윤리학 특강에 참가하고 있다. 그는 "철학과 등산"에 푹 빠져 있다.

마크 : 보브와 가깝게 지내는 젊은 친구이다. 마크는 보브 사업의 법률관계를 돕고 있는 변호사이다. 그들은 함께 골프를 즐긴다. 그는 자기-이익의 윤리에 공감하고 있다.

엘리스 : 공립학교 연합체에 근무한다. 한편으로 교육행정학 박사 학위논문을 쓰는 중이다.

안토니 : 공무원이다. 흑인인 그는 지방 정치학에 관심을 갖고 있으며, 엘리스의 남편이다.

도노반 : 낯선 사람이다. 산 속에서 홀로 지내며 무언가를 깨치고자 애쓰는 듯한 신비로운 인물이다. 그는 이따금씩 대학에 나타나곤 한다. 그는 피터 교수를 알고 있다.

첫째 마당
윤리란 무엇인가

이 책의 대화들은 어느 지방 대학교의 체육교육과가 재정 지원하는 배낭 여행 중에 있었던 저녁 모임들로부터 나온 것들이다. 이 학과는 교수진, 학생, 동문들에게 다양한 야외 활동을 지원하고 있다. 이 대학에 등장하는 모든 인물들은 물론 그 대학교와 관계가 있는 사람들이다. 졸업생이거나 재학생이거나 피터와 같이 그 대학의 교수로서 재직하고 있는 사람들이다. 대화의 첫 마당은 하이킹 첫날 저녁에 이루어졌다. 참가자들이 쉽게 지치지 않도록 첫날 하이킹 코스는 그리 길지 않았다. 가슴 속 깊이까지 파고드는 시원한 산 공기를 마시고 아름다운 시골 풍경에 기분이 들뜬지라 모두가 대화에 끼어 들었다. 참가자들은 캠프를 설치하고 저녁을 준비했다. 캠프파이어는 이야기의 정취를 더해 주었다. 안내자들은 참가자들에게 자기 소개를 하고 자신의 직업이나 취미, 소망들을 이야기하게끔 부탁하면서 여행 첫날 저녁의 대화를 이끌어 갔다.

램슨 : 여러분 잠깐만! 이 자리는 어떤 공식적인 모임의 자리는 아니지만, 서로간에 자기 소개는 있어야겠지요? 자신이 하시는 일이나 취미에 관해서 이야기 좀 해 주실 수 있겠어요?

사라 : 제가 먼저 할게요. 전 숫기 있는 여자랍니다. 제 이름은 사라예요. 대학에서 운동과학 석사과정을 밟고 있어요. 학부에서는 농구를 했어요. 저는요, 파티와 쇼핑을 즐기지요. 이런 배낭 여행의 안내자 역할은 네 번째랍니다.

랜슨 : 저는 랜슨입니다. 저 또한 석사과정을 밟고 있지만, 전공은 레크레이션입니다. 저는 야외활동을 즐기며 여가 활동 지도자가 되고 싶어요.

소피아 : 안녕하세요. 제 이름은 소피아입니다. 저는 유니테리언교 목사입니다. 제가 여기에 참여하게 된 것은 자연과 생태에 대한 관심이 있었기 때문이며, 직접 산 경험을 얻고 싶어서예요.

로즈 : 제 이름은 로즈예요. 네 자녀의 어머니이고요, 내 오랜 친구인 소피아의 권유로 이 엄청난 모험에 참가하게 되었어요. 그런데 말이죠, 소피아는 고등학교 때부터 이런 도전들에 관심이 많았답니다.

보브 : 보브입니다. 저는 25 년간 가구조명 사업을 해왔어요. 지난 3 년간 여름마다, 저는 일반인들을 위해 교양강좌를 열어 놓고 있는 콜로라도주 아스펜 연구소에 갔었습니다. 하지만 산에 대해선 별반 아는 게 없지요. 저에게 철학에 대한 깊은 관심, 아니 취미로 하긴 하지만, 그 관심을 갖게 해 준 아스펜에서의 경험담을 이야기하고 싶어요.

마크 : 제 이름은 마크입니다. 제 소감 또한 로즈 부인하고 비슷해요. 골프 파트너인 보브씨의 소개로 여기에 참여하게 되었습니다. 헌데 좀 다리가 아프군요. 제 직업은 변호사이고 제가 좋아하는 것은 멋진 자동차, 고급 와인, 훌륭한 주방, 그리고 참, 시장 보는 일도 즐겨합니다.

엘리스 : 엘리스입니다. 저는 공립학교 교육과정 전문가이며 교육행정 박사과정을 밟고 있습니다. 제 오른 편에 앉아 계신 안토니는 실은 제 남편인데, 우리 두 사람은 다소나마 도시의 일상을 탈출해서 자연을 접해 보는 게 좋겠다고 생각했지요. 그래서 이 자리에 있게 된 것입니다.

안토니 : 제 이름은 안토니예요. 저는 주 고속도로 관리국에서 일하고 있어요. 제 관심사는 지방 정치입니다. 그래서 우리 지역에서 제기되고 있는 최근의 소수인종의 정치문제에 관여해, 적극적인 활동을 하고 있는 편입니다.

피터 : 저는 피터입니다. [그의 억양과 발음은 아주 영국식으로 좀 딱딱하게 느껴진다.] 저는 대학에서 강의하고 있습니다. 소피아씨처럼 저 또한 야생에 대한 관심과 자연세계와의 보다 원시적인 관계에 대한 호기심 때문에 이 여행에 참가하고 있지요.

사라 : 교수님, 무엇을 가르치십니까? 좀 정확히 말씀해 주시겠습니까?

피터 : 그냥 피터라고 불러 주세요. 저는 철학과에 적을 두고 있습니다.

보브 : 정말이세요! 저는 말씀드린 바와 같이 철학에 아주 관심이 많습니다. 교수님은 그 유명한 아들러(Mortimer Adler)[4] 교수의 저서들에 대해 알고 계시나요?

피터 : 알고 있지요. 그의 저술 중 몇몇은 잘 알고 있답니다.

사라 : 그러시다면, 산맥이라는 것이 하나의 허구적 관념[5]이라는 것을 증명하실 수 있겠군요?

피터 : [웃으면서] 멋진 휴가가 저에게 도움이 된다는 것을 증명하기 위해

---

4) 미국 콜롬비아대학에서 철학과 교육학을 전공, 동대학 교수를 거쳐 시카고대학에서 철학교수로 재직했다. 미국 철학연구소 소장을 역임했으며, 세계고전총서인 <Great Books>편집에 주도적 역할을 했다. 주저로는 『쉽게 풀어 쓴 아리스토텔레스』(1978), 『철학적 오류』(1985), 『독서법』(1972), 『서구사상의 위대한 보물』(1977), 『6개의 위대한 사상』(1977), 『선택의 자유』(1987), 『천사와 우리들』(1993), 『아들러의 철학사전』(1996) 등이 있으며, 현재 왕성한 학문활동을 하고 있다. 사상적으로 아리스토텔레스와 토마스 아퀴나스를 따르고 있다. 그는 특히 인식론의 핵심인 관념 분석에 대한 오류가 근대철학의 운명을 결정지었다고 역설한다.
5) 아들러 교수가, 우리가 직접 의식하는 것은 항상 관념의 대상이지 관념 그 자체는 아니다라는 점에서 그리고 사람들은 지각 작용과 개념적 사유를 구분하지 못한다는 점에서 대상과 관념 자체를 혼동하고 있음을 지적한 말이다.

서 왔을 뿐이지요.

안토니 : 글쎄요. 교수님이라는 분이 말꼬리를 돌리시면 안되죠. 교수란 직업은 오히려 대화를 이끌어야 하는 그런 전문직이 아닌가요?

피터 : 정말로 그렇게 생각하십니까? 보브씨를 보세요. 그 분은 자신이 최근에 철학에 대한 깊은 관심을 갖게 되었다고 말씀하십니다. 사실, 철학을 가르치는 일은 모든 사람을 대상으로 하는 것은 아니라고 생각합니다만, 저는 종종 사람들이 제가 철학자라는 사실에 의외의 큰 관심을 보이고 있다는 것을 알게 됩니다. 하지만, 저는 늘 모든 사람들이 이미 조금은 철학함에 연루되어 있다고 믿고 있지요.

엘리스 : 정말로 그렇습니까? 왜 그렇게 생각하고 계신지요?

피터 : 아주 간단히 말씀드리면, 철학은 인간 생활에 관한 중요한 쟁점들을 내놓기 때문이죠.

사라 : 아, 그렇군요. 산다는 것이 고통과 같은 것이지요. 하지만, 누군가를 고통스럽게 만드는 것은 철학 강좌 만한 게 없습니다. 저는 그걸 잘 알고 있지요. 대학 2 학년 때, 어느 아침 여덟 시 반경이었던 것으로 기억합니다. 철학시험을 보다 갑자기 정신이 멍해졌지요. 그리고는 거의 백지를 제출! 아뿔싸. 그래도 C 학점을 받고 기뻐했지요.

소피아 : 피터 교수님, 좀더 진지한 말씀을 듣고 싶어요. 저도 취미 삼아 철학을 좀 건드려 보았답니다. 당신이 생각하시는 중요한 쟁점들이란 것이 무엇이지요?

피터 : 하느님, 악, 자유, 인간본성, 정치, 미적 가치, 도덕에 관한 의문들이지요. 저의 주된 관심은 윤리학입니다.

랜솜 : 저는 사라와 같은 입장입니다. 저도 철학 강의를 들었던 기억이 납니다. 실제로는 윤리학 강의였지요. 학생들은 온갖 종류의 도덕적 문제들과 이론들에 관해서 이야기를 나누었습니다. 아주 흥미 있는 토의 시간들이었지만, 무언가 확실한 결말을 내지는 못했던 것 같아요. 이론적인 것들은 모두 잊어 버렸어요. 지금 생각나는 것은 윤리학은 무엇인지 알기가 어려운 그런 거라는 정도지요.

소피아 : 당신이야말로 도덕 철학자이시군요! 그거 참 멋있는 표현이신데요. 제가 이 배낭 여행에 오기로 한 이유 중의 하나는 제가 이끌고 있는 환경윤리학 강독회와 좀 관계가 있지요. 저는 몇 주전 슈바이처[6]에 관해 설교 노트를 작성했었지요. 교수님은 물론 그 분의 업적에 대해 알고 계시겠지요?

피터 : 잘 모릅니다.

소피아 : 슈바이처는 윤리의 기초는 모든 생명에 대한 경외(敬畏)라고 믿었지요. 그 분은 모든 생명체 속에서 일종의 신비로운 통일성을 알아냈는바, 우리가 만일 우리 자신들이 이 통일체의 일부임을 알게된다면, 우리는 또한 다른 형태의 생명-즉, 모든 형태의 생명을 인정하고 존중하게 된다는 것입

---

6) Albert Schweitzer(1875-1965). 알사스에서 출생. 독일의 신학자, 철학자, 의사, 음악가이다. 그는 인도, 기독교, 독일의 사상을 섭렵했다. 목사, 신학 강사를 거쳐 30살 때 아프리카 전도를 결심하고 의학을 공부한 후, 1913년 대학교수를 사퇴하고 프랑스영 콩고(가봉)의 람바레네에서 의료봉사와 전도활동을 폄. 그의 윤리관은 크게 두 가지 특징을 갖는다. 하나는 문명(문화와 달리)을 근거 짓는 근본원리에 대한 강조와, 다른 하나는 생명에 대한 외경으로 근본적인 윤리적 의무는 생명에 대한 긍정이라는 주장. 저서로는 『기독교와 세계의 종교』(1938), 『문명의 철학』(1923), 『나의 삶과 사상』(1933), 『인도사상과 그 전개』(1936) 등이 있다. 1952년 노벨 평화상 수상. 가봉에서 사망.

니다.

사라 : 모든 형태의 생명 모두를 말씀입니까?

소피아 : 그렇고 말고요.

로즈 : 그건 아무래도 듣기는 좋지만 이상론에 불과한 것이 아닌가요?

마크 : 저도 그래요. 그것은 그럴듯하고 훌륭한 생각 같아 보이지만, 비현실적이라 생각됩니다.

소피아 : 저는 그렇지 않다고 생각합니다. 슈바이처는 성자와 같은 분입니다. 당신은 그 분의 생애에 대해서 알고 계신가요? 위대한 신학자이자 학자, 오르간 연주의 달인이며, 오르간을 손수 제작까지 한 분이며 일생을 아프리카 부족을 치료하는 의사로서 봉사했던 분이지요.

마크 : 그거 참 놀라운 사실인데요. 그렇지만, 모든 사람들이 슈바이처와 같을 수는 없지요. 그의 이른바 "윤리"라는 것은 실제 세계에서는 구현되지 않잖아요? 그는 실제로 우리가 곤충에 대해서도 마땅한 관심을 기울여야 한다고 말한 적이 있나요? 자 여기 보세요. 개미가 있어요. [그는 일어나 개미를 밟아 버린다.] 이게 나쁘단 말예요?

소피아 : 우리가 작은 개미에게 관심을 기울여야 한다고 생각하는 것이 어리석은 일이라고 보시는지요? 그 개미는 살아있는 존재입니다. 그 자신이 생존하기 위해서 일을 합니다. 개미는 우리가 속해 있는 보다 큰 전체, 생태적 전체, 유기체의 일원입니다. 당신은 그 개미를 밟아 죽일 아무런 이유를 가지고 있지 않습니다. 왜 개미를 살게 내버려두지 못하는가요? 어찌해서 개미와

그것이 속한 생태 구조를 존중하는 태도를 갖지 못하는 가요? 당신의 태도는 작금 우리가 맞이하고 있는 많은 문제들을 야기했던 그런 부류의 견해들과 다를 바 없습니다.

당신은 인간을 사물의 중심으로 보고 있습니다. 그래서 만일 어떤 것이 인간에게 유용하지 않다거나 값어치가 없다면, 그것을 없애 버리라는 것입니다. 그런 태도는 아무런 가치도 갖지 못합니다. 저는 그런 태도를 받아들일 수가 없어요. 뿐만 아니라 "인간 중심적 윤리(human-centered ethic)"와 보다 넓은 "생태학적 윤리(ecological ethic)"간의 충돌은 다가오는 21세기에서 우리가 피할 수 없는 중심적 쟁점중의 하나라고 생각합니다.

마크 : 보세요. 제 말씀 들어보세요. 당신은 우리가 생명을 "경외"하거나 존중해야 한다고 말하실 줄 모르나, 당신은 그것을 하나의 원리(原理)로서 지키고 살아갈 수는 없어요. 예를 하나 들지요. 우리는 정수기 필터를 사용해야 한다고 합니다. 왜 그런가요? 박테리아를 죽이기 위해서 이지요. 슈바이처가 어떻게 의사일 수가 있으며 동시에 모든 생명을 존중할 수 있었을까요? 그는 질병을 퇴치하는 일을 하지 않았던가요? 그는 바이러스를 죽이지 않았던가요? 박테리아는 어떻게 처치했는가요? 모든 생명체를 존중했나요? 우리가 불필요한 나무들을 속아내지 않으면 어떻게 될까요? 잡초를 뽑지 않고 내버려 두었으면 어떻게 되었을까요? 어쨌든 윤리는 사람들과 관련되는 것입니다. 그렇지 않은가요, 피터 교수님?

소피아 : 제가 답변해도 괜찮으시겠어요? 슈바이처조차도 때로는 보다 큰 가치를 위해서는 어떤 종류의 생명을 다치게 하거나 해를 입히는 것이 불가피하다는 것을 알고 있었지요. 제 생각으로는 그가 말하고자 했던 것은 우리는 이와 같은 "경외"라는 근본적인 태도를 가지고 모든 일을 시작해야 한다는 것이며, 그리고 나서 생명에 대한 경외가 혹시나 초래할지도 모를 어떤 폐해를 놓고 그 어려운 결정에 대해서 성찰하라는 그것이 아닌가 생각합니다.

보브 : 저는 마크의 질문에 대해 우리 철학 선생님의 말씀을 듣고 싶습니다. 윤리라는 것은 우리가 사람들을 어떻게 대우해야 하는가에 관한 것이 아닌가요? 그것은 **인간 가치들**(human values)에 관한 것이 아닌가요?

사라 : 전 정말이지 "윤리"[7]에 관한 정의(定義)를 듣고 싶어요.

피터 : 우리가 잠시 생각해보면, 윤리에 대한 정의가 쉽사리 내려지지 않을까 생각합니다. 더군다나 이미 윤리학 강좌를 들은 바 있는 랜솜씨가 이 자리에 있지 않습니까?

랜솜 : 천부당 만부당하지요. 피터 교수님. 알다시피 당신이야말로 전문가이신 데, 저한테 윤리를 정의하라고 말씀하신다는 말인가요?

보브 : 조심하세요, 여러분. 여러분은 소크라테스가 대화에서 즐겨 사용한 방법을 아시죠? 질문에 대해 질문으로 답하는 것 말예요.[8] 이들 철학자들은 능수능란한 사람들이지요. 철학자들을 옭아매기란 쉽지 않아요. 그들이 배운 건 뭔 데요? 바로 그 방법을 배웠단 말입니다. 언제나 점점 더 많은 물음들이

---

7) 본서에서 ethics는 윤리학 혹은 윤리(ethic)으로 번역한다. 윤리학 혹은 윤리가 모두 기성 도덕 규범(morals)에 대한 반성적 사유를 포함하나, 특별히 전문적인 학문활동이나 지식체계를 가리킬 경우 "윤리학"으로 옮긴다. 윤리학은 또 철학적 윤리(학) 혹은 도덕철학(moral philosophy)으로도 불리어 질 수 있다. 따라서 'ethical'이란 용어도 맥락에 따라서 '윤리적' 혹은 '윤리학적'으로 옮긴다. 또한 '윤리적' 용어의 경우, 도덕이 관습적인 도덕(morals)이 아니라 반성적 사유로서 사용되는 도덕(morality)에 있어서는 '도덕적'(moral)이란 용어와 바꿔 써도 무방하다. 물론 이러한 용례는 유력한 하나의 관점이며 전통이다. '도덕'과 '윤리'의 의미를 역으로 이해하는 경우도 있다. 역주 26)을 참조하시오.

8) 소크라테스는 그 대화법에 있어서 타인을 덕으로 인도할 때 무지의 자각을 시키기 위하여 처음에 상대자의 주장을 승인하여 놓고, 다음에 문답법에 의거하여 추구한다. 그리하여 상대자를 자가당착에 빠지게 하여 그의 무지를 승인시키면, 다음에는 산파술에 의하여 지식의 개발을 촉진시켰다. 그의 어머니가 산파였던 까닭이었든지 대화 문답은 진리를 산출하는데 도움이 되는 법이라고 믿었던 것이다.

생긴단 말이에요.

랜솜 : 끝이 없는 게임과 같다는 말씀 같군요. 그렇지만 저는 계속하겠습니다. 혹시 우리들 중에서 누군가가 도와줄 수 있지 않을까요?

안토니 : 윤리는 "가치(value)"와 관계 있는 것이 아닌가요?

사라 : 윤리란 사회가 우리에게 행하도록 기대하는 것과 관계가 있지요. 마크가 말한 바처럼, 그것은 아마 사회가 우리에게 일러주고자 하는 "인간 가치들"을 포함하고 있습니다. 곤충을 죽이는 것이 옳다라는 사실과 같은 것처럼 말예요.

엘리스 : 저한테는 그럴듯하게 들리는데요. 사회 윤리(social ethics)는 교육 발전에 있어서 중요한 한 부분입니다. 윤리란 사회가 우리로부터 기대하고 있는 바의 것이라고 정의합시다. **윤리란 우리가 가치 있게 여겨야만 하는 것에 관한 사회의 기대이지요.** 피터 교수님, 어떻습니까?

피터 : 글쎄요, 그것은 하나의 단서라고 할 수 있지요. 제 생각으로는 당신이 내린 정의에는 어떤 매력적인 점이 있습니다. 우리는 보통 넓은 의미에서 윤리적이라는 것을 "우리를 사회적으로 포함시키는 것" 그리고 "가치에 관한 것"으로서 생각합니다. 그러나…

보브 : 아시겠어요? 자, 피터 교수가 그 술수를 부리기 시작했습니다. 변증법적[9] 도끼를 막 내려찍으려 합니다.

---

9) dialectical. 대화술이나 문답법에서 발전한 것으로 변론술 혹은 논쟁술을 가리킨다. 엘레아학파의 제논에 있어서 변증법은 상대방의 말 속에서 모순을 들추어 냄으로써 상대방의 말이 옳지 않다는 사실을 증명하여 그의 주장을 논박하는 기술이다.

로즈 : 무슨 말씀인지요? [소피아을 향해서] 대체 저 분이 무슨 말씀을 하려는 거니?

소피아 : 보브씨가 아스펜 연구소에서 배운 "식자들의 대화법"이라는 것이지, 뭐.

피터 : 용서하세요. 어쨌든, 그것이 매력적인 정의이긴 하지만, 좀 모호하고 넓게 잡은 것 같아요. 분명히 윤리라는 것은 본질적으로 "가치"[10]와 관계를 가지고 있지마는 그 정의는 우리가 윤리적 영역에 실제 포함시키고자 하는 것보다 더 많은 것을 포함하고 있어요. 왜인지 아시겠어요?

보브 : 추정컨대, 소위 윤리적 가치라는 것이 가치의 유일한 종류는 아니기 때문이 아닌가요? 마크씨가 "인간에 대한 가치"라고 말씀하셨지만, 좀 모호한 것 같아요.

피터 : 보브씨는 이 철학적 놀이방법을 제대로 알고 있는 것 같군요. 예, 그렇습니다. 정확히 바로 그것 때문입니다. 확실히 모든 가치들이 윤리의 관심 대상은 아닙니다. 다음과 같이 표현하면 어떨까 싶습니다. 즉, "모든 윤리적 명제[11]나 도덕적 명제는(저는 이 용어들을 큰 구별 없이 사용합니다만) 가치 명제이지만, 모든 가치 명제가 다 윤리적 명제는 아니다."라고 말입니다. 잠시 이 점에 대해 생각해보면, 당신의 정의가 너무 넓게 잡았다는 것을 깨닫게 될 것입니다.

---

10) value. 원래의 의미는 용기, 용맹. 일반적으로 가치는 하나의 사물로 하여금 높이 평가되고 욕구되게 만드는 특성이다. 도덕적 가치란 도덕이 선 또는 규범으로 제기하는 것이며, 가치판단이란 존재나 사물에 대하여 하나의 가치를 부여하거나 또는 부정하는 판단이다. 단순히 현존을 확인하는 존재의 판단과 구별된다.
11) 명제란 간단히 말해서 주어와 술부로 이루어진 문장이다.

마크 : 알겠습니다. 그러니까 그 말은 모든 파충류는 동물이지만 모든 동물이 다 파충류는 아니란 말씀이죠? 한 집단은 다른 집단의 하위단위이다. 교수님이 뜻하는 바는 "가치"란 용어는 "윤리"나 "도덕"보다는 더 넓은 범주라는 것이죠?

피터 : 맞습니다. 윤리적 혹은 도덕적 명제가 아닌 가치 명제의 예를 누가 들어봐 주시겠어요?

소피아 : "산이 아름답다"와 같은 미적 판단은 가치 판단이라 생각되는데요?[12]

피터 : 그렇고 말고요. 추한 것과 대립되는 아름다운 어떤 것의 가치에 관한 것입니다.

사라 : "너는 텐트를 옳게 설치했다"와 같은 것은 어떻습니까? 혹은 "마이클 조던은 위대한 농구 선수이다"는 무슨 판단입니까?

마크 : "우리는 바퀴벌레 약을 쳐야만 한다"와 같은 것은 어떤가요?

피터 : [웃으면서] 아주 훌륭합니다. 가치 연구의 상이한 분야와 우리 경험의 상이한 영역들에 속하는 상이한 가치판단들이 존재합니다. 종교적 가치, 정치적 가치, 미적 가치, 개인적 가치 그리고 우리가 보통 윤리적 혹은 도덕적 가치라고 부르는 것들이 있습니다.

마크 : 알겠습니다. 그런데 대체 가치란 무엇입니까?

---

12) 행위에 대한 규정이란 측면에서 보면, 도덕 판단이 미적 판단보다 명쾌한 지시물을 갖는다.

피터 : 당신은 무엇이라 생각하십니까? 우리는 때때로 누군가의 가치(관)에 대해서 긍정적 혹은 부정적으로 이야기합니다. 우리는 내내 가치판단을 하면서 살아갑니다. 우리가 가치판단을 할 때, 우리는 무엇을 하고 있는 것이라고 생각하십니까?

소피아 : 글쎄요. 저는 도시를 떠나 이처럼 멋진 산을 타보는 것은 매우 가치 있는 일이라 생각됩니다. 저는 우정이라는 것이 위대한 가치라는 것을 깨달았어요. 그래서 로즈와 제가 오랜 세월을 가깝게 지내고 있는 게 아니겠어요? 가치는 우리가 생활에서 원하는 것들과 관계가 있지요. 삶을 인도하고 값지게 만들어주는 그런 것입니다.

피터 : 아주 훌륭합니다. 바로 그것이 기본 개념입니다. 긍정적 의미에서 가치란 좋은 것들(goods)[13]이 아니겠어요? 그것들은 우리가 좋아하거나 바라는 (like or desire) 것들입니다. 사실, 어떤 철학자들은 "좋음(goodness)" 자체를 바람직함(desirablility), 마치 "선은 욕구의 대상인 것"[14]인양 정의합니다.

---

13) 영어의 'good'은 맥락에 따라 '좋은(형용사)'이나 '좋음(명사)'으로, 때로는 '선한'이나 '선'으로 번역된다. 'bad'의 경우도 '나쁜'이나 '악한'으로, 'right'와 'wrong'은 '옳은'이나 '그른'으로 번역한다. 이러한 사정은 '옳음'과 '그름'과 '좋음(선)'과 '나쁨(악)'과의 상관관계에 대한 입장이 윤리설에 따라 다르기 때문이다.

14) 어떤 것이 사람들에 의해 '욕구된다'는 의미에서 '바람직하다'고 말하는 것은 그것이 '욕구되어야 한다'는 의미에서 '바람직하다'라고 말하는 것과는 전적으로 다른 의미를 갖는다. 사람들은 확실히 자신들이 욕구해서는 안 되는 것을 욕구하기도 한다. 전자의 경우에서처럼, '좋음'과 같은 윤리적 용어를 '쾌락,' '행복,' '욕구,' '이익'과 같은 경험적 용어만을 사용하여 정의하는 것에 대해서 영국의 윤리학자 무어 (1873-1958)는 "자연주의적 오류"를 범하는 것으로 비판한다. 그는 어떤 대상이 정의할 수 있으려면 복합적 성질을 가져야만 하는데, 선(good)은 '노랑'과 같이 단순 개념이기 때문에 정의할 수 없고 다만 선한 것(the good, goods)들은 정의 가능하다고 주장한다. G. E. Moore, 『Principia Ethica』(N.Y. : Cambridge Univ. Press, 1960(1903)), pp. 5-21. 그러나 무어가 말한 '자연주의적 오류'는 오히려 '정의주의적 (definitivist)오류'라 해야 보다 마땅하다고 지적된다. 왜냐하면 무어가 말한 대로 평가적 용어를 비평가적 용어로 정의할 때 발생하기 때문이다. 다시 말해서 자연주의적 또는 경험적 정의들뿐만 아니라 형이상학적, 종교적 정의들도 그러한 오류를 포함할 것이기 때문이다. W. Sellars & J. Hospers, eds., 『Readings in Ethical

소피아 : 그렇지만 그런 정의는 문제의 소지가 있지 않은가요? 만약 윤리가 가치를 내포하고 있고 가치가 우리가 바라거나 원하는 것을 내포하고 있다면, 윤리란 개인적인 것이 됩니다. 이를테면, "나는 네가 좋아하는 것을 좋아하지 않는다; 나는 네가 하는 방식대로 혹은 사회가 나에게 원하는 대로 꼭 그렇게 행동할 필요는 없다."식으로 말이에요. 만일 가치판단이 내가 좋아하거나 싫어하거나 하는 것, 혹은 내가 찬성하거나 찬성하지 않는 것을 개인적으로 표현한 것에 불과하다면, 윤리란 단지 개인적 취향(taste)의 문제가 됩니다.

보브 : 제 견해로는 윤리는 분명히 개인적 취향의 문제가 **아니다**라고 봅니다. 다른 사람들에게 잔인하게 대해는 것이 단지 개인적 취향의 문제에 불과하다고 말할 수 없습니다. 만일 당신이 가학-쾌락적(sadistic)[15] 욕구를 가지고 있다면, 그것은 그른 것입니다.

피터 : 몇 가지 풀어놓을 게 있습니다. 이것은 철학적으로 흥미로운 것입니다. 약간 힌트를 주어도 괜찮을까요?

로즈 : 좀 많이 풀어놓으십시오. 저는 도통 모르겠어요.

피터 : 그럽시다. 가치판단은 인간에 관한 담론의 단지 한 영역이라는 점을 아시는 게 중요합니다. 비-평가적 명제의 영역도 존재하는 것입니다. 비-평가적 영역은 단지 사실에 관한 보고(報告)일뿐이지 가치에 대한 신약(commit -ment, 信約)[16] 같은 것을 표현하지 않습니다. 이런 의미에서 소위 기술적(記述

Theory』, 2nd. ed.(N.Y : Appleton Century Crofts, 1970), pp. 54-62.

15) 성적 도착(sexual perversion)의 한 형태. 상대방에게 정신적 또는 신체적 고통을 줌으로써 성적 쾌감을 느끼는 이상성욕(異常性慾). 프랑스의 소설가 사드 공작(Marquis de Sade)이 그 대표적 인물이라 하여 이 이름이 붙여졌다. 이와 반대의 경우를 피학-쾌락적(masochist)이라고 한다. 이런 경향의 인물을 묘사하고 자기 스스로도 이러한 경향을 가진 작가 매조크(Sacher Masoch)의 이름을 따서 오스트리아 정신의학자 크라프트 에빙(R .M. Kraft-Ebing)이 붙였다.

的) 명제라는 것들은 "비-개인적"임을 주목하십시오. 그것들은 좋음과 싫음을 표현하는 문제가 아닙니다. "물은 수소와 산소로 구성되어 있다"와 "지구는 태양계에서 태양으로부터 세 번째 혹성이다"와 같은 명제들은 기술적 혹은 비-평가적 명제의 분명한 예입니다. 자, 이것은 도덕철학에서 크게 논란을 빚고 있는 쟁점이며 자주 논의되고 있는 것이지만, 평가적 명제로서의 윤리적 명제는 종종 철학자들이 **"처방적(prescriptive, 處方的)"** 명제라고 일컫는 그런 것으로 간주되곤 합니다.[17] 만일 제가 "당신은 텐트를 이러이러하게 설치해야만 한다"라고 말한다면, 저는 처방적인 주장을 하고 있는 것이지요. 이제, 우리가 윤리적인 것의 여부를 가릴 수 있는 한 방법은 여러 상이한 종류의 처방적 주장들에 대해서 살펴보는 일입니다.

사라 : 그것이 찬성(approval, 是認) 혹은 반대(disapproval, 否認)라는 개인적 표현과 어떤 관계가 있습니까? 그것은 우리가 가치 명제에 대해서 언급했던

---

16) commitment는 어떠한 대상에 대해 긍정적인 믿음을 가지고 그것을 위해 정성을 다하는 것을 말한다. 즉 대상과의 긍정적 관계에 놓여 있음을 의미한다. 예를 들어, 민주주의에 대한 commitment를 가지고 있다면, 민주주의 이념의 진리성을 믿으며, 그 이념을 실천으로 옮기려는 자세를 갖는다. '몰입,' '헌신,' '관여' 등으로도 번역되나, 여기서는 '신약'으로 또는 '믿고 따르려는' 등으로 옮긴다.

17) 윤리적 용어가 대상물의 속성을 나타낸다고 보는 학자들을 정의론자(definist)라 한다. 이를테면 페리(R. B. Perry)와 같은 자연주의적 윤리학자들이 여기에 속한다. 도덕적 판단이 실재로서 존재하며 실재하는 사물과 대응한다고 주장하는 사람들을 기술론자(descriptivist)라고 하며, 따라서 그 명제의 진위를 인식할 수 있다고 하여 윤리인식긍정론자(cognitivist)라고도 한다. 이러한 주장에 반대측에 서있는 사람들은 비(non-)정의론, 비기술론, 윤리인식부정론자로 불리어 진다. 후자들 가운데서 도덕판단을 단지 감탄이나 감정을 불러일으키는(환기하는) 것 혹은 태도 표명에 불과하다고 보는 자들은 이모티비스트 emotivist이며, 이보다 유연하게 그 같은 감정 태도 표명도 '일정한 기준'에 의거하여 어떤 대상을 권장, 처방, 지시, 명령, 권고, 허가하는 것이라 함으로써 도덕판단의 평가적인 기능에 객관적인 사실판단의 요소가 개입됨을 주장한 사람들이 처방주의자 prescriptivist이다. 그리고 일정한 기준의 선택은 여러 가지 합당한 고려를 통해 개인이 자율적으로 결정하는 것이라 하였다. 규정주의(規定主義)라고도 번역되는 이 입장은 1940년대 이후, 헤어(R. M. Hare)로 대표되는 영국의 옥스퍼드 철학자들에 의해서 주장되어 왔다. 한편, 직관주의(intuitionism)은 비정의론자(비자연주의자)이면서 윤리인식긍정론자이다.

것, 바로 그것이 아니었던가요?

피터 : 만일 당신이 나에게 나는 어떤 식으로 텐트를 설치해야만 한다고 말한다면, 당신은 "어떤 행동의 과정을 추천하고 있는 것이며 당신은 당신의 찬성을 표현하고 있는 것이며 동시에 또한 제가 그것을 찬성하고 그에 맞게 행동할 것을 원하고 있는 것"입니다. 당신은 "텐트를 그런 식으로 설치하는 것이 좋은 방식이며 제가 그런 식으로 설치할 것을 선택해야만 한다고 말하는" 것입니다. 따라서 제가 어떤 행동의 과정을 선택해야만 하기 때문에, 그런 명제에 관해 개인적인 어떤 것이 존재합니다. 제가 지금 알고 싶은 것은 이런 것입니다. 즉, "우리는 우리가 윤리적이며 도덕적이라고 부르는 그런 처방적 주장들"과 "제가 또한 선택해야만 한다는 다른 유형의 처방적 주장들"을 어떻게 구별할 수 있는가? 즉, 윤리적 혹은 도덕적이 아닌 "당위(ought)" 명제의 예를 들어달란 말입니다.

마크 : 교수님이 방금 텐트에 관해서 언급하신 그것이지요. 그것은 윤리적 명제가 아닙니다.

피터 : 정말로 확신합니까? 다른 분들도 그렇습니까?

소피아 : 예, 그것은 윤리적 명제가 아닙니다. 그것은, "어떤 목적이 있고 그것이 이루어지기 위해서 가장 실천적인 방법이 무엇인가를 아는 문제"인 것이지요.

사라 : "모든 사람은 건강을 위해 규칙적으로 일해야만 한다."는 명제는 어떻습니까? 이것은 윤리적 명제가 아니지요?

피터 : 동의합니다. 그것은 **타산적 사려**(prudence)[18] 혹은 **자기-이익**(self-interest)[19]의 문제라고 부를 수 있는 것이지요. 건강이 삶에 중요하기 때문에 그것이 의미가 있게 되는 것이지요. 만일 이들 처방들이 윤리적인 것이 아니라면, **윤리적이면서** 처방적인 명제를 말씀해 주십시오.

보브 : 제가 전에 말씀드린 것으로서, "다른 사람들을 학대하는 것은 그르다."

마크 : 그 말속에는 어디에 "당위"[20]가 들어 있습니까?

보브 : 있고 말고요. 함축되어 있지요. "다른 사람을 학대하는 것은 도덕적

---

18) 타산적 사려(prudence)는 오늘날 도덕적 함의를 갖지 않고 단지 중립적인 인식 능력을 가리키는 타산적(prudential) 혹은 도구적(instrumental) 추론(이성작용)으로 사용된다. 하지만, prudence는 원래 실천적 지혜(practical wisdom; phronesis)로서 덕과 선한 삶과 밀접한 관계가 있었다. 아리스토텔레스에게 있어서 그것은 선한 인격과 불가분하며, 성숙한 덕의 필요충분조건이었다. 실천적 지혜는 행복을 도모하는데 대한 선한 인간의 숙고(deliberation)였다. 에피쿠로스에 있어서 실천적 지혜는 종종 prudence(신중, 사려)로 번역된다. 근대 이후, 특히 칸트철학 이후 prudence는 비록 이기적인 것은 아니지만 적어도 자기의 이익을 우선적으로 고려하는 것이거나, 도구인 추론을 가리키는 것으로 도덕적 범주에서 제외시키려 한다. 하지만 덕의 윤리학 부활은 양자를 구별하게 만든다. 고대적 의미일 경우는 '사려'로, 근대적 의미일 경우는 '타산적 사려'로 번역한다.

19) 모든 행위에서 궁극적으로 오직 자기 자신만을 고려하는 근본적인 행위의 동기를 가리킨다. 자기이익에 대한 윤리적 평가는 자아의 개념에 따라 좌우된다. 자아를 **심리학적 주관적** 견지에서 파악하는 경우, 자기 이익은 인간의 자연적 동기이다. 자기 이익은 그 자체가 도덕적이지는 않지만 합리적인 행위를 명령한다. 인간은 자신의 신체, 생명, 건강에 대해 책임이 있기 때문에 이러한 과제를 등한시하는 것은 도덕적이며 자기 이익은 이러한 과제를 떠맡는 한에서 도덕적이다. 자기 이익이 전적으로 비도덕적이라고 생각하는 것은 오직 자기 이익과 이웃 사랑 또는 호의를 부당하게 대립시키는 입장뿐이다. 하지만 칸트는 이러한 견지에서의 자기이익을 도덕에 반하는 것으로 보았다. 자아를 객관적인 견지에서 인간의 참된 본질이라고 이해할 경우, 자기 이익의 요체는 인간에게 고유한 예술적 사회적 정치적 지적 가능성의 전개에, 특히 인간의 이성 능력의 실현에 있다. 자기 이익과 도덕성은 이 점에서 일치한다. (아리스토텔레스, 스피노자)

20) ought. 當爲. '마땅히 해야 한다.'는 의미이다. 의무(duty)나 책무(obligation)에 비해 필연성의 정도가 약하다. 所以然이 아니라 所當然의 의미.

으로 그르다. 그것은 분명 옳지 않다. **따라서** 우리는 학대해서는 안 된다."

피터 : 아주 훌륭합니다. 윤리적인 것은 어떤 행동이 옳다거나 그르다거나, 혹은 "보다 구체적인 의미로" 우리는 어떤 것을 마땅히 해야 된다거나 해서는 안 된다거나 라고 말하는 것과 관계가 있습니다. 지금까지의 예들을 통해서 볼 때, 윤리적 혹은 도덕적 명제들은 자기-이익의 추구 혹은 목적을 달성하기 위한 가장 훌륭한 방법에 관한 명제가 아닌 것입니다. 다른 당위적인 명제들은 어떠한 가요? "손가락으로 감자를 으깨서 집어먹어서는 안 된다."는 명제는 어떻습니까? 이것은 도덕적 명제인가요?

로즈 : 그건 단순히 좋은 매너(manners)[21]일뿐입니다.

소피아 : 에티켓(etiquette),[22] 그건 에티켓이다.

안토니 : 윤리적인 것은 그런 것보다 더 중요한 것입니다. 제가 윤리나 도덕이라 할 때는 정의 그리고 흑인과 소수인종들이 잘못 대접받고 있는 방식을 말합니다.

엘리스 : 임신 중절의 권리에 대해서는 어떻습니까? 그건 윤리적인 쟁점이

---

21) 자기를 처신하는 방식, 행위의 외적 형식, 다른 사람을 대하는 태도들을 말한다. 예절은 또한 언어생활(표현양식, 어조, 억양), 걸음걸이, 몸짓, 표정들의 총체적 측면을 포함한다. 예절은 행위의 표준에 속하며 에티켓에 의해서 규제된다.

22) 고대 프랑스어의 동사 estiquier=붙이다에서 발전된 ticket=표에서 유래. 궁전에서의 신분적 예법을 가리키는 용어였다. 프랑스에서 정착된 것은 15세기부터 였고, 17세기에 완전히 정비되었다. 지금은 인간관계의 외형적인 측면들(사회적 행동, 말, 예절, 복식)을 규제하는 일련의 행위 규칙을 의미. 에티켓에는 사회행동에 대한 다소 엄한 규정들이 포함된다. 에티켓은 세 가지의 사회적 역할을 수행하는데, 그것들은 규제적, 상징적, 의식적(儀式的) 역할들이다. 에티켓과 매너를 구분한다면, 매너는 보통 생활 속에서의 관습이나 몸가짐 등 일반적인 규칙을 말하고, 에티켓은 어원적으로 보다 고도한 규칙 예법 의례 등 신사 숙녀가 지켜야 할 범절들로서 요구도가 높은 것을 말한다. 우리의 예의범절은 서양의 에티켓과 매너를 통합한 개념에 가깝다.

라 생각하는데…

보브 : 저는 태아의 권리 문제도 말씀드릴 수 있다고 보는데요.

마크 : [너무도 당연하다는 듯이] 그야, 그런 것들은 법적 그리고 헌법적 문제가 아니겠어요?

소피아 : 그러면 신호등에 빨간 불이 켜지면, 정지해야 한다는 것은 어떻습니까? 그것은 법적인 문제지요. 그건 윤리적 문제가 아니라고 보는데요, 그렇지 않은가요?

사라 : 저도 하나 말씀 드리겠어요. 농구경기에서 상대방 선수에게 욕을 해서는 안 된다. 혹은 테니스시합에서 풋내기 선수들 마냥 경기가 잘 안 풀린다고 해서 라켓을 던지는 행위는 어떻습니까? 저는 선수란 항상 차분하게 자기와의 싸움이라 생각하면서 경기해야 한다고 생각합니다. 이것들 모두가 윤리적 명제가 아닌가요?

피터 : 당신은 어떻게 생각하시는데요?

소피아 : 저는 좀더 논쟁의 여지가 있는 예들을 들어보겠어요. 저는 서로가 동의한 둘 혹은 **그 이상의** 사람들간 어떤 종류의 성적 행위들은 개인적 취향의 문제이지 결코 **도덕적인** 문제가 아니라는 생각이 들었어요. 저는 대통령까지도… 사실, 저는 다른 사람들의 사적인 문제에 도덕적 잣대를 갖다 대지 말았으면 합니다.

보브 : 그렇지만 그 행위가 자연스러운 것이지 못하고 사회의 도덕적 구조를 위협할 때, 가정을 위기에 처하게 만들 때, 사회와 더불어 우리는 그것을

용인할 수 없는 것이지요.

마크 : 그 점에 대해서는 보브씨의 견해에 동의할 수밖에 없군요.

피터 : 가치 문제란 사람들이 진실로 많은 관심을 갖는 그런 것임을 새삼 느끼겠군요. 이것이 바로 제가 철학이 중요하다고 생각하는 이유중의 하나입니다. 철학은 우리로 하여금 이러한 가치 문제들에 대해서 많은 생각을 하게 만들어 줍니다. 비록 우리들간에 의견의 불일치가 있지만, 어떻게 이 불일치가 윤리적 영역에 대한 이해를 돕는지 알아봅시다. **명백히** 도덕적인 혹은 윤리적인 당위 명제와, **명백하게** 윤리적인 문제가 아닌 당위 명제를 골라내 봅시다. 자, 이들 간의 차이는 무엇인가요?

안토니 : 제가 든 예를 생각해 보세요. 우리 나라는 노예제, 차별 그리고 부정의(不正義)와 연관된 역사를 가지고 있어요. 사람들은 공정하게 대우받지 못해왔고 그들은 여전히 차별과 인종주의에 의해 고통받고 있어요. 손으로 감자를 으깨서 먹는 것이나 제대로 된 경기를 하는 것 따위와는 달리, 정말 사람들이 큰 폐해를 입어 왔어요. 에티켓에 관한 것은 적어도 이러한 만연된 부정의 문제에 비하면 아주 사소한 것에 불과하다고 생각됩니다.

보브 : 제가 든 학대의 사례 또한 같다고 생각합니다. 사람들에게 아무런 이유 없이 위해(危害)를 가한다면, 그것은 도덕적으로 비난받을만한 것입니다.

소피아 : 제가 의견의 불일치라는 것이 존재하는 것을 인정하면서도 자발적인 성행위는 윤리적으로 허용될 수 있다고 믿고 싶은 이유가 바로 거기에 있습니다. 하지만, 보브씨와의 불일치는 부분적으로는 사회가 그런 행동에 의해서 피해를 받는가 않는가에 관한 것이라는 생각이 막 드는군요. 만일 피해를 받는다면, 저는 사람들이 부정(不淨)하거나 역겨운 수상한 성행위를 해서는

안 된다는데 기꺼이 동의할 것입니다. 하지만 저는 그런 일이 일어난다고 믿지 않아요.

피터 : 좋습니다. 많은 철학자들이 "윤리적 성찰은 본질적으로 한 사람의 행동이 다른 사람에게 어떻게 영향이 미치는가를 숙고하는 일을 내포하고 있다."고 믿고 있습니다. 다시 말해서 "내가 마음속으로 도덕적 혹은 윤리적 숙고를 할 때, 나는 나 자신뿐만 아니라 타인의 이익에 대해서도 고려해야만 한다는 것"입니다. 어떤 이들은 도덕은 타인의 이익을 자신의 이익으로 간주하는 것, 즉 타인에 대한 이러한 숙고를 구체화하고 있는 규칙(rules)이나 원리(principles)에 의거해 행동하는 것을 포함한다고 주장합니다. 우리가 어렸을 때 우리가 자주 듣곤 했던 위대한 도덕적 원리들에 대해서 생각해봅시다.

랜솜 : "너희는 다른 사람들로 하여금 그들이 너희를 위해 하기를 바라는 것 그대로를 다른 사람들에게 행하라"[23]

로즈 : 그 말은 바로 우리 집 아이들에게 가르치고자 아주 많은 애를 썼던 원리이죠.

피터 : 저는 그것이 적어도 "**도덕적 관점** (the moral point of view)"[24]을 나타내는 하나의 심오한 표현이라고 봅니다.

---

23) "Do unto others as you would have them do unto you." 황금률(the Golden Rule)이라 불리 운다. 같은 의미의 "자기가 다른 사람으로부터 대우받기 원하지 않는 바를 다른 사람에게 행하지 마라."는 은률(the Silver Rule)이라고도 불리 운다. 문화인류학에서는 '호혜성(reciprocity)'라 부른다. 물론 황금률은 호혜성의 보편적 적용을 말한다.

24) Krut Baier는 그의 저서 『The Moral Point of View : A Rational Basis of Ethics』(1958)에서 다음과 같은 기준을 제시한다. 사람이 이기적이 아닐 때, 원리에 따라서 행위하고 있을 때, 자기의 원리를 자진해서 보편화하려고 할 때, 그리고 그렇게 하고 있을 때에 모든 타인의 선도 똑같이 고려하고 있을 때에는 도덕적 관점을 취하고 있는 것이다.

랜솜 : 그러나 이것이 우리가 내린 원래의 정의와 무슨 관계가 있나요?

피터 : 우리는 처음에 윤리는 가치를 포함한다는 의견을 내놓았었죠. 이제 우리는 보다 구체적이며 분명한 제안을 하려는 입장에 있습니다. 윤리는 우리의 삶과 행위를 특정 관점에서 인도하는 가치들을 포함하는 것으로 보입니다. 우리는 살아가면서 종종 자기-이익의 견지에서만 행동하지 않는 그런 방식으로 그리고 우리의 결정을 내릴 때 다른 사람들의 이익을 중요하게 여기는 그런 식으로 행동하라는 요구받곤 합니다. 어떤 철학자들은 그것을 다음과 같이 표현합니다. 때때로 삶 속에는 우리가 **"원하는 것**(want)"과 **"마땅히 해야 한다**(ought)"고 생각하는 것간에, "자기-이익"과 "의무"간에 갈등이 존재하는 상황이 있다고 말입니다. 도덕적 관점은 우리가 의무나 책무를[25] 가지고 있다는 우리의 의식(sense)을 포함하고 있는 것 같습니다. 도덕적 관점에서 해야할 **옳은 것**들은 때때로 우리에게 개인적으로 가장 좋은 것이나 우리에게 가장 많은 쾌락을 주게될 것을 행하는 단순한 계산과 대립됩니다. 엘리스씨의 예와 안토니씨의 예를 생각해 보십시오. 남부의 노예주들은 흑인을 노예로 부림으로써 막대한 이윤을 챙겼습니다. 남아프리카 소수 백인들은 인종차별정책이 지속되는 한 보다 편안한 생활을 할 수 있다고 확신합니다. 그러나 노예제와 인종차별정책은 도덕적으로 유해한 것입니다. 그것들은 도덕적으로 그릇된 것입니다.

로즈 : 피터 교수님, 당신이 말씀하고자 하는 취지에 부합된다고 생각되는 예를 하나 들어보겠습니다. 제 큰아들이 친구에게 일요일에 빈방을 청소하는

---

25) 의무(duty), 책무(obligation). 요구되는 또는 마땅히 행해야 할 일정 행위들로서 철학적 논의와 일상의 논의 모두에서 사용된다. 양자간의 엄격한 구분은 쉽지 않다. 일반적으로 책무는 보다 추상적인 주장들(예; '의무의 원칙들'에 대해서보다는 '책무의 원칙들'에 대해서 언급하기가 더 용이할 것이다.)에, 의무는 보다 구체적인 요구들(예; 환자의 체온을 재는 것은 간호사의 책무라고 하기보다는 의무라고 하는 편이 보다 자연스럽다.) 하지만, 거의 모든 상황에서 이 용어들은 서로 바꾸어서 사용된다.

것을 돕기로 약속했지요. 그런데 그 약속 바로 전날 밤 다른 친구로부터 다음 날 열리는 큰 축구경기 무료 입장권을 주겠다는 전화가 왔어요. 그 애는 그 돕는 일을 취소하기를 원했어요. 그래서 우리는 대화를 했지요. 저는 아들에게 약속을 지키라고 말했으며 약속을 깨는 것은 옳지 않다고 일러주었지요. 더욱이 그 약속한 아들 친구는 아들의 도움이 꼭 필요한 상태였지요.

소피아 : 로즈는 늘 자녀들에게 아주 좋은 영향을 끼쳐왔으며 참 훌륭한 어머니입니다. 그리고 저에게는 참 좋은 친구이기도 하지요.

로즈 : 저는 항상 다른 사람들에게 관심을 기울이는 것, 다른 사람들이 어떻게 느끼고 있는지 아는 것이 중요하다는 것을 느끼고 있어요. 저는 그것을 자녀들에게 가르치고자 노력하고 있어요.

피터 : 이 이야기는 우리에게 도덕적 상황에 관한 흥미로운 또 다른 무언가를 보여 준다고 생각하지 않으십니까? 로즈부인은 그녀의 아들이 옳은 것을 행하기를 원했으며 아들이 친구를 도와야 할 좋은 이유가 있다고 생각한 것이지요. 아들은 약속을 했고 그것을 지켜야만 마땅하다. 그리고 만일 아들이 약속을 지키지 않는다면 다른 사람을 마음 상하게 만들 것이라는 점이죠. 아들은 친구를 도와야 할 두 개의 강한 **도덕적인** 이유들을 갖고 있었지만, 그 자신의 쾌락, 즉 그가 하고 싶었던 그것은 그러한 도덕적 가치들보다 덜 중요하다고 판단되었던 것이지요.

사라 : 그러나 만일 가족중의 한 사람이 그날 아들의 도움이 필요했다면 어떻습니까? 혹은 다른 친구가 어려움에 빠져 그의 도움을 필요로 하는 경우가 생겼다면, 어떻게 해야 합니까?

피터 : 그럴 경우는 도덕적 결정 과정이 더욱 어려웠을 것입니다. 그런 경

우는 흔히 일어나지요.

보브 : 랜솜씨는 내내 우리가 내린 원래의 정의와 지금 말하고 있는 것들과 어떤 관계가 있는지 알고 싶어하는 것 같아요. 그렇지요?

랜솜 : 맞아요. 아시다시피 우리는 윤리를 우리가 가치 있게 여겨야 할 것에 관한 사회적 기대라는 관점에서 정의하고자 했었지요.

피터 : 저는 상황을 되레 혼란스럽게 만들게 되지 않나 걱정스럽습니다. 하지만 현재로서는 한 두 개 분명히 해야 할 점들이 있습니다.

보브 : 계속하시지요. 흥미진진한데요.

피터 : 이제까지, 저는 윤리(ethics)와 도덕(morality)이란 용어를 구분하지 않고 사용해왔어요. 하지만, 우리가 이 용어들과 파생어들의 용례에 대해서 주의해야할 중요한 이유들이 있습니다. "사회의 기대"라고 하는 맨 처음에 가졌던 윤리에 대한 준거를 상기해 보세요. 분명히 말해서 윤리는 어떤 방식으로 우리의 사회적 삶을 포함하고 있지만 사회가 우리로부터 기대하는 것에 대해서 단지 충순(忠順)하는 것을 뜻하는가요? 확실히 말해서 윤리는 그것보다 더 도전적인 것입니다. 사실, 철학자들은 윤리를 그들이 "도덕(morals)"이라고 부르는 것과 조심스럽게 구별하곤 하는데, 그것은 바로 양자가 동일한 유형의 가치를 두고 말하는 것이긴 하지만, 도덕(morals)은 무비판적인데 반해서 윤리는 관련된 쟁점에 대한 비판적 검토라는 근거에서 그렇게 하는 것입니다. 이것이 "윤리"와 "도덕"을 구별하는 한 방법입니다.[26] 윤리는 사회가 기대하

---

26) 이외에도 윤리와 도덕을 구별하는 다른 관점이나 방법이 있다는 점에 유의할 필요가 있다. 이를테면, 플라톤의 『에우티프론』에 나오는 예나, 헤겔의 도덕성과 인륜의 경우를 보라. 양자는 역전되어 있다. 소크라테스에서 시작해 칸트의 도덕에서 그 정점을 이르는 도덕은 개인적이고, 반성적이고, 합리적인 것인데, 소크라테스 이전 그

거나 도덕으로서 가지고 있는 것을 당연시하지 않습니다. 윤리는 우리로 하여금 스스로 반성할 것을 요구합니다. 이런 토대 위에서 우리는 적어도 윤리학이란 도덕에 관한 철학적 검토라고 말할 수 있는 것입니다.

소피아 : 교수님이 윤리학이 철학적인 것이라고 말할 때, 그 의미는 무엇인가요?

피터 : 우선, 제 뜻은 "윤리학은 주어진 맥락에서 도덕적인 것으로 간주되는 것을 단지 기술하는 것이 아니다."라는 것입니다. 그것은 사회학이나 역사와는 다른 것입니다. 윤리학은 어떤 사람들이 왜 그러한 도덕적 신념을 지니는가를 설명하고자 노력하지 않습니다. 만일 그렇다면 윤리는 이를테면 심리학과 같은 사회과학의 하나로서 연구되어지는 것입니다. 생물학자조차도, 적어도 사회생물학자들은 우리의 도덕적 욕망이나 감정들이 우리의 진화적 발달의 산물들로 설명될 수 있다는 그런 방식을 보여주는데 관심을 갖습니다.

소피아 : 저는 사회심리학 서적을 읽은 적이 있습니다. 아주 재미있었지요.

피터 : 하지만 철학자들은 도덕을 비판적으로 검토하는데 있어서 상이한 유형들의 질문들을 던집니다. "도덕이란 무엇인가?" "우리는 왜 도덕을 가지는가?" "도덕적 판단을 내린다는 것은 무엇인가?" 사실, 우리는 지금 이런 쟁점들을 검토해오고 있기 때문에, 우리는 모종의 **철학을 하고 있는** 셈입니다. "도덕판단의 토대는 무엇인가?" "그것들은 객관적인가?, 주관적인가?" "우리는 왜 도덕적이어야 하는가?" 그리고 특히 우리의 현재 목적을 놓고 말한다면, 개인들이 윤리적으로 각기 상이한 상황에 직면하고 있다고 느낄 때, 대체

리스 도시국가에 가장 잘 나타나는 인륜(윤리)은 자연적 관습이나 전통, 습관, 양육에 의해 지배받는 행위였다. 박장호(역) 『맑스와 윤리학』(백의, 1998), p.33. 참조. 후자의 인륜은 물론 윤리학(ethics)의 연구대상이 된다.

도덕적이란 것은 무엇인가? 그리고 사회가 도덕적인 것으로 **간주하는 것**이 곧 도덕적인 것이 **아닐 수** 있는 것입니다. 이것이 바로 윤리적 성찰이 비판적이며 자립적인 이유인 것입니다. 그것은 여러분에게 사회의 가치들을 무비판적으로 따르지 말 것을 요구합니다. 윤리는 액면 가치를 취하지 말 것이며, 사회적 기대들에 대해서 비판적으로 성찰할 것을 촉구하는 것이지요. 제가 혼자서 너무 많은 것을 이야기했지요?

소피아 : 아닙니다. 절대 아닙니다. 저는 이 모든 것들이 너무 재미있습니다. 다른 분들도 마찬가지일 것이라고 확신합니다. 제가 얼마나 재미있게 들었는지는 제가 정리하는 바를 들어보시면 알 것입니다. 첫째, 하나의 가치 분야로서의 윤리는 어떤 의미에서는 개인적인 것입니다. 더욱이, 도덕판단이란 어떤 사태를 단지 기술하는 것이 아니라 **처방하기** 때문에 그렇습니다, 맞지요? 도덕판단은 우리가 마땅히 할 바를 말해주는 것이며, 그것은 어떤 것을 행함에 있어서 그에 대한 우리의 개인적 욕망이나 혐오를 표현하는 것입니다. 말하자면, 그것은 우리 자신들을 스스로 "믿고 따를 것(commitment)"을 요구하는 것입니다. 둘째, 윤리는 비판적이며 자립적이며, 당신이 말한 것처럼 철학적인 것입니다. 그것은 도덕을 합리적으로 검토합니다. 자 어때요?

마크 : 윤리는 어떤 특정 유형의 가치들만을 고려 대상으로 삼습니다. 특히 "다른 사람들에 대해서 행하는 방식에 영향을 끼치는 가치들" 말입니다. 그래서 윤리는 우리 행위들의 가치를 개인적이며 철학적으로 검토하는 그것입니다.

피터 : 좋습니다.

보브 : 하지만 한 가지 좀 걸리는 게 있어요.

피터 : 말씀하세요.

보브 : 윤리가 자립적이며 개인적이라고 강조하는 것 말씀입니다. 만일 윤리적 성찰을 깊이 하고 있는 어떤 사람이 사회의 가치를 반드시 받아들일 필요는 없는 것이라면, 그는 오로지 자신에게만 응답하는 사람이 아닌가요?

사라 : 그게 어찌 문제가 된단 말씀입니까? 우리는 모두 각자 개인인 걸요. 나에게 옳은 것이 필연적으로 당신에게 옳은 것은 아닙니다.

보브 : 그렇다면, 그것은 우리의 개인적 윤리적 판단을 주관적(主觀的)인 것 혹은 자의적(恣意的)인 것으로 만들지 않는가요? 윤리가 개인적 성격을 갖는다는 것 자체가 문제가 됩니다.

피터 : [웃으면서] 나는 당신을 모셔다 제 윤리학 강의를 맡겼으면 합니다. 참으로 훌륭한 질문입니다. 윤리의 "개인적" 성격에 관해서 좀더 생각하는 시간을 가져 봅시다. 우리는 여기에 매우 조심스러워야 합니다. 이제껏 윤리가 개인적이라고 말한 것은 **어떤 의미**에서 였나요?

소피아 : 윤리가 개인적인 이유는 우리가 가치판단에 있어서 사물을 비-개인적으로 기술하지 않기 때문입니다. 우리는 자신들에게 믿음을 다짐하는 것이기 때문입니다.

안토니 : 그리고, 윤리에 있어서는 우리가 사회의 표준들을 단지 용인하는 것만은 아닙니다. 남자들이라면 독자적으로 생각해야 합니다.

엘리스 : 여자들도 그렇겠지요?

안토니 : 죄송해요, 여보.

보브 : 하지만 윤리적 판단은 한 의미에서는 철저히 개인적일 수 없습니다. 우리는 도덕적 관점이 우리에게 다른 사람들을 고려할 것을 요구한다고 말해 왔습니다. 기억하시지요, "다른 사람에게 행하라…"는 말 말입니다.

로즈 : 바로 그것입니다. "다른 사람들을 배려하라. 자신에 대해서만 생각하지 마라."

피터 : 그렇다면, 윤리적 판단이 아주 비-개인적인 의미가 반드시 존재하는 것입니다. 철학자들은 때때로 도덕적 관점에서 나는 다른 사람들의 이익들을 나 자신의 이익과 동등하게 고려해야 하기 때문에 윤리적 판단은 **공평성**(impartiality)을 필요로 한다고 주장합니다. 예를 들면, 만일 내가 불필요한 고통을 받지 않을 수 있는 권리를 가지고 있다면, 다른 사람들, 그들이 나와 같은 한, 또한 나와 똑같은 권리를 가지고 있는 것입니다. 다시 말해서, 내가 윤리적으로 사고할 때, 나는 어느 정도 사물을 공평하게 판단해야만 하는 것입니다.

보브 : 그래서 윤리의 개인적 성격은 그것을 주관적이거나 자의적(恣意的)이라고 비난하지 않습니다.

피터 : 아닙니다. 그게 그래서 그런 것이 아닙니다. 이 점은 우리가 윤리적으로 성찰하고자 할 때 우리가 준거로 삼는 "원리의 종류"와 "윤리적 추론의 성격"과 관계되기 때문입니다.

사라 : 저는 윤리는 주관적이라고 생각합니다. 어느 누구도 나에게 내가 해야 될 바에 대해서 명령할 권리가 없습니다. 저는 아직도 나에게 옳은 것이 필연적으로 당신에게 옳은 것은 아니라는 생각에는 변함이 없습니다.

피터 : 저는 당신이 말씀하시는 것 중에 참된 부분이 있다고 봅니다. 하지만 또한 당신의 진술 중에는 크게 잘못 나간 부분도 있다고 생각합니다. 당신이 저를 오후 6시에 만날 것을 약속하고 별 뚜렷한 이유 없이 약속을 지키지 못했다고 가정해 봅시다. 나중에 나는 당신이 당신의 약속을 지키지 못했기 때문에 당신에 대해서 몹시 기분이 언짢아질 것입니다. 저는 당신을 아주 신용 없는 사람이라고 생각할 것입니다. 자 비슷한 상황, **내가** 약속을 하고 지키지 못하는 일이 내일 발생한다고 가정해봅시다. 제가 뭐라고 말할 수 있었을까요? "음, 나에게 옳은 것은 반드시 당신에게 옳지 않은 것이다." 그 때, 당신은 뭐라고 답할까요?

마크 : 저는 익히 다음과 같이 말을 하지요. "당신은 대체 어떤 인간인가요?" "당신이 어제 일로 나를 비판했었는데, 바로 그런 짓거리를 당신이 하고 있잖아요? 당신은 엉터리 같은 사람, 일관성 없는 사람입니다."라고 말이죠.

사라 : 하지만, 당신이 다른 중요한 일이 생겨서 나와의 약속을 어기게 되었다면 어떻게 되나요?

피터 : 그러면 다른 상황이 될 것입니다. 이러한 예에 근거해 본다면, 순전히 일관성(consistency)의 관점에서 우리는 유사한 상황들에 놓인 **모든 사람들**(everyone)에게 똑같은 윤리적 판단을 내려야 할 것으로 보입니다. 철학자들은 때때로 이를 **보편화 가능성**(universalizability)이라고 부릅니다. 관련된 도덕 원리들이 우리 모두 각각에게 평등하게 **적용**됩니다. 따라서 상이한 사람들이 유사한 상황들에 처할 때, 나에게 옳은 것은 또한 당신에게도 옳다는 중요한 의미가 존재하는 것입니다.

사라 : 그 점을 고려하겠습니다. 하지만 교수님은 제 말에도 일리가 있다고 말씀하시지 않았습니까?

피터 : 제 말씀은 이렇습니다. 우리 각자의 생활이 때때로 아주 다르지요. 그래서 도덕 규칙과 원리들이 우리를 다른 방식으로 관계 지웁니다. 예를 들어보겠습니다. 어떤 사람들은 도덕성의 기본 요건은 자신이 행할 수 있는 가능한 많은 선행을 세상에 펼치는 것이라고 생각합니다. 만일 우리 능력과 이해관심이 아주 다르다면, 이 아주 일반적인 원리가 갖는 도덕적 결과는 나에게 요구되는 도덕적 요건은 당신에게 요구되는 그것과 다를 수 있다는 것을 의미합니다. 이르자면, 우리가 선행을 할 수 있는 똑같은 기회를 가지고 있는 것은 아닐 수 있지 않겠습니까?

안토니 : 하지만, 피터 교수님. 당신은 윤리는 우리가 스스로 결심하는 것이라고 말씀하지 않았던가요? 다른 어느 누구도 나 대신 나의 결정을 내릴 수 없지요. 그렇다면 이 말은 윤리를 주관적인 것으로 만드는 것이 아닌 지요?

보브 : 그리고 자의적으로도 말예요?

피터 : 좋은 질문입니다. 저의 대답은 윤리란 기실 어느 정도 주관적이라는 것이지요. 그러나 저는 윤리가 자의적일 수밖에 없다고는 생각하지 않습니다. 당신이 아시다시피, 정신의 독립성, 자신의 판단을 내리는 것, 그리고 자신의 관점을 갖는 것-이들 중 어느 하나도 자의성을 필연적으로 내포하는 것은 아닙니다. 바꿔 말하자면, 윤리는 그것이 "완전히" 주관적이지 않는 한, 자의적일 필요는 없다는 것이지요. 도덕 추론에 활용되는 도덕 규칙과 원리들이 존재하는 한, 윤리는 완전히 주관적이지 않습니다. 저는 윤리에 대한 건전한 이해는 판단에 있어서 상당한 정도의 객관성을 강요한다는 것을 논증하고자 합니다. 모름지기 저의 논지를 보다 명료하게 할 수 있는 한 방법은 제가 근자에 새삼스럽게 열정을 갖게 된 것-위대한 미국인의 오락인 야구-으로부터 한 예를 드는 것입니다.

사라 : 자, 우리가 말할 차례입니다.

랜솜 : 좀 진정하시지. 피터 교수님, 계속하시지요?

피터 : 심판의 경우를 예로 들어봅시다. 그는 자신이 보는 바에 따라서 판정을 할 수 있는 권리를 가지고 있지요, 그렇지 않습니까?

사라 : 흐-음, 삼척동자도 아시는 말씀!

피터 : 동시에, 여러분은 심판의 콜이 정확하리라고 기대하시겠지요. 설령 그의 판정이 어떤 의미에서는 주관적이거나 개인적이라 할지라도, 그것들은 자의적인 것이 아니지요. 그의 판정을 사정(査定)하기 위한 객관적 표준-즉, 심판만의 것도 아니고, 우리들의 것도 아니고 모든 사람들의 측정기준-이 존재합니다. 물론 제가 주로 염두에 두고 있는 것은 스트라이크존입니다. 저는 감히 야구에 있어서 모든 다른 판정에 대해서도 "올바름"의 표준이 존재한다고 말씀드리는 것입니다.

사라 : 하지만, 이의제기가 있잖아요. 심판 판정에 대한 항의라는 것이 있지 않습니까? 야구 시합 때 감독들이 나와 뒷짐지고 코를 내밀면서 말싸움하는 것 말예요.

피터 : 스트라이크와 볼에 초점을 맞춰봅시다. 심판의 판단-스트라이크 판정이나 볼 판정-은 어떤 이유와 증거에 의한 즉, 객관적인 어떤 것에 의해서 나오는 것이라 생각됩니다. 아주 간단히 말해서, 공이 스트라이크존안에 들어온 것인가, 아니면 바깥으로 들어온 것인가? 이 질문은 심판 측의 순전한 자의성 개입의 여부를 점검하는 정확성을 위한 객관적 표준이 존재하기 때문에 의미가 있는 것입니다. 심판 자신의 시각은 그의 판정의 올바름의 한 요소입

니다. 이것이 바로 이의제기가 발생하는 이유이지요. 하지만, 다행스럽게도 포함되는 또 다른 요인이 있지요-심판의 판정이 증거(던져진 곳)에 비추어, 그리고 주어진 표준(스트라이크존)에 비추어 합당한가(reasonable)의 여부입니다.

보브 : 아주 시사하는 바가 많습니다. 그렇다면, 당신에게 있어서 윤리에서의 개인적 판단은 심판의 판정과 유사하다는 것이군요.

피터 : 그와 같은 것이지요. 때때로 공이 가운데, 무릎 위, 어깨 밑으로 들어오는 경우가 있습니다. 이 때 판정은 명백하고 어느 누구도 이의를 제기하지 않지요.

보브 : 아무런 이유도 없는 학대도 마찬가지지요.

안토니 : 또는 노예제.

소피아 : 또는 강간.

마크 : 또는 살인.

피터 : 때때로 공은 코너 가까이, 낮게, 바깥쪽으로 빠지기도 합니다. 심판은 힘든 판정을 내려야 합니다.

소피아 : 임신 중절과 같은 경우이지요.

로즈 : 또는 안락사.[27] 제 친구 아버님은 말기 환자로 아주 어려운 지경에

---

27) 安樂死 euthanasia. mercy killing. 죽음을 고통 없이 맞도록 인위적 조치를 가하는 것으로 적극적인 경우와 소극적인 경우가 있다. 전자는 불치환자의 육체적 고통이

놓여 있지요.

피터 : 윤리는 어떤 쟁점에 대한 개인적 신약을 포함하고 있기 때문에, 윤리는 다소 주관적입니다. 그것은 관점을 수반하기 마련입니다. 하지만, 만일 윤리가 진정으로 철학적이라면, 그 판단을 정당화할 이성과 증거에 호소해야만 합니다. 로즈씨가 내놓은 예를 봅시다. 우리는 문제의 질환에 대해 명백한 사실들을 수집해야 합니다. 의학적으로 회복 가능성이 있는가? 하지만 그리고 나면 우리는 자율성(자기결정), 고통의 경감, 생명 자체의 가치 등과 같은 가치들의 경중을 따져야 합니다.

로즈 : 우리가 해야 될 일에 대해서 우리가 어떻게 확신할 수 있나요? 무엇이 옳은 일인지 우리가 어떻게 알 수 있나요?

피터 : 잘 아시겠지만, 이미 오래 전에 아리스토텔레스는 윤리는 이성과 증거에 호소해야 한다고 확신했지요. 하지만, 그는 어느 정도까지 윤리학이 과학적 객관성에 이를 수 있는지에 대해 질문을 받았어요. 그는 대답하기를, 윤리학은 그것이 비록 꼭 부합되는 것이 아닐지라도 과학인 것은 분명하다는 것이었어요. 그는 윤리학이 이성과 경험(이것이 그것을 과학으로 만드는데)에 의해 옹호되는 결론을 추구하지만, 그 주제의 성격, 즉 인간의 삶에 의해서 제한된다고 주장했지요. 인간들의 경험이 다양하고 애매하기에, 인간사에 관한 그 어떤 과학도 정확하다거나 논쟁으로부터 자유로울 수는 없는 것이지요. 그것들은 공통적으로 다양한 관점들로부터의 상이한 대답을 불러오게 됩니다.

소피아 : 아주 지당한 말씀입니다. 지금 우리들을 보세요.

격심할 때 독극이나 기타 방법으로 빨리 죽을 수 있는 처치를 취하는 것이며, 후자는 불치의 난병 치료를 중지하거나 회복불능으로 의식불명인 사람의 인공연명처치를 중지하는 것을 말한다. 최근 윤리학계에서는 수동적 안락사가 능동적 안락사보다 더 많은 지지를 받고 있다.

피터 : 아리스토텔레스는 연구 대상이 허락하는 한도만큼 확실성을 기대할 수 있을 뿐이라고 생각했습니다. 바꿔 말하면, 윤리적 반성에서 수학적 확실성을 기대하지 말라는 것입니다. 윤리는 어느 정도 부정확성을 가질 수밖에 없습니다. 하지만 만일 누군가가 이 부정확성을 가능한 한 최소화하고, 추론과 경험의 객관적, 냉정한, 무사한 표준에 의거한 판단이 되게 하자면, 그는 자신의 결론이 철학적으로 건전하고 자의성으로부터 자유롭다고 주장할 수 있는 권리를 가지는 것입니다. 그는 자신의 결론을 합리적으로 믿을 수 있는 권리를 갖는 것입니다.

엘리스 : 그래서 윤리는 아주 개인적인 것이며, 개별적 전망들의 사건으로 치부되지 않는, 독자적인 사고의 결과일 수 있다는 말씀이지요?

피터 : 그렇습니다.

보브 : 그렇다면 이제 우리 어쩔까요? 앞서 말씀하신 것들을 좀 종합 정리해 주실 수 없나요? 윤리란 무엇인가요? 교수님, 당신의 정의를 말해 주시겠습니까?

피터 : 제가 보기에 아주 잘 내려진, 유구한 전통의 정의가 있습니다. 즉, **"윤리는 도덕적으로 좋은 행위와 도덕적으로 나쁜 행위를 이루는 것이 무엇인가에 대한 철학적 검토이다."** 윤리는 인간 행위의 도덕적 가치에 초점을 맞추는 바, 그것은 다른 가치들과의 차이이지요. 윤리에 대한 건전한 정의는 두 필수적 요소들을 포함합니다. **첫째,** 인간 행위에 관한 궁극적 이유나 원리에 대한 합리적이거나 비판적인 검토, 즉 철학적 검토입니다. **둘째,** 행위의 가치 (바람직함이나 바람직하지 못함)에 관한 것입니다. 윤리는 하나의 가치 영역이기 때문에, 개인적 판단이 포함됩니다. 그러나 이성과 증거가 활용되기 때문에 그리고 도덕적 이유는 전형적으로 어느 정도의 타자에 대한 관심을 표현하기

에 윤리가 "비-개인적"이거나 "공평한" 것이라는 중요한 의미가 있는 것입니다. 사실, 제가 이해하는 바로는 선한 행위와 악한 행위의 관념은 전형적으로 도덕적 관점, 혹은 우리의 행위가 다른 도덕적으로 의미 있는 존재의 삶들에 어떻게 영향을 미치는가의 관점에서 이해되는 것입니다. 이 정의는 또한 무엇이 윤리가 아닌지를 가려주며, 그리고 윤리를, 사회가 우리에게 선한 행동과 나쁜 행동에 관해서 일러준 것을 다소 무비판적으로 수용하는 도덕(*morals*) (또는 원규 *mores*)[28]과 명료하게 구별지어주는 이점을 갖습니다.

마크 : 저는 한 가지 의문이 남아 있습니다. 교수님이 윤리적인 것과 도덕적인 것에 관해서 말씀하셨고, 우리는 에티켓과 타산적 사려에 대해서도 언급했습니다. 그렇다면 이제 법적인 것은 무엇입니까? 아시다시피, 저는 회사법을 전공하여 밥 먹고 있지요. 저는 매일같이 사람이 준수해야 할 단 하나의 표준은 민법(the civil law)이라고 믿는 사람들을 상대하고 있습니다. 그들의 견해는 "만일 그것에 반하는 법률이 없다면, 그것은 모두 옳아야 한다."는 것입니다. 이런 유형의 생각을 가지고 있는 분들에 대해서 어떻게 답해야 할까요?

안토니 : 아주 간단하지요. 인종 격리(segregation)는 한때 미국에서 법적으로 허용되었죠. 하지만 시간이 지나면서 사람들은 이런 부정의(不正義)한 관행에 대해서 저항하기 시작했습니다. 불공정한 법률이었습니다. 그리고 그것들은 윤리적으로 그릇된 것이었습니다.

엘리스 : 당신은 윤리를 민법과 똑같이 취급해서는 안 됩니다. 그렇지 않으

---

28) 프랑스어 moeurs, 독일어 Sitten에 해당. 사회에서 도덕적 관계에 의해 유지되는 도덕적 가치를 지닌 관습. 모든 사회제도 법률 도덕은 이것으로부터 발생한다. 원규는 행위 규칙과 유사하지만, 그것과는 달리 사회적 규율을 유지하기 위한 방법을 말하는 것이 아니라 특정 사회, 사회집단, 계급 또는 지역사회에 전형적인 행위의 내용을 가리킨다는 점이 특징이다.

면, 킹 목사와 간디처럼 기성 상황(the status quo)을 뒤엎기를 바라는 사람들은 언제나 그른 것이 될 것입니다.

보브 : 저는 윤리가 보다 상위의 권위를 행사해야 한다고 생각합니다. 왜냐하면 우리는 법의 건전성을 판단할 필요가 있습니다. 만일 윤리가 실제로 비판적이라면, 사람은 사회의 성문법을 액면 그대로 받아들일 수 없을 것입니다. 낙태, 안락사와 포르노와 같은 그런 문제들을 둘러싸고 논쟁이 벌어지는 이유가 바로 여기에 있다고 생각합니다.

피터 : 저는 사람들의 윤리적 사고가 점차 성숙해지고 깊이를 더해감에 따라서, 법과 관습을 바꿔야 한다는 요구가 종종 발생한다고 봅니다. 때때로 민법에 담겨진 윤리적 결함이 사회적 주의를 끌어 시민 불복종으로 이어지는 경우도 있습니다. 이상적으로 우리는 우리들의 법과 윤리적 전망들이 일치되기를 바라지만, 때때로 그렇지 않습니다…

사라 : 글쎄, 이것은 아주 음…

소피아 : 철학적인 문제라 말이지?

사라 : 그래, 그래, 너무 골머리를 아프게 한단 말이야. 그런데, 벌써 산 속에서의 이른 새벽이 어떻게 오는지가 궁금해지기 시작한단 말이야.

랜솜 : 죄송합니다. 이제 취침할 시간이긴 하지만, 제가 한 가지만 더 말씀드리면 안될까요? 지금까지 이야기를 잘 들어왔습니다. 그리고 저는 우리 모두 잘못된 길로 들어서지 않기를 바라지요. 대체 이런 일들을 두고 하나님은 뭐라고 말씀하실까요? 우리는 우리가 어떻게 행동해야 하는지에 대해서 이야기하고 있는 중이고, 가치에 관해서 이야기를 나누고 있지요. 하지만 만유(萬

有)를 창조하신 하나님과 우리에게 모범이 되신 예수님에 대해서 누구도 말씀을 꺼내지 않았습니다. 소피아, 당신은 성직자라는 사람이 아닌가요? 제 말뜻을 알겠지요?

소피아 : 당신은 유니테리언 교파에 대해서 잘 알지 못하는 것 같군요. 굳이 당신이 정체를 밝히라면, 인간주의자라 하겠습니다.

랜솜 : 바로 그것입니다. 이 따위 모든 것들이 저에게는 아주 이교도적이고, 세속적인 인간주의처럼 들립니다. 만일 당신이 내 견해를 말하라고 한다면, 인간주의적 윤리학이란 죄악이라는 것입니다. 그것이 바로 제가 대학에서 윤리학 강좌를 들었을 때 생각했던 바이지요. 그것은 사탄이 인간을 속여서 인간은 인간으로 충분하다, 인간은 하나님 없이도 살아갈 수 있다고 생각하게끔 만들었던 그러한 술수와 다른 것이 아닙니다. 저의 기독교 신앙이 그것이 거짓이며, 망상임을 일러줍니다. 옳은 행위는 인간이 결정하는 그 어떤 것이 아닙니다. 인간의 삶은 그렇게 결정될 수 없는 아주 소중한 것입니다. 인간이 어떻게 살아야만 하는가는 오로지 하나님만이 명할 수 있습니다. 하나님이 옳다고 말씀하시는 것은 옳은 것입니다. 하나님이 그르다고 말씀하시는 것은 그른 것입니다. 당신들은 도덕규범과 법이 윤리와 다르다고 말씀들 하십니다. 저는 윤리는 우리 각자 모두에게 하나님이 명하시는 바에 대한 앎보다 덜 중요하다고 말씀 드리는 바입니다.

피터 : 글쎄요. 아마 랜솜씨는 철학적인 것으로서의 윤리와 그리고 종교 사이에는 어떤 갈등이 필연적으로 존재한다고 가정하는 것 같습니다. 나는 그러한 가정에 대해서 쉽게 이해가 가지 않습니다. 아마 윤리적 성찰과 종교적 도덕은 중요한 부분들에 있어서 아주 양립 가능할 수 있을 것입니다. 그것들은 단지 도덕적 문제들을 **접근하는 방식**이 다릅니다. 그것들은 각기 상이한 유리한 입지나 출발점에서 시작한다는 것입니다. 하지만 그것들의 결론은 비슷할

것입니다. 다시 말해서 그것들은 그들의 방법에서의 차이만큼 결론에서의 차이는 나지 않을 듯 싶습니다.

소피아 : 음, 기필코 그게 뭔지 알아내야겠는데… 나는 나의 윤리적 결론들이 설교단을 쾅쾅 내려치는 그런 사람들과 다르다는 것을 알고 있지요.

로즈 : 소피아, 그건 좀 예의에 벗어나지 않니?

소피아 : 그리고 저는 여기에 모인 분들이 스스로 생각해 보시기를 권해 봅니다. 우리는 **각자마다** 자유롭게 체계적인 진리를 찾겠다는 다짐을 했지 않았나요?

피터 : 랜솜씨의 문제제기는 중요한 것입니다. 만일 여러분들이 흥미를 느끼신다면, 내일 저녁에 논의합시다. 지금 저는 잠시 걸으면서 바람이 전하는 솔잎의 이야기들을 듣고 싶어요.

사상가들의 담론

아테네 남성들이여, 나는 당신들을 존경하며 사랑합니다. 하지만 나는 당신들보다는 신에게 복종할 것입니다. 나에게 목숨이 붙어 있고 힘이 있는 한, 나는 철학을 실행하고 가르치는 일, 그리고 내가 만나는 사람마다 나의 방식을 따르라고 권하는 일을 그만 두지 않을 것입니다. 나의 친구들인 당신들-위대하며 강력하고 지혜로운 도시, 아테네의 시민들-은 최대의 돈과 명예와 평판을 쌓으면서도, 지혜와 진리 그리고 영혼의 최대 향상에 관해서는 무심한 것이 부끄럽지 않습니까? 만약 나와 논쟁을 벌이는 사람이 "그렇소. 하지만 나는 상관하지 않소."라고 말한다면, 내가 그를 떠나거나 그가 그의 갈 길을 가도록 내버려두지 않는다. 나는 그와 의문을 나누고 그를 시험하며 요리조리 검토한다. 그리고 만일 그가 어떤 미덕도 가지고 있지 않으면서도 그가 가졌다고 대답할 뿐이면, 나는 그의 가치에 비례해서 그를 비난합니다.

Plato, 『변명』

지금 뿐만 아니라 언제나 나는, 검토해보면 나에게 최상인 것 같은 그 주장에만 귀를 기울이는 그런 사람으로서, 우리는 그러므로 우리가 이런 식으로 행동해야 하는지 아닌지를 고찰하지 않으면 안 됩니다.

Plato, 『크리톤』

그렇다면 우리는 그런 주제들에 대해서 그리고 개략적으로 진리임을 암시하는 그런 전제들을 가지고 언급하는 것에서, 그리고 단지 대부분 참인 것들에 대해서 그리고 진배없는 결론에 이르는 그런 종류의 전제들을 가지고 언급하는 것에서 만족해야 합니다. 그러므로 동일한 취지에서, 각각의 진술 유형은 받아들여져야 합니다. 왜냐하면 주제의 성격이 허용하는 한도에서 각 사물의 부류에 있어서의 정확성을 추구하는 것이 교육받은 사람들의 특징이기 때문입니다. 수학자로부터 개연적 추론을 받아들이고 수사학자로부터 과학적 증명을 요구하는 것은 마찬가지로 어리석은 것이 명백합니다.

Aristotle, 『니코마코스 윤리학』

이렇듯 인간학은 인간의 실제적 행동을 관찰하며 그 행동이 준수하는 실천적이며 주관적인 규칙들을 정식화하는데 반해, 도덕 철학은 옳은 행위 즉 마땅히 행해져야 할 것에 관한 규칙들을 정식화하고자 할뿐이다. 그것은 논리학이 정신의 올바른 사용을 위한 규칙들로 구성되는 것과 마찬가지이다. 우리가 어떤 것이 있어야 한다고 말할 때, 우리는 한 가능한 행동이 선한 상태일 수 있다는 것을 의미할 때, 그것은 의지의 온당한 사용을 위한 규칙들을 포함하는 것이다.

Immanuel Kant, 『윤리학 강의』

관습적 도덕과 반성적 도덕간의 지적인 구분은 명확하게 지어진다. 관습적 도덕은 행위의 표준과 규칙을 조상들의 습관에 두는 것이며, 반성적 도덕은 양심이나 이성에 혹은 사고를 포함하고 있는 어떤 원리들에 호소하는 것이다. 이 구분은 그 정의만큼이나 중요하다. 왜냐하면 도덕에 있어서 중심(重心)을 이동시키기 때문이다. 그럼에도 불구하고 그 구분은 절대적이라기보다는 상대적인 것이다. 어느 정도의 반성적 사고는, 사회적 상습과 용례에 큰 부분을 기초삼는 체계들에 때때로 관여되어 있다. 그런 가하면 동시대의 도덕에는, 비판적 판단의 필요성이 최대로 절실한 때조차도 단지 사회적 관례에 순응 할뿐인 아주 많은 행위들이 존재하는 것이다.

John Dewey, 『도덕 생활의 이론』

도덕의 그 존재 이유는 모든 이들이 자기-이익을 추구하는 것이 모든 이들에게 해가 될 그런 경우들에 있어서, 자기-이익을 지지하는 이유들을 위압하는 이유들을 제공하는데 있다.

Kurt Baier, 『도덕적 관점』

그건 하찮은 물음이 아니라고 소크라테스는 말했다. 우리가 지금 이야기하고 있는 것은 사람은 어떻게 살아야 하는가 이다. 바꾸어 말하면, 플라톤은 그에게 그렇게 전하고 있다. 이 주제에 관해 쓰여진 최초의 책 가운데 하나에서. 플라톤은 철학은 그 질문에 대답할 수 있다고 생각했다. 소크라테스처럼, 그는 사람이 자신의 삶을 다시 방향 짓고자 할 필요가 있다면, 철학적인 인식-즉, 일반적이며 추상적이고, 합리적으로 성찰적이며, 다른 종류들의 탐구를 통해서 알려질 수 있는 것에 관심을 두는 그런 인식을 통해서 그것을 방향 지을 수 있기를 희망했다.

도덕 철학의 목적들, 그리고 도덕철학은 진지하게 주목받을 만한 가치가 있을 거라는 어떤 희망들은 소크라테스의 질문의 숙명과 묶여져 있다. 비록 철학 자체는 그에 답하기를 바라는 것이 이성적이 아니라 할지라도 말이다.

Bernard Williams, 『윤리학, 그리고 철학의 한계』

주요 용어와 개념

가치
윤리학　　　　　　　　　　도덕
기술적　　　　　　　　　　처방적
도덕적 관점　　　　　　　　도덕적 이유

공평성   윤리학의 객관성
윤리학의 주관성   도덕과 법

탐구 문제

1. 당신은 도덕을 어떻게 정의하겠는가?

2. 당신이 겪었던 **도덕적** 문제 혹은 딜레마 상황을 진술하시오. 당신은 그 상황이 왜 "도덕적" 상황이라고 생각하는가? 그래서 당신은 어떻게 했는가? 어떻게 그것을 결정했는가?

3. 논란의 여지가 없을 만치 도덕적인, 그리고 논쟁의 여지가 없을 만치 비도덕적인 판단이나 상황의 예를 들어보시오. (당신은 학급 전원이 당신의 예에 동의해야만 하는 것으로 가정해도 좋다. 또한 주의해야 할 것이 있다. 이 물음은 판단이나 상황이 **어떤** 긍정적인 도덕적 의미를 가지고 있는가를 묻는 것이지, 그것이 비도덕적인 것과 대립되는 것으로서 도덕적인지 아닌지를 묻는 것이 아니다.) 자 그러면 논란의 여지가 있는 도덕적 의미를 지닌 상황이나 판단의 예를 들어보시오. 당신의 예에 기초할 때, 당신은 비도덕적인 것과 대립되는 것으로서 도덕적인 것의 본질이 무엇이라고 결론지을 수 있는가? 당신의 결론은 대화에서 제시된 논지와 일치하는가?

4. 왜 우리는 도덕을 지니는가? 도덕의 목적 혹은 기능은 무엇인가? 도덕은 하나 이상의 목적을 가지고 있다고 보는가?

5. 이 질문은 다소 이른 감이 없지 않다. 하지만 어떤 이들이 도덕과 연관된 중대한 철학적 물음이라고 믿는 그것에 대해서 생각해보는 것도 좋은 일이다. 즉, "왜 도덕적이어야 하는가?"

6. 다음의 구분들은 대화 속에서 윤리학의 본질을 명확히 하기 위한 노력과 어떻게 관계되는지를 설명하시오. 사실-가치, 기술적-규범적, 개인적-비개인적, 자기이익-공

평성, 주관적-객관적, 윤리학-도덕, 비판적-무비판적.

7. 야구 유추가 도덕적 추론의 본질을 어떤 방식으로 예증하고 있는지를 설명하시오. 당신은 다른 유추들도 가능하다고 보는가?

추천 도서

Aristotle, *Nicomachean Ethics*, in The basic Works of Aristotle, Richard McKeon, ed., Random House, 1941. 최명관 역.『니코마코스 윤리학』(서광사, 1984).

Baier, Kurt, *The Moral Point of View.*, Random House, 1965.

Dewey, John, *Theory of the Moral Life*, Holt, Rinehart, and Winston, 1960.

Frankena, William K., *Ethics*, 2nd ed., Prentice-Hall, 1973. 박봉배 역.『윤리』(대한기독교서회, 1973).

Hospers, John, *Human Conduct : Problems of Ethics*, 2nd ed., Harcourt race Jpvanovich, Inc., 1982. 최용철 역.『도덕행위론』(지성의 샘, 1994).

Johnson, Oliver, ed., *Ethics : Selections from Classical and Contemporary Writers*, 4th ed., Holt, Rinehart, and Winston, 1978. 윤리학 역사에 관한 독본.

Kant, Immanuel, *Lectures on Ethics*, trans. by Louis Infield, Harper and Row, 1963.

Plato, *The Trial and Death of Socrates*, trans. by G. M. A. Grube, Hackett Publishing Co., 1975. 소크라테스의 성숙된 도덕사상이 잘 나타난다.

Rachels, James, *The Elements of Moral Philosophy*, Random House, 1986. 김기순 역. 『도덕철학』 (서광사, 1989).

Singer, Peter, *Practical Ethics*, Cambridge University Press, 1979. 윤리학의 영역에 관해서 제1장이 도움된다. 황경식·김성동 역. 『실천윤리학』 (철학과현실사, 1991).

Taylor, Paul, *Principles of Ethics,* Dickenson, 1975. 김영진 역. 『윤리학의 기본원리』 (서광사, 1985).

Williams, Bernard, *Ethics and the Limits of Philosophy*, Harvard University Press, 1985.

둘째 마당

윤리와 종교

이튿 날 저녁, 지펴 놓은 모닥불가로 몇몇 사람이 다시 모였다. 철학적인 대화를 좋아하는 보브는 지난밤의 토론이 계속 이어지기를 바라는 눈치였다.

랜솜은 종교를 배제한 도덕적 사고가 타당할 수 있는 것인지에 대해 여전히 의구심을 떨치지 못하고 있다. 그는 도덕적인 선택을 유일하게 보장하는 것은 신의 계시, 구체적으로 기독교뿐이라고 주장한다. 피터 교수는 랜솜의 입장은 철학적으로 '신명설'의 아류라고 설명해 주었다. 피터 교수와 다른 사람들은 이 이론에 대해서 비판을 가한다. 특히, 피터 교수는 윤리는 종교적 신행과는 독립된, 인간 이성의 자율적 영역이라고 주장한다.

보브 : 여보게, 랜솜, 지난 밤 당신이 했던 이야기에 대해서 우리 교수님의 고견을 들어야 하지 않겠나? [랜솜을 대화에 끌어들이고자 부추긴다.]

랜솜 : 아, 그렇군요. 하지만, 저는 저의 개인적인 견해를 가지고 다른 사람들에게 부담 주고 싶지 않아요. 다른 분들도 우리가 지난밤 다뤘던 문제에 대해서 계속해서 이야기를 나누고 싶어하시는지 잘 모르겠어요.

소피아 : 무슨 말씀이세요? 저는 우리가 아주 흥미진진한 토론을 벌였다고 생각합니다. 그래서…

보브 : 그렇다면, 이 자리에 훌륭한 교수님, 그것도 철학을 전공하시는 분이 계시고 하니… 하기야 이처럼 좋은 기회는 흔치 않은데…

사라 : 자, 신의 축복을 받으신 거룩한 랜솜씨, 교수님이 뭐라고 하시는지 들어봅시다.

랜솜 : 글쎄요, 피터 교수님이 뭐라고 하실까요?

피터 : 아니, 랜솜씨가 계속하세요.

랜솜 : 지난밤 여러분들이 이런저런 말씀을 나눌 적에 저는 세상이 온통 **세속적 인간주의**(secular humanism)로 물들어 있구나 하는 생각이 들었어요. 공교롭게도 이 여행을 떠나오기 직전, 목사님이 세속적 인간주의가 오늘날 많은 부정적인 영향을 끼친다고 설교하신지라 더욱 그러했을 것입니다.

피터 : 랜솜씨, 죄송하지만, 사람들은 자신이 동의하지 않는 생각에 대해서 무언가 혹평을 가하고자 할 때 흔히 그런 식으로 표현하시는 것 같아요. 다시 말씀드리면, 마치 자신은 다른 사람들의 잘못된 생각을 드러내 주는 정확한 용어를 사용하고 있기에, 다른 사람들이 참으로 잘못되었다는 것이 공인되는 양하는 표현 말씀입니다. 적어도 당신이 사용하는 그 용어의 의미를 명확히 해주시지 않는다면, 그 모호한 용어는 사실상 무의미하다는 것을 아셔야 합니다. 랜솜씨, 당신이 말하는 "세속적 인간주의"의 의미에 대해서 말씀해주시겠습니까?

랜솜 : 예, 알겠습니다. 아주 간단합니다. 그건 대학 지식인들 사이에서는 크게 만연되어 있으면서도 별반 이의도 제기되지 않는 그런 신념이지요. 저는 어제 밤에도 누군가가 그 비슷한 이야기하는 것을 들었지요. 즉, 인간 삶의 의미는 인간의 정신으로만 이해될 수 있다는 그것이지요. 다시 말해서, 하나님의 도움 없이도 삶의 의미를 깨달을 수 있다는 것이지요. 세속적 인간주의자들은 인간만이 그 자신의 경험을 이해할 수 있으며, 인간 삶의 의의와 목

적을 설명하는데 있어서 하나님의 도움은 필요하지 않다는 것입니다.

소피아 : 하나님을 포함시키지 않는 모든 사고 형태들을 말씀하시는 것입니까? 이를테면, 과학과 같은 것 말예요.

랜솜 : 세상을 하나님의 창조물이 아닌 다른 어떤 것으로 보고, 그것을 연구하는 과학 활동도 일종의 세속적 인간주의일 것입니다. 하지만 제가 특별히 언급하는 세속적 인간주의란, 우리 인간 존재의 목적과 삶의 실천적 과업들을 하나님이 내려주신 것으로 보지 않는 그런 유형의 사고를 가리키는 것입니다.

보브 : 당신은 철학 자체도 세속적 인간주의의 발현이라고 보시는 것 같군요.

랜솜 : 그건 피터 교수님이 어제 저녁에 하신 말씀이 아니던가요? "윤리적 사고는 독립적이며 비판적이다." 우리가 윤리적 결정을 내릴 때 하나님의 의지를 무시해야만 한다는 것처럼 말이죠.

피터 : 잠깐, 당신이 말씀하고자 하려는 것에 대해서 좀 생각해 봅시다. 궁극적으로는 인간 삶의 목적을 설명하는데 종교가 요구된다는 말씀으로 이해해도 될까요? 만일 그렇다면, 그것은 어떤 사람들에게는 지나치게 과장된 가정이며, 따라서 그 사람들은 반대할 것입니다.

소피아 : 교수님은 그들이 그럴 것이라고 아예 장담하시네요. 우리 교회에 나오시는 많은 분들은 전통적인 종교와 무관하답니다. 그 분들은 아주 넓은 의미에서의 "종교"는 생활에서 중요하다고 믿을 것이지만, 유대-그리스도의 전통적 유신론은 거부합니다. 그런데 지금 우리는 종교 일반에 관한 것인가요, 아니면 유신론적 종교에 관한 이야기를 나누고 있는 건가요?

랜솜 : 저는 하나님에 관한 신앙과 인간 삶의 목적에 관해서 이야기하고 있지요.

피터 : 자, 그러면 논의가 제대로 되기 위해서, 랜솜씨의 기독교적 유신론이 우리에게 주는 시사점들에 대해서 생각해볼까요?

사라 : 당신이 말하는 유신론이란 무엇입니까?
[랜솜이 머뭇거리자, 피터 교수가 돕는다.]

피터 : 간단히 말해서, "자연 **위에** 혹은 자연 **밖에**" 존재하는 무한한 힘과 선함을 지닌 인격적 존재에 대한 믿음이지요. 고전적 유신론이 바로 "초자연주의"의 일종인 것은 바로 이런 이유에서이지요. 랜솜씨, 어때 만족하시겠습니까?

랜솜 : 만족합니다.

피터 : 논의의 편의상, 인간 삶의 목적을 설명하는데는 유신론적 종교가 요구된다고 가정해봅시다. 제 생각에는, 설령 그렇다고 가정해도, 윤리가 전적으로 종교에 의존한다거나, 우리가 전에 언급했던 것처럼, 윤리는 종교 도덕으로 귀결된다는 논리가 성립되는 것은 아니죠. 윤리는 인간 행동에 대한 평가를 포함합니다. 이런 의미에서의 종교이든 아니든 간에, 대체 사람이 이러한 일에서 왜 제외되어야 한다는 말인가요?

소피아 : 왜 사람이 포함될 수 없는가 라는 차원에서뿐만 아니라, 왜 사람이 포함되어서는 안 되는가 라는 당위의 차원에서도 말예요? 저는, 착한 마음을 가졌지만, 종교를 가지지 않은 많은 사람들, 이를테면, 불가지론자,[29] 무

---

29) Agnostics. 不可知論. 사물의 본질이나 실재의 참모습은 인식할 수 없다고 주장하고,

신론자, 범신론자[30]들을 포함해서 "신천지" 운운하는 사람들까지 알고 있답니다. 그들은 원리(原理)를 지키는 사람들이며 도덕적으로 올바른 사람들입니다. 저는 텔레비전에 나와서 설교를 하고 그 돈을 자기 주머니에 챙기는 목사보다는 그들을 더 신뢰합니다.

랜솜 : 제가 여기서 죄 많은 목자들까지 감싸고자 하려는 뜻은 추호도 없습니다. 우리 모두는 죄인이지요.

소피아 : 하지만 이들 무신론자와 불가지론자들은 도덕적 결정을 내릴 때 종교적 믿음이 필수적이라고 보는 것 같지 않습니다. 사실, 그들을 접해본 사람들이라면 모두, 그들이 여느 다른 사람들과 조금도 다를 바 없는 도덕적인 사람들이라고 말하지요. 그들 또한 다른 사람들에 대해 배려하며, 공정하며, 자신이 한 말을 지키며, 진리를 사랑한단 말씀입니다.

랜솜 : 그래요? 그렇지만, 잘 보세요. 그 사람들, 당신이 "착한 무신론자들"이라고 부르는 그 사람들은 실제로는 하나님의 뜻을 자기 자신의 욕망과 선택의 근거로 삼는 것에 다름 아니지요. 제 신앙에 의하면, 그게 바로 죄악이

우리들의 경험을 초월하는 모든 문제(형이상학적인 것들)를 거부하려는 입장. 따라서 신과 내세와 영원성 등에 대해 말하기를 거부한다. 신의 존재를 부정하는 무신론(atheism)과는 구별된다. 또 회의론(skepticism)이 보편적인 인식의 성립을 부정하면서도 여러 가지 방도로 결정적인 태도를 보류하는 데 대하여 불가지론은 어떤 의미에서든지 본체적인 것과 현상적인을 구별하여 전자는 지식의 대상이 될 수 없는 것이라 하여 지식을 주로 경험적인 사실의 범위에 한정하려는 태도를 분명히 한다. 이 말은 원래 헉슬리(T. H. Huxley)가 자기의 입장을 구별하기 위해 쓴 것이 시초인데 스펜서(H. Spencer)나 실증론자 등은 이 입장의 대표적인 사람들이며 또 필론(Philon ho Athenai)등 고대의 회의론자나 현상론자, 하밀톤(S. W .Hamilton), 브래들리(F. H. Bradley), 뒤 보아 레이몽(E .H. Du Bois Reymont) 등도 넓은 의미에서 여기에 속한다.

30) pan-theism. 汎神論. 유신론처럼 신과 자연과의 관계를 질적으로 상이한 것으로 보지 않고 자연의 모든 것이 신이라 하고 그 속에 대립을 인정하지 않는 입장. 즉 자연에 '내재적인' 신이다. 스피노자, 괴에테, 셸링 등의 관념론적 사상에 영향을 주었다.

지요, 그것은 아주 중한 죄악이고 말고요.

소피아 : 그건 당신 말씀이지요. 저한테는 종교적 의미의 "죄악(sin)"과 같은 낱말은 무의미합니다.

랜솜 : 죄지은 인간이 하나님의 도움 없이도 무언가를 알 수 있다는 생각은 엄청난 오만입니다. 하나님의 천지창조, 우리가 지금 화제로 삼고 있는 바로 그 가치로운 것들, 그것들은 모두 하나님의 사랑과 지혜에 의해서만이 알 수 있고 깨달을 수 있는 것들입니다. 하나님은 그 자체가 무한 선이며, 우리는 단지 계시를 통해서 그것을 가지게 된 것일 뿐입니다.

소피아 : 랜솜씨, 하지만 당신도 많은 사람들이 세상을 그런 식으로 보고 있지 않다는 것을 인정은 하시는군요.

피터 : 자 여러분, 우리가 지금 커다란 형이상학적인[31] 쟁점을 두고서 일치된 의견을 가지기는 어려울 것입니다. 하지만, 만약에 그 쟁점에 대한 진실이 밝혀진다 가정하고, 그것이 시사하는 바가 무엇인지에 대해서는 생각해 볼

---

31) metaphysics. 形而上學. 『주역』「繫辭」에 있는 "형이상자(形而上者)를 도(道)라 하고 형이하자(形而下者)를 기(器)라 한다."에서 그리스어 metaphysika를 옮기기 위해 따온 말이다. 이는 meta(-뒤에,-를 넘어서)와 physika(자연학 : 천문, 기상, 동식물, 심리 등 포괄)의 합성어이다. 이를 두고 크게 두 가지 해석이 있다. 자연학을 먼저 배우고 모든 존재 전반에 걸치는 근본 원리 즉 존재하는 것으로 하여금 존재하도록 하는 원리를 연구하는 학문이 '제1철학'을 배우는 것이 마땅하여 그렇게 명명했다는 설과, 자연(physika) 이면에 '존재하는 존재의 근본원리'라 하여 그렇게 명명했다는 설이 그것이다. 어쨌든, 형이상학이란, 경험의 세계에서 변동하는 것들을 넘어서 존재하는 것들에 관한 궁극적인 원인을 체계적으로 연구하는 학문이란 뜻이다. 따라서 절대자와 경험을 초월하는 모든 대상(영혼, 영생)에 관한 철학, 혹은 존재자가 존재자로서 갖는 근본적인 규정을 고찰하는 철학, 혹은 상대적으로 경험으로부터 독립되어 있는 관념을 보유한, 인식 영역의 순수한 이성적 부분(칸트의 '자연의 형이상학')을 가리킨다. 확장된 의미의 형이상학은 경험을 초월하는 것, 과학적으로 인식할 수 없는 것을 지칭하기에 이른다.

수 있는 것 같습니다. 어떤 궁극적인 의미에서 인간의 삶이 하나님에 의존한다는 주장은 옳을지도 모르죠. 어쩌면 그럴 수 있을 것입니다. 하나님이 없다면, 아마 인간 삶에는 그 어떤 목적도 있을 수 없을 것입니다. 하지만, 그런 문제들에 관해서는 실존주의자들이 고민할 것이니 염려 마시고 그들에게 맡겨 둡시다. 제가 보다 관심을 갖고 있는 것은 보다 작은 의문입니다. 즉, **설령** 당신의 종교적 유신론이 참으로 입증된다 할지라도, 윤리학이 어떤 의미에서건 인간만의, 혹은 자율적인 인간 학문으로서 존속할 수 있는가의 물음입니다.

보브 : 신이 없으면, 윤리학이 자율적인 학문이어야 하는 것은 명백하지요. 그래서, 당신이 지금, 설령 신이 존재한다 할지라도 종교적 도덕 규범과 관계없이 도덕 혹은 윤리적 성찰이 가능한지 아닌지를 우리가 생각해 보라고 주문하는 것 아니겠습니까?

피터 : 맞습니다. 그런데 랜섬씨는 그런 개연성을 받아들이려 하지 않는 것 같습니다. 그렇기 때문에 랜섬씨는 자율적이며, 비판적인 인간적 성찰로서의 윤리는, 그의 표현을 빌리자면, "세속적 인간주의"의 일종임이 분명하다고 가정하고 있는 것이 아닙니까? 마치 윤리는 필연적으로 무신론적이며 그리고 종교적 도덕 원리들과 대립되는 것처럼 말입니다.

랜섬 : 보브씨의 말에 동의할 수 없는 한 가지를 말씀드리겠습니다. 그는, 신이 존재하지 않는다면 윤리가 자율적일 수밖에 없다고 말하고 계십니다. 제가 드리고 싶은 말씀은, 하나님이 없다면 윤리도 존재할 수 없다는 것입니다. 그래서 만일 여러분이 하나님을 부정하는 윤리학을 행한다면, 여러분은 대죄를 범하는 것입니다.

보브 : 제가 그러한 입장을 지지한다는 뜻은 아니었습니다. 저 또한 무신론

자입니다. 그렇지 않아도 아까 하셨던 그 말씀을 분명히 짚고 넘어갈 참이었습니다. 그래서 피터 교수님이 여기 신자들의 견해에 동의하지 않았던 것입니다.

피터 : 그렇습니다. 저는 랜솜씨가 뭔가 큰 혼란에 빠져 있는 것이 아닌가 하는 생각이 듭니다. 단지 윤리가 인간 행위를 평가하는 상이한 방법 혹은 접근법에 의존한다는 이유만으로 윤리는 종교적 도덕과 대립된다고 주장할 수는 없는 것입니다. 그리고 제가 비종교적인 사람들조차도 건전한 도덕적 사고의 소유자들이며 선한 사람들일 수 있다고 생각하는 것은 바로 이런 연유에서입니다. 윤리가 종교적 도덕 즉 종교적 신앙에 기초하여 옳고 그른 행위에 대한 표준을 삼는 그것과 똑같지는 않지만, 그렇다고 해서 그것들이 필연적으로 대립되는 것은 아닙니다. 적어도 원리상 말입니다. 우리 자신의 **자연적** 인식에 의존하고 있는 윤리는 **초자연적인** 계시에 의한 종교적인 주장들에 관해서는 판단을 중지합니다. 기독교 계시에 대한 믿음을 공개적으로 밝히고 있는 많은 사상가들조차도 이것을 받아들입니다. 그래서 그들은 자신들의 철학적 혹은 윤리학적 주장에 그러한 종교적인 가정들을 포함시키지 않으려 부단히 노력을 하고 있는 것입니다.

보브 : 제가 그 입장에는 수긍할 수 있습니다. 그건 위대한 기독교인, 성인들도 마찬가지였다고 봅니다. 이를테면, 토마스 아퀴나스[32]의 경우를 보세요. 지난 2, 3 년간 저는 아퀴나스의 저작이나 그에 관한 서적들을 상당수 읽어보

---

32) Thomas Aquinas(1225-1274). 기독교의 교리와 아리스토텔레스의 철학을 종합하여 스콜라 철학을 대성한 중세 기독교 최대의 신학자. 그는 이성과 신앙을 예리하게 구분했다. 신학은 계시에 의존하며, 철학은 이성에 속한다. 그러나 이성의 권위는 철학의 분야에만 국한되지 않고 신학에까지 미친다. 신학의 분야일지라도 이성으로 이해되는 것은 이성의 힘으로 탐구하려한다. 이것이 자연신학이다. 그러나 교리가 이성으로 파악되지 않는다 해도 이성과 배치되는 것은 아니다. 교리는 성경과 교부들의 가르침을 통해서 나타나는 계시로 말미암아 전달된다. 이같이 계시를 원리로 하는 것을 계시신학이라 한다.

았지요. 그는 한 사람의 철학자로서 윤리학에 관한 글을 썼었지요. 하지만 때때로 신학자로서, 즉 우리가 종교적 도덕이라고 일컫는 바의 것에 관해서 글을 썼던 종교 사상가로서 또 다른 모습을 가졌었지요. 그는 하나님이 인간이 마땅히 해야 될 바에 관해서 종교 전통이나 계시를 통해 사람들에게 주고받았던 것에 관해서 글을 썼습니다. 그러나 저는 아퀴나스 자신이 철학자로서 윤리적인 삶에 관해 사유하면서도 옳고 그름에 관한 주장을 세우기 위해서 도덕 신학자들에게 공통적인 동일한 방법과 표준들, 이를테면 경전, 교회의 권위, 종교 전통에 호소하는 그것들을 사용하지 않는 것이 중요하다는 것을 알고 있었다고 생각합니다.

소피아 : 철학자란 사람이 어떻게 신학에 호소할 수 있겠습니까? 만일 철학자가 특정한 종교적 가정들에 대해 더불어 인정하지 않는 그런 어떤 사람들과 의사를 소통하고자 한다면, 그건 마이동풍에 다름이 아닌 것입니다.

피터 : 저는 윤리학과 종교 도덕의 방법들은 서로 다른 것이어서 혼동해서는 안 된다고 생각합니다. 이 말은 철학자나 윤리학자가 종교적 도덕을 반박하려 한다거나 손상시키려 한다는 뜻이 아닙니다. 그것은, 그들이 종교적 신앙의 문제를 유보하고 옳고 그름의 문제를 결정하는데 있어서, "초자연적"이거나 "계시적"인 표준과는 대립되는 "자연적인 표준"에 의거하는 접근에 관심을 갖는다는 말입니다. 윤리학자는 단지 인간이라는 종(種)으로서 우리 모두가 공통적으로 가지고 있는 것을 바탕으로 삼으려 할뿐입니다. 이를테면, 우리 자신의 본래적인 이성과 경험, 우리 자신의 욕망, 목적, 이해, 그리고 관심사들, 그리고 우리는 공동의 사회에서 함께 살아가지 않으면 안 된다는 사실 들 말입니다. 우리의 사회적 삶과 개인적 삶을 지탱시키고 고양시키는데 이바지하는 도덕적 추론(moral reasoning)이라고 불리는 것이 존재하는 것입니다.

소피아 : 만일 그것이 참이라면, 그리고 저는 그것을 참이라고 생각하는데,

윤리학적으로 사고하는 사람은 예컨대 자신의 문화와 종교적 신념과 다른 사람들과 대화할 수 있을 것으로 판단됩니다. 그 사람은 단지 선택된 자들만이 접할 수 있는 어떤 의심스러운 신학으로부터 주장을 펴는 것이 아닙니다. 그 사람은 문화와 종교를 떠나서 어떤 사람들의 합리성과 경험에도 호소할 수 있습니다. 저는 피터 교수님이 철학은 종교와 대립되는 것이라고 말한 것이 아니라 단지 **무관심**할 뿐이라고 말씀하신 것으로 이해했었습니다. 제 말씀이 맞는가요, 피터 교수님?

피터 : 그렇습니다. 아주 정확합니다.

랜솜 : 그러나 만일 철학자가, 교수님이 말씀하신 대로, 종교에 무관심하다면, 그건 같은 이야기가 아닌가요? 철학자가 종교 도덕에 배치되는 결론들을 정당화하려는 것이 아닙니까?

피터 : 반드시 그런 것만은 아닙니다. 보브씨가 아퀴나스에 대해서 언급했지요. 아주 적절한 경우라고 생각합니다. 철학자로서 아퀴나스는 자연적 이성의 빛에 의거해 종교의 결론들을 정당화시키려 했지요. 그런데, 그가 그렇게 함으로써 정당화한 결론들이 종교적 도덕의 결론들과 부합되는 일도 있었답니다. 설령 우리가 아퀴나스의 구체적 주장들의 상당수를 받아들이지 않는다 하더라도, 저는 그가 윤리학과 종교 도덕이 상이한 방법, 접근을 취하면서도 이들 차이로 인해서 반드시 대립되는 결론이 나오는 것은 아니다라는 점을 보여 주고자 한 그의 노력에는 아주 교육적인 어떤 것이 있다고 생각합니다. 예를 들면, 십계명에 대해서 생각해 봅시다. 윤리와 종교는 적(敵)으로 생각될 필요가 없다고 생각하는 위대한 기독교 신자인 철학자가 있었던 것입니다. 마찬가지로 윤리학이 신과 종교를 문제시하는데 각별한 의도를 가지고 있는 것이 아닙니다. 윤리학은 하나의 학문으로서 단지 인간이 옳고 그름을 무엇으로 분별할 수 있는가에 대해 관심을 가지고 있는 것입니다.

랜솜 : 하지만 저는 우리가 종교적 신앙을 가지고 있다면 윤리를 그렇게 볼 수 없습니다. 하나님은 우리에게 우리가 필요로 하는 모든 "윤리"를 주고 계십니다. 당신이 하나님의 가르침을 "시험"하기 위해서 당신의 "이성"을 이용하는 것은 위험천만하고 오만한 행위입니다. 또는 하나님의 가르침을 무시하기 위해서 그러하다 해도 마찬가지일 것입니다. 우리는 하나님에 의해서 창조된 것입니다. 우리는 하나님을 위해서 존재합니다. 우리는 하나님의 법에 따라서 살아가게끔 의도된 것입니다. 그보다 중요한 것은 없습니다. 삶의 모든 측면에서 하나님에 대한 예종(隷從)은 가장 중요한 것입니다. 하나님의 법은 자족적인 것입니다. 윤리학은 인간이 고안해낸 것입니다. 그것은 불필요하기까지 합니다. 기독교인에게 있어서 단지 인간이 만들어낸 것에 불과한 윤리에 의존하는 것은 잘못된 것입니다. 윤리학은 죄지은 인간들이 행하는 모든 것과 같이 불확실하고 애매하며, 그것은 우리가 늘 의존하고 있는 하나님의 계시와는 다른 것입니다.

소피아 : 랜솜씨, 랜솜씨. 전 당신을 좋아합니다. 제발, 제 말을 감정적으로 받아들이지 말기를 부탁드립니다. 우선, 랜솜씨는 우리 시대가 안고 있는 커다란 사회적인, 도덕적인 쟁점들에 대해서 좀 남다른 견해를 가지신 것 같습니다. 저는 당신의 그러한 특정한 개인적 선택에 대해서 이해할 수 있을 것 같습니다만, 만일 당신이 공적인 논의 장소에서 다른 사람들을 설득하려 하신다면, 당신의 말씀이 잘 납득될지 솔직히 의심스럽습니다. 만일 당신이 법률가라면, 당신이 대체 어떤 주장을 펴시게 될 지 의문입니다. 우리는 정부가 법적으로 어떤 특정 종교적 관점을 강제하거나 공인하는 것이 금지된 자유 민주주의 사회에 살고 있습니다. 윤리학은 낙태, 안락사, 평등 및 소수인종 우대법(affirmative action) 등과 같은 중대한 도덕적 쟁점들에 관해서 공적으로 논의하는데 필수불가결한 것입니다.

사라 : 그리고 랜솜씨, 당신은 계속해서 계시에 대해 미련을 가지고 계십니

다. 하지만 다른 계시들에 대해서는 어떻게 생각하십니까? 아야툴라[33]에 대해서 어떻게 생각하십니까? 그의 계시는 알라신이 그의 백성으로 하여금 무신 (알라신의 부재)의 서방세계에 대항해서 궐기하도록 바라고 있습니다.

피터 : 사라, 당신이 말씀하시고자 하는 것은 잘 이해가 됩니다. 계시에 관한 그 어떤 주장도 해석을 필요로 한다는 것을 명심해야 합니다. 여러분이 아시다시피, 지구상에는 많은 계시들이 있습니다. 기독교의 계시, 이슬람교의 계시, 유태교의 계시 등등 말입니다. 만일 옳고 그름이 순전히 하나님의 계시된 말씀과 관계되는 문제라고 하면, 대체 어느 계시에 의지해야 합니까?

랜솜 : 글쎄요. 저는 성경에 쓰여진 대로 기독교 계시, 하나님의 영감이 담겨진 말씀 그것을 따를 뿐입니다. 그것이 유일하게 진정한 계시입니다.

사라 : 당신이 그것을 어떻게 알 수 있습니까? 제 생각으로는 당신이 그 문화 속에서 성장했다는 바로 그 이유밖에는 없습니다. 만일 당신이 이란에서 자라고 교육받았다면 어찌되었을까요? 당신은 아마 코란을 줄줄 암기하고 그것에 매달릴 것입니다.

소피아 : 그러면 랜솜씨, 저는 어떻게 되는 건가요? 저는 고등학교 때 개신교 목사님의 설교를 더 이상 믿지 않게 되었지요. 그로 인해 저는 무언가를 찾아 헤매게 되었죠. 저는 그 이후 줄곧 지금까지 무언가를 찾고 있답니다. 저는 이슬람교, 불교, 힌두교에 대해 깊이 알고 싶습니다. 저는 그것들의 가르침에 대해서 깊이 생각하고자 합니다. 만일 그것들 모두가 진리라고 한다면, 저는 제가 단지 그 어느 하나에 보다 친숙하다는 이유 하나만으로 그 어느 하나를 받아들일 수는 없다고 봅니다.

---

33) Ayatollah. 이란 회교 시아파 최고 지도자의 존칭.

피터 : 유대교인과 이슬람교인들은 기독교 성경을 유일한 도덕적 권위로서 받아들이는 랜솜씨의 자세에 대해서 따지려 할 것이 분명합니다. 하지만 저는 종교적 믿음이 이성과 무관한, 단지 믿는가 안 믿는가의 문제라고 한다면, 토의를 계속할 것이 별로 없다고 생각합니다. 랜솜씨는 언제나 자신의 기독교 신념에 합리적 근거가 있다고 주장할 수 있습니다.

소피아 : 그것은 신의 존재 주장에 대한 논의로 되돌아갔다는 것을 의미합니다.

보브 : 저도 그렇게 생각합니다. 저는 우주론적 논증[34]이 확실한 근거가 있다고 확신합니다.

소피아 : 우리는 그것에 대해서 나중에 논의합시다. 지금 하고자 하는 것은 도덕의 근거를 종교에서 찾으려는 그러한 시도는 당신의 윤리적 견해를 궁극적으로 정당화하는 유일한 방법이 합리적 논증에 의해서 당신의 종교 도덕을 정당화하는 것뿐이라는 것을 의미한다는 것이며, 그런데 그것이 지독히 어렵다는 그것입니다.

피터 : 하지만, 그 이상의 이야기도 가능합니다. 설령 우리가 기독교 계시에만 한정한다 할지라도, 우리는 많은 각기 독특한 전통들(교파)이 존재한다는

---

34) cosmological argument. 사물이 존재한다는 사실로부터 신의 존재를 증명하고자 하는 것. 우주론적 논증에 의하면 원인은 아무리 우리가 소급해 올라가더라도, 또 다른 원인이 있다는 것을 강조함으로써 결국 하나의 신이 존재한다는 것을 증명하고자 한다. 이렇게 무한의 연쇄를 이루는 원인은 자기 외의 어느 것에도 의존하지 않은 자기원인적 존재에 이르러 비로소 끝날 수 있다. 철학사적으로 이 논증을 택한 최초의 인물은 아리스토텔레스였으며, 그 뒤 키케로, 아우구스티누스, 토마스 아퀴나스 등이 있고, 본격적으로는 근대의 기계론적 자연관을 배경으로 한 로크, 라이프니찌, 볼프 등이 있다. 이 밖에도 신의 존재를 긍정하는 다른 두 주요 논증으로는 본체론적 증명(신은 완전한데 '존재'라는 요소가 빠져서는 불완전하다.)과 목적론적 논증(천체의 질서정연함은 목적을 창출한 신이 존재하기 때문이다.)이 있다.

것을 인정해야 합니다. 각 교파들은 그 교리에 대해 각기 나름의 해석을 가지고 있습니다. 예를 들면, 우리는 카톨릭 전통이나 개신교 전통 중 어느 것을 따라서 도덕적인 삶을 영위해야 합니까? 당신도 아시다시피 그것들간에도 차이가 있지 않습니까?

랜솜 : 저는 개신교를 지지하지요.

피터 : 루터가 "만인은 성직자가 될 수 있다."[35]고 주장했던 사실을 상기해 봅시다. 사실, 그 말은 가장 독실한 기독교인들 사이에서조차도 다양한 해석을 낳았습니다.

소피아 : 제 친구인 한 기독교 신자는 예수의 가르침에 대한 올바른 해석은 예수가 평화주의자였다는 것이지요. 제 친구는 그것에 대해서 책을 내기도 했지요. 그는 또한 도덕적 토대에 근거한 철저한 채식주의자이기도 합니다. 그의 주장은 팔월 추종자들[36]과 스와가르트 추종자들[37]과 아주 다릅니다. 그들은 우리가 무신론자들인 공산주의자들을 핵무기로 까부시기를 바랍니다.

랜솜 : 저는 하나님의 말씀과 예수의 가르침을 해석하는데 도움을 주는 저희 목사님을 믿습니다.

소피아 : 글쎄요. 그렇다면 다른 분을 소개해 드리겠습니다. 제가 좋아하는 문필가이기도 한 러셀[38]은 예수의 인품에 도덕적 결함이 있다는 재미있는 말

---

35) 萬人司祭職. Martin Luther(1483-1546)가 제창함. 이와 더불어 '성경중시사상'은 기성 카톨릭계에 대한 혁신적 사상이었다.
36) the Falweels. 미국의 전도사인 Jerry L. Falweel(1933-)추종자들.
37) the Swaggarts. 미국의 전도사인 Jimmy Swaggart의 추종자들.
38) Bertrand Arthur William Russell(1872-1970). 20세기 가장 영향력 있는 철학자의 한 사람. 많은 저술을 남겼으며, 철학의 거의 모든 분야들(논리학, 수학, 지식론, 과학철학)에 큰 기여를 했다. 윤리학에 있어서는 자신의 과학주의의 부산물인 '윤리학

씀들을 하셨지요. 한 가지만 말씀 드리면, 하나님은 인간을 지옥에서 영원히 벌할 수 있기 때문에 예수가 굳이 사람들로 하여금 신을 두려워하게 가르친다 해서 그 분이 도덕적으로 칭찬 받을만한 게 없다는 것이지요. 더 더욱이, 당신들, 인간이 무한 사랑의 화신인 하나님을 모방한 존재라면 말이죠. 저는 이 말이 그럴듯하다고 생각한 적은 없습니다. 물론, 저는 그것에 관해서 **생각해야만 했던** 것은 사실입니다. 그리고 예수가 악마들을 돼지의 몸 속으로 들어가게 해서 결국 그 돼지들이 물에 빠져 죽게 했던 일이 있었지요. 그 돼지들에게는 잔혹한 행동이었다고 생각합니다. ≪누가 복음≫ 8장이라고 믿습니다. 자 어때요, 저도 성경을 읽고 있답니다.

보브 : 하나님은 우리에게 동물을 지배하게끔 하셨습니다. 지옥으로 말하자면, 그것은 우리의 방탕함에 대해서 모종의 벌을 가하는 것이기에 합당하다고(reasonable) 생각합니다. 소피아씨, 저는 랜솜씨의 입장이 어리석음의 소치라고 보지 않습니다. 하지만, 하나님의 가르침을 놓고 다양한 해석들이 빚어지는 문제를 떠나서, 하나님은 우리에게 이성을 주시기에 그 선천적 빛의 도움으로 우리는 비록 완전치는 않을지 몰라도, 인간이 자신들의 삶을 영위할 수 있는 가장 좋은 방법을 분별할 수 있게 만들 개연성이라는 것은 존재하지 않을까요? 만일 그렇지 않다면, 이성을 가지고 있다는 의미가 대체 무엇인가요? 설령 하나님을 믿지 않는 어떤 사람이 있다 해도, 그에게는 여전히 이성이 존재하는 것이지요. 하나님이 어떻게 해서 무신론자와 불가지론자까지도 착하기를 기대하는지에 대해서 신자들이 설명할 수 있는 방법은 바로 그것이 아닐까 합니다.

랜솜 : 우리가 이성을 가지게 된 것은 우리가 하나님의 형상을 본떠 만들어졌기 때문입니다.

적 회의주의'에 근거한 정의주의를 반영하고 있다.

보브 : 그리고 우리 자신의 독립적인 이성을 활용함으로써, 종교적 신앙에 직접 의거하지 않고서도 우리의 도덕적 경험의 본질을 이해하고자 할 수 있을지도 모르는 일이죠. 하나님은 어찌하여 이것을 불경하다고 보시려 하겠습니까? 그 분은 다름이 아니라 바로 이러한 목적 때문에 우리에게 이성을 주실 수 있었던 것은 아니었을까요? 아마도 일반적으로 말해서 이것이 바로 하나님의 의지일 것입니다. 그래서 우리는 우리 자신의 판단을 믿는 것이지요.

랜솜 : 하지만 만일 우리가 스스로의 힘으로 그것을 이해할 수 있다면, 왜 하나님은 수고스럽게 우리에게 계시를 내리시려는 것입니까?

보브 : 아마도 인간 이성의 나태함과 한계를 극복하기 위해서 계시가 필요했던 것이 아니겠습니까? 바꾸어 말하자면, 이성 자체가 온당치 않아서가 아니라 불완전하기 때문에 계시가 내려진 것이라고 할 수 있지요.

소피아 : 아니, 어떻게 그럴 수 있는 경우가 있나요?

보브 : 모름지기 이성은 우리에게 많은 중요한 도덕 원리들을 제공할 수 있을 것입니다. 하지만 때때로 구체적인 도덕적 상황에서 그 원리들간에 갈등이 빚어지게 되죠. 그러면 그때 하나님이 우리를 인도하시는 것이지요.

랜솜 : 그렇다고 해도, 저는 여전히 그 말씀에 수긍할 수 없어요. 도덕의 본질이란 결국 우리 삶에 대해서 하나님이 원하는 것이 무엇인가를 간파해내는 문제로 귀착되는 것이 아닌가요? 제가 배워온 바로는 그렇습니다. 그리고 종교적 근원들이 그것을 알아낼 수 있는 유일한 통로가 아닌가요? 기도를 통해서, 성경을 읽음으로써, 그리고 다른 하나님의 백성들과의 의논을 통해서 말입니다. 제가 아는 바와 같이, 우리는 하나의 원리를 가지고 살아가야 합니다. 즉, "옳은 것이란 하나님이 우리의 삶 속에서 뜻하시는 그것이다. 그른 것은

하나님이 금하시는 그것이다. 하나님의 명령이 곧 나에게서 올바른 그것이다."라는 원리 말입니다.

피터 : 아주 훌륭합니다. 당신은 그 원리를 명료하게 진술하셨습니다. 그것은 기실 도덕적 옳음을 정의하는 "근본적인(radical)" 하나의 시도입니다. 그리고 그것은 윌리암 옥캄[39]과 에밀 브루너[40]와 같은 일부 유명한 신학자들에 의해 주장되었던 바이기도 하지요.

사라 : 어머, 멋져! 랜솜. 멋진 동료야!

피터 : 하지만, 불행하게도 그것은 아주 난해한 시사점들을 던져 줍니다. 때때로 신명설(神命說)[41]라고 불리는 이 이론에 반대되는 논증은 플라톤의 저술에서 보는 바와 같이 아주 오래된 것입니다. 그 표준적인 논증 형태가 플라톤의 대화중의 하나인 『에우디프론』에 나옵니다.

랜솜 : 교수님, 계속하세요. 어떤 시사점들이 있는지요?

피터 : 자, 그러면 제가 소크라테스가 했던 아주 유명한 질문인데, 그런 질문 형식으로 바꾸어 말씀드리겠습니다. 당신 말씀에 의하면, 우리가 무엇이 옳은 행동인지를 아는 것은 그것들을 하나님이 명령하셨기 때문이라는 것이지요. 하지만 그것들이 옳은 근거가 하나님이 그것들을 명했기 때문인가요?

---

39) William of Ockham(1280-1349) 영국의 스콜라 철학자. '오캄의 면도날'로 유명하다. 스콜라철학의 탁상공론을 종결지으려는 것으로서, "실재는 필연성 없이 증가 되어서는 안 된다"라는 것이다. 이 말은 "보다 적은 것으로써 할 수 있는 것을 불필요하게 보다 많은 것을 동원하여 하는 것은 헛된 짓이다"는 의미로 가장 단순한 형태의 진술이 무한한 가설들보다 더 낫다는 것이다.

40) Emil Brunner(1889-1966) 스위스 개신교 신학자. 변증법적 신학 창시자의 한 사람. 자연신학의 가부를 둘러싸고 K. 바르트와 논쟁하여 신과 인간의 결합점으로서의 이성을 인정한 「자연과 은총」(1924)을 발표했다.

41) the Divine Command Theory.

아니면, 그것들이 옳기 때문에 하나님이 그것들을 명하신 건가요?

보브 : 아-아, 어디에선가 들어본 것 같습니다.

랜솜 : 무슨 말씀인지 잘 모르겠어요. 다시 한번 말씀해 주시겠어요?

피터 : 좋습니다. 이런 식으로 말씀 드려 볼까요? "어떤 것을 옳게 만드는 것은 하나님이 어떤 것을 명했다는 바로 그 사실 즉, 하나님이 어떤 것을 명함은 곧 그것을 옳은 것으로 **되게끔 한다**는 것인가, 아니면 그것이 처음부터 옳은 것임을 하나님이 알았기 때문에 그것을 명하시는 건가요?[42]

랜솜 : 선택해야 하는 문제는 아니지요. 하나님은 무엇이 옳은가를 알고 있으시며, 그 분의 명령은 어떤 것도 옳게 만드는 것입니다.

피터 : 저는 당신이 두 가지 다 취할 수 없다고 생각합니다. 적어도 당신의 신명설에 따른다면 말입니다. 당신은 하나님이 어떤 것을 명하시기 **때문에** 그것이 옳다고 말하지 않았나요?

랜솜 : 그런 것 같습니다…

피터 : 당신의 이론이 의미하는 바는 분명히 그러합니다. 자, 제가 당신에게 원하는 바는 이 입장이 주는 시사점과, 그리고 한 걸음 더 나아간 다음의 질문, "당신은 하나님이 왜 그렇게 명령한다고 생각합니까?"라는 물음이 주는

---

42) 희랍적 신명설과 유대적 신명설의 차이를 보여 주고 있다. 즉, 희랍적 신명설은 옳기 때문에 신이 명하는데 비해서, 유대적 신명설은 신이기 때문에 옳게 명한다는 논리이다. 전자의 한 예로서 소크라테스의 무지의 자각을 일깨운 델피신전의 신탁을 들 수 있다. 후자는 진리보다는 믿음을 앞세운다. 결과보다는 동기를 중시하는 윤리설과 관계된다.

시사점에 대해서 깊이 생각해 보라는 것입니다.

랜솜 : 좋아요.

피터 : 옳고 그른 것은 단지 하나님이 명하거나 금하는 그것이라고 가정해
봅시다. 예를 든다면, 살인은 단지 하나님이 그렇게 말씀하셨기 때문에 그른
행위인 것입니다. 또 다른 예를 들어볼까요? 아동을 학대하는 것은 도덕적으
로 옳지 못하다. 우리가 내일 아침 일어나 보니, 하나님께서 우리에게 평생동
안 강간, 살인, 아동학대에 대해 옳다고 믿고 그렇게 행하라고 명하신다고 가
정해 봅시다. 그러면 당신의 이론에 따르면, 강간, 살인, 아동학대를 하는 것
이 도덕적으로 용인될 수 있을 것입니다. 당신의 견해에 의하면, 우리는 도덕
적 진리의 이 같은 놀라운 변신을 받아들이지 않을 수 없게 됩니다.

랜솜 : 그건 엉터리 같은 말씀입니다. 하나님은 결코 그렇게 하시지 않을
것입니다. 그 분은 그와 같은 마음을 갖지 않으실 것입니다. 하나님은 완벽하
십니다. 하나님은 도덕적으로 완전하며, 사랑 자체이며 선 자체입니다.

피터 : 하지만 보다시피 바로 그것이 당신의 입장이 안고 있는 문제라는 것
입니다. 만일 하나님이 자의적(恣意的)인 결정을 내린다면 하나님은 완벽할
수 없는 것이 되며, 그리고 만일 도덕적 가치라는 것이 단지 하나님의 선택으
로 말미암아서 도덕적 가치가 된다면, 도덕적 가치란 사실상 하나님의 행동
그것인 것입니다.

랜솜 : 저는 하나님이 자의적인 결정을 내린다고 말하지 않습니다. 그 분은
완벽합니다. 그는 언제나 최선의 결정을 선택합니다.

피터 : 당신은 그것이 최선의 결정인지를 어떻게 아십니까? 그리고 지금 말

쓰하시는 "최선"이란 대체 무슨 의미인가요? 그 말은 분명 그 분의 결정이 **도덕적으로 최선**이라는 뜻이어야 할 테지요. 하지만 당신은 그것을 어떻게 알 수 있습니까? 최선이란 의미에서, 적어도 하나님은 전능(全能)하지만 **전선**(全善)**하지는 않**다고 생각해 봄 직하지 않나요? 그 분이 **완전히 선하다**고 말하기 위해서는 당신은 그 판단을 내릴 수 있는 어떤 선에 대한 표준을 가지고 있어야 합니다. 그렇지만 그것은 당신이 최초 내린 정의에서는 누락되어 있는 부분입니다. 당신은 하나님의 의지는 **무엇이든지** 옳거나 선하다고 말씀하고 계십니다. 하지만 당신은 자의성 문제를 피하기 위해서는 하나님은 전선하다고 말해야 하며, 그것이 의미하는 바는 당신이 하나님이 자의적인지, 변덕쟁이인지, 사악한 존재인지 아닌지를 판단하기 위해서는 앞서 존재하는 도덕적 표준을 갖지 않으면 안 된다는 것입니다. 당신의 하나님은 자의적이지 않으시지요?

랜솜 : 결코 그렇지 않으십니다. 그 분은 완전히 선하십니다.

피터 : 당신의 정의에 따를 때, 하나님이 선하다는 말씀은 어떤 의미를 갖나요? 당신은 도덕적 용어들을 철저히 하나님의 명령과의 관계에서 정의하고 계십니다. 옳은 행동이나 선한 행위는 하나님이 명하는 그것들이라고 말이죠. 그렇다면, 하나님이 선하다는 말씀은 무슨 뜻인가요?

소피아 : 그건 단지 하나님은 하나님에 의해서 명령받는다는 것 이외는 아무 것도 아니겠죠.

피터 : 그리고 그것은 우리에게 하나님의 도덕적 성격에 관해서 아무 것도 말해 주지 않습니다. 일컫는 바, 하나님은 우리를 깊이 배려하고 계신다고 합니다. 그 분은 우리를 사랑하고, 우리를 걱정하신다고 합니다. 신명설은 어떤 의미 있는 도덕적 내용을 갖는 하나님의 선 개념을 공허하게 만드는 것입니다.

보브 : 그렇다면, 만일 어떤 존재가 아주 큰 힘을 갖고 있는 경우 "하나님"으로 불리어 질 수 있지만, 그의 계명들(commandments)이 도덕적으로 용인될 수 있다고 판단되지 않는 한 그 존재는 경배할만한 가치가 없는 것이 되는군요.

소피아 : 바로 그것 연유로 해서, 우리에게 필요한 것은 "하나님"의 명령에 매달리는 것이 아니라 도덕적 표준들인 것입니다.

피터 : 그렇습니다. 다른 각도에서 말한다면, 하나님은 "완전하다"고 말하는 것과, 도덕적 가치들은 순전히 하나님의 명령에 의해서만이 결정된다고 말하는 것이 양립할 수 없다는 것입니다. 왜냐하면 만일 하나님의 명령들이 자의적이지 않다면, 그러면 그것들은 선한 이유들에 근거하는 것들이기 때문입니다. 두 번째 물음이 주는 시사점들에 대해 생각해 봅시다. 자, 모두들 스스로에게 물어봅시다. "하나님이 그렇게 명령하시는 **이유는** 무엇인가요?"

랜솜 : 저 개인으로서는 모르겠는데요.

피터 : 물론 당신은 그렇죠. 당신은, 기독교 교인으로서, 하나님은 어떤 본성을 지니고 계시며, 그리고 우리가 비록 완벽하게는 아닐지라도 그 본성에 관해 어느 정도는 알 수 있다고 믿고 계십니다. 즉, 하나님은 비합리적인, 까닭 없는 존재가 아니라고 말입니다. 만일 하나님의 명령들이 자의적인 것이 아니라면, 그러면 그 명령들은 좋은 이유들에 근거하는 것입니다. 만일 그렇다면, 하나님은 도덕적 명령을 내리는 어떤 이유를 가지고 있는 것입니다. 따라서 만일 살인이 나쁘다면, 그 분이 단지 아무렇게나 선택했는데 그것이 나쁜 것이 된 것이 아니라, 그 분이 그것이 나쁜 **이유를** 분명하게 알고 있었기 때문에 그렇게 의지하신 것입니다. 따라서 만일 그렇다면, 당신은 당신의 최초 입장을 포기해야만 합니다. 즉 하나님이 그것을 명하셨기에 그 행동이 옳다는 입장을 포기해야 한단 말입니다. 그리고 당신은 그 반대 입장을 취해야

합니다. 다시 말해서, 하나님은 그것들이 옳기 때문에 그 행동들을 명하셨다는 입장을 취해야 한단 말씀입니다. 그 분은 그것들이 객관적으로 더 나을 수 있는 것임을 알았던 것입니다.

사라 : 어-휴! 너무 가혹하네요!

랜솜 : 좋습니다. 당신이 말씀하고자 하는 바를 알겠습니다. 제가 하나님의 명령에 관한 교수님의 논증을 받아들인다고 가정해 봅시다. 그렇다고 그게 무슨 큰 차이가 있습니까? 그것에 대한 깨우침 없이도 교수님이 성공적으로 얻어낸 결론은 우리가 우리의 도덕적 명령을 얻는 것은 하나님으로부터라는 것, 그리고 그 명령들은 하나님의 완전한 지식에 의해서 보장된다는 저의 전반적인 취지를 받아들여 준다는 것, 그것이 아닌가요?

보브 : 좋은 지적이십니다. 랜솜씨. 저도 그렇게 생각합니다.

피터 : 신앙을 가진 사람이라면, 그 점에 대해서 설령 해석과 적용상의 의문들이 제기될 수 있다 손치더라도, 그런 하나님의 보장에 대해서 편안함을 느낄 수 있다는 것은 사실입니다. 하지만 저는 하나님의 명령이 자의적인 것이 아니기 때문에 당신의 입장-**종교 도덕만이 옳고 그름에 관한 문제를 언급할 수 있다는 견해**-이 옹호될 수 있다고 추정하는 것은 잘못이라고 생각합니다. 그 반대로, 저는 그 주장이, 세속적 인간주의의 표현으로서만이 아니라, 독립된 혹은 자율적인 학문분야, 아주 중요한 학문으로서의 윤리학에 입지를 마련해 주는 것이라고 생각합니다.

보브 : 그러면 이제 교수님이 그 이유를 말씀해 주셔야 하겠군요.

피터 : 아주 간단히 말해서, 하나님이 **어떤** 행위들이 옳기 때문에 그것들을

명하셨다면, 그러면 그것들은 참으로 옳은 것들입니다. 그리고 그것들은 사실상 하나님이 그것들을 명하건 아니건 간에 옳은 것들이기 때문입니다.

소피아 : 아, 알겠다! 그 말씀은 하나님이 그것들을 시인하거나 그 분의 자손들에게 그것들을 명한다고 우리가 생각하건 안 하건 간에, 그것들은 옳은 것들이라는 말씀이지요? 바로 이것이 하나님을 아주 무관한 존재로 만든단 말씀이지요, 그렇지요?

피터 : 만일 우리가 하나님이 이해하시는 것을 이해할 수 있다면 말입니다. 만일 하나님이 그의 도덕적 명령들에 대한 이유들을 알고 계신다면, 그런 이유들은 하나님의 의지와 독립적이거나 논리적으로 선행하는 것들입니다. 그리고 만약 하나님이 자신의 명령에 대한 이유들을 객관적이며 독립적인 진리들로서 이해하신다면-그리고 만일 이유들이 **합리화**(rationalizations)가 아니라 **정당화** (justifications)[43]의 근거들로 취해진다면, 그는 반드시 그렇게 이해해야만 한다-, 그러면 아마 다른 합리적인 존재들, 즉 인간 또한 그 이유들을 알 수 있을 것입니다. 아마 인간의 지력(智力)으로는 하나님만큼이나 깊이 있게 알 수는 없을 것이지만, 원리상 인간들 또한 도덕적 삶의 궁극적 이유 혹은 제일 원리에 관해서 무언가를 알 수 있을 것 같습니다.

보브 : 저는 그것이 아주 역설적(paradoxical)이라 생각합니다. 그것은 마치 우리가, 합리적이며 선한 존재로서의 하나님에 대한 우리의 믿음과 신행이 오히려 하나님은 윤리적인 일에 있어서 불필요한 존재임을 깨닫게 해주는 것과 같습니다. "만일 참으로 옳고 그른 것들이 객관적으로 존재한다면, 그러면 그것들은 하나님이 존재하건 아니 하건 간에 옳거나 그른 것입니다." 이것이

---

43) '합리화'란 부정적인 의미를 갖는다. 원래 합리화란 이유나 원인을 규명한다는 점에서 윤리적 영역에서의 '정당화'와 같이 긍정적인 의미를 갖지만, 심리학에서는 실제 의도된 이유와 다른 이유를 제시함으로써 자신의 어려운 처지를 벗어나려는 기제를 말한다.

교수님이 말씀하려는 것이지요? 저는 그것이 어떻게 그럴 수 있는지 잘 모르겠습니다.

소피아 : 이런 식으로 생각해 보세요. 우리는 생명이 귀중하기 때문에 살인이 그른 것이라고 생각하고 있으며, 그리고 사람을 해치거나 사람을 이용해서는 안 되기 때문에 강간 또한 도덕적으로 나쁜 것이라고 생각합니다. 피터 교수님의 말씀은 그런 행위들은 하나님이 존재하건 안 하건 간에 참으로 도덕적으로 그르다라는 것입니다. 인간을 아무런 이유 없이 고통스럽게 만드는 것은 그른 것입니다. 그리고 유신론자이건 무신론자이건 간에, 그것은 **도덕의 최저 한계선**(the moral bottom line)입니다.

랜솜 : 하지만, 제가 물었던 질문은 이런 것이었습니다. 즉, "만일 하나님이 존재하지 않는다면, 왜 도덕적이어야 하나?" "왜 강도, 살인, 강간을 해서는 안 되는가?" 당신은 이것들이 하나님의 존재 유무와 무관하다고 말씀하고 계십니다. 아닙니다. 아니고 말고요. 하나님이 계신다는 것은 중요하고 말고요. 하나님이 안 계시는 세상이란 대체 어떤 모습일까요?

소피아 : 저는 하나님이 아주 많은 사람들에게 얼마나 큰 존재인지를 알고 있기 때문에 랜솜씨에게 결례를 범하고 싶지는 않습니다. 다만, 저 또한 소위 종교적인 이유라는 것들로 인해서 사람들이 다른 사람들에게 얼마나 많은 불행과 학대를 가하고 있는지에 대해서도 알고 있습니다. 심심찮게 저는, 설령 우리 모두가 하나님에 대한 의문을 접어 두고 우리가 할 수 있는 최선을 다해서 우리의 삶을 영위한다 해도 세상은 더 좋아지지 않을 것이라는 이야기에 대해 미심쩍어 합니다. 그리고 만일 일부 사람들이 믿고 있는 사적인, 궁극적 존재와 같은 것들이 존재한다는 것이 입증된다면, 세상 형편이 이처럼 나쁘지는 않을 것이라는 견해에 대해서도 회의적입니다.

보브 : 당신은 랜솜씨의 질문에 답하신 것이 아닙니다. 랜솜씨의 질문은, "만일 신이 존재하지 않는다면, 왜 도덕적이어야 하는가?" "왜 당신은 당신이 멋대로 행동해서는 안 되는가?"였죠.

소피아 : 글쎄요. 하나님을 **믿는다고 해서** 언제나 옳은 행동을 하거나 착한 사람이 된다는 것이 아님은 저에게 분명합니다. 이 말은 분명 질문에 대한 대답과 관계가 없진 않습니다. 그리고 이미 말씀드린 바 있듯이, 분명히 어떤 믿음을 갖지 않은 사람 중에도 도덕적인 사람들이 있는 것입니다. 저는 하나님을 믿는 것과 도덕적으로 옳은 것을 행하는 것 사이에 어떤 필연적인 관계가 있다고 보지 않습니다.

랜솜 : 하지만 하나님이 존재하지 않는다면, 왜 사람들이 옳은 것을 행하고자 하나요?

피터 : 두 가지 점을 말씀드리겠습니다. 첫째, 당신은 마치 도덕적이어야 하는 이유가 처벌을 두려워하거나 보상을 받기를 원해서인 것처럼 이야기하십니다. 이러한 이유들은 자기-이익에 근거한 이유들로서 도덕적인 이유들이 아닙니다. 그래서 도덕적이고자 하는 유일한 "이유"가 당신이 말씀하시는 신앙의 이면인 것 같아 좀 흥미롭군요. 이로 인해 제가 두 번째 말씀을 드리게 됩니다. 당신이 물으신 말씀, "왜 옳은 것을 행하는가?"는 중요한 물음입니다. 이에 대해서는 뒤에 깊이 있게 이야기를 나누게 되겠지요. 하지만 당신의 종교적 답변만큼이나 수긍이 갈 것 같은 하나의 분명한 대답은 간단합니다. 즉, "그 행동이 옳기 때문입니다." 결국 어떤 행위가 옳다고 말하는 것, 예를 들어 곤경에 빠진 다른 사람을 돕거나 약속을 지키는 것을 옳다고 말하는 것은 사람들은 자신들이 그 행동이 도덕적으로 옳다고 판단한다는 그 이유 때문에 옳은 것을 행하고자 하는 동기를 갖는다고 말하는 것입니다. 당신은 이 대답이 공허하다고 생각하십니까? 저는 더 많은 말씀을 드릴 수가 있습니다. 하

지만 그렇게 되면 논의가 크게 길어집니다.

랜섬 : 시간을 두고 생각 해보겠습니다. 저 또한 저녁의 철학 수업치고는 충분했다고 생각합니다.

사라 : 랜섬씨, 기운을 내세요. 좀 기운이 없어 보입니다. 하지만 훌륭한 상대였는걸요.

보브 : 당신의 도전은 저로 하여금 많은 것을 생각하게 만들었어요. 침낭을 펴기 전에 생각할 거리가 늘어났어요. 저는 윤리와 종교적 도덕이 반드시 양립 불가한 것은 아니며, 양자 사이에는 일치되는 많은 부분이 있을 것이라는 것을 보여주고자 하신 피터 교수님의 노고에 감사드립니다. 하지만 저는 특히 소피아씨의 그것 마냥 극단적인 결론에 대해서는 솔직히 마음이 불편합니다. 어쨌든, 저는 하나님의 존재하심이 모든 윤리적 성찰과 아예 무관하다는 생각을 받아들일 수가 없습니다. 이것 좀 생각해 보세요. 만일 하나님이 존재한다면, 그 분은 만물의 창조자이십니다. 만일 이것이 참이라면, 만물은 그 분의 소유물이며 우리는 그 분에게 빚을 지고 있는 것입니다. 만일 그 분이 우리의 아버지이시며, 그 분의 창조로 우리가 태어난 것이라면, 그러면 이러한 사실은 윤리적으로 큰 의미를 지닌단 말입니다. 그래도 아무렇지도 않단 말인가요?

피터 : 그럼, 어떻게 해야 되나요?

보브 : 글쎄요. 예를 들면 우리는 그 분을 경배해야 합니다.

피터 : 경배해야 할 **도덕적** 책무가 존재합니까? 다시 말해서, 만일 하나님이 존재하고 어떤 사람이 그것을 믿지 않는다면, 그 분을 믿지 않음으로 인해

서 그 사람은 옳지 않은 사람이 되는 건가요? 믿지 않음은 곧 **도덕적** 책무를 저버린 것인가요?

보브 : 그렇다고 생각합니다. 그리고 저는 만일 하나님이 창조자라면 우리는 그의 재산이며, 우리는 그 분이 승인하지 않는 방식으로 그의 재산을 사용할 권리를 갖고 있지 않기 때문에 그것은 안락사와 자살 같은 쟁점들에 대해서 시사하는 바가 적지 않을 것으로 봅니다.

피터 : 아주 흥미롭군요. **아주** 정말 흥미롭습니다. 보브씨, 당신은 당신의 사업을 그만 두고 철학 공부에 전념해보겠다는 생각을 하신 적이 없으세요?

보브 : 제 주제에 되겠습니까? 교수님이 어떻게 생각하실 지 궁금합니다.

피터 : 세상을 소유물로 보는 생각 그리고 하나님이 소유권을 가지고 있다는 말씀은 의심쩍다는 생각이 드는군요. 우리는 세상과 우리의 삶을, 이를테면, 일종의 선물로 유추해서 볼 수는 없을까요? 그렇게 보면, 저는 하나님이 존재한다고 **가정**함으로써 제기되는 특별한 책무들에 관한 당신의 결론들을 당신이 계속 지탱하기가 더 어려질 것이라고 생각합니다. 그 점에 대해서 좀 더 고민을 해보아야 하겠습니다. 내일 더 하시는 것이 어떻겠습니까?

보브 : 좋습니다. 소피아씨는요?

소피아 : 저야말로 말동무에 불과하지요. 다른 분들도 끼이게 합시다. 랜솜씨, 잘 자두세요. 그리고 저를 위해 기도도 해 주시고요!

사상가들의 담론

에우디프론 : 그렇습니다. 저는 모든 신들이 사랑하는 것은 경건하며 성스러우며, 그리고 그들이 싫어하는 그 반대의 것은 불경한 것이라고 말하지 않을 수 없습니다.

Plato, 『에우디프론』

오히려, 기독교 관점에서는 모든 변덕으로부터 자유로운 유일한 그것, 무조건적으로 복종할 때만 생겨나는 그것이 바로 '선한' 것이다. 복종하는 행위를 제외하고는, 복종하려는 의지를 제외하고는 선이란 존재하지 않는다. 하지만 이 복종은 미리 알 수 있는 법이나 원리에 따른 그것이 아니라 하나님의 자유로운, 주권적인 의지에 따라 행해진다. 선이란, 어느 순간이라도 하나님이 뜻하는 것을 언제나 행하고 있음에 존재한다.

Emile Brunner, 『신성한 명령』

선이란 하나님이 우리가 마땅히 해야 된다고 의지하시는 그것에 불과하다. 선은 우리가 사랑의 원리에 기초하여 하고자 하는 그것이 아니다. 하나님은 지금 이 세상의 우리를 통해서 아주 한정되고 특정한 어떤 것을 하고자 의지하시는 것이지, 다른 어떤 사람이 다른 어떤 때에 할 수 있는 그 어떤 것을 의지하지 않으신다.

Emile Brunner, 『신성한 명령』

히브리-기독교 윤리학적 전망은 또한 오늘날 서구세계에서 매우 영향력 있는 많은 유형의 인간주의 윤리학에 도전하고 있다. 성서 윤리학은 자율 윤리학을 불신한다. 그것은 신율 윤리학에 그 고전적 형식-도덕 법칙을 신의 의지와 동일시하는 것-을 부여한다. 히브리-기독교 계시에 있어서 윤리학의 구분이란 오로지 창조주인 하나님에게 좋은 것이나 즐거운 것, 사악한 것이나 불쾌한 것이 무엇인가에로 귀결된다.

C. F. Henry, 『기독교 개인 윤리』

무엇이 어떤 행위를 의무로 만드는가의 물음은 윤리학의 전 역사를 통해서 애매모호하게 대답되어 왔다. 우리 행위의 책무적 토대를 결과나 좋은 귀결에서 찾으며 윤리적 행위를 단지 도구적으로 좋은 것으로 생각하는 견해는 타당하지 않다. 그 결과를 아예 무시하면서 행동 자체를 내재적으로 좋은 것으로 간주하는 것, 그리고 좋음을 책무로부터 끌어내는 견해도 마찬가지로 타당하지 않다. 두 견해 모두 책무와 덕, 좋음과 행복이 신의 의지에 그 공통된 토대가 있다는 사실을 알아낼 수 없다.

C. F. Henry, 『기독교 개인 윤리』

자 이제, 내가 주장해 왔던 바는 만약 어떤 신학적 신념들(하나님이 우주를 창조했지만 그가 그려놓은 일정한 제한과 요건에 따라서 우주 안의 재산을 전유하게 허락하셨다는 것)이 참이라면, 그러면 인간은 그들이 소유하고 있는 재산에 대해서 소유권이 아니라 청지기의 권리(보관)를 갖게 된다는 개념입니다. 그리고 만약 이것이 맞는다면, 그러면 이들 신학적 신념들이 거짓일 경우 참이 아닐 수 있는(재산-소유자가 지켜야 할 제한과 요건들에 관한) 도덕적 진리가 존재하게 됩니다. 그렇다면, 우리는 어떤 신학적 주장들이 참이거나 거짓이거나에 따라서 그 진리이거나 허위가 결정되는 일단의 도덕적 주장들을 갖고 있는 셈입니다.

Baruch A. Brody, 「재고되어야 할 도덕과 종교」

주요 용어와 개념

인간주의	신학
종교	도덕 신명설
유신론	에우디프론의 물음
자연 대 초자연	자의성의 문제
종교 도덕	정당화 대 합리화
죄	도덕적 동기
윤리학의 자율성	"옳음"과 "당위"
계시	신에 대한 책무
철학	

탐구 문제

1. 피터 교수의 주장에도 불구하고, 윤리와 종교 도덕간의 추정된 양립가능성에 대해서 의심하는가?

2. 도덕적 가치의 기초로서 "계시"에 의존하는 것은 위험한 것일 수 있는가?

3. 도덕적으로 행동하는 당신의 동기에 대해서 성찰하시오. 당신의 생활에서 종교적 신념(혹은 신념 부재)과 도덕적 행위간의 관계는 어떠한가? 도덕적 행동에는 종교적 동기가 요구된다는 데 대해서 소피아는 어떻게 생각하고 있는가?

4. 옳고 그름은 단지 하나님의 명령의 기능일 뿐이라는 견해에 대한 피터 교수의 반론을 설명하시오.

5. 윤리학의 "자율성"에 관한 피터 교수의 입장을 요약하시오.

6. 종교적 가치가 도덕적 가치에 우선할 수 있는 상황을 진술하시오.

7. 하나님의 존재는 윤리적 성찰과 완전히 무관한가에 대한 보브의 최종 의도에 대해서 생각해 보시오. 보브와 피터 교수간의 토의는 어떻게 전개될 것으로 보는가?

추천 도서

Brody, baruch, "Morality and Religion Reconsidered," in *Readings in the Philosophy of Religion : An Analytic Approach*, ed. by Brody, prentice Hall, Inc., 1974.

Brunner, Heinrich *The Divine Imperative*, trans, by Olive Wyon. The Westminster Press, 1947.

Helm, Paul, ed., *The Divine command Theory of Ethics*, Oxford University Press, 1979.

Henry, Cary F. H., *Christian Personal Ethics*, Eerdmans, 1957.

Nielsen, Kai, *Ethics without God*, Prometheus Books, 1973. 윤리학에 관한 세속적 접근의 우월성을 지지하고 있다.

Plato, *Euthyphro, in The Trial and Death of Socrates*, trans. by G. M. A. Grube, Hackett Publishing Co., 1975.

Rachels, James, *The Elements of Moral Philosophy*, ch. 4., Random House, 1986. 김기순 역. 『도덕철학』 (서광사, 1989).

Williams, Bernard, *Morality : An Introduction to Ethics*, Harper Torchbooks, 1972.

셋째 마당

윤리와 상대론

엊저녁에 나눈 논의에 대해 깊이 되새겨본 랜슴은 다시금 종교로부터 독립된 영역이라는 윤리학은 그리 만족스럽지 못하다고 주장한다. 그는 철학자들의 사상과 신념조차도 문화에 의해 크게 제한받고, 그 자신의 문화에 의해 틀이 짜여지는 것이기 때문에, 철학적 윤리학은 시간과 공간에 따라 상대적일 것이라라고 주장한다. 피터는 도덕이 문화에 따라 다르다는 것은 명백하지 않으며, 설령 다소간의 통문화적인 도덕적 불일치가 있다 손치더라도, 그로부터 도덕은 단순히 문화적 시인 여하에 따라서 규정되는 그것일 뿐이라는 논리는 도출되지 않는다고 주장한다. 궁극적으로 말해서, 상대론은 우리가 도덕에 관해서 가장 소중히 여기는 대개의 신념들과 양립할 수 없다. 그 대개의 신념들은 자율적인 윤리학적 사유는 보편적 기준에 대한 호소를 담고 있다는 것을 시사하고 있는 것이다.

로즈 : 랜슴씨, 오늘 좀 피곤해 보이는데요.

랜슴 : 그래요. 사실, 엊저녁 잠을 설쳤어요. 어제 하다만 이야기가 계속해서 제 머리에서 떠나지 않았고, 그 뒤의 결말이 어떻게 지어질까 하면서 많은 생각을 했어요.

소피아 : 하이킹 하셔서 그런 것도 있겠지요, 뭐.

랜슴 : 결코, 아닙니다. 제가 뭐 그렇게 약골인줄 아세요?

소피아 : 그럼 진짜 무엇 때문인지 알아 맞춰 볼까요? 당신은 어제의 실점

을 만회하고 멋진 승리를 위해서 밤새도록 생각에 잠겼을 테지요, 그렇지 않아요? 철학자 양반!

랜솜 : 그만 좀 놀리세요, 소피아씨. 당신도 알다시피, 무언가 풀어야 할 것이 있었나봐요. 보통 그럴 때 일어나는 일이지만, 무언가가 뇌리를 스쳤고, 그래서 계속 잠자리를 뒤척이게 되었던 것이고, 생각은 꼬리에 꼬리를 물었지요.

사라 : 계속해요, 천재의 생각은 소중하지요.

랜솜 : 음, 저는 별빛 아래 누워서 하나님의 불가사이에 경탄하면서 생각을 끊고 잠을 청하고자 했어요. 그런데 갑자기 무언가가 머리를 스치고 지나갔던 것이었어요. 정말로 멋진 생각이었어요. 그건 내가 학창시절 철학시간에 들었었던 그 어떤 것보다도 훌륭한 것이었어요.

사라 : 당신 말씀은 강의시간에 무언가 얻은 게 있었다는 거예요? 전 그런 적이 없었어요, 유감스럽지만…

랜솜 : 저는 그것을 밤새 생각했어요.

보브 : 우리한테 이야기하세요. 당신도 아시다시피 우리는 당신의 철학 강의에 완전히 넋을 잃고 있잖아요!

랜솜 : 좋아요. 자 갑시다. 저는 그것이 어젯밤 당신들이 저를 무너뜨린 일종의 세속적 인간주의에 대한 좋은 대답이 될 것이라고 생각합니다.

소피아 : 제발, 그 못마땅한 낱말인 "세속적 인간주의"란 용어를 쓰지 마세요. 피터 교수님이 손 좀 봐 주세요.

보브 : "세속적 인간주의" 보다는 "철학적 윤리학"이란 말은 어때요? 저는 근본주의자들이 말하는 그 세속적 인간주의를 탐탁하게 여기지 않았었어요. 하지만 우리가 철학적 윤리학의 가치를 옹호할 필요성에 대해서는 알 수 있을 것 같습니다.

랜솜 : 좋습니다. 그럼 용어를 바꾸겠습니다. 어쨌든, 저의 주장은 이렇습니다. 피터 교수님은 어제 종교적 계시는 철학적 윤리학이 추구해야 할 표준이 아니라고 말씀하셨습니다. 맞지요?

피터 : 그렇습니다. 하지만 윤리학자들이 종교에 실제적으로 대립되어야 하는 것은 아니라는 저의 당부도 잊지는 않았겠지요?

랜솜 : 물론이지요. 하지만 계시가 하나의 표준으로서 인정되기 어려운 한 이유는 이른바 아주 많은 "계시들"이 존재하며, 각 계시마다 **정통한** 하나님의 말씀이라고 내세우기 때문이라는 것이었지요. 지금까지 제 말씀에 틀린 것이 없지요?

피터 : 그렇습니다. 계속하세요.

랜솜 : 자, 제 생각을 풀어놓겠습니다. 우리가 종교와는 별도로, 단지 가치만을 놓고 생각할 때도 같은 논리가 적용되지 않나요? 제 말씀은 바로 이 자리에 있는 소피아씨가 하나의 참된 종교적 표준으로서의 기독교에 대한 저의 호소를 묵살했다는 뜻입니다. 그 이유는 다른 문화의 사람들은 계시를 다르게 해석하기 때문이라는 것이지요. 자, 저는 똑같은 비판이 "세속…" 죄송합니다. 가치에 대한 **철학적** 사고에도 적용된다는 것을 말씀드리고자 합니다. 당신네 철학자들이 전매특허인양, 사실을 무시하지 않으려 하신다면, 각 문화가 종교에 대해 갖는 불일치보다도 훨씬 심하게 도덕적 가치에 대해서 불일

치를 보이고 있다는 것도 인정해야만 할 것입니다.

사라: 랜솜씨, 당신은 여기서 무언가를 끝판 내려는 것 같군요.

소피아: 당신이 말하는 그 "번뜩인 생각"을 가지고 무얼 하려는 것인지 도통 모르겠어요? 좌우지간 문화마다 도덕에 관한 의견이 다를 수 있지요. 그래서 그게 어떻다는 것입니까?

랜솜: 자, 보세요. 제 말뜻은 이렇습니다. 피터 교수님은 윤리학은 우리에게 인간 행동에 관해 옳고 그른 것에 관해서 알려 주고자 한다고 말하십니다. 그리고 여러분들은 기독교가 모든 문화들에 공통된 것도 아니며 심지어 기독교 내부에서조차도 불일치가 존재하기 때문에 제가 기독교에 호소하는 것에 대해서 말리고자 합니다. 그러나 보십시오. 사회마다 도덕적 가치에 대한 견해가 아주 근본적으로 상이하다 할 때, 철학은 대체 우리에게 무엇이 옳고 그른지를 어떻게 분별해줄 수 있단 말인가요?

사라: 저는 당신의 생각이 무언지 알겠어요. "사회마다 도덕에 관한 의견이 다르다. 그렇다면, 모든 곳에서 **그 옳은 것**을 철학은 말할 수 없다"는 것이지요?

랜솜: 그렇지만 전 상대론자가 아닙니다.

사라: 당신이 한 말이 바로 그거 아니겠습니까?

랜솜: 만일 철학자들이 도덕 행동을 평가할 수 있는 **정말 옳은 표준**들을 찾고자 한다면, 그들은 도덕적 가치들이 다양하다는 것을 분명히 인식하지 않으면 안 됩니다. 종교적 신념들이 그러하듯이 말이죠. 하지만 저는 절대자

를 믿습니다. 저는 하나님이 도처의 그의 피조물들에게 명령하고 계시며, 그리고 그 분이 말씀하시는 것은 절대적인 것이라고 믿습니다. 제가 왜, "윤리학이 도덕의 보편적 표준을 발견할 수 있다"는 피터 교수의 주장을 받아들여야만 한단 말인가요? 세계 도처의 사람들이 그들의 도덕적 신념에 대해서 그렇게 큰 차이를 보일 때, 공간적으로 제한되는 **인간의** 판단들을 가지고 어떻게 이른바 윤리학이라고 하는 "과학"을 꿈꾼단 말인가요?

사라 : 으-흠, 아주 흥미롭군요.

랜솜 : 바꾸어 말해서, 만일 철학자가 어느 곳에서도 부합되는 **참으로** 옳고 그른 것을 말하고자 한다면, 그는 절대론자가 되지 않으면 안 됩니다. 그렇지만 하나님의 명령에 호소하지 않는다면, 대체 어떻게 절대론자가 되겠습니까? 당신이 기댈 수 있는 것은 단지 옳고 그른 것을 말해주는 사회뿐이며, 그리고 그 사회들은 도덕에 대해서 의견을 달리 한단 말입니다.

피터 : 아주 흥미로운 논법이며, 그리고 논리적으로 끌리게 합니다. 랜솜씨, 당신은 철학적 윤리학이 인간 행동과 인격에 대해서 통문화적으로 타당한 표준들을 찾기를 원하기 때문에, 모종의 절대론과 깊은 관계를 맺고 있는 것같이 생각하시는 것 같습니다. 하지만 당신은 또한 그 절대론을 근거 짓는 유일한 방법은, 도덕에 대한 사회들간의 의견이 다르며 그로 인해 상대론이 불가피하기 때문에, 사회적 표준 대신에 소위 **초월적인** 도덕적 표준에 호소하는 것뿐이라고 주장하고 있습니다. 그렇다면, 세속적, 철학적 윤리학의 불행한 논리적 귀결은 그 초월적 표준을 위한 필요 조건들을 배제하면서도 절대적인 표준을 얻고자 하는 모순된 욕망을 가졌다는 것이지요.

사라 : 그게 랜솜씨가 말씀한 요지입니까? 저는 거창한 이야기들은 잘 모릅니다. 어쨌든 문화마다 도덕에 관한 견해가 다르다는 것은 명백한 것이 아닙

니까? 피터 교수님이 윤리학은 절대적인 것들을 모색하고 있다고 말씀하시려 한다면, 저로서는 정말로 그것을 의문시합니다. 아마 저는 상대론자가 아닌가 생각됩니다. 각 문화는 그들 자신의 가치들을 가지고 있는 것입니다. 우리가 무슨 권리로 다른 사회의 삶의 방식에 대해서 간섭한단 말입니까?

피터 : 랜솜씨가 방금 하신 것은 문화적 상대론의 해묵은 문제를 야기하게 됩니다. 문화적 상대론이란 "일반적으로 말하면 모든 문화나 사회에 공통된 도덕적 신념은 존재하지 않는다"는 견해입니다. 하지만 이러한 다소 일반적인 진술을 넘어서, "문화적 상대론"이란 표현은 많은 상이한 해석들을 낳고 있습니다. 사실상, 사람들은 다른 것들에다 동일한 표현하고 있는 셈이죠. 개념을 좀더 명료하게 정의해야 합니다.

사라 : 저에게는 아주 명료한데요. 도덕적 신념은 사회에 따라 다르다는 것 아닙니까? 사람들은 각기 다른 것들을 믿고 있다는 것이지요, 그렇지 않습니까?

피터 : 그렇습니까, 랜솜씨? 그것이 당신의 견해라면, 그러면 그것은 논란의 여지가 없이 참입니다. 적어도 **어떤** 의미에서는 말입니다.

랜솜 : 그런 것도 포함됩니다. 하지만 저의 견해는 그것보다 좀더 강력한 것입니다. 저는 문화마다 자신들의 도덕적 신념에 관해서 일치하고 있지 않다는 사실과, 여러분들이 옳고 그르다고 결정하는 그 모든 것이 **인간들의** 사고일 뿐이라는 사실이 어떤 결과를 가져올 것인가에 대해서 보다 많은 관심이 있는 것입니다.

피터 : 이제까지 당신으로부터 많은 말씀을 들을 만큼 들었습니다. 제가 당신의 입장을 제대로 표현하고 있는지 말씀해 주세요. 철학적 관점에서 보자

면, 당신은 문화적 상대론을 어떤 사실에 관한 주장으로서 설명하고 계시는 것입니다. 바꾸어 말씀드리자면, 당신은 각기 상이한 문화에 살고 있는 사람들은 상이한 도덕적 신념을 가진다는 사실을 단지 **기술(記述)**하고 있을 뿐입니다. 그런데 당신은 또한 이 사실에 관한 진술이 **규범적인** 결론에 이른다고 생각하고 계십니다. 다시 말하자면, "도덕적 신념들이 아주 폭넓게 다양하기 **때문에(전제)**, **그러므로(결론)**, 부정적으로 표현하면, 어느 누구도 보편적인 옳고 그름에 관한 판단을 논증할 수 없다." 즉, "지리와 역사와 무관하게, 모든 사람들에게 타당하고 구속력 있는 어떠한 도덕적 표준들도 존재하지 않는다." 그 규범적 결론을 긍정적으로 표현하면 어떻게 될까요? 만일 도덕적 표준이 보편적이거나 "절대적인" 것이 아니라면, 그것은…?

사라 : 상대적인 것입니다.

피터 : 무엇에 대해 상대적이란 말씀인가요?

사라 : 사회에 대해서 이지요.

피터 : 그렇다면, 상대론에 따르면 무엇이 옳은 것인가요? 긍정적인 규범적 명제는 무엇인가요?

보브 : 제 생각에는 "하여간 옳은 것이란 어떤 한 사회가 어떤 시점과 어떤 공간에서 우연히 옳은 것으로서 믿고 있는 그것이다"가 아닐까 합니다만…

랜솜 : 당연한 논리적 귀결이지요. 당신이 말씀하신 "규범적(normative)"[44]란

---

44) 어의상으로는 '평균적인 것', '습관적인 것'을 의미하나, 사회적으로 또는 도덕적으로 행해지는 것, 그렇게 되어야 하는 것을 가리킨다. 즉, 도덕적인 가치 평가의 기준이 되는 이상적 법칙.

단어의 의미를 떠올린다면, 제 생각은 바로 그것입니다. 인간으로서 우리는 모두 문화의 구속을 받는 존재이며, 또 똑같은 논리가 우리의 도덕적 신념에 대해서도 적용되는 것인데, 대체 윤리학이 모든 사람들에게 보편적으로 적용될 수 있는 그 무언가를 어떻게 찾아 낼 수 있다는 것인지 이해가 가지 않습니다. 보편적으로 옳은 것을 말할 수 있는 인간이 대체 누구란 말입니까?

피터 : 하나님 이외에 말씀입니까?

랜솜 : 우리가 문화적으로 제한되어 있다면, 우리의 가치들도 또한 마찬가지로 문화적으로 제한되어 있는 것입니다. 당신들이 **초월적** 근원이라고 부를 그 무엇이 없다면, 우리의 도덕적 가치들은 문화적 혹은 사회적 근원 이외에서는 나올 수 없을 것입니다. 그리고 그렇게 되면, 윤리학이란 것이 무가치하다는 것을 의미하게 됩니다. 만일 윤리학이 모든 사람들에게 타당한 그 무엇을 말할 수 없다면, 대체 윤리학은 뭐 하자는 것입니까? 그건 사이비과학(似而非科學)이 됩니다. 윤리학의 법칙들이 무엇인지에 대해 세상 사람들의 의견이 일치되지 않는데 어떻게 그것들이 구속력을 가질 수 있단 말인가요? 윤리학은 "문화적 상대론"이라는 수렁에 빠지는 것입니다. 이렇게 되면 우리는 어젯밤 그 자리로 되돌아가게 됩니다. 제 말씀은 순전히 인간적 차원에서 시작하는 윤리학은 야바위라는 말입니다. 하나님 없이는 참된 윤리학이 존재할 수 없습니다. 자신들의 관습적인 사회규범(mores)으로 겉치레한 불경한 죄인이며 오만한 인간만이 남을 뿐입니다.

소피아 : 램솜씨, 하지만 **당신 자신의** 큰 문제를 망각해서는 안 됩니다. 당신이 지닌 종교적인 도덕적 신념이란 것도 소위 하나님의 말씀이란 것을 **당신의** 문화가 해석한 그것에 불과할지도 모릅니다. 만일 당신의 논증이 옳다면, 만일 **순수** 인간적 판단이 우리가 가진 전부이며 그리고 그 판단이 당신의 말마따나 오류가능성을 갖는다면, 그러면 당신은 상대론자가 되거나, 적어도

당신과 상반되는 다른 종교적인 도덕적 견해에 대해서 적대시하지 않는 편이 더 나을 것입니다.

보브 : 소피아, 당신은 이제껏 사람들이 하나님의 계시에 관해서 상이한 해석을 가지고 있다는 사실로부터 많은 이야기를 끌어내지 않았던가요?

소피아 : 하지만, 저는 피터 교수님의 견해에 동의합니다. 저는 진리를 발견하는데 있어서, 즉 우리가 어떻게 살아야만 하며 우리는 사람들을 어떻게 대우해야만 하는가에 대한 건전한 판단을 내리는데 있어서, 인간 이성에 보다 큰 신뢰를 가지고 있습니다. 보브씨는 저와 같은 이야기를 하면서도 종교 쪽으로 다소 기울어져 있는 것 같습니다. 저는 이성이란 것을, 우리에게 영향을 미치고 있는 문화적이며 사회적인 요인들에 끌려 다니는 노예에 불과하다고는 보지 않습니다. 우리는 사고할 수 있는 존재랍니다! 그것은 우리의 천성입니다.

보브 : 저는, 다른 영역에서와 같이 도덕 영역에 있어서도, 우리의 이성을 사용할 수 있는 힘을 주신 것은 하나님이라고 믿고 있습니다.

소피아 : 그렇지만 많은 비판을 자초하신 것도 하나님이시라고 봅니다. 하나님의 말씀으로 그것을 묵살하기는 어려워 보입니다. 가치에 관한 우리들의 생각들에는 문화적 차이라는 것이 존재함이 분명합니다. 저는 실감하고 있지요. 그 어떤 철학자라도 그러한 사실을 부정할 수 없을 것입니다. 다만, 저는 과학적 측면과 문화적 측면을 구분해야 된다고 봅니다.

사라 : 철학자들이라 해서 우리가 모두 다르다는 사실을 바꿀 수는 없습니다. 당신도 아시다시피, 다양성은 삶의 감초인 것입니다.

마크 : 하지만, 정말 우리가 생각하는 것 마냥 그렇게 많은 차이가 **존재**하는 건가요? 오늘날 인권을 둘러싸고 나오는 모든 이야기들에 관해서 생각해 보세요? 인권이란 것은 **어느 곳에서 살든지** 간에, **그 모든 사람들**에 관한 것이 아닌가요? 우리의 권리장전이라는 것도 사실 그렇지 않나요?

보브 : 랜솜씨가 말씀하셨지만, 마크씨, 당신은 **사실들**을 부정할 수는 없어요. 문화마다 도덕적 신념에 있어서 상이한 것은 마치 낮과 밤이 상이한 것 마냥 **명백한** 것입니다. 여러분 대부분이 인류학자들의 연구 결과에 대해서 익히 알고 계실 것이라고 믿습니다.

랜솜 : 아하, 바로 그겁니다! 여러분. 저 같은 사람도 ≪내셔널 지오그래픽≫지(誌)를 읽어 본적이 있다니 까요… 그거 참, 대단합니다. 오늘 하이킹도중에, 피터 교수님이 "문화적 상대론"이라고 부르는 것의 예들을 가능한 한 많이 생각해보고자 했었습니다. 저의 입장을 지지해 주는 그런 것들 말입니다. 그리고는 좋은 것으로 몇 개를 점찍어 놓았지요.

소피아 : 선량한 기독교 선교사들이 어떤 문화권의 오지들을 찾아 나서서 그 주민들이 행하고 있는 것들이 "하나님"이 싫어하는 그런 것들이라고 단언했을 때, 발생했던 일들에 대해서도 챙겨 놓았겠지요?

로즈 : 소피아, 랜솜씨 이야기를 막지 말아 줘.

랜솜 : 예를 들면, 저는 일부 사회에서는 시체를 매장이나 화장하지 않고 먹는다는 이야기를 들었습니다. 우리는 그런 관행을 야만적이라고 부를 겁니다. 하지만 보나마나 그들은 우리의 매장이나 화장 관행을 야만적인 것으로 간주할 것입니다.

피터 : 제가 알기로는 헤로도투스의 『역사』[45]에서도 그에 대해서 나오지요. 그런데 식인풍습(cannibals)에 대해서 어떻게 생각하십니까?

소피아 : 하지만 이와 같은 예들을 가지고 랜솜씨의 입장을 편드는 것이 정말로 제대로 된 것인가요? 차라리 원시인들의 관습들만을 가지고 말하세요, 그러면 차이점을 뽑아 내기가 훨씬 쉽다 마다 지요.

피터 : 하지만, 설령 제가 잠시라도 랜솜씨 입장에 서서 말한다 할지라도, 그와 같은 말들을 소홀히 해서는 안 되는 것이지요. 랜솜씨가 펼치고 있는 논변은, 사람들을 판단함에 있어서 다른 사람들보다 열등하다거나 우월하다거나 하는 식으로 판단하게 만드는 바로 그 가정에 대해서 도전장을 던지는 것이라 하겠습니다. 이런 연유로 해서, 상대론은 이제까지 어떤 문화들에 대해서 "야만적"이라고 부르던 행태에 대해서 철퇴를 가하게 되지요. 사실, 그 말은 가치가 함축된 용어이지요.

랜솜 : 오해하지 마세요. 저는 기독교 신앙이 도덕이 머물 수 있는 우리의 유일한 참된 피난처라는 것을 말씀드리고 있는 것입니다. 그래서 종교적 관점에서 우리는 사회간의 우열을 판가름할 수 있는 것입니다. 하나님의 선교사들은 미개인들에게 하나님의 길을 사랑으로 가르칠 책무를 가졌던 것입니다.

소피아 : 저승사자와 같이, 젖통을 드러내놓고 주위를 걸어다니는 여성들의

---

45) Herodotus(BC c.484-430). 그리스의 역사가. 소아시아의 Halikarnassos 출신인 이오니아 사람. 그곳 참주에 거역하여 쫓겨난 후 페르샤제국의 각지와 남 이태리, 그리이스 등지를 널리 여행하고 BC 444년 남 이태리의 식민도시 Thurioi의 건설과 더불어 그 시민이 되어 그곳에서 사망. 자기의 여행지식을 토대로 페르샤전쟁의 역사를 동양과 서양과의 충돌이라는 넓은 견지에서 취급하고 그 속에 당시 세계 각지의 역사 지지(地誌)를 포함하는 일종의 구성이 큰 세계사인 『역사』를 썼는데, 이로 말미암아 역사의 아버지라 불리어진다. 여기에는 오늘날의 상식이나 일반적 관행과 아주 상이하거나 진귀한 많은 관습들이 소개되고 있다. 이를테면, 이집트에서는 여자는 서서, 남자는 앉아서 소변을 본다는 등.

관행, 얼마나 수치스러운지!

보브 : 어쨌든, 식인풍습은 문화적 상대론을 지지해주는 것 같습니다. 어떤 문화에서 그것은 지극히 도덕적인 양식을 취했습니다. 식인종들은 그 풍습을 더할 나위 없이 정당한 그것으로 여기는 것 같습니다. 그들은 아마도 바로 그 풍습으로 인해서 다른 사회보다 더 우월하다고 생각할는지 모를 일이지요.

랜솜 : 당신이 에스키모에 관해서 들은 이야기는 어떻습니까? 그들은 부족의 이동시 너무 늙고 허약해서 혹독한 겨울을 날 수 없는 부족 성원들을 죽입니다.

사라 : 우리라면 그건 "악의에 찬 살인"(murder)이라 부를 테죠.

마크 : 법정에 세워야 할 자들!

사라 : 우리는 노친네들을 쓸쓸한 간병소에 보내지요. 어쩌면 노인들을 대우하는데 있어서 에스키모들이 더 나을는지도 모르죠.

피터 : 동성애와 매춘에 관해서는 어떻습니까? 우리 문화에서 이것들은 일반적으로 용인될 수 없는 것으로 여겨지고 있지만, 다른 문화에서는 도덕의 문제라기보다는 취향의 문제로 여깁니다. 우리 문화의 일부 사람들이 이를테면 플라톤의 『향연』[46]에 그런 이야기들이 나온다는 사실을 알게되면 아마 큰 충격을 받을 것입니다.

마크 : 그러한 일들은 우리가 아주 소중하게 여기고 있는 신념들에도 적용

---

46) 플라톤의 주저로서 연애를 주제로 하여, 주연(酒宴)에서 여러 사람들이 각자의 의견을 말한다. 남성들의 동성애를 당연시한다.

될 수 있습니다. 서구 문화에 있어서, 사적 소유권은 양도될 수 없는 천부의 권리로 믿고 있습니다. 하지만 일부 사회에서는 그것이 만악(萬惡)의 근원으로 간주됩니다.

소피아 : 지상의 다른 생물들에 대한 우리의 태도들에 관해서는 어떻습니까? 어떤 문화에서는 동물을 사람들이 마음대로 취급해도 괜찮은 존재로 여깁니다. 일부 기독교인들조차도 그런 믿음을 가지고 있지요.[47] 일부 집단들은 동물학대에 대해서 아무런 거리낌도 없습니다. 하지만 많은 사람들, 적어도 서구세계에서는 동물학대에 대해 도덕적으로 곱지 않은 시선을 보냅니다.

피터 : 저는, 가장 잔인한 행동들 가운데 어떤 것들-적어도 **우리가** 잔인하다고 생각하는 것들-은 어떤 사회에서 일정 시기에 유행한 반면, 우리가 완전히 받아들일 수 있을 행동들이 어떤 사회에서는 비난받았었고 아직도 그러하다고 보는 것이 무리가 없다고 봅니다. 몰몬교도[48]의 일부다처제, 이집트인들의 근친상간을 생각해 보세요. 그러한 관행들은 용인된 정도에 그친 것이 아니라 때때로 크게 권장되기도 했지요. 다른 한편, 춤추는 것이나 이자 돈을 받는 것과 같이 보기에 아무런 문제가 없는 행위들이 어떤 지역에서는 비난받아오고 있지요.

사라 : 그렇다면, 옳고 그름의 보편적 표준이란 것이 어떻게 존재할 수 있을까요? 한 지역에서 옳은 것이 다른 지역에서는 옳지 않은 것이 됩니다. 우리는 다만 관습이 다를 뿐이라고 말하는 것 이외에는 다른 방도가 없지 않습

---

47) 이를테면 창세기에 나오는 구절을 놓고도, 인간이 동물을 지배해야 한다거나 혹은 단지 보존하고 관리해야 한다거나 하는 식으로 해석상의 이견을 드러낸다. 자연정복론과 자연보존론으로 연결된다.

48) Mormons. 1830년 J. Smith가 발행한 이른바 몰몬경(미 인디언 조상인 예언자 몰론의 비경(秘經))을 성경과 더불어 믿는 미 기독교의 교파. 유타주 솔트레이크시에 본부를 두고 있다.

니까?

피터 : 그렇다면 도덕적 표준은, 문화들이 전개되는 일정 시점에서 우연하게 용인되거나 시인된 관습에 불과하다는 것인가요?

보브 : 그러면 우리는 윤리학을 내다 버려야 한다는 말씀인가요? 저는 그렇게 보지 않습니다.

피터 : 저 역시 마찬가지이지요.

사라 : 교수님이야 당연하지요. 밥줄이 끊어질 테니까요…

피터 : 문화 상대론자들은 인상적인 변론을 펼치고 있는 듯하고, 저 또한, 비방하자는 뜻이 아니라 정말로, 보통 사람들이 이러한 추론 방식에 늘 공감하고 있다는 것을 인정하지 않을 수 없습니다. 하지만 철학자들은 그러한 논변들에 대해 크게 공감하지는 않습니다.

사라 : 하지만 교수님은 이미 문화마다 상이한 도덕적 신념을 가지고 있다는 것을 사실로 인정하지 않았습니까? 저에게는 상대론자들의 논증이 빈틈없는 것 같이 보이는데요. 암 그렇고 말고요. 문화마다 상당한 불일치가 존재하고 말고요.

피터 : 여기서 우리가 좀더 조심스러워야 합니다. 상대론자들에 의하면, 중대한 쟁점이 되는 것은 문화간에 도덕적 불일치가 존재한다는 바로 그 **사실**이라는 겁니다. 하지만 저는 다음의 네 가지 물음에 대해서 좀더 엄밀히 알아보았으면 합니다. 첫째, 이러한 불일치는 어떤 **수준**에서 일어나는 것인가? 적어도 일부 경우에 있어서는 **실재적** 수준에서라기보다는 **표층적** 수준에서 일

어날 수 있는 것이 아닌가? 둘째, 실재적인 불일치가 존재한다 손치더라도 그 **영향 범위**가 어느 정도인가? 바꾸어 말해서, 그 불일치의 영향이 "도덕적으로 의미 있는 가치들"에 관한, 문화간의 의미 있는 일치의 영향에 못 미치지는 정도라면, 그 불일치에 대한 강조는 자칫 오해를 불러 올 수 있다는 것입니다. 셋째, 설령 불일치가 존재한다할지라도, 그로부터 **도출**될 수 있는 논리적 귀결은 무엇인가? 바꾸어 말해서, 철학적 윤리학의 가능성과 그 불일치와는 어떤 관련성이 존재하는가? 마지막으로, 실재적인 도덕적 차이에 대해서 우리 자신의 **태도는** 어떠해야 하는가? 우리는 이 점에 대해서 언급조차 하지 않았지만, 상대론자들은 "관용"의 태도를 추천하고 있음을 주목하시기 바랍니다.

보브 : 계속 하세요.

피터 : 저는 잠시 뒷전에 물러서 있겠습니다. 이 물음들을 통해서 여러분들이 제가 생각할 수 있도록 도와주셨으면 합니다. 멀리 갈 것 없이 지금 우리들 사이에 존재하는 어떤 불일치를 예로 삼아서, 왜 그 불일치가 일어나는지에 대해서 이야기해 봅시다. 저는 임신중절 문제를 제안합니다. 저는 임신중절의 도덕적 허용가능성에 관해서 우리들 사이에 불일치가 존재한다고 생각하지요. 왜 우리는 의견의 차이를 보일까요?

안토니 : 끼어 들어도 될까요? 아마 우리 대다수가 그러하시겠지만, 저 또한 그 문제에 대해서 얼마정도 생각해 본 적이 있습니다. 저는 한 진영에서는 태아(fetus)[49]는 인간이기에 살인을 범해서는 안 된다고 고집하는 것으로 알고 있습니다. 다른 진영에서는 그 결정이 내려질 때 고려해야 될 많은 다른 중요한 요인들이 있으며, 가장 좋은 결정은 임신한 여성 그 자신이 개인적으로 내리는 그것이라고 주장하고 있지요.

---

49) 임신 8주 이상 된 개체, cf. embryo : 임신 2주부터 7주 사이의 개체.

소피아 : 덧붙이면, "수정(受精) 순간부터 사람(person)"[50]이라는 수사적 표현은 설득력이 없다고 생각합니다. 인간(human species)의 세포 하나가 우리가 흔히 말하는 사람(person)을 가리키는 것은 아니지 않습니까? 임신중절 반대론자(pro-lifer)가 그 뭐라 해도 말입니다.

보브 : 하지만 그것도 한 인간(a human)입니다. 당신은 이 사실을 부정해서는 안됩니다.

소피아 : 제가 부정하는 사실이란 인간 종의 세포 하나를 우리가 사람으로서 제 구실을 하는 그런 사람이라고 부른다는 바로 그것입니다. 다시 말해서 우리에게 그러한 사실이 없다는 것이죠.

피터 : 무고한 "사람"을 죽이는 것이 옳은 것인가 그른 것인가에 대해서 여러분은 이견이 있습니까?

소피아 : 물론 없지요.

---

50) "person-at-the-moment-of-conception." 의학에서는 수정 순간의 개체를 zygote(수정란 혹은 접합자), 그리고 그 다음의 성장 개체를 embryo와 fetus라 한다.
　　영어에서 인간 혹은 사람을 지칭하는 용어는 많다. 생물학적 분류 개념(기술적인 의미)으로는 a human being/human beings/humans/human species이며, person은 규범적인 용어이다. 이를테면 "인간(a human being)이면 다 인간(person)이냐?"에서처럼 말이다. 이 때 인간(person)은 인간성(humanity : 인간의 이념)을 지향한다. 하지만 이때에 임신된 개체, 유아나 치매노인 등을 어떻게 볼 것인가(personhood; 사람됨, 사람의 범주)는 여전히 문제이다. 그리고, person은 보다 구체적으로 '도덕적 행위를 수행할 수 있는 인간'으로서 '인격'을 가리키는 경우도 있다. 물론, 이 경우에는 어린아이나 뇌사상태의 인간, 정신 이상자들은 인격에서 제외된다. 이는 칸트의 용례를 따르는 것이다. 하지만, 통상적으로 앞의 구분 용례대로 사용되는 것은 아니다. 이럴 경우 그냥 '사람,' '인간'으로 번역한다. 다만, 덕의 윤리에서 말하는 인격(character, 성품, 품성)과 칸트의 인격(person) 혹은 인간은 구분해야 할 것이며, 전자의 경우(character)를 명시했음. 여섯째 마당을 참조할 것.

피터 : 그렇다면 이 불일치는 전혀 도덕적인 것에 대한 것이 아닙니다. 당신들은 사실에 대한 문제, 즉 "태아가 사람인가?"에 대해서 의견의 차이를 보이고 있는 것입니다. 당신들은 "사람의 자격"(personhood)의 개념 속에 태아가 포함되는지에 관해서 의견의 차이를 보입니다. 이것을 문화적 불일치로 추정하는 사실에 확대 적용해 봅시다. 우선, 이 불일치를 명백한 것으로 받아들이지만 말고, 그 불일치가 **왜** 존재하는지를 물어 보세요. 그 불일치가 참으로 **도덕적인 것**과 관계됩니까?

보브 : 당신은 지금 대다수의 문화적 불일치가 **도덕적인** 불일치가 아니라는 식으로 말씀하고 계십니다.

피터 : "대다수"라는 말은 좀 그렇지만, 하여간 도덕적인 불일치 사례로 추정되는 어떤 사례를 발견하면, 그것이 **실재적** 수준에서인지 아니면 단지 **외양적** 수준에서인지를 알아야 한다는 것이지요. 그 불일치가 전혀 도덕에 관한 것이 아닌 경우가 왕왕 있습니다. 그 불일치는 상이한 신념체계들, 상이한 과학적 판단들, 혹은 상이한 종교적 신념들에 관한 것, 즉 **도덕과 무관한** 것들에 관한 경우가 자주 있습니다. 식인풍습의 경우를 예로 들어봅시다. 랜솜 씨, 당신의 인류학적 연구에 비추어볼 때, 그런 관행은 왜 일어나던가요? 식인종들은 어떤 신념을 가지고 있던가요?

랜솜 : 만일 그들이 적(敵)의 시체를 먹는다면, 그들은 적의 강점을 획득하게 될 것이라는 사실과 같은 것 말이죠. 인류학자들의 책에서 그렇게 읽었던 것 같습니다.

소피아 : 그렇다면 그것은 실재적으로, 그들의 도덕적 신념들 혹은 우리가 그들의 도덕적 습관들로 부를 그것들이 실현된다고 믿는 그들의 기이한 도덕과 무관한(nonmoral)[51] 신념들로 말미암은 것입니다. 그들은 우리와 다른 종교

적 신념을 가졌던 것이며, 바로 그 상이한 종교적 신념이 그들의 도덕적 신념의 토대였던 것입니다. 만일 우리가 그들과 같은 종교적 신념을 가지고 있다면, 우리는 식인풍습을 도덕적으로 어떤 문제가 있는 것으로 여기지 않았을지도 모릅니다. [끔직하다는 표정을 지으면서] 그런데 참, 우리 문화의 일부 사람들은 살과 피를 먹는데 대해서 아무런 거리낌도 없는 것 같습니다. 그런 사람들을 뭐라고 부르는지 아시나요? 보브씨, 당신만큼은 아셔야 할 것 같은데…

보브 : [황당하다는 표정으로] 모릅니다.

소피아 : 카톨릭 신자!

로즈 : 재는 또 쓸데없는 소리.

보브 : 아리스토텔레스와 아퀴나스의 철학에 나오는 성체변화[52]에 관한 형이상학적 배경에 대해서 설명해 드릴까요?

소피아 : 사실, 제가 하고픈 말이 바로 그 말이 아니었겠습니까? 형이상학적 혹은 종교적 신념들로 인해서 같은 행위를 놓고도 달리 해석하게 되고 또

---

51) 도덕과 무관하다는 분류적 용어이다. 이 경우에 있어 상대되는 moral의 개념은 도덕적 비난이나 칭찬이 포함되지 않는 비평가적 용어이다. 한편, amoral(무도덕적) 또한 이와 같은 의미이나, 주로 도덕적 판단 능력이 없는 사람들의 행위에 관련된다. 비(혹은 부)도덕적인 것은 immoral, anti-moral이며, 이것은 도덕적 지탄의 대상이다.

52) transubstantiation. 아리스토텔레스는 영혼은 육체의 형상이라고 본다. 聖體變化. 카톨릭 교인들이 신인(神人) 예수 그리스도가 빵과 포도주를 축성하여 그 형체는 그대로 있으나 초자연적인 힘에 의하여 예수의 살과 피, 즉 성체가 그 안에 현존한다고 믿는 현상. 신교에서는 이를 빵과 포도주가 문자 그대로 예수의 피와 살로 성별(聖別)되는 것이 아니라, 그리스도의 말이나 성사(혹은 성찬)를 하나의 상징적인 것으로 본다.

도덕적으로 옳다고 믿게 된다는 예를 들었던 것뿐이죠. 실례했다면, 죄송!

피터 : 그리고 이것은, 도덕적 불일치로 통용되는 많은 것들이, 실제 상대론자들이 그렇게 여기곤 하는 많은 것들이 사실상 전혀 **가치의 차이**에 관한 것이 아닐 수 있다는 것을 시사합니다. 그러므로 우리는 처음 보기에 명백한 참인 것, 즉 문화마다 도덕적 신념이 다르다는 것, 그것을 반드시 받아들일 필요는 없는 것입니다.

랜솜 : 하지만 도덕적 가치에 대해서 분명한 차이가 있는 경우에 대해서는 어떻습니까? 예를 들면, 어떤 남태평양의 섬 주민들은 부모가 중년에 이르면 죽이고자 합니다. 이들은 이 관행을 살인으로 여기지 않을뿐더러 부족은 그것을 긍정적으로 봅니다. 만일 아들이나 딸이 그의 부모를 살해하지 않는다면, 그것은 옳지 못한 것입니다. 그들은 나쁜 아이들로 간주됩니다. 우리는 그 관행을 살인 행위로 볼 것입니다. 하지만 그들은 그것을 지고한 의무로 간주합니다. 이것을 도덕적 갈등 사례라고 보지 않으시겠습니까?

보브 : 저는 그 대답이 거의 비슷하게 나올 것이라고 생각합니다. 우리는 그들이 왜 그런 일을 하는지를 물어볼 필요가 있습니다. 우리는 그들이 부모를 살해할 때 그들이 **어떤 생각**을 가지고 있는지를 알 필요가 있습니다.

피터 : 제가 이해하는 바로는, 그 섬 주민들은 **살해**(murder)하고자 하는 의도에서 부모를 죽이는 것(kill)이 아닙니다. 그들은 종교적인 이유들로 그렇게 하지 않으면 안 된다는 의무감을 갖는다는 것입니다. 제가 기억하는 바로는, 이들은 사후세계에서 혼자서 살아 나가기 위해서는 비교적 건강할 때 죽어야 한다고 믿고 있습니다. 자녀들이 부모들을 죽여야 하는 것은 부모에 대한 "사랑"과 "경의"로부터 나오는 것입니다. **우리도** 사람이란 자신의 부모를 사랑하고 존경해야 하며, "그들에게 있어서 가장 좋은 것"을 행해야만 한다고 믿지

않나요?

소피아 : 물론 우리도 그렇게 믿지요. 이제 저는 당신이 말한 그 불일치의 **수준**이란 것이 무엇을 의미하는지 알 것 같습니다. 우리가 부모들을 상이하게 대우한다고 할지 모르나, 그것은 바로 상이한 신념체계로 인한 것입니다. 근본적으로 혹은 보다 심층적인 수준에서 우리는 어떻게 하는 것이 부모를 도덕적으로 대우하는 것인지에 대해서 의견일치를 보고 있는 것입니다.

피터 : 맞습니다. 드러난 바와 같이, **가치**에 관한 일치는 겉보기보다 더 많을 수 있다는 것입니다. 이러한 사례는 섬 주민과 우리 문화 사이에 **한** 수준에 대한 불일치가 있는 반면, **보다 심층적 수준**에 대해서는 아예 불일치가 존재하지 않는다는 것을 말해 주는 것입니다. 두 문화가 모두 받아들이는 도덕 판단이 존재하는 것입니다.

소피아 : 즉, 우리는 부모를 사랑하고 존경해야 한다는 것 말이죠?

피터 : 바로 그거지요. 상대론은 단지 표층적이거나 부차적인 도덕적 신념이나 사실적 신념에 대해서만 발생하는 반면, 보다 심층적이거나 일차적이거나 궁극적인 신념에 대해서는 의견의 일치가 있을 수 있습니다.

보브 : 교수님이 말씀하시고자 하는 바를 알겠습니다. 요컨대, 사회는 다양한 규칙, 관행 및 응용 규정들을 그 사회의 가장 기본적이거나 소중한 도덕적 신념들로부터 끌어오며, 그리고 문화간의 차이는 가장 기본적인 도덕적 가치들에서라기보다는 그 파생이나 응용 규정들에서만 있을 수 있다는 말씀이지요?

피터 : 제가 모든 인류학자들의 생각을 속속들이 알 수는 없는 것이지만,

섬너,[53] 루스 베네딕트[54] 그리고 웨스터마크[55] 정도와 같이 영향력 있는 인류학자들도 이러한 아주 중대한 차이점에 대해서는 알아차리지 못했던 것 같습니다. 앞의 섬 주민의 예에서와 같이, 사람들은 부모를 사랑하고 명예롭게 해드려야 한다는 그 기본 원리가 그 문화의 방식에 따라 적용된 것이었고, 우리는 우리 문화의 방식이 적용되는 것입니다. 그것은 상이한, 도덕과 무관한 신념들의 차이로 인한 적용상의 차이이지, 도덕적 신념들의 차이로 인한 것이 아닙니다.

랜솜 : 하지만 당신은 소위 모든 사람들이 공통되게 가지고 있는 그 "기본적 신념"이라는 것이 언제나 **존재하고 있다**는 것을 어찌 그리도 자신 있게 말씀하십니까?

피터 : 여러분이 모든 사례에서 그럴 수는 없을 것입니다. 하지만 그것은 정작 상대론자들에게 큰 문제가 되지 않나요? 우리가 일단 이렇게 중요한 구분을 하고 나면, 상대론자들은 자신들의 입장을 정당화하기 위해서는 모든

---

53) William Graham Sumner(1840-1910). 미국의 사회학자 경제학자. 스펜서와 리페르트의 영향을 받아 사회진화론적, 인류학적 입장에서 집단적 습관의 기원, 본질 및 가치를 규명했다. 주저로『민속』(1907)이 있다.

54) Ruth Benedict(1887-1948). 미국의 여류 문화인류학자이며 컬럼비아 대학 교수 역임. 기능주의학파에 속하며 어느 특정 지역의 문화를 하나의 형(型)으로 파악하려 하였다. 미개민족에 대해서는 권력추구적인 콰큐틀(Kwakiutl)족을 디오니소스(Dyonysos)형이라고 하고, 온화한 즈니족을 아폴로(Apollo)형이라고 하였다. 다시 문명사회에도 적용시켜 구미인의 행동양식을 '죄책감의 문화'라 하고, 동양인들의 그것을 '수치심의 문화'라고 명한바, 전자는 '내면적인 죄'의 자각에 의해서 후자는 '외면적 강제력'에 의해서 선행을 하며, 전자는 개인주의적 규범(양심, 개인의 독립성)이, 후자에서는 집단주의적 규범(도리와 체면, 예의 형식)이 부각된다. 주저로는『문화의 유형』(1935),『국화와 칼』(1946)이 있다.

55) Edward Alexander Westermarck(1862-1939). 핀란드 태생의 영국 인류학자 사회학자. 사회제도를 역사적으로 비교방법을 사용하여 관찰하였다. 혼인의 기원에 대하여서는 모건(L. H. Morgan) 등의 군혼론을 비판하고, 도덕론에 대하여는 사회가 진화함에 따라서 도덕도 변화한다고 주장. 주저는『혼인의 기원』(1889),『도덕적 관념의 기원과 발전』(1906) 등이 있다.

사람들에게 공통된 그러한 기본적 신념들이 결코 **존재하지 않는다**는 것을 증명해야만 됩니다. 사회는 그 사회의 파생적이거나 덜 기본적인 가치 신념에 관해서 불일치를 보일 뿐만 아니라 또한 그 사회의 가장 기본적이거나 궁극적인 가치 신념들에 관해서도 불일치를 보이고 있다는 것을 증명하는 것이 그들에게 큰 부담이 되지 않겠습니까, 그렇지요? 그것을 증명하는 일은 어렵습니다. 적어도 제가 아는 한 그 어떤 인류학자도 이제까지 그것을 증명하지 못했습니다.

보브 : 조심스러운 상대론자라면, 아예 불일치가 없다는 것이 아니라 최소한 **다소**의 기본적인 불일치는 존재한다고 주장하려 할 것입니다. 그렇지만 그가 그 구분을 인정하게 되면, 그의 주장이 옳다손 치더라도 그것이 생각보다는 그렇게 큰 영향을 미치는 것이 아니라고 생각하는 것이 합리적일 것입니다. 설령 **다소**의 불일치가 존재할 뿐이라면, 상당한 정도의 의견의 일치가 존재할 것입니다. 그렇다면, 그것들이 도덕적 갈등을 해소하는 공통의 방식과 공통된 도덕적 추론양식을 제공하는 토대가 될 것입니다.

사라 : 하지만 저는 당신들 모두가 상대론의 입지를 약하게 보이게끔 만드는 사례들에만 초점을 맞춘 것이 아닌가 합니다. 이런 걸 좀 생각해 보세요. 우리는 도덕적 가치에 대해서 명백한 불일치를 보이는 즉, 각자의 가치가 옳다고 주장하는 두 사회를 보았지 않았던가요? 실제로 그런 일이 일어나고 있지 않습니까? 이 사회에서는 옳은 것인데, 다른 곳에서는 옳지 않단 말입니다. 만일 두 사회가 그런 상이한 견해를 가지고 있다면, 대체 어떻게…

마크 : 이를테면, 재산권에 대해서 말입니까?

사라 : 바로 그렇지요. 재산소유에 대한 권리는 우리에게 옳은 것이지만 다른 문화의 사람들에게는 옳지 않은 것입니다. 이것이야말로 상대론을 지지해

주는 명백한 근거가 아닌가요?

피터 : 비록 우리가 재산권에 관한 당신의 주장을 인정한다해도, 그것이 상대론을 증명해 주는 것은 아닙니다. 당신의 그 말씀은, 상황이 다르다는 사실에 비추어서 상식의 차이를 언급하는 것입니다. 예를 들면, 우리가 어두운 뒷골목에서 누군가의 돈을 강탈하려고 칼로 찌르는 것은 그른 행동이라고 말합니다. 하지만 우리는 수술실에서 의사가 환자의 몸에 칼을 대는 것은 그른 행동이라고 말하지 않습니다. 왜 그렇습니까? 이것도 우리를 상대론자로 만드는 것인가요?

소피아 : 물론 아니죠. 상황이 다르지 않습니까? 따라서 우리는 그 행위들을 다르게 판단해야 하는 것이지요.

사라 : 하지만 만일 어떤 것이 여기서는 **실제적으로** 옳은 데, 다른 곳에서는 **실제적으로** 옳지 않다면? 그건 어떻게 됩니까?

소피아 : 당신은 동일한 원리에 의거해서 그 차이점들에 대해서 판단할 수 있습니다. "당신은 불가피하지 않은 상황이라면 다른 사람을 해쳐서는 안 된다."는 원리로 말이죠. 따라서 강도질을 하면서 누군가를 칼로 찌르는 것은 그른 것이지만 의사가 수술을 위해 집도하는 것은 그른 것이 아닙니다.

피터 : 그리고 공통의 표준에 대한 이러한 요청은 상대론자들이 금하는 바로 그것입니다. 왜냐하면 상대론자들은 그러한 공통의 원리나 표준들이 존재한다는 것을 부정하기 때문입니다. 따라서 차이의 존재가, 설령 어떤 행위가 변화하는 요구와 응용 규정들에 따라서 상이한 장소와 상이한 시점에서 옳고 그를 수 있다는 것을 보여준다 할지라도, 그것이 상대론을 증명하는 것은 아닙니다. 이를테면, 돌은 땅으로 떨어지고 풍선은 하늘로 오른다고 해서, 이 때

사실은 같은 하나의 원리, 다시 말해서 중력법칙이 다르게 모습을 드러낸 것인데도 불구하고, 그 때문에 상대론이 맞는다고 할 수 있겠습니까?

랜솜 : 그렇다면, 재산권에 대해서 적용될 수 있는 공통의 원리는 무엇입니까?

피터 : 아마도 그것은 "사회는 사회의 전체적 복지를 보장하는 그런 관행들만을 장려해야만 한다"는 진리와 같이 아주 간단한 어떤 것이 될 것입니다.

안토니 : 그렇다면 만약 사유재산제가 "x" 부족에게는 옳은 관행이지만 "y" 부족에게는 그른 것이라는 사실이 상대론을 입증하지 않는다면, 그 차이는 사유재산제는 "x"부족을 더 행복하게 해주지만 상이한 여건상의 "y"부족을 더 행복하게 해주지 않는다는 것일 수 있습니다.

피터 : 그 차이는 한 사회가 일정한 지리적 역사적 환경에서 그 사회의 주민들을 최고로 행복하게 만들어 주는 것이면 그 어떤 것들도 행해야 한다는 원리에 대한 두, 상이하지만 적절한 적용 규정의 결과일 수 있을 것입니다. 그 둘은 동일한 원리와 공유된 도덕 가치로부터 나오는, 상이하지만 납득이 되는 결과들인 것입니다.

소피아 : 한편으로 저는 불일치와 일치에 대한 모든 강조들은 오도가능성이 있지 않나 싶습니다. 저는 모름지기 실제적인 차이들이 존재하고 있다는 것과 그것들을 어떻게 분석하는가의 방법에 대해 알고 있습니다. 하지만 모든 문화에 공통적인 것들에 대해서 어떻습니까? 만일 우리가 함께 살아가고자 한다면 모든 사회에서 어떤 기본적 가치들이 매우 같아야만 한다는 것이 분명하지 않습니까? 우리는 어떤 합의 없이 사회적 삶을 영위할 수 없을 것입니다.

보브 : 저도 그런 생각을 했었습니다. 모든 사회가 영아(嬰兒)들의 영양상태에 신경을 써야만 하는 것은 분명합니다. 그렇지 않으면 영아들은 성인으로 자랄 수 없고, 종국에 이르면 사회란 더 이상 존재할 수 없기 때문입니다.

피터 : 가장 완고한 상대론자조차도 그것을 받아들이지 않을 수는 없을 것입니다. 하지만 사회 생활 속에서 진실을 말하는 가치 또한 그와 같은 필요성을 갖는 것 같습니다. 진실을 말하는 것을 가치 있게 여기지 않거나 사기나 절도에 대해 도덕적인 제재[56]가 없는 사회를 상상해 보세요.

안토니 : 상호간에 의사소통조차 불가능하겠죠.

피터 : 사회적 상호작용이 사회 복지를 가져오기 위해서는 대화가 오갈 때 사람들이 정직해야 한다는 것을 전제하지 않으면 안됩니다. 즉, 그들의 말(그리고 그에 따른 행동까지도)은 그들 자신의 생각을 있는 그대로 나타내고 있어야한다는 것 말이죠. 만일 우리가 일반적 수준에서 그렇게 추정하지 않는다면, 사회는 혼돈에 빠지게 됩니다. 저는 이런 논지를 직설적으로 밝힌 한 유명한 인류학자에 대해서 알고 있습니다. 모든 문화에는 정당화될 수 없는 살인, 부모와 자녀간의 책무, 계약이나 약속을 포함하는 의무들에 관한 관념들이 존재한다는 것입니다.

소피아 : 그렇다면 도덕이란 랜슴씨의 바램처럼 초월적인 근거를 갖는 것이 아니라 사회에 내재적이며, 도덕은 보편적이며 비상대적일 수 있겠군요?

피터 : 그렇습니다. 우리가 탐구해 온 기술적(記述的) 의미에서 그렇습니다.

---

56) sanction, 制裁. 라틴어 Sancire(신성한 것으로 인가하다.)에서 파생. 이미 수행된 행위나 사회 현상을 정당화하거나 비난함으로써 도덕적 요구를 확고하게 하는 것을 말한다. 즉, 긍정적 의미와 부정적 의미 모두 갖는다.

그러나 저의 다른 물음들도 상기하시기 바랍니다. 설령 개연적으로 도덕적 가치에 관한 상당한 일치가 있는 것이 불가피하다 할지라도, 문화간에는 얼마간의 기본적인 불일치가 **존재**할지도 모릅니다. 저는 동물에 대한 우리의 기본적 태도를 한 예로 들고 있는 한 철학자를 알고 있습니다. 이는, 일부 문화들이 동물을 영혼이 없는 단순한 기계로 보기 때문에 도덕과 무관한 불일치의 사례인 것 같아 보입니다. 하지만 그는 그렇지 않다고 주장합니다. 자, 그러면 다소의 기본적 불일치가 존재한다고 가정해 봅시다. 어떤 결론이 도출됩니까? 그 결론은 왜 적합성(relevance)을 갖는가요?

소피아 : 무슨 말씀인가요?

피터 : **사실의 문제**에서 옳다거나 그르다거나 하는 것으로부터 무엇이 도출되는가요? 만일 도덕적 가치에 관한 다소의 기본적인 불일치가 **사실로** 존재한다면, 도덕적 옳음은 문화에 따라 "상대적인" 건가요? 상대론자들이 옳음을 어떻게 정의하고 있는지를 상기하십시오.

보브 : "옳은 것이란 그 내용이 무엇이든 간에 문화가 시인(是認)하는 것이거나 문화가 우연히 금하거나 허용한 것이다."

피터 : 이것은 어떤 사람들에게는 이해하기 다소 애매한 것입니다. 문화 상대론자는 언제나 두 개의 상이한 관점들을 가지고 있습니다. 즉, 기술적(記述的)인 명제와 규범적(規範的)인 명제가 그것들입니다. 문화 상대론자는 그 둘 사이에는 논리적 관계가 있다고 믿습니다. 그들은 우리에게 하나의 논증(argu-ment)[57]을 제시하고 있습니다. 하지만 간단히 말해서, 그것은 좋지 않은 논증

---

57) 논변, 논법, 정초, 입론이라고도 한다. 논증이란 논리적 증명을 말한다. 논리란 올바른 사유의 이치를 말한다. 따라서 논증이란 올바른 사유의 법칙에 맞게끔 주어진 판단의 진리성의 근거를 밝히는 것이다. 전제가 참이고 그 논증이 타당하면 건전한 논증이라 말한다. 어떤 논증이 타당하다고 말하는 것은 그 전제가 참이고 그 결론

입니다. 그것은 논리적으로 부당한 것입니다.

보브 : 좀 천천히 그리고 차근차근 말씀해주셨으면 합니다.

피터 : 논증이란 단지 어떤 신념에 대해서 이유나 근거를 제공하려는 시도일 뿐입니다. 상대론자는 도덕적으로 옳은 것이란 어떤 개별 집단이나 문화에 의해 시인된 것이라고 생각합니다. 그들은 그것에 대한 이유나 정당화를 제시함으로써 이 규범적 명제를 옹호하고자 합니다. 물론 그 이유나 정당화란 바로 도덕적 가치에 대해 문화간에 불일치가 존재한다는 그의 "전제 (premise)"이죠. 즉, 도덕적 불일치가 존재하기 **때문에**, 그렇다면 가치는 상대적일 수밖에 없으며, 옳은 것이란 사회적 시인에 의해서 규정된다는 것이죠. 자, 봅시다. 일반적으로 말해서, 어떤 사람이 그 자신의 논증을 제시할 때, **만일 여러분들이 나의 전제들을 받아들인다면, 당신들은 나의 "결론(conclusion)"을 받아들이지 않을 수 없습니다.** 그렇다면, 만일 그의 전제들이 그의 결론을 보장한다면, 그의 논증은 좋은 논증이며, 만일 우리가 그의 전제들의 진리값을 인정하면서도 우리가 그의 결론은 그렇지 **않을** 수 있다는 것을 보여준다면, 그의 논증은 나쁜(bad) 논증, 즉 "부당한(invalid)" 논증인 것입니다. 바꿔 말해서, 만일 그의 전제들이 그의 결론을 세우는데 실제적으로 "타당하지 않다(inadequate)"면, 그의 논증은 나쁜 논증이라는 것입니다.

사라 : 전제와 결론이 무엇인지 다시 한번 말씀해 주세요.

피터 : 그 논법은 다음과 같습니다. 즉, "도덕적 가치들이 아주 상이하다고

이 거짓이라는 것이 논리적으로 불가능하다고 말하는 것과 같다. 이를테면 (1) 모든 것은 원인을 가진다면 그때는 어느 누구도 자유롭게 행동하지 않는다. (2) 모든 것은 원인을 갖는다. 그러므로 (3) 어느 누구도 자유롭게 행동하지 않는다. 여기서 (3)은 결론이며, (1)과 (2)는 결론에 대한 이유들이며 전제들이다. 윤리학에서는 정당화(justification)라고 할 수 있다. 정당화든, 역으로 도덕 원리를 구명하든 모두 도덕적 추론(moral reasoning)과 관련된다.

생각되기 때문에 가치들은 상대적일 수밖에 없다." 혹은 다르게 표현하면, "불일치는 진리의 상대성을 낳는다." "도덕적 가치에 대한 불일치가 존재하기 때문에, 도덕적 옳음은 사회적으로 상대적일 수밖에 없다."

보브 : 그렇다면 윤리학, 즉 보편적이며 객관적인 도덕적 표준을 추구하는 그것은 불가능하게 될 것입니다.

피터 : 그렇습니다. 그런데요, 당신은 그 논증이 왜 부당한 지 아시겠습니까?

사라 : 부당하지 못하다고요?

피터 : 그 전제들이 그 결론을 왜 보장하지 못하는가 말예요?

사라 : 만일 문화간에 불일치가 존재한다면, 어떻게 하나의 옳은 대답이 존재할 수 있겠습니까?

피터 : 바로 그것입니다. 개인간의 불일치라는 관점에서 이것을 생각해 보세요. 만일 개인들이 어떤 것에 관해서 상이한 의견을 갖는다고 해서, "진리는 상대적인 것이다."라는 결론이 나오는 것인가요?

사라 : 그건 그들이 불일치를 보이는 그 내용에 달려 있는 것이지요.

피터 : 상대론자의 논증은 도덕적 불일치의 내용상 특징에 대해서는 신경쓰지 않습니다. 상대론자는 단지 불일치가 존재한다면 진리는 상대적일 수밖에 없다거나 우리 사회에서 옳은 것과 다른 곳에서의 옳은 것은 다르다라고 말하고 있을 뿐입니다.

보브 : 여기서 무언가 비린내가 나는 것 같습니다. 사람들이 어떤 것에 관해서 의견이 다르다는 그 단순 사실로부터 그 어떤 객관적 진리도 존재하지 않는다는 것을 추리할 수 있을까요? 단지 불일치가 존재하기 때문에, 논쟁의 어느 편도 옳을 수 없다고 결론 내려야만 하는가요? 저는 그렇게 생각하지 않습니다.

피터 : 예를 들어주시겠어요?

소피아 : 오늘 아침 로즈와 저는 남한(南韓)에서 가장 높은 산이 어떤 산인가를 놓고 의견이 달랐습니다. 로즈는 한라산이라고 했고 저는 "아니다"라고 했지요. 저는 우리 중 누군가가 맞을 수밖에 없다는 것을 알았습니다. 결국 아시는 바와 같이, 로즈의 주장이 옳았습니다. 저는 백두산이 가장 높은 줄 알았는데, 사실은 그 산이 북한(北韓)에 있는 것이었지요. 우리는 우리의 불일치를 해결했지요.

보브 : 단지 의견의 불일치가 존재하기 때문에 소피아에게 "옳은 것"은 로즈에게 "옳은 것"이 아니다 라는 주장은 참이 아니었습니다.

피터 : 그건 상식적인 것인데도 불구하고, 일부 학생들이 잘 이해하지 못하기도 하죠. 단지 불일치라는 것으로부터 진리의 상대성이 뒤따르지 않습니다. 왜일까요? 왜냐하면 한 편이 옳아야 하고 다른 편은 옳지 않아야 하기 때문입니다. 이 문제에 있어서, 의견의 합치가 진리를 가져오지 않습니다. 우리 모두가 어떤 것에 관해서 동의한다는 이유만으로 그것이 옳거나 참이라 할 수 없는 것입니다. 우리 모두가 똑같은 실수를 저지를 수 있기 때문입니다. 진리란 합의에 의해서 세워지는 것이 아닙니다. 객관적 진리의 결여가 의견 불일치에 의해서 입증되는 것이 아닙니다. 우리가 어떤 신념이 참인지 아닌지를 알아내고자 원한다면, 그 증거가 무엇인지, 그 이유들이 무엇인지를 조

사해야 합니다. 이와 마찬가지로, 윤리학의 과업은 의견 불일치의 어느 한편이 옳은 것인지를 결정하기 위해서 이성을 활용하여 불일치에 대한 성찰을 통해서 결정해야 하는 것입니다. 따라서 윤리학은 문화적으로 구속받지 않습니다. 우리가 앞서 언급한 바와 같이 윤리학은 문화적 구속을 초월할 수 있고 독립 학문영역으로서 자리할 수 있는 것입니다.

소피아 : 상대론자는 아주 비과학적인 태도를 취하고 있지 않나요? 그들은 도덕적 불일치라는 것을 우리가 넘어서는 안될 하나의 기정 사실이라고 생각하는 것 같습니다. 하지만, 일부 문화들은 다른 문화들에 비해 덜 계몽된 상태일지도 모릅니다. 저 또한 자신을 뻐기는 속물은 아닙니다. **우리**는 다른 문화들로부터 배울 것이 있을지 모릅니다. 하지만 일부 민족들은 다른 민족들에 비해 더 무지할지도 모르며, 그리고 이러한 일은 그들 자신의 문명 수준, 그들 자신의 도덕적 사고 수준에 영향을 끼칠 수 있는 것이지요. 우리는, 다른 사회가 지구는 평평하다고 생각할 수 있는 권리를 가진다고 생각해야 할 아무런 책무도 없는 것입니다. 우리는 평면의 지구를 믿는 사람들에 관해서 어떤 판단도 억제해야 할 필요는 없는 것입니다. 만일 그들이 다소 불유쾌한 관행들을 믿고 있다면, 도덕의 문제에 대해서도 마찬가지의 논리가 적용된다고 생각합니다.

사라 : 하지만 과학에서는 무엇이 참인지 증명할 수 있습니다. 도덕에 관해서는 어떻습니까?

피터 : 그건 참 대단한 질문이군요! 도덕적 추론(reasoning)[58]이나 정당화가 과학적 정당화와 다르지 않다고 믿는 것은 순진한 발상일 것입니다. 하지만 누군가가 불일치의 존재는 곧 진리의 상대성을 의미하는 것으로 잘못 생각하

---

58) 간단히 말하면, 어떤 판단의 진리성의 이유(reason)를 밝히는 것이다. 혹은 사유능력으로서의 이성(reason)을 구사하는 것이다.

는 것처럼, 누군가가 잘못 추론할 수도 있는 것이기 때문에, 도덕적 추론은 어떤 것인가를 고려하기 위해서, 그리고 시작부터 제대로 방향을 잡기 위해서 윤리학이 중요하다는 것입니다. 만일 어떤 사람들이나 어떤 문화가 어떤 신념을 가지고 있다면, 합리적인 존재로서 우리는 **왜** 그것 혹은 그들이 그런 신념을 가지고 있는지를 묻고 싶어합니다. 그리고 그것은 "논리(logic)의, 정당화(justification)[59]의 '이유(why)'"이지, "인과적 설명(causal explanation)을 추구하는 과학적(scientific) '이유(why)'[60]"는 아닙니다.

보브 : 그렇다면, 말씀하고자 하는 요점은 만약 논증이 나쁘다면, 우리는 상대론을 받아들여야 할 책무가 없다는 것이군요.

피터 : 우리는 도덕적 옳음이 단지 사회적 시인과 관련된 문제일 뿐이라는 견해를 지지하는 논증은 나쁜 논증이라고 말할 수 있습니다. 물론, 우리의 비판이 상대론은 그르다는 것을 증명해주는 것은 아닙니다. 그것은 단지 상대론이 자신의 입장을 타당하게 옹호하지 못한다는 그것입니다. 우리는 이 시점에서 상대론을 믿어야 할 이유를 갖고 있지 못합니다. 하지만 우리는 상대론의 비중을 크게 약화시키는 문제들을 제시할 수 있습니다. 옳음이란 것이 사회적 시인의 **사실** 문제라고 가정해 봅시다. 이 견해가 우리가 지니고 있는 다른 신념들에 얼마나 부합되는지 살펴봅시다.

마크 : 예를 드신다면?

피터 : 우리의 대화 가운데서도 그런 예들이 있었다고 생각됩니다. 예를 들면, "지구는 평면이다."와 같이 누군가가 명백한 허위인 어떤 것을 말한다면, 우리는 그것을 거부합니다. 도덕 영역에서도 이와 같이 유추될 수 있는 것들

---

59) 윤리적 명제의 정당한 근거를 제시하는 것이다.
60) 원인(cause)을 말한다.

이 있나요? 다시 말해서, 문화나 사회 집단이 "x"를 시인하기 때문에, "x"는 참이라 할 수 있는가 말이에요?

소피아 : 그건 우리가 어젯밤 "신명설"을 둘러싸고 논의하다가 언급했던 문제와 같은 것이군요. 어떤 한 사회가 노예제 혹은 유태인 학살을 시인한다고 해서, 그것을 옳은 것으로 만들어 주지 않는다는 것이죠.

피터 : 그건 항시 언급되는 고전적인 반증사례이지요. 사회적 권위가 도덕적 옳음을 지정하는 것이 아닙니다. 왜냐하면 주어진 사회 집단이 도덕적 관점에서 볼 때 엄청난 과오를 빚을 수 있기 때문입니다. 그런 일은 드문 일이 아닙니다.

소피아 : 만일 "다른 사람을 노예로 삼아서는 안 된다"는 사실과 같이 보편적으로 받아들여야 할 도덕적 가치가 존재한다면, 그러면 어떤 문화는 다른 문화에 비해서 우위에 있거나 열등할 수 있습니다.

피터 : 진보(progress)하거나 퇴보하거나요? 사회가 도덕적으로 진보할 수 있는가요?

안토니 : 물론이지요. 우리가 노예제를 폐지했다는 사실은 우리가 진보했다는 것을 의미하지요. 비록 가야할 길은 멀지만 말이죠.

피터 : 각자 자신에게 물음을 던져 봅시다. "만일 상대론이 참이라면, 만일 옳음은 단지 사회적 시인의 문제라면, 사회는 진보할 수 있는가?" "그런 판단을 내릴 수 있는 그 표준은 어떤 것일까?" "만일 한 개별적 사회로서 우리가 한때 노예제를 시인했지만 지금은 그렇지 않다고 하면, 옳음에 관한 상대론적 표준은 우리가 도덕적 진보를 이뤘다는 우리의 판단을 설명해 줄 수 있는

것인가?"

보브 : 그거 아주 흥미롭군요. 만일 우리가 노예제를 시인하면, 노예제는 옳았었을 것이다, 적어도 상대론자에 의하면…

피터 : 그렇다면?

보브 : 그렇다면, 비록 우리가 **지금은** 노예제가 잘못된 것이라고 믿고 있다 할지라도, 우리는 현재의 표준을 가지고 과거를 판단하는데 사용해서는 안 된다는 것이지요.

피터 : 그건 상대론자에 의하면 도덕적 옳음이 상대적이기 때문에 그렇지요. 그렇다면 상대론자는 "우리가 진보했다"가 아니라 "우리는 우리의 도덕적 견해를 바꾸었다"고만 말할 수 있을 것입니다. 상대론자는 과거에는 노예제가 실재적으로 **옳았었다** 라고 말해야 합니다.

소피아 : 역설[61]입니까?

피터 : 아닙니다. 저는 그 교의의 받아들일 수 없는 귀결이라고 표현하고 싶습니다. 그리고, 도덕적 기성 상황(現狀, the status quo)을 변화시키고자 노력하는 사람들은 어떻게 되는 건가요? 그들이 그렇게 하는 것이 정말 도덕적으로 부합되는 건가요?

---

61) paradox. 일반으로 참(眞)이라고 인정된 의견과 정반대의 설(說)을 제창하는 것을 말한다. 이 때 두 경우로 나누어 질 수 있다. 첫째는 외양상 자가당착적이거나 거짓으로 보이나 실재는 개연적인 진(眞)을 표현하는 경우, 둘째는 실제로도 자가당착적이며 거짓인 명제일 경우이다. 본 문에서는 첫 번째 의미로 사용한다. 두 번째 의미는 '모순'으로 표현한다.

엘리스 : 킹 목사[62]와 같은 이들 말이죠?

소피아 : 또 있지요. 마하트라 간디.[63]

피터 : 만일 상대론이 참이라면, 한 사회 내에서의 도덕적 반역은 잘못된 것일 수밖에 없습니다. 왜냐하면 그는 실제로 사회에서 시인된 것, 그리고 옳을 수밖에 없다고 시인된 것과 대결하고자 하는 것이기 때문입니다. 그것은 만일 우리가 도덕적 현상을 뒤엎는 것이 때때로 용인된다고 믿는다면, 우리는 도덕적으로 옳은 것은 단지 사회적 시인에 불과하다는 것을 실제로는 믿지 않는다는 것을 의미합니다. 또한 우리는 도덕적 판단을 어떻게 내려야 할 것인지에 대해서 생각해 보세요.

보브 : 우리는 그 쟁점에 대해서 이야기하려 했던 것이 아닌가요? [당연하다는 듯이]

---

62) Martin Luther King, Jr.(1929-1968). 조지아주 애틀란타 출생. 모어하우스대학, 필라델피아의 크로저 신학교 및 보스톤대학교 신학부 수학, 박사학위 취득. 조부와 증조부로부터 흑인 민속과 노예에 대한 설교에 큰 감동을 받았고, 1955년부터 1968년까지 비폭력 시민불복종 운동을 펼쳤다. 그는 소로우와 간디를 읽고 비폭력 저항을 결심한다. 시민불복종을 기독교 도덕과 연결시킨 그의 열정적 행동주의는 1960년의 '농성'과 1961년 '자유의 기수' 인종차별반대를 위해 남부지방으로 버스를 타고 시도한 운동), 그리고 남부 기독교 지도자 회의가 주도한 시위에 앞장섰다. 이 운동을 북부로까지 확장, 1966년 시카고 도심지에서 절정을 이룬다. 그러한 흑인저항은 1964년 시민권 제정과 1965년 투표권 제정으로 귀결된다. 1968년 멤피스에서 시위 도중 암살된다.

63) Mohandas Kalamchand Gandhi(1869-1948) 인도의 정치가 법률가 독립운동지도자 철인. 통칭 마하트라(Mahatma; 위대한 넋) 간디라 함. 서인도 카티아와르(Kathiawar) 출생. 1886년 영국에 가서 법률 공부, 1891년 귀국 변호사 개업. 1920년 반영(反英), 비복종운동을 선언. 간디의 근본 사상은 (1) 순결, (2) 불살생(Ahisma; 사랑, 모든 생명체에 대한 동정), (3) 무저항 비협력주의(Satyagraha; 정치 사회적 변혁을 쟁취하는 한 방법으로 수동적인 저항)으로 요약된다. 1948년 뉴델리에서 인도교 급진주의 무장단체의 일원에게 암살되었다.

소피아 : 우리는 그에 대한 논증들을 검토해서 그중 가장 좋은 논증이 어떤 것인지를 알아내고자 하고 있지요.

피터 : 만일 규범적 상대론이 맞는다면, 우리는 어떻게 옳은 것을 발견하고자 하게 될까요?

마크 : 아마도, 여론조사를 통해서…

피터 : 그렇겠지요. 하지만 저는 그것을 너무 강조해서는 안 된다고 봅니다. 우리는 도덕적 문제들을 "다수의 사람들"이 생각하게 되는 것에 기초하여 결정해서는 안 됩니다. 우리는 우리가 가장 좋은 논증들이라고 판단하는 그것들에 근거해서 우리 자신의 판단을 내려야 합니다.

안토니 : 아직도 궁금한 게 있어요. 우리는 부족들 그리고 작은 문화 집단들에 관해서 많은 이야기를 나누었었죠. 만일 집단의 시인이 도덕 문제를 해결하는 관건이라면, 만일 제가 하나 이상의 집단들에 소속되어 있다면 어떻게 되는 건가요? 제가 한 국가 내의 여러 부족 중의 한 부족 성원이라면 어떻게 되나요? 대체 무엇이 옳은 것을 만들어 주나요?

피터 : 많은 철학자들 또한 그러한 어려움에 관해서 지적했습니다. 도덕적 최고권자(sovereigner)로서의 사회 혹은 문화집단 관념 자체는 어떤 사람이 동시에 상이한 문화집단들의 구성원일 수 있기 때문에 실제적으로 문제가 될 수 있습니다.

사라 : 하지만 만일 우리가 상대론을 거부하고 절대론을 받아들인다면, 그것은, 모든 사람들에게 옳은 것을 우리가 안다고 생각한다는 것을 의미합니다. 상기해 보세요. 피터 교수님은 "관용(tolerance)"에 대해서 말씀하셨죠. 우

월한 문화 혹은 열등한 문화 운운하는 것들은 무언가 심판을 내릴 수 있는 위치에 있다는 소리 아닌가요?

소피아 : 제 말뜻은 우월한 것과 열등한 것의 차이는 과학적 측면과 다른 무관 도덕적 측면에 있어서 보다 계몽된 어떤 문화가 다른 문화들이 이해할 수 없거나 인정할 수 없는 가치들을 보다 잘 이해하고 인정할 수 있는 태세를 갖춘 것**일 수도** 있다는 것입니다. 저는 또한 우리의 높은 기술공학적이며 소비중심의 문화는 다른 덜 "발전된" 문화로부터 배울 것들이 많을 수 있다고도 믿습니다. 어느 경우든, 저는 우리가 다른 나라들에서 조직적으로 침해받는 인권 상황을 볼 때 우리가 관용적이어야 한다고는 믿지 않습니다. 우리가 지구상 어느 곳에선가 사람들이 고문 받고 있다는 이야기를 들을 때, 저는 우리의 태도가 다음과 같아야만 한다고 생각하지 않습니다. "치, 그들에게 옳은 것은 우리에게 옳은 것과 다르잖아요!"

피터 : 관용이란 쟁점은 그리 간단한 것이 아닙니다. 저는 대부분의 철학자들이 그러한 것처럼 만일 상대론자들이 모든 다른 문화들의 도덕적 신념에 대해서 관용을 가지라고 권한다면, 그는 일관되지 못한 사람이라는 것을 지적하지 않을 수 없습니다. 만일 당신이 상대론자라면, 당신은 보편적 관용을 천거할 수 없습니다. 사실, 관용이란 우리가 **모든 곳에서** 모든 이들의 도덕적 견해들을 존중해야 한다는 관념에 기초하는 듯합니다. 그것은 의심쩍게도 보편적인 도덕적 가치와 유사하게 보입니다. 그렇지 않은가요?

사라 : 그렇다면 우리는 관용적이어서는 안 된다는 것입니까?

피터 : 제 말씀은 전혀 그렇지 않습니다. 문화적 상대론은 그 약점에도 불구하고 철학자들 그리고 다른 사람들에게도 마찬가지로 어떤 가치 있는 교훈을 지적해 주었다는 점에서 평가받아야 합니다. 이를테면, 사회는 다른 문화

에 대한 판단을 내리기 전에 열려진 마음을 가져야 한다는 것, 그리고 한 문화의 사람들은 자기-비판에 더 적극적이어야 하며 그 자신들의 도덕적 향상에 보다 개방적이어야 한다는 것들이 그런 것들이지요.

소피아 : 저는 그것이 우리에게, 어떤 사회에게도 정말 중요하다고 생각합니다.

피터 : 상대론의 깜짝 놀랄 마지막 종착지에 대해서 주목하시기 바랍니다. 현재 활동 중인 메리 미즐리[64]라는 철학자는 한 기가 막힌 평론에서 그것을 아름답게 표현하고 있습니다. 그녀는 문화적 상대론을 **"도덕적 고립주의** (moral isolationism)"라고 불렀지요. 문화적 상대론은 우리 자신들과 다른 문화들 사이에 일종의 도덕적 장벽을 설치하라고 요구한다는 것이지요. 상대론자는 언제나 불관용(不寬容)의 문제에만 초점을 맞추고 있는데, 마치 해야될 일차적인 판단은 언제나 다른 생활방식에 대한 비난인 것처럼 말입니다. 하지만 우리들을 다른 문화로부터 고립시키는 고립주의자의 도덕적 장벽은 칭찬 또한 가로막게 하며, 다른 사람들도 **우리에 대해서** 판단할 수 있다는 생각까지도 못하게 하는 것입니다. 그것은 우리가 **우리 자신의** 도덕적 습관을 다른 문화의 그것들과 비교함으로써 우리 자신들에 관해서도 배울 수 있게 된다는 생각을 배제시키는 것입니다. 그녀의 말처럼, 사실, 이러한 별개의 고립된 문화라는 관념 자체가 비현실적인 것이지요.

랜슴 : 그렇다면, 당신네들은 당신네의 세속적 인간주의를 가질 수밖에 없고 그것으로부터 벗어날 수 없군요.

---

64) Mary Midgley. 영국 뉴캐슬대학교 선임 강사 역임. 작가. 주요 저술로는『짐승과 인간 : 인간 본성의 뿌리』(1978),『동물, 그리고 그들이 왜 중요한가 : 종간의 장벽을 넘어서』(1984),『사악함』(1984) 등이 있다.

보브 : 랜솜씨, 당신은 기독교 인간주의에 대한 집착을 잠시라도 끊어 본 적이 있나요?

소피아 : 좋아요. 그렇다면, 유대교 인간주의? 아니, 이슬람교 인간주의나 불교 인간주의는요? 아니, 우리가 서로에 대해서 좀더 선하게 대우할 수 있게끔 "인도적인" 인간주의에 대해서는 생각해 보지 않으셨나요?

랜솜 : 자, 그만, 그만. 자-알 알겠습니다. 이 문제는 나중에 많은 이야기를 나눌 수 있을 거예요. 항복! 눈이라도 붙이려면, 항복하는 게 낫겠지요. 안녕.

사상가들의 담론

만일 세상의 모든 관습 가운데 자신들에게 가장 좋은 것을 선택하게 한다면, 그들은 그 모든 것들을 검토하고 나서 그들 자신들의 관습을 선호할 것이기 때문이다. 그들은 그들 관습에 대한 확신이 대단해서 그들 자신의 용례가 다른 모든 것을 훨씬 앞선다고 할 것이다. 그러므로 만일 미친 사람이 아니라면, 그런 일을 두고 놀라지 않을 것이다. 사람들이 그들의 법에 관해서 이런 감정을 가지고 있다는 것은 아주 많은 증거에 의해서 알 수 있을 것이다. 그 가운데서 다음의 증거에 의해서 말이다. 다리우스는 그가 왕국을 얻고 난 후, 측근의 어떤 그리스인들을 불렀다. 그리고 다음과 같이 물었다. "자기 아버지가 죽으면 그 시신을 먹는 사람들에게 무엇을 주어야 하는가?" 이 물음에 대해 그들은 다음과 같이 대답했다. 그들에게 그런 짓을 하도록 부추길 눈꼽 같은 마음도 없다고 말이다. 그리고 나서 그는 아버지의 시신을 먹는 남자들인 칼라티언이라 불리는 인디언들을 불러 왔다. 그들에게 물었다. 그 동안 그리스인들은 옆에 서서 통역자의 도움으로 모든 이야기를 듣고 있었다. "질병으로 죽은 자기 아버지의 시신을 불태우는 사람들에게는 무엇을 주어야 하는가?" 인디언들은 크게 소리치면서 그가 그런 말을 제발 하지 말도록 부탁했다. 그런 것이 여기 남자들의 풍습이다. 그리고 핀다는 내 판단으로는 옳았다, 그 때 그는 말했다. "법은 모든 것을 지배하는 왕이다."

Herodotus, 『역사』

민속은 "옳다." 옳음. 도덕. 민속은 모든 이해관계를 만족시키는 "옳은" 방법이다. 왜냐하면 민속은 전통적인 것이며, 사실로 존재하기 때문이다. 민속은 삶의 모든 면에 뻗치고 있다. 사냥감을 잡는데, 부인을 얻는데, 자신을 표현하는데, 병을 치료하는데, 귀신을 기리는데, 동료나 이방인을 대하는데, 아이가 태어날 때 조치를 취하는데, 출정길에 나서는데, 회의를 갖는데 등등 일어날 수 있는 모든 경우들에 있어서 올바른 방식이 존재한다. 그 방식은 소극적으로 규정되는 바, 즉 타부에 의해서 규정된다. 그 "옳은" 길은 선조들이 이용했던 방식이며 선대로부터 물려받은 방식이다. 전통은 바로 전통이라는 이유로 존중된다. 그것은 경험에 의한 증명에 종속되는 것이 아니다. 옳은 것의 관념은 민속 속에 존재하는 것이다. 그 관념은 민속 외부에 있는 것이 아니며, 독자적인 기원을 갖는 것이 아니며, 그에 대한 시험은 민속에서 이루어진다. 민속에서는 존재하는 것이면 모두 옳은 것이다.

William Graham Sumner, 『민속』

"옳은 것들"은 강한 집단이 되는데 필수적 요소인 평화가 널리 자리하도록 내(內)-집단의 동료들에 부과되는, 삶의 경쟁에 있어서 상호간 주고받음의 규칙들이다. 그러므로 옳은 것들은 어떤 의미에서건 "자연적"이거나 "하나님이 부여한 것"이거나 절대적인 것일 수 없다. 한 시기에 있어 한 집단의 도덕은 옳은 행위를 규정하는 민속에 있어서의 타부와 처방들의 총화이다. 따라서 도덕은 결코 직관적인 것일 수 없다. 그것들은 역사적인 것이며, 제도적인 것이며 그리고 경험적인 것이다.

William Graham Sumner, 『민속』

사실, 사람들의 큰 몸체에서 진행되는 실제적 과정은 어떤 위대한 철학이나 윤리학의 원리들로부터 환원될 수 있는 것이 아니다. 그것은 현존 조건하에서 잘 살기 위한 세세한 노력들의 하나이다. 그 노력들은 습관으로부터 그리고 통일된 행동들의 협동으로부터 힘을 얻으면서 무한정 반복되는 그런 것들이다. 수반되는 민속은 강압적인 것이 된다. 모든 구성원들이 동조해야만 하며, 민속이 사회생활을 지배한다. 그러면 그것들은 참이며 옳은 것으로 보여지며, 복지의 규범으로서 원규로 부상한다. 그로부터 문명의 단계, 그리고 성찰과 일반화의 형태에 따라서 신앙, 사상, 교의, 종교, 철학들이 만들어진다.

William Graham Sumner, 『민속』

그것은 정신의학과 관련해서라기보다는 윤리학과 관련해서 더 자주 언급되어지는 논지이다. 우리는 이제 더 이상 우리 자신의 지역성과 길지 않은 시간(10년 정도)에 적용되는 도덕을 인간 본성의 불가피한 특성으로부터 직접 연역하는 과오를 범하지 않는다. 우리는 도덕을 제일 원리가 갖는 품격으로 대접하지 않는다. 우리는 도덕은 모든 사회에서 다르다는 것, 그리고 도덕은 사회가 시인한 습관을 가리키는 편의적인 용어라는 것을 알고 있다. 인류는 언제나 다음과 같이 말하기를 선호한다. "그건 습관적인 것이야."라기보다는 "그건 도덕적으로 옳은 것이야."라고 말이다. 이러한 선호의 사실은 윤리학에 대한 비판적 과학을 위해서 충분한 자료이다. 하지만 역사적으로 두 단어는 동의어인 것이다.

Ruth Benedict, 「인류학과 비정상적인 것」

가치는 시공간에 따라 상대적인 것이기 때문에 가치란 존재하지 않는다는 신념을 지니는 것이나, 현실에 대한 상이한 개념들을 갖는 것이 심리학적으로 타당하지 못하다고 주장하는 것은 상대론적 입장의 긍정적 기여를 고려하지 못하는 결과로부터 오는 오류에 빠지는 것이다. 문화 상대론은 각 사회는 그 자신의 생활을 안내하기 위해 가치를 수립한다는 것을 인지하면서, 모든 관습에 내재적인 품위, 서로간에 다를 수 있는 관례에 대한 관용의 필요성을 강조하는 하나의 철학인 것이다. 아무리 개관적으로 도달된 것이라 할지라도 결국 일정한 시간이나 공산의 산물인 절대적 규범으로부터 상이성을 평가절하하지 않는 상대론적 관점은 그것들에 의거해서 살아가는 모든 규범체계들의 타당성과, 그 규범체계들이 표상하는 가치들의 타당성을 구제하는 것이다.

M. J. Herskovits, 『인간과 그의 일들 : 문화인류학의 과학』

주요 용어와 개념

문화 상대론	옳음
규범적 상대론	도덕적 진보
야만주의	도덕적 개혁
외양적인 도덕적 불일치	도덕판단의 방법

실재적인 도덕적 불일치　　　　집단의 시인
불일치의 본질　　　　　　　　관용
논증　　　　　　　　　　　　도덕적 고립주의
반증사례에 대한 호소

탐구 문제

1. 기술적 명제로서의 문화적 상대론과 규범적 명제로서의 상대론의 차이를 설명하시오.

2. 피터 교수가 문화적 상대론에 대해서 제기하는 네 가지 비판적 질문들을 검토하시오.

3. 문화 사이에 불일치의 수준 쟁점이 상대론자 입장의 장점을 평가하는데 있어서 중요한 이유는 무엇인가?

4. 모든 문화에서 찾을 수 있을 것으로 기대되는 일련의 가치들이나 도덕원리들을 적어 보시오. 그것들이 각각 사회생활에 중요한 이유를 설명하시오.

5. 규범적 상대론의 주된 논증이 나쁜 논증인 근거를 설명하시오.

6. 도덕적으로 옳다는 것은 단지 문화적, 사회적, 혹은 집단적 시인의 문제일 뿐이라는 생각을 반박하는 예들을 들어보시오.

7. 왜 상대론자들은 도덕적 진보의 개연성과 도덕적 개혁 조치의 적합성에 관한 우리의 상식적 판단을 설명하는데 어려움을 겪는가?

8. 상대론자가 모든 다른 문화의 도덕적 가치에 대한 관용을 추천함에 있어서 일관

성을 갖지 못하는 이유는 무엇인가?

9. 문화적 상대론은 어떤 긍정적인 통찰력을 제공하는가?

10. 도덕적 고립주의에 있어서 참인 주장으로 보이는 것은 무엇인가? 허위인 것으로 보이는 것은 무엇인가? 우리의 현재 역사 상황에 기초하여 예들을 들어보시오.

11. 상대론은 때때로 허무주의와 도덕적 회의론과 혼동된다. 이들 세 용어들의 의미를 설명하시오.

추천 도서

Benedict, Ruth, "Anthropology and the Abnormal." *Journal of General Psychology*, X, 1934.

Brandt, Richaed, *Ethical Theory*, Prentice-Hall, 1959. 기술적 상대론에 대해서 잘 다루고 있다.

Harman, Gilbert, "Moral Relativism defended," *Philosophical Review*, 84, 1975. 도덕적 상대론에 대한 오늘날의 변론들을 담고 있다.

Herodotus, *History of Herodotus*, trans. by George Rawlinson, Everyman Library, E. P. Dutton and Co., 1910.

Herskovits, M. J., *Man and His Works : The Science of Cultural Anthropology*, Knopf, 1948.

Midgley, Mary, *Heart and Mind : The Varieties of Moral Experience*, St. Martin's Press, 1981. "도덕적 고립주의"에 대한 그녀의 비판이 실려 있다.

Rachels, James, *The Elements of Moral Philosophy*, ch. 2., Random House, 1986. 김기순 역. 『도덕철학』(서광사, 1989).

Stace, W. T., *The Concept of Morals*, Macmillan, 1937. 상대론에 대한 비판을 담고 있다.

Summer, William Graham, *Folkways*, Ginn and Co., 1906. 한 인류학자의 문화적 상대론에 관한 고전적 견해이다.

넷째 마당
윤리와 자기이익

> 이 대화에서 마크는 인간 본성은 이기적이라는 이론에 공감하면서 우리는 어떻게 살아야만 하는가에 관한 물음에 대해 이기주의적 입장을 지지한다. 그는 다른 사람들이 심리학적 이기주의나 윤리적 이기주의 그 어느 것에 대해서도 공감하지 않음을 알게 된다. 대화의 말미에, 신비스런 이방인 도노반이 나타난다.

마크 : 피터 교수님, 보브씨와 저는 오늘 하이킹을 하면서 이런저런 잡담을 나누었지요. 그런데 우리가 동의한 것이 하나 있었습니다. 그건 말이죠, 우리가 가지고 있던 생각에 무언가가 변화가 일고 있다는 것이지요. 교수님을 비롯한 여러분들이 우리에게 영향력을 행사하고 있는 것 같습니다. 그 영향이 좋은지 나쁜지는 잘 모르겠지만 말입니다. 그렇지만, 우리는 여전히 골프칠 때면, 철학에 대해서는 한마디도 하지 않는 답니다.

보브 : 계속해요. 마크. 교수님께 우리가 나누었던 이야기에 대해서 말해줘요. 저는 훌륭한 교수님이 그것에 관해서 뭐라고 말씀하셨는지 궁금합니다.

마크 : 아하. 그건 그리 중요한 건 아닙니다.

보브 : 물론 그렇다고도 볼 수 있지요. 우리는 "우리가 어떻게 살아야만 하는가?, 우리는 사는 동안 무엇을 해야만 하는가?"에 대해서 이야기를 나누었습니다. 우리는 미국 그리고 사업세계에서 만나는 사람들의 부류, 그리고 세

대간의 의식 차이에 관해서 이야기했지요.

피터 : 계속하시면 좋겠어요. 우리가 앞서 나누었던 대화와 어떤 관계가 있지 않나요?

마크 : 그런 것 같습니다. 저는 오늘 보브씨에게 회사에 다니는 저의 좋은 친구가 여기 왔었으면 좋았겠다고 말한 적이 있어요. 그는 아주 따지기를 좋아하고 그리고 매우 예리하거든요. 또 아주 아는 게 많고요. 좋은 의견을 많이 가지고 있어요. 그리고 줏대도 있고요. 그의 말은 저에게 아주 설득력 있어요.

보브 : 예를 들면 어떤 것 말인데요?

마크 : 이를테면 이기심과 자기 삶을 위해 사는 것 같은 것 말이에요. 그는 에인 랜드여사[65]의 주장을 절대적으로 따르고 있어요.

사라 : 그 사람이 누군데요?

피터 : 랜드는 여류 문필가이지요. 그녀는 러시아 혁명 직후 러시아에서 미국으로 왔지요. 그녀의 가장 유명한 저서들로는 대하 장편 소설 두 개가 있는데, 『수원지』와 『지성인들의 파업』[66]예요. 물론 이밖에도 그녀는 자신의 철학관을 펼치는 여러 편의 책과 글들이 있지요.

---

65) Ayn Rand(1905-1982). 1905년 페테르스부르크에서 출생. 1924년 역사부분에서 최고 상을 받으며 페테르스부르크대학을 졸업했다. 1926년 미국으로 건너가 사망할 때까지 전업작가이자 강사로 활동하였다. 정치적으로는 급진적 자본주의자이며, 종교적으로는 무신론자였다. 비소설로는 『For the New Intellectual : The Philosophy of Ayn Rand』 (1961), 『The Virtue of Selfishness』 (1964), 『The Ayn Rand Lexicon : Objectivism from A to Z』 (1984) 등이 있다.

66) 『The Fountainhead』 (1943), 『Atlas Shrugged』 (1943).

사라 : 그녀는 철학자이에요?

피터 : 그렇다고도 볼 수 있지요. 그녀가 무슨 졸업장을 가졌다거나 혹은 전문 철학자들이 그녀를 비중 있게 다룬 것은 아니지만, 그녀를 좋아하는 꽤 많은 추종자와 독자들이 있지요. 적어도 한창 잘 나갈 때는 말이죠. 제가 받은 인상은 그녀의 영향은 이제 거의 약해졌다는 것이에요. 지금 그녀의 책을 읽는 사람은 아주 적은 편이지요.

마크 : 제 친구 헌터가 그 추종자란 말입니다. 그 친구는 툭하면 랜드 여사를 끌어다 대지요.

랜솜 : 그녀가 대체 뭐라고 했기에 그런가요?

마크 : 대략 이런 거예요. "우리 사회가 가진 문제 중의 하나는 사람들이 다른 사람들에게 아주 많은 관심을 갖고 있기 때문에 자기 자신들만을 위해서 행동할 때 죄의식을 갖도록 강요한다는 거예요. 사실, 여러분의 삶에서 가장 중요한 것은 무엇입니까? 여러분 자신의 행복입니다. 진짜, 여러분 자신을 다른 사람들을 위해서 희생하라는 것이 말이 되는 소린가요? 그것은 마치 당신이 이기적이라 해서 사람들이 당신을 경멸하는 거와 같은 것입니다. 왜 다른 사람들의 행복이 나의 행복보다 우선해야 한단 말입니까? 그게 사회 도덕 (social morality)이 관행적으로 여러분들에게 요구하는 것인가요? 아닙니다. 그게 우리가 이제껏 해오고 있던 말과는 같습니까? 아닙니다. 자신의 개인 도덕(personal morality)은 뭐라 하던가요? 당신 자신의 살아온 삶은 당신에게 뭐라고 말합니까? 깊게 생각할 것 없이, 다른 사람들을 보십시오. 사회는 당신이 다른 사람들을 위해서 일하기를 원하며, 만일 어쩌다 당신이 좋은 직업을 갖고, 돈을 많이 벌고, 자기 나름대로 좀 멋진 삶을 원하거나 한다면 당신이 죄의식을 느껴야 한다고 말합니다. 하지만 말입니다. 모든 사람 각자가,

삶을 통해서 얻을 수 있는 최대한의 것을 위해 노력하고 있는 것이 아니겠습니까? 모든 사람은 결국 자기 자신을 위해서 지지고 볶는 것이 아닌가요? 사회사업가와 의사들조차도 그리고 다른 이들을 돕는다 하는 그 모든 사람들은 자신들이 행하는 것으로부터 만족을 얻는 것입니다. 그들은 그들 자신을 위해 쾌락과 행복을 원하는 것입니다. 그리고 그게 뭐 잘못된 것인가요?"

보브 : 그 이야기가 정말 헌터씨의 철학인가, 아니면 자네의 철학인가? 그렇게 열을 내다니…

마크 : 저에게 많은 감동을 준 이야기라고 말하지 않았던가요?

소피아 : 저에게는 여피족[67]의 애국가같이 들리는데요. "대체 그게 왜 안 된단 말이요?" "지금 당장이 중요하지요!" "메뚜기도 한 철이다. 즐길 수 있을 때, 즐겨라." "출세를 위해 줄을 잘 서라, BMW 자동차를 사라, 도심가의 큰 아파트를 사라, 최고급 주방을 갖추고, 알프스로 스키 여행을 가라." "백만불 단위의 연봉 아니면 노-오!" "좀 일부 사람들이 어떻게 된다해서 누가 신경 쓰겠는가?" "단지 도덕적인 떨거지들만이 여전히 가난, 굶주림, 정의의 사회를 물고 늘어진다." 그런 것 아니겠어요, 맞지요?

로즈 : 진정하세요, 소피아.

사라 : 마크씨, 무슨 차를 타고 다니세요?

---

67) 여피 Yuppie란 젊은(young), 도시형(urban), 전문직(professional)의 머리 글자를 딴 YUP에서 나온 말이다. 가난을 모르는 세대 가운데 고등교육을 받고 도시근교에서 전문직에 종사하는, 연수입 3 만달러 이상을 버는 젊은이들로서 자유분방하고 개인주의적인 성향을 갖는다. 여기서 애국가란 늘상 입에 붙이고 다니는 일종의 타령과 같은 것으로 비꼬는 말이다.

마크 : 어떻게 하다보니 BMW를 갖게 되었어요. 좋은 차죠. 저는 멋지다고 생각하지요, 전혀 죄의식 같은 건 없어요.

사라 : 저도 그 차를 살 수만 있다면, 자랑스럽게 타고 다닐 거예요. 전 그게 뭐 잘못된 것이라고 생각하지 않습니다.

소피아 : 그리고 또 있잖아요. "성공하려면 정장을 하라!" "좋은 옷은 자긍심을 준다." "이미지가 아주 중요하다." 그렇지 않은가요?

보브 : 제발, 참으세요, 소피아씨. 인신공격 없이도 진지한 토의가 될 수 있습니다.

소피아 : 그래요? 제가 정말로 진지하게 여기는 것이 무엇이라고 보십니까?

피터 : 저는 마크 친구 분(헌터)의 관점에 대해서 너무 의협심을 내세워 반대할 수만은 없다고 생각해요. 그의 말속에는 진지하게 생각해볼 쟁점들이 있습니다. 그것들은 앞서서 우리가 논의한 주제와도 관계가 됩니다.

랜솜 : 어떻게요? [시무룩했던 표정을 거두며]

피터 : 자, 윤리학은 인간 행동에 대한 철학적 검토를 포함하고 있습니다. 윤리학은 우리가 어떻게 행동해야 하는가, 우리가 무엇을 행해야 하는가를 탐구합니다. 마크씨는 제가 알고 있는 위대한 윤리설들과는 일치되지 않는- 어쩌면 그 **어떠한** 윤리설과도 양립할 수 없는-농익은 윤리설이며 인간관을 표현한 것으로 보입니다.

보브 : 교수님이 말씀하시는 "윤리설(ethical theory)"이란 대체 무엇인지 말

씀해 주시겠습니까?

피터 : 제가 이해하는 바로는 윤리설이란 우리의 도덕적 신념을 어떻게 해서든지 체계화하려는 시도인 것입니다. 우리는 단편적인 도덕적 신념들을 지니고 살아가지요. 우리는 어떤 행동 유형들은 도덕적으로 옳으며 또 어떤 행동 유형들은 도덕적으로 그른 것이라고 믿고 있지요. 우리는 어떤 인격 특성들은 덕(virtues)[68]이라고 믿고 있지요. 우리는 어떤 도덕적 규칙들은 우리의 행위들을 인도하며 해야 될 바를 결정하는데 도움을 준다고 믿고 있지요. 윤리설은 도덕적 삶의 단편적인 것들을 보다 전체적으로 이해할 수 있게 해주는 그런 종류의 질문들을 던짐으로써 우리의 도덕적 삶에 어느 정도의 통일성 혹은 일관성[69]을 부여하고자 시도합니다. 예를 들면, "윤리설은 전형적으로 옳은 행위를 옳게끔 만드는 것은 무엇인가?" "말하자면, 옳음의 본질은 무엇인가?" "모든 옳은 행위나 올바른 도덕 규칙들의 기초가 되는 기본 원리(principle)[70]는 무엇인가?" 등에 대해서 말이죠. 저는 마크씨, 아니 그 친구 분이 이런 질문들에 대한 하나의 대답을 한 셈이지요. 그는 우리에게 우리가 우리의 삶을 영위함에 있어서 어떻게 해야만 하는지에 대한 하나의 통일된 시각(vision)을 제시했다 하겠습니다.

랜솜 : 그게 어떤 것인가요?

---

68) 일곱째 마당 "윤리와 미덕"을 참조하시오.

69) coherence. 또는 整合性, 條理. 논리적으로 일관되며, 모순이 없음.

70) 행위-표준-원리의 관계. 도덕성의 "근본, 제일" 이유를 말한다. 도덕 표준은 사람이 수행해야 될 어떤 구체적인 행동을 규정하는 명령이며, 도덕 특성은 행위의 개체적 측면과 성품의 특징을 규정하는 명령인데 반해, 도덕 원리는 주어진 도덕규범의 일반적 내용을 밝힌다. 원리는 인간 행동의 일반적 지침을 결정하며 보다 구체적인 행위 규칙들의 토대로서 역할한다. 도덕규범의 내용을 가리키는 원리 이외에도, 도덕적 요건들(예; 물신숭배, 형식주의, 권위주의, 운명론 등)을 충족시키는 구체적 수단들을 보여주는 형식적 원리가 있다. 그런가 하면, 하나의 언명으로 표현된 행위 규범을 가리키는 용어로도 사용된다.

피터 : 마크씨, 당신이 …?

마크 : 제 생각인데요, 사람들은 자기 자신의 삶을 살 권리를 가지고 있으며 그에 대해서 죄의식을 느낄 필요가 없다고 생각합니다.

사라 : 별 무리가 없는 말씀 같습니다.

피터 : 하지만 왜 그렇다는 것입니까? 제 말씀은 그와 관련된 저변의 도덕 원리를 말씀해 달라는 것이지요. 왜 사람들은 그 권리를 가진다고 보시는 가요? 그들이 그렇게 **살아가야 한다**고 만드는 것은 무엇인가요? 당신이 주장하고픈 근본 관념이 무엇이었습니까? 당신에게 있어서 삶의 최대 선은 무엇인가요?

마크 : 내 자신의 행복이지요.

피터 : 그러면 삶에서 무엇을 해야만 하나요?

마크 : 내 자신의 행복을 추구하는 것이지요.

피터 : 그리고 저는 삶에서 무엇을 해야만 하나요? 저 또한 **당신**의 행복을 추구해야만 하나요?

마크 : 무슨 말씀을… 아니지요. 제가 드리고자 한 이야기는 그 뜻이 아니지요. 저는 여러분은 모두가 자기 자신의 행복을 추구할 권리를 가지고 있으며 저는 제 자신의 행복을 추구할 권리가 있다는 것이지요.

피터 : 그렇다면, 나의 선은 나에게 있어 가장 중요하며, 당신의 선은 당신

에게 가장 중요하며, 또 다른 사람의 선은 다른 사람에게 가장 중요하다는 것이지요. 따라서 당신의 견해에는 일종의 공평성(impartiality), 당신은 전 세계가 당신만을 위해서 행동해야 된다고 말하지 않는다는 의미에서 일종의 공평성을 가지고 있지요.

소피아 : 하지만 참 이상한데요. 저는 공평성이란 다른 사람의 이익을 나의 이익과 동등하다고 보는 거와 같은 것, 그리고 저는 제가 행동할 때 다른 사람들의 이익을 고려해야만 한다는 것을 의미하는 것이라고 생각했지요. 그런데 이 여피족 철학은 나는 내가 행동할 때 나 자신의 이익만을 고려해야 한다고 말하고 있습니다. 이것은 우리가 말하는 **도덕적 관점**이라는 것과는 대립되는 것으로 보입니다.

피터 : 저는 단지 공평성의 **일종**이라고 말했을 뿐입니다. 제가 그렇게 말한 것은 모든 사람들이 나의 선 혹은 나의 자기 이익을 증대시키도록 행동해야 한다는 얼빠진 원리[71]와 구별하기 위함이었죠. 그건 아주 바보 같은 윤리적 원리일 것입니다. 마크씨의 원리는 그렇게 엉터리없는 것이 아니지요. 진지하게 논의해야 할 것입니다. 그의 원리는 무엇일까요, 여러분?

보브 : "모든 사람은 각자 자신의 선을 도모하게끔 행동해야만 한다." 그것이 바로 당신의 윤리적 원리이죠, 맞지요?

마크 : 그런 것 같습니다.

---

71) 독선(혹은 개인) 윤리적 이기주의(individual ethical egoism)를 가리킨다. 모든 사람이 어떤 특정한 개인(바로 말하는 자신)의 이익을 도모하도록 행동해야만 한다는 것이다. 저자는 이것을 윤리적 이기주의 범주에서 제외한다. 한편 egotism이란 용어는 오로지 자기 자신에 대해서만 말하고 생각하는 경향을 가리킨다. 사회적으로 자기자랑만을 늘어놓는 사람의 성향을 말하기도 한다.

피터 : 그건 여러 방식으로 정식화될 수 있어요. 하지만 주된 생각은 이런 거예요. "각자의 행복은 그 사람에게 최고의 선이기 때문에, 모든 사람은 그 자신의 자기-이익을 증대하도록 혹은 그 자신의 선을 극대화하도록 행동해야 한다."는 것이죠. 그러한 견해만을 **윤리적 이기주의**[72]라고 불러서, 다른 종류의 이기주의와 구별짓겠습니다. 마크씨, 당신은 모든 사람은 기본적으로 이기적이다. 즉 모든 사람은 행동할 때 언제나 그 자신의 만족이나 쾌락을 추구한다고 말하지 않았나요?

마크 : 그건 헌터가 믿고 있는 바이며, 그에 의하면 그렇기 때문에 우리 사회에는 많은 위선자들이 존재한다고 보는 것이죠. 모든 사람이 기본적으로 이기적이라면 왜 죄의식을 가져야만 하냐는 것예요?

피터 : 그러한 인간관은 흔히 **심리적 이기주의**(psychological egoism)라고 불리어집니다. 그것 또한 다양한 방식으로 정식화되는데, 이를테면 "각 사람은 언제나 그 자신의 이익을 극대화하도록 행동한다거나 우리 모두는 필연적으로 언제나 자기 이익의 동기에서 행동한다."는 것이지요.

사라 : 뭐라구요? 교수님이 지금 심리적 이기주의라고 부르는 것과 아까 말씀한 그 무엇인가하고 어떤 차이가 있나요?

랜섬 : 윤리적 이기주의하고 말이죠?

피터 : 그 차이는 이런 것입니다. 심리적 이기주의는 우리가 실제로 어떻게 행동하는지를 **기술**(記述)하려고 시도하는 인간 본성에 관한 이론입니다. 그것은 우리 모든 행동에 기초하는 중심 동기를 기술하고 있습니다. 윤리적 이기주의는 우리가 어떻게 행동해야만 하는가를 **처방**(處方)하는 윤리설입니다. 즉,

---

72) 보편 윤리적 이기주의(universal ethical egoism)라고 부르기도 한다.

모든 사람은 그의 자기-이익을 극대화하도록 노력**해야만 한다**(ought)는 주장 이지요. 심리학적 명제는 인간 행동을 **설명**(explain)하려는 시도입니다. 윤리 설은 만일 그것이 제 모습을 갖춘 이론이라면, 자기-이익에 근거한 행동을 **정당화**(justify)할 것입니다.

보브 : 저는 우리는 심리학이 아니라 윤리학에 관해서 이야기를 나누고 있 는 줄 압니다.

피터 : 사실, 저의 윤리학 강좌에서도 심리적 이기주의를 다룹니다. 왜냐하 면 인간 존재의 도덕적 영역에 관해서 생각할 때 그것이 아주 적절한 것처럼 보이기 때문이지요. 왜 그런지 아십니까?

보브 : 잘 모르겠는데요.

피터 : 다른 분들은? 다음과 같은 물음을 자신에게 던져 보세요. "심리적 이기주의가 참이라면, 도덕에는 어떤 결과가 나타날 것인가?" 이 때, 명심하 실 것은 도덕은 우리가 마땅히 행해야 할 것에 관해서 무언가를 말해주려는 시도라는 것입니다.

마크 : 글쎄요, 만일 우리가 우리의 자기 이익에 도움되는 것만을 할 수 있 을 뿐이라면, 자신이 이기적인 것에 대해서 어느 누구도 죄의식을 가져서는 안 되겠죠. 여러분은 여러분 자신도 어쩔 수 없는 일들에 대해서 죄의식을 느 낄 수가 없는 것입니다. 인간 본성상 말이죠.

소피아 : 하지만 그것이 참이라면, 즉 우리가 언제나 우리 자신들에게 최선 의 것을 행하려고 노력하는 것뿐이라면, 왜 당신은 모든 사람이 각 자신의 자 기-이익을 극대화하도록 행동**해야만 한다**고 **주장**하는 것입니까? 만일 심리적

이기주의가 참이라면, 우리 모두는 덜도 말고 정확히 우리가 행해야만 하는 것만을 해야만 합니다. 따라서 그렇게 주장하는 것은 역설이죠.

마크 : 하지만 우리는 참으로 무엇이 우리 이익인 것인지에 관해서 과오를 빚을 수 있는 것입니다. 우리가 이기적인 동기를 가지고 있을 때조차도 때때로 우리는 우리에게 최선의 것이 무엇인지 잘 모를 수 있는 것이지요. 그리고 만일 심리학적 주장이 참이라면, 피터 교수가 말씀하신 "윤리적 이기주의"는 수용 가능한 유일한 윤리적 관점이 될 수 있지요.

보브 : 아닙니다. 저는 좀 달리 해석합니다. 저는 그것이 역설이라고 생각하지 않습니다. 저는 그것은 모순이라고 생각합니다. 만일 우리가 **필연적으로** 우리의 자기-이익을 추구하지 않으면 안 된다면, 우리가 우리의 자기-이익을 **마땅히 추구해야만 한다**고 말하는 것이 무슨 의미가 있을 수 있단 말인가요? 실제로, 우리가 어떤 다른 것을 행해야 한다고 주장하는 것이 무슨 의미를 가질 수 있는 가요? 심리적 이기주의는 결정론(determinism)의 형식을 가지고 있습니다. 그렇지요, 피터 교수님? 그리고 어떤 행위를 행해야만 한다고 말하는 것은 우리가 자유롭다는 것, 우리가 대안들 중에 선택할 수 있다는 것을 전제해야만 하는 것입니다.

피터 : 그렇고 말고요. 칸트의 말처럼, "당위는 가능을 함축한다. (Ought implies can.)" 우리가 어떤 것을 행해야만 한다고 말하는 것은 우리가 그것을 **할 수 있다**는 것, 우리는 그것을 할 수 있는 자유를 가지고 있다는 것을 함축합니다. 기술적 형태의 이기주의는 심리적 필연성의 관점에서 우리는 오로지 자기 이익의 이유들로부터 동기화 될 뿐이라고 말하는 것 같습니다. 그렇다면 그것은 도덕의 "당위"와는 양립 불가능합니다. 특히, 만일 도덕적 동기가 본질적으로 이를테면 황금률(the Golden Rule)과 같이 공평한 이유들이나 원리라는 기초 위에서 행동하는 것과 관계되어 있는 것이라 할 때, 심리학적 이기

주의가 참이라면, 우리는 결코 도덕적으로 즉, 공평하게 행동할 수 있는 동기를 갖지 못하게 될 것입니다. 그래서 도덕적 동기화가 정말로 가능한 것인지를 깊이 생각해보는 것은 윤리학적 성찰에 아주 중요한 것입니다.

안토니 : 정말 흥미진진한데요. 저를 나쁜 사람으로 몰지 마세요. 저는 이기주의자가 아니랍니다. 하지만, 이기주의자도 자신의 교의(doctrine)를 주장할 수 있는 것이며, 그리고 그가 도덕적으로 행동하거나 다른 사람들을 위해서 행동하는 것이 **사실** 그 사람의 자기-이익임을 증명할 수 있다면, 그렇게 해야 된다는 "당위"를 역설하는 것도 의미가 있다는 생각이 드는군요. 그럴 경우, 그는 우리가 그렇게 하는 것이 우리들에게 최선이기 때문에 우리가 도덕적이어야 한다고 말할 수 있는 것이며, 설령 그의 심리적 결정론이 참이라 할지라도, 윤리적 이기주의의 입장을 일관되게 견지할 수 있을 것이라고 봅니다.

피터 : 아주 흥미롭군요. 사람이 자신의 자기-이익에 관해서 착각 혹은 혼동을 빚을 수 있기 때문에 그가 실제로 행하는 것과 그가 행해야 하는 것에는 차이가 있을 수 있다는 마크씨가 방금 전에 하신 이야기처럼 말입니다.

안토니 : 그런 일이 종종 있지요. 때때로 사람들은 충동적입니다. 장기적으로 자신에게 최선이 무엇인지에 근거하기보다는 본능에 따라서 행동하곤 합니다.

보브 : 주의를 기울여야죠. 하지만 도덕적으로 옳은 일을 하는 것이 항상 그의 이익이라는 것을 확신시켜줄 수 있을 경우에만 그 주장은 의미를 갖습니다.

피터 : 예를 들면?

소피아 : 때때로 사람들은 다른 사람들을 위해 큰 희생을 마다 않습니다. 옳은 일을 하고자 원하기 때문에 자신의 목숨까지도 잃는 수가 있지요. 부하나 동료를 구하기 위해서 수류탄 위에 몸을 던지기도 하며, 부모들은 자녀를 위해 희생하기도 합니다. 세계 2차 대전 때 포로 수용소에서 있었던 이야기들을 기억해 보세요. 사람들은 그렇게 되면 자신이 대신 보내져야 하는데도, 다른 사람들을 가스실로 보내고자 하는 나치에 협조하기를 거부했던 것이지요.

사라 : 하지만 마크씨가 "우리는 언제나 이기적이다"라고 말하고 있기 때문에, 지금 다시 원래의 질문으로 돌아와 있습니다. 앞서 이야기한 그런 사람들조차도 그들 자신을 위해서 행동하고 있다… 아마 맞는 이야기일는지도 모르죠.

피터 : 설령 우리가 그런 행동이 개인의 장기적 이익에 기여하지 않는다고 판단할지라도, 그것들은 도덕적 관점에서 칭찬 받을 만 합니다. 사실 이런 일들은 종종 있지요. 그리고 저는 심리적 이기주의가 설령 참이라 할지라도 "이롭지 못한 교의"라는 것을 깨닫게 될 것으로 생각합니다. 하지만, 제 판단으로서는 참일 수가 없다고 보지만 말입니다.

소피아 : 그렇다면, 우리가 언제나 이기적 혹은 자기-이익에 근거해서 행동하는지 아닌 지의 쟁점을 매듭지은 것이 아니네요?

피터 : 그렇습니다. 자, 그들이 말하는 근거들과 몇몇 사례들을 살펴봅시다. 심리적 이기주의가 다소나마 그럴듯해 보이는 이유는 뭔가요?

엘리스 : 교수님, 그건 이 철학적 배낭여행 역사상 가장 쉬운 질문입니다. 주변 사람들을 보세요. 그들은 자기 자신들을 위해서 행동합니다. 우리의 경제체제라는 것을 보세요, 그게 다 자기 몫을 챙기며 남과 경쟁하고자 하는 사

람들의 심리를 전제한 것이 아닌가요?

사라 : 자신들은 다른 사람들을 돕기 위해서 애쓰고 있다고 말하는 사람들을 보세요. 정치가들이 일은 하지만, 재선되기를 원하잖아요. 그들은 권력과 명성(fame)을 사랑하지요. 교수님 또한 학교에서 의학부 예과 학생들을 잘 살펴보셔야 할 것입니다. 그 학생들은 자신들이 다른 사람들을 돕기를 원한다고 말합니다. 하지만 그들이 사회에 나가면 돈을 벌 수 있는 것이면 어떤 일도 마다하지 않아요. 이 자리에 있는 랜솜은 분명 지옥에 가고 싶어하지 않아요. 눈으로 확인했잖아요.

로즈 : 저도 이제 한 마디 하겠습니다. 저는 자기 자신에만 관심을 가지고 있는 사람들이 있다는 것을 알고 있지요. 하지만 모든 사람이 다 그렇다고는 믿지 않아요. 일부 사람들은 친절하고 남을 사랑하며 다른 이들을 돕고자 합니다. 그들은 자신조차 잊고서 생의 오랜 기간과 많은 것들을 다른 사람들을 돕는데 바치고 있습니다.

소피아 : 동의합니다. 저는 모든 사람이 실질적으로 이기적이라고 생각하는 것은 냉소적인 것이며 무정한 사람들의 의견이라고 봅니다. 자기 이외의 다른 모든 사람들이 자기와 같은 일을 한다고 말함으로써 그 자신의 이기적인 행동을 **합리화**(rationalize)시키려는 것이 아닌가 합니다. "사람들이 왜 죄의식을 갖는지"에 대해서 그들은 설명하지 못해요. 슈바이처와 테레사 수녀님과 같은 분들을 보세요. 당신이나 당신 친구는 테레사 수녀님이 그녀 자신의 쾌락을 위해서 행동하고 있다고 믿으시나요?

마크 : 테레사 수녀 또한 그녀 자신이 하고자 **원하는**(want) 것을 하고 있는 것입니다. 그렇지 않으면 그것을 왜 하겠습니까? 그리고 그것이 그녀를 행복하게 해주는 것이 틀림없지요. 그렇지 않으면 그 일을 하지 않을 것입니다.

그녀는, 우리 모두가 그러하듯이, 그녀가 하고자 원하는 바를 하고 있을 뿐입니다.

로즈 : 하지만, 마크씨. 우리는 언제나 우리가 하고자 원하는 것을 하는 것은 아니지 않겠습니까? 지난주 저는 병원에 가서 죽어 가는 친구를 찾아보았어야 했습니다. 그런데 저는 그렇게 하고 싶지 않았어요. 저는 그렇게 하지 않는 저 자신에게 갖은 구실을 대었지요. 하지만 저는 갔습니다. 저는 그렇게 해야만 했습니다.

마크 : 가고 싶지 않다면서도 왜요?

로즈 : 그녀는 저의 친구이기 때문입니다. 저는 많은 시간을 그녀와 보냈고 그녀에게 많은 덕을 보았지요. 저는 아마도 제가 그 친구를 위해서 무언가 작은 일을 할 수 있을 것이라고 생각했지요. 그 친구는 저를 위해 많은 것을 해 주었었지요.

마크 : 그렇게 하니까 기분이 좋지 않던가요?

로즈 : 아닙니다. 전혀 그렇지 않았어요. 사실, 저는 제가 그녀를 보았을 때 기분이 너무 우울했었다고 말해야 할 것입니다. 그녀는 너무도 빨리 악화되었어요. 아주 슬펐습니다.

마크 : 하지만 당신을 그것을 하기를 원했었지요.

로즈 : 아네요, 저는 원하지 않았어요. 정말입니다.

피터 : 제가 끼어 들어도 될까요? 이기주의자들의 논변들은 전형적으로 몇

몇 쟁점들을 혼동하고 있습니다. 저는 마크씨나 그 친구 분에게도 적용되는지 확신할 수 없지만, 이 주장들에 대해 철학자들이 보이는 반응 정도는 말씀드릴 수 있습니다.

마크 : 그렇게 하시지요.

피터 : 첫째, 당신은 로즈씨가 친구를 병 문안 가기를 원했음이 분명한 바, 왜냐하면 그렇지 않으면 가지 않았을 것이기 때문이라고 말하고 있습니다. 당신은 행동이란 것은 개인적인 욕망에 의해서 동기화 되는 것이기 때문에 모든 욕구들은 말하자면 자기-지향적(self-directed)일 수밖에 없다고 생각하시는 것 같습니다. 하지만 행동이 자기-동기화(self-motivated)되는 것이라 해서, 그것이 반드시 이기적인 것이다라는 말은 성립되지 않습니다. 행위를 이기적으로 혹은 그렇지 않게 만드는 것은 그 행위가 자기-동기화된다는 단순 사실이 아니라 그 행위의 의도 혹은 목적(purpose)으로 말미암는 것입니다. 자기-동기화가 반드시 이기적인 동기화와 같은 것은 아닙니다.

보브 : 예를 들어주시겠습니까?

피터 : 여기에 두 개의 질문이 있습니다. 만일 내가 식사를 하기 위해 식당에 가기로 결정했다면, 그 행동은 아마도 자기-이익에 의해서 동기화 된 것일 것입니다. 하지만 내가 그렇게 해야만 할 때 다른 사람들을 염두에 두지 않고 나 자신만을 위해서 행동하는 것이 아니라면 그것은 이기적인 것이 아닙니다. 나는 발톱이 너무 길어 불편하기 때문에 내 발톱을 깎을 수 있습니다. 그것은 "이기적인(selfish) 행동"이 아니지 않습니까? 넓은 의미에서 보면 그것은 자기-이익에 의한 것입니다. 그렇다면 분명히 해야 할 첫 번째 사항은 모든 행위가 이기적이라고 주장하는 이기주의자들은 **자기-이익**(self-interest)과 **이기심**(selfishness)을 혼동하고 있는 것에 지나지 않습니다. 그것들

은 같은 것이 아닙니다.

마크 : 좋습니다. 알겠습니다.

피터 : 게다가, 설령 욕구의 목적이나 그 의도가 있다는 것이, 욕구 자체가 존재한다는 것을 확인해 주는 것에 그치는 것이 아니라, 욕구를 이기적이거나 자기-지향적인 것으로 만든다 할지라도, **모든** 욕구들이 다 자기-이익에 근거한 것이라고 생각할 이유는 없는 것입니다. 로즈씨는 그녀의 **친구를 돕고자 하는** 욕구를 가지고 있었습니다. 그녀는 그녀의 친구를 편안하게 하는 행위를 하고자 원했고 죽어 가는 친구를 위해 무언가 하고자 하기를 원했습니다. 그것은 이기적인 것도 아니며 자기-이익에 근거한 것도 아니면서 자기-동기화된 것입니다. 그것은 심리적 이기주의를 반박하는 분명한 예가 될 것입니다.

마크 : 하지만 그 행위로 인해 로즈는 얼마간의 쾌락이나 행복을 갖게 되었습니다. 그로 인해 그녀는 기분이 좋아졌습니다.

로즈 : 저는 그렇지 않았다고 말씀드렸잖아요.

피터 : 다시 말씀드리면, 두 가지 중요한 사항이 있습니다. 누군가가 나에게 길을 물었고 나는 길을 가르쳐 주었다고 합시다. 당신은 그것이 당신의 기분을 좋게 만들었다고 말합니다. 하지만 저는 그러한 아무 것도 일어나지 않는다고 말합니다. 누군가가 길을 물었고 나는 대답해주었다. 저는 단지 그뿐입니다. 그런데, 왜 당신은 당신이 내가 **실제로** 어떤 기분을 느끼고 있다는 것을 알고 있다고 고집하는 것입니까? 이기주의자들은 저나 로즈씨 보다도 우리 둘의 심리 상태를 더 잘 알고 있다고 주장하는 이상한 입장에 서있는 것 같습니다. 게다가, 타자-지향적(other-directed)이거나 비이기적(unselfish)인 행

동이 누군가를 흡족하게 느끼도록 **만들고 있다**고 가정해봅시다. 테레사 수녀님이 다른 사람들을 돕는 일로부터 만족을 **얻고 있다**고 가정해 봅시다. 그것이 그녀가 참으로 자기 자신의 쾌락을 추구하고자 하는 것에 의해서 동기화된 것임을 뜻하는 것입니까? 전혀 그렇지 않습니다. 그녀가 갖게된 만족이야말로 진정 가장 확실한 비이기심의 징표입니다. 왜냐하면 그 만족은 그녀가 지닌, "다른 이들을 위한 욕구"가 충족되었을 때 나오는 것이기 때문입니다. 쾌락이나 충족은 욕구의 **대상**(object)이 아닙니다. 그것은 욕구가 충족됨으로서 나타나는 **결과물**(consequence)입니다. 만일 어떤 사람이 무언가를 행함으로써 만족을 얻는다고 해서, 그 일을 단지 만족을 위해서 했다는 논리가 성립되지 않습니다. 예를 들면, 저는 철학을 공부함으로부터 많은 만족을 얻습니다. 하지만 그것이 내가 철학 공부를 시작하거나 계속하는 이유는 아닌 것입니다. 저는 배우기를 원했고, 저는 우리들이 직면하는 커다란 철학적 쟁점들에 관해서 생각해 보기를 원했던 것입니다.

사라 : 교수님, 저는 교수님이 흥분할 때, 그 모습이 너무 좋습디다.

피터 : 이거, 미안합니다. 제가 너무 독주했군요. "우리들"의 대화인데…

안토니 : 아닙니다. 신경 쓰시지 말고, 결론이나 말씀해 주세요.

피터 : 대부분의 철학자들은 심리적 이기주의가 혼동의 소산이라고 보고 있지요. 우리는 살아가면서 각가지의 동기들을 갖게 되지요. 우리는 배우고, 만들어내고, 묻고, 즐기고, 변화시키고, 따분함을 덜고, 서로가 나누고자 어떤 일을 행합니다. 그런 일들은 끊임없이 계속됩니다. 그리고 때때로, 자주 우리는 도덕적으로 옳은 것을 행하기 위해서 애쓰기도 하며, 때때로 다른 사람들을 돕기 위해서, 때때로는 우리의 의무나 책임을 다하기 위해서 행동합니다. 만일 우리가 모든 인간의 동기들을 단 하나의 범주로 환원시킨다면, 아주 기

가 막힐 일이 아니겠습니까? 우리의 경험들은 그렇게 되기에는 너무도 복잡한 것이 아닌가 생각합니다.

보브 : 이제 심리적 이기주의에 대해서는 끝내지요? **윤리적** 이기주의에 대해서는 어떻게 생각하십니까? 저에게는 비도덕적인 주장같이 들리는데요…

소피아 : 저에게 축소판 여피세계 같은데요.

사라 : 윤리적 이기주의에 대해서 다시 한번 말씀해 주시겠습니까?

피터 : 그것은 모든 사람들이 자신의 자기-이익을 극대화하도록 행동해야만 한다는 견해입니다. 그것은 행위자에 대해서 옳은 행위가 되게끔 해주는 것은 그 행위가 그 사람에게 최선의 장기적 결과를 산출하는 데에 있다는 것입니다.

사라 : 그렇게 과격한 것 같지는 않군요. 마크, 저는 당신이 윤리적 이기주의가 제법 많은 의미가 있다고 생각하는 그 이유를 알 수 있을 것 같아요.

피터 : 사라, 당신은 왜 그렇게 생각하십니까?

사라 : 때때로 저는 우리가 우리 자신과 관계되는 일에만 신경을 쓰고 다른 사람들의 생활에 대해서 관여하거나 신경을 쓰지 않는다면 우리가 훨씬 더 나을 수 있다고 생각하기 때문입니다.

소피아 : 만일 우리가 모두 이기주의자라면 세상은 더욱 좋아질 것이라고 말씀하고 계신다면, 저는 그 말을 믿을 수가 없습니다. 저에는 그 반대가 보다 진리에 가깝다고 생각합니다. 당신도 익히 들었을 것입니다. "보다 친절하

고 보다 부드러운 미국."이란 말을 말이죠. 당신은 KKK단[73], 스킨헤드족[74], 여피족, 내부 거래자들[75], 마약 밀매상들에게 이기주의를 역설하고 다닐 필요가 없어요. 그들은 이미 그들 자신의 자기-이익들을 극대화하려고 노력하고 있는 것이며 저는 그들 때문에 우리가 더 좋아질 것이라고 생각하지 않습니다.

마크 : 제 말씀은 그리 간단하지 않습니다. 만일 우리가 우리의 장기적 이익에 최선이 되는 것을 행하고자 원한다면, 사실 우리는 법을 위반하거나 사회적 분란을 야기해서는 안 됩니다.

보브 : 저는 아직도 윤리적 이기주의의 주된 논지가 무엇인지 잘 모르겠습니다.

마크 : 아주 간단합니다. 우리 각각 한 사람마다에게 있어서 자신들의 행복이 가장 중요하다는 것입니다. 왜 우리가 다른 사람들을 위해서 희생해야만 합니까? 그게 실지로 어떤 의미가 있단 말입니까? 우리가 설령 우리 자신을 희생해서 다른 사람을 돕는다 해서, 누가 그 **개인**의 가치와 존엄성을 진정으로 알아주기나 하는가요?

피터 : 당신의 입장은 랜드 여사의 견해와 같은 것으로 생각됩니다. 그녀에 의하면 자신의 자기-이익을 극대화하도록 행동하는 것은 삶에 있어서 가장 **합리적인**(rational) 지침이 분명하다는 것이죠. 물론 **어떤 의미에서의 합리성**이긴 하지만 말이죠.

---

73) Ku Klux Klan의 약어. 흑인을 증오하는 백인지상주의 편견을 가진 미국의 비합법적인 폭력단체, 비밀결사. 남북전쟁 이후 출현했다.
74) Skinheads. 장발족에 대항하여 까까머리를 한 보수파 청년들.
75) insider traders. 원래 상장기업의 임직원, 대주주 등의 내부자가 그 직무 지위 덕택으로 내부 정보를 이용하여 자기 회사 주식을 매매함으로써 부당 이익들 취하는 자들을 말함. 현재는 사회 전반에 관련시켜 언급된다.

보브 : "합리적"이란 무슨 뜻인가요?

피터 : 마크씨가 말씀하시죠.

마크 : 그 점에 대해서는 교수님이 좀 도와주시지요.

피터 : 우리가 행동할 때는 언제나 그 목적이나 취지가 있는 것이지요. 합리성이란 어떤 점에서는 우리가 목적을 이루는데 있어서 가장 좋은 길을 찾는 그것이라 말할 수 있습니다. 그런 의미에서는 만일 우리가 우리의 목적을 방해하는 식으로 행동하거나 우리 목적을 성취하고자 하는데 있어서 어리석게 행동한다면 문자 그대로 "비합리적"인 것이 되는 것입니다.

사라 : 하지만, 목적 자체의 합리성 문제가 있지 않습니까? 이는 다른 문제입니다. 그것은 **다른 의미의 '합리성'**이라고 생각합니다.[76]

피터 : 아주 훌륭하신 지적입니다. 일단 우리가 추구해야 할 바를 결정하고 나서도, 단순히 우리가 그 목적에 이를 수 있는 가장 좋은 길이 무엇인가라는 것뿐만 아니라, 우리의 가치들을 어떻게 선택해야 하는가라는 것에 대해서도 여전히 모를 수 있다는 것입니다. 그런데, 그러한 가치 선택에 있어서 마크씨는 개인의 가치나 존엄성을 보존하는 윤리적 이기주의만이 유일한 대안이라고 주장하고 있습니다. 맞지요?

마크 : 그건 헌터의 주장입니다. 이타주의[77]는 다른 사람들을 위해서 자신을

---

76) reasonable. 합당한.
77) Altruism. 이태리어 altrui=他人에서 유래. 프랑스어 altruisme=타인, 자기 이외의 누군가를 위하는 것. 이런 점에서는 애타주의(愛他主義)로 번역할 수 있음. 타인에 대한 자비 또는 동정, 공적인 봉사, 그리고 타인의 이득과 행복을 위해 자기-희생의 각오를 가져야 한다는 도덕원리이다. 윤리학에서의 이타주의 용어는 오귀스뜨 꽁뜨

희생해야만 한다고 말합니다. 이기주의는 자기 자신의 행복을 추구하는 것이 합리적이라고 말합니다.

피터 : 저는, 대다수의 철학자들이 랜드 여사의 교의가 과도한 단순화이거나 혼동의 소치라고까지 보는 것은 바로 그 점이었다는 것을 말씀드립니다.

보브 : 왜요?

피터 : 그녀가 대안들을 도출해내는 그 방식 때문입니다. 그녀는 삶에는 단두 가지의 근본적인 대안만이 존재한다고 생각하는 것 같습니다. 즉, 오로지 자기 자신의 이익만을 추구하는 그것과, 자신의 이익을 다른 사람들의 이익에다 희생시키는 그것이죠. 그녀는 이타주의를 우리가 도덕적 관점이라고 부르는 그것으로 생각하는 바, 우리는 마치 저돌적으로 자기 자신의 행복만을 추구하는 어설픈 개인주의자이거나 아니면 자신의 삶을 오로지 다른 사람들에게 헌신할 뿐인 일종의 도덕적 발판(moral doormat)과 같은 사람 그 어느 하나에 속해야 하는 것처럼 생각하는 것 같습니다. 하지만 저는 삶에는 그렇게 두 개의 대안만이 존재한다고 보지 않습니다. 분명히 말씀드려서, 여러분 개인 자신의 삶은 도덕적으로 중요합니다. 그것은 결코 다른 어떤 사람들의 삶보다 덜 중요한 것이 아닙니다. 여러분들 각자 모두 권리를 가지고 있는 것입니다. 사실, 여러분은 도덕적으로 자기 자신을 존중해야 할 것을 요구받고 있습니다. 여러분 자신들이 다른 사람들의 행복을 위해서 이용되거나 착취되도록 허용해서는 안 됩니다. 여러분 자신의 이익을 다른 사람의 이익만큼이나 중요하게 여겨야 합니다. 도덕은 여러분에게 다른 사람들을 위해서 자신을 희생하라고 요구하지 않습니다. 도덕은 다만 평등을 요구합니다. 즉, 여러분

가 도입하였다. 이와 유사한 사상들은 이전에도 있었다. 초기 기독교 사상, 중세 프란시스(Fransis of Assis), 샤프츠베리, 허치슨, 흄, 아담 스미스, 루소, 헤르더, 괴테 등등이 있다.

은 자신이 행동할 때, 다른 사람들의 이익을 고려**해야 하며**, 여러분 자신의 목적을 달성하기 위해서 다른 사람에게 해를 끼쳐서는 안 된다는 것을 요구하는 것입니다.

마크 : 하지만 그래도 문제는 남아 있습니다. 만일 제가 평등을 받아들인다면, 그것은 여러분의 행복이 저의 행복만큼이나 중요하다고 제 자신 스스로가 믿는다는 것을 의미합니다. 우리는 참으로 그것을 받아들일 수가 있습니까?

피터 : 이렇게 생각해봅시다. 우리가 당신의 근본적인 윤리적 원리를 받아들인다고 가정해 봅시다. 그것이 삶에 있어서 우리의 행동을 지도하는 가장 좋은 지침이라고 가정해 봅시다. 어떤 이론을 이해하고 검증하는 방법중의 하나는 그것이 "일관성"을 갖는가 그리고 그 이론을 받아들였을 때 어떤 "결과"가 나올 것인가를 알아보는 것입니다. 자, 그러면 우리가 그것이 무엇을 의미하는지 그리고 그런 결과들을 받아들이게 될 것인지를 판단해 봅시다.

마크 : 좋습니다. 교수님은 마음속으로 무언가를 알고 있는 것 같군요.

피터 : 우리 둘은 아는 사이이거나 친구관계라고 가정합시다. 그리고 우리는 어느 직장의 한 자리를 놓고 경쟁하고 있다고 가정합시다. 또 우리 둘은 모두 가정을 가지고 있고, 얼마간 실직상태에 있어 왔고, 각종 청구서들은 산더미처럼 쌓이고 부부간의 금슬(琴瑟)은 깨어지기 직전이고, 그 직장은 우리가 너무도 원해왔던 것이라고 가정해 봅시다. 자, 그런데 우리 각자에게 상대방에 대해서 좋지 못한 헛소문을 퍼트릴 수 있는 기회가 주어져 있고, 또 직업을 얻을 가능성을 높일 수 있게끔 자신의 신용상태를 거짓으로 증언할 수 있는 기회가 주어졌다고 가정해 봅시다.

마크 : 좋아요.

피터 : 자, 그러면 당신이 윤리적 이기주의라고 칩시다. 당신은 모든 사람은 각자 그 자신의 자기 이익을 극대화시키도록 행동해야만 한다는 신념을 가지고 있습니다. 당신은 어떻게 해야만 합니까?

보브 : 윤리적 이기주의라면, 상대방에 대해 헛소문을 퍼뜨리고 자신의 신용상태를 조작해야만 할 테지요.

피터 : 당신 친구는 어떻게 해야만 합니까? 아니 차라리, 이기주의자인 당신은 당신 친구가 무엇을 하기를 원해야만 합니까?

사라 : 만일 "보브씨"가 그 직업을 원한다면, "보브씨"는 그 친구가 좋은 친구로 남아서 자신에게 거짓말을 하지 않기를 바래야 합니다.

피터 : 하지만 기억하시길 바랍니다. "보브씨"의 교의에 의하면, 모든 사람이 각각 그 자신의 선을 극대화하도록 노력해야만 한다는 것입니다.

소피아 : 무슨 말씀을 하시려 하는지 알겠어요. "보브씨"는 두 가지를 동시에 할 수 없다는 말씀이지요? 이기주의자인 "보브씨"는 직업을 원하며, 그래서 그는 남을 속이고 친구에게 부득이 거짓말하지 않으면 안됩니다. 하지만 "보브씨"는 또한 그의 친구도 그 자신의 이익을 추구해야만 하며, 따라서 "보브씨"는 친구가 직업을 얻기 위해서는 거짓말하고 자신을 이용하기를 바라지 않으면 안 된다는 것입니다. 어떻게 "보브씨"가 그 두 가지를 다 바랄 수 있습니까?

피터 : 정답입니다. 이제 "보브씨"를 빼고 말합시다. 실례했어요. 그럼, 그

이기주의자가 어떻게 할 수 있겠습니까? 철학자들은 그 주장이 일관성을 갖는지에 대해서 회의적입니다. 좀 다르게 표현한다면, 그 이기주의자는 그 경쟁 상황을 알고 있지만, 그 친구는 모르고 있다고 가정해 봅시다. 그런데 그 친구가 그 이기주의자가 원하고 있는 그 직업을 얻기 위해서 원서를 내야 될 것인지를 물으러 그에게 왔다고 해봅시다. 만일 그 친구가 그 직업을 얻고자 노력한다면, 그는 아마 성공할 가능성이 높기 때문에(그 이기주의는 회사 내 중요 정보와 사정을 알고 있기 때문에, 그 가능성을 안다.) 자신의 행복에 중요한 영향을 미칠 것이라고 가정해 봅시다. 그 이기주의자는 자기의 친구에게 무엇이라고 말해야만 합니까?

소피아 : 글쎄요. 만일 이기주의자가 그 자신의 선을 극대화하기를 원한다면, 그는 친구에게 원서를 제출하지 말라고 해야 할 것입니다.

피터 : 하지만 그의 교의는 모든 사람은 각자의 선을 추구해야만 한다는 것입니다. 일관성을 갖기 위해서는, 그는 그의 친구에게 직업을 얻도록 노력해야 한다고 말해야만 합니다. 하지만 그것은 이기주의자에게는 이익이 되지 않습니다. 그러면 이때 그가 일관성을 갖기 위해서는 어떻게 해야 합니까? 사실, 만일 그가 친구가 원서를 넣지 않기를 바란다면, 그는 그 친구가 자신 즉, **그 이기주의자**의 선을 극대화하도록 행동해야만 한다고 주장하는 것이 됩니다. 이제 그는 사람들은 그 이기주의자의 선을 도모할 수 있게끔 행동해야만 한다는 불합리한 교의에 빠지게 됩니다. 그것은 아주 공정(fair)하지 못한 것입니다. 그는 어떤 근거 없이, 즉 자의적(恣意的)으로 그 자신의 이익을 다른 사람의 선 위에다 놓고 있는 것입니다.

보브 : 그렇다면 이익이 갈등하는 상황이 있을 때, 문제가 발생하는군요. 이런 이익 갈등은 이기주의적 관점에서는 어떻게 해결될 수 있는 가요?

피터 : 그건 아주 어려운 질문입니다. 안 그렇습니까, 마크씨?

마크 : 교수님, 당신은 왜 그것들이 "해소되어야만" 한다고 생각하시는 것입니까?

피터 : 그것은 철학자들이 주장하는, 최소한의 도덕적 요건들 중의 하나이기 때문입니다. 즉, 도덕이란, 갈등을 해결하고자 하는 하나의 전망(perspective)이기 때문입니다. 다시 말해서 도덕은 갈등을 해결할 수 있는 시계(視界)를 가져야만 도덕이라고 불릴 수 있다는 것입니다.

소피아 : 저는 여기서 좀 다른 게 궁금합니다. 마크씨, 만일 당신이 정말로 이기주의자라면, 왜 당신은 우리에게 당신의 윤리적 교의가 진리라는 것을 설득시키려고 하십니까? 그것 참 이상하군요!

마크 : 무슨 말씀이세요?

소피아 : 만일 우리의 이익들이 갈등을 빚는다면, 그것은 사실 우리가 제한된 재화를 가진 사회에서 살아가자면 불가피한 것으로 보이는데, 그러면 우리에게 우리들 자신의 자기 이익을 추구하고 당신의 이익을 무시하라고 설득하는 것은 당신에게 이익이 되지 않는 것입니다. 다시 말해서 당신은 당신의 교의를 공개적으로 옹호하고 나서면 안 됩니다.

사라 : 어-휴, 소름!

피터 : 그렇게까지 갈 필요는 없지요. 그건 다만 윤리적 이기주의가 갖는 하나의 불편사항일 뿐입니다. 윤리적 이기주의는 일관되게 공개적으로 옹호될 수 없는 것 같습니다. 그 자신의 이익을 극대화하기 위해서는 이기주의자

는 사람들은 가능한 한 타인을 배려하고 도우며 정직해야 한다는 것을 옹호할 수도 있는 것입니다. 왜냐하면 그것이 결국에는 이기주의자들에게 득이 될 것이기 때문입니다. 하지만 이기주의자들은 그 자신의 선을 **오로지 은밀하게만** 추구해야 합니다. 그것은 부정직한 것입니다. 다시 말해서, 그가 **모든 사람**은 그가 원하는 것을 행해야만 한다고 일관되게 주장할 수 있다고 하는 말 자체가 명석하지 않다는 것입니다. 바로 그것 때문에 사람들이 혹하면서 그럴듯하다고 빠지게 되는 것이 아닌가 생각됩니다.

보브 : 만약 그렇다면, 왜 그것을 비도덕적인 교의라고 말해 버리지 않나요? 피터 교수님, 예를 하나 들어보세요. 만일 윤리적 이기주의가 직업을 얻기 위해서 남을 속이고 거짓말하는 것이 허용된다고 말한다면, 그러면 그것은 비도덕적인 교의입니다. 만일 당신이 유산을 빼앗기 위해서 친척 노인을 살해하여 유기해도 뒤탈이 없다면, 이기주의는 "그래, 그렇게 하세요."라고 말할 것입니다. 만일 당신이 회사 돈을 횡령하여 스위스로 가서 여생을 즐길 수 있다면, 이기주의자에 의하면 "좋습니다."일 것입니다.

피터 : 바로 그것들이 윤리적 이기주의를 논박하기 위해서 철학자들이 사용해온 반증사례들인 것입니다. 일관성 문제나 도덕적 충고를 해주는 문제, 혹은 공개적으로 옹호하는 문제를 논외로 하더라도, 많은 이들은 도덕적 이기주의가 자신의 이익을 추구하기 위해서 그런 일들을 허용하게 해준다면 바로 그것만으로도 도덕적 이기주의는 도덕적으로 악덕한 것에 불과하다고 주장해오고 있지요.

마크 : 하지만 허용해 준다면?! 천만에, 발각되어 잡힐 수도 있어요. 그 가능성은 언제나 있는 것입니다. 따라서 그런 일들을 하게 되면 죄의식을 느끼게 될텐데, 왜 그런 일들을 하겠어요? 그런 일들은 결국 이기주의자의 장기적 이익이 되지 못할 것입니다.

소피아 : 왜 죄의식을 느끼는데요? 만일 당신이 일관된 이기주의자라면, 당신은 당신이 **옳은 것을 행하고 있다고 생각**하기 때문에 죄의식을 느낄 아무런 건덕지도 없는 것입니다.

보브 : 그건 **도덕적으로** 옳은 것이 아닙니다. 그리고 일부 사람들은 잡히지 않을 수도 있답니다.

피터 : 극단적으로 말하면, 비도덕적인 행위라 할지라도 그것들이 비밀리에 행해진다면, 아무런 부정적인 심리적 결과도 초래하지 않는다면, 그리고 행위자의 삶을 향상시켜 준다면 윤리적 이기주의는 그 어떤 비도덕적인 행위들도 용인하려 할 것입니다. 하지만, 이것은 좀 복잡한 문제입니다. 저는 이기주의자들도 여전히 대꾸가 있을 수 있다고 봅니다.

사라 : 당신 무대입니다. 교수님.

피터 : 사실 이 문제는 때때로 저를 괴롭혀온 것이기도 하지요. 저는 도덕적인 삶을 사는 것이 우리에게 장기적인 이익이라는 것이 적어도 어느 정도까지는 그럴듯하다고 생각합니다. 만일 우리가 선한 사람이 되고자 노력한다면, 만일 우리가 우리 자녀에게 선하도록 가르친다면, 만일 우리가 다른 사람들의 선을 북돋아준다면, 우리 자신의 삶은 지금보다 덜 어렵고 보다 더 만족스러워질 것입니다. 그래서 아마 윤리적 이기주의는 사악한 윤리적 교의로서가 아니라 "왜 도덕적이어야 하는가?"라는 물음에 대한 궁극적인 답으로 보일 수 있습니다. 왜냐하면 그것이 우리의 장기적 이익이기 때문입니다.

소피아 : 교수님, 그건 또 하나의 역설 탄생이 아닌가요?

피터 : 저는 제가 그것을 역설이라고 할 수 있을는지 잘 모르겠습니다. 아

마 우리는 우리가 흥미로운 딜레마에 봉착하게 된 것이 아닌가 라고 말할 수 있을는지 모르겠습니다. 윤리적 이기주의는 그것이 우리가 우리 자신의 선을 추구하기 위해서 비도덕적인 행위들을 수행할 수도 있다는 것을 옹호하기 때문에 도덕적 교의로서는 명백히 오류를 가지고 있는 그것이거나, 아니면 전혀 도덕적 교의가 아닌 것 그 어느 하나입니다. 아마도 우리로 하여금 "왜 도덕적이어야 하는가?"라는 물음을 묻게끔 하는 것은 도덕 **영역 밖**의 관점일 것입니다. 왜 우리는 **도덕적인 삶**, 즉 우리가 언제나 우리의 행동이 다른 사람의 삶에 미치는 영향을 고려하는 그런 삶, 그리고 우리가 어떻게 행동해야만 하는가를 결정하는데 있어서 도덕적 이유들을 중요하게 여기는 그런 삶 속에서 살아야만 하는가요? 아마도 일부 학자들이 주장하는 바와 같이, 도덕에 대한 궁극적인 정당성의 근거는 각 개인의 번영에 대한 호소와 관계 있는 것입니다.

도노반 : 어이, 교수, 너무 쉽군.

이 때 어둠을 타고 들려는 누군가의 목소리에 모두가 놀랐다. 두툼한 옷을 입고 등산화를 신은 키가 큰 턱수염의 근엄한 남자가 나타났다. 그는 피터 교수 쪽으로 다가오더니 이러저리 살핀다. 잠시 침묵이 흘렀다. 도노반이었다.

도노반 : 삶이란 당신네 상아탑 **철학자들**이 만들어 내는 것처럼 그리 단순할 수가 없는 걸세. 당신들은 삶을 분석적인 잣대를 가지고 놀고 있지. 자네들은 삶을 논증, 합리적 정당화, 비교 따위를 통해서 꾸려 나간다지? 그러니까, 삶이 반듯하게 모양지어 나오지 않는가? 대중 무리들에게는 일상 생활의 평화를 보장하는 듯하면서, 결국에는 완전히 거짓임이 드러날 그 따위의 "거짓된" 교의들로 치장하여 멋지고 쌈박한 삶을 그려내곤 하지… 어이 피터씨, 그렇지 않은가? 대학원에서 배운 것이 그거 말고 또 무엇이 있단 말인가?

피터 : 자네인줄 왜 몰랐겠나? 하지만, 내가 지금 말하고자 했던 바는 그게 아닐세, 친구.

도노반 : 아직도 윤리학을 연구하는가, 친구? 아직도 "이론들을" 검증하고 있는가? 나는 다 듣고 있었다네. 여기 모인 분들은 참 훌륭한 학생들이시더 군. 이해가 아주 빠르시단 말씀이야… 그리고 자네는 이 분들을 "온당한" 결론으로 잘 이끄셨다네.

피터 : 자네, 도노반? 요즈음 뭘하고 지내나? 자네 집이 어디야?

도노반 : 내가 머무는 곳이 나의 집이라네. 이 산 속이 나의 집일세. 오히려 자네가 과객일 뿐이지.

피터 : 이제는 철학하고 담쌓나?

도노반 : 철학하고는 담쌓지. 하지만, 내가 산아래 속세에 있을 때보다 훨씬 많은 생각을 하고 산다네. 그래, 자네가 이분들에게 이기주의의 문제를 해결 해 드렸군. 아마 내일은 다른 이론을 가지고 법석을 피우겠군? 어쩌면 공리 주의가 아닐는지? 어때 얽힌 매듭들은 풀었는가? 자, 도덕이란 무엇보다 최 우선적이며(overriding), 권위주의적이 아니라 권위적이며(authoritative), 요구적 인(demanding) 특성을 갖는다. 자, 도덕의 특성은 평등, 보편화가능성, 타자 이 익 고려, 비-자의성이다. 자, 슈바이처와 테레사 수녀와 같은 성자들이 곧 우 리가 희구하는 이상(理想)이라는 그 "공통된" 판단을 마음속에 간직합시다. 그 분들은 너무나 **완벽한** 선이다. 하하, 얼마나 따분한 이야기인가! 완벽한 따분 함 그 자체일세! 자네는 이분들에게 다른 이상적인 사람들에 관해서 이야기 해 드렸는가? 자네는 개인의 완성이 무엇보다도 최우선적이라는 것에 관해서 이야기 해 드렸나? 테레사 수녀는 물론이고 고갱[78]에 관해서도 이야기를 했

는가 말이네.

피터 : 어, 자네가 늘 떠들던 니체는 어디 가셨나?

도노반 : 맞네, 니체는 물론이고…

피터 : 그리고 권력은? 기독교의 취약점인 노예 도덕은? 다른 사람들을 도우며, 다른 쪽 뺨을 갖다 대며, 공감을 하며, 경건하며, 회개하는 어리석음에 대해서도 말일세? 왜 그런 이야기들은 빼먹고 있으신가?

도노반 : 여전히 만만치 않군, 피터 교수. 하지만 나를 그렇게 단순한 니체 따위와 같은 범주에 집어넣으려 하지 말게나, 친구. 나는 니체로부터 아주 많은 것들을 배웠지. 하지만 다른 사람들로부터도 많은 것을 배웠다네. [모인 사람들을 향하면서 미소를 짓는다.] 사실은 저의 오랜 친구인 이 피터 교수를 여기서 보고 깜짝 놀랐어요. 제가 좀 무례했지요? 미덕은 아니었지, 피터? 저는 이 산 속에서 예절 감각을 잃어 버렸습니다. 용서해 주시기 바랍니다. [걸어가기 시작한다.]

피터 : 이보게, 도노반.

도노반 : 다시 돌아오겠네. 특히, 철학 운운하는 소리가 들린다면 말일세. 나는 가만히 못 있을 걸세. [그는 어둠 속으로 사라진다.]

소피아 : 대단한 기인(奇人)이시네. 피터 교수님, 저 분에 대해서 좀 말씀해

---

78) Paul Gauguin(1848-1903). 프랑스 후기인상파 화가. 문명세계의 혐오감에서 남태평양의 타이티섬으로 간다. 미개인의 건강한 인간성과 열대의 밝고 강렬한 색채가 그의 예술을 완성시킨다.

주시겠어요?

피터 : 제가 대학원에서 만났던 사람들 가운데 가장 똑똑하면서도 아주 재미있었던 친구입니다. 그는 3년간 공부하다가 어느 날 훌쩍 떠나 버렸죠. 여행을 떠난다고 했었지요. 그 후 저는 소식을 모르고 있었습니다. 다시 올 것입니다. 그와 이야기를 나누면 아주 재미있을 거예요.

소피아 : 그래요, 저도 그런 감이 드네요.

사상가들의 담론

자, 좋은 것으로 보이는 그 모든 것들은 유쾌한 것이며, 감각이나 정신 그 어느 하나에 관련이 있는 것이다. 하지만 모든 정신의 유쾌함은 영광스러운 것이거나(혹은 자신에 대해 좋은 의견을 갖는 것이거나) 종국적으로 영광스러운 것을 가리키는 것 그 어느 하나이다. 휴식은 감각적이거나 감각에 인도되는 것으로 그것은 모두 편의성이라는 단어로 이해될 수 있을지 모른다. 따라서 모든 사회는 이득이나 영광 그 어느 하나를 위해서 존재하는 것이다. 즉, 사회는 우리 동료들을 사랑하는 그것을 위해서라기보다는 우리 자신들을 사랑하는 그것을 위해서 존재하는 것이다.

Thomas Hobbes, 『정부와 사회에 관한 철학적 기초』

그러므로 모든 것들이 모든 만인을 위한 법에 의해 구속되는 그러한 상태가 계속되는 것이 가장 좋았다고 주장하는 사람이라면 모두 모순되는 사람들이다. 왜냐하면 모든 사람은 자연적 필연성에 의해서 자신에게 좋은 것을 갈망하기 때문이다. 또한 그러한 상태가 되는데는 불가피하게 수반되는 만인에 대한 만인의 투쟁을 자신에게 좋은 것으로 평가하는 사람은 없기 때문이다. 따라서 서로간의 공포 때문에, 이러한 조건을 제거하고 동료들을 얻는 일이 적절하다고 생각하기에 이른다. 즉, 만일 어려움으로 인해 전쟁이 불가피하다 할지라도, 굳이 만인을 상대로 하거나 누구로부터의 아무런 도움 없이 그렇게 해야할 필요는 없을는지 모른다는 생각에 이른다.

Thomas Hobbes, 『정부와 사회에 관한 철학적 기초』

만일 내가 의미하는 "이기적임"이 관례적인 의미에서의 그것이 아니라는 것이 맞다면, 그러면 이것은 이타주의에 대한 최악의 고발 중의 하나이다. 그것은 이타주의가 자기-존중의, 자기-부양의 인간-그 자신의 노력으로 자신의 삶을 지탱하고 자신이나 타인들을 조금도 희생시키는 않는 사람-이라는 개념을 결코 허용하지 않는다는 것을 뜻한다. 그것은 이타주의가 희생적 동물과 희생을 통해 이익을 취하는 존재, 어떠한 정의 개념도 허용하지 않는 희생자와 기생자-그것은 사람들간에 자비로운 공존 개념을 허용하지 않는다-로서의 인간관만을 허용한다는 것을 뜻한다…

아주 지독한 악에 대항하기 위해서는 그 기본 전제에 대항하지 않으면 안 된다. 인간과 도덕성 모두를 되찾기 위해서, 우리가 되찾아야 하는 것은 바로 "이기적임"의 개념인 것이다.

Ayn Rand, 『미덕으로서의 이기심』

객관주의 윤리학은 행위자는 언제나 그 행동에 있어서 선행적이어야 하며, 사람은 그 자신의 합리적 자기-이익을 위해서 행동해야만 한다고 주장한다. 그러나 그가 그렇게 할 수 있는 권리는 인간으로서의 그의 본성과 인간 삶에서의 가치의 기능으로부터 나오는 것이다. 그래서 그 권리는 그의 실제적인 자기-이익들을 한정하고 결정짓는 합리적인, 객관적으로 설명되고 타당한 도덕원리체계의 맥락에서만 행사 가능한 것이다. 그것은 "그가 하고 싶은 대로 할 수 있다."는 면허증이 아니며, 그것은 이타주의자들의 "이기적인" 짐승의 이미지에 대해서나 또는 비합리적인 정서, 감정, 충동, 바람이나 변덕들에 의해서 동기화 된 어떤 사람에게도 행사 될 수 없는 것이다.

Ayn Rand, 『미덕으로서의 이기심』

모든 사람은 이기적이다. 모든 사람은 자기 자신을 행복하게 해줄 것으로 믿는 그것을 행하려 한다. 이러한 것을 깨달으면 당신은 "이기적" 존재라는 비난의 화살을 용케 피할 수 있다. 다른 모든 사람들도 당신과 같이 행동하려하는데, 왜 당신이 당신 자신의 행복을 추구하는 것에 대해서 죄책감을 느껴야만 하는가?

당신이 이기적이어서는 안 된다는 요구는 여러 이유들로 인해 나올 수 있다. 즉, 당신은 보다 좋은 세상을 만드는데 도와야 한다, 당신은 이기적이지 않아야 할 도덕적 책무를 가지고 있다, 당신은 다른 이들의 이기심에 당신의 행복을 양도해야 한다는 등등.

어떤 이유이든지, 당신은 모든 사람은 그런 요구를 가지고 있다는 것을 알게 될 것이다. 하지만 만일 당신이 그것이 그의 이기적인 이유라는 것을 인식한다면, 그것은 당신에게 훨씬 더 적은 부담을 줄 것이다. 그리고 당신은 보다 우호적인 동반자를 찾아 나서는 것으로써 그 문제를 제거할 수 있다.

Harry Brown, 「도덕 계략」

주요 용어와 개념

윤리설	이타주의
윤리적 이기주의	갈등하는 이익
심리적 이기주의	도덕적 충고
자기-이익 대 이기심	비도덕적 교의
자기-지향적 대 타인-지향적	왜 도덕적이어야 하는가?

탐구 문제

1. 심리적 이기주의와 윤리적 이기주의의 차이를 설명하시오.

2. 심리적 이기주의자들은 자신의 입장에 명백하게 반대되는 예들에 대해서 어떻게 대응하는가? 당신은 그 반응들이 신빙성 있다고 보는가? 만일 그들이 어떤 반증사례에 대해서도 받아들이지 않는다면, 만일 그의 이론이 원리상 거짓으로 증명될 수 없는 것이라면, 그들은 실제로 어떤 유형의 이론을 지니고 있는 셈인가?

3. 자기-동기화와 이기적 동기화의 차이를 설명하시오. 왜 이 구분이 심리적 이기주의를 비판적으로 평가하는데 중요하다고 보는가?

4. 어떤 사람이 자기-파괴적인 충동에서 행동한다 할 때, 그 사람은 자기-이익에 의해서 동기화 되었다고 말하는 것은 맞는가? 만일 그 사람이 그의 충동이 자기-파괴적이지만 자신의 행동을 바꿀 수 없다는 것을 알고 있다면, 어떻게 되는가?

5. 만일 윤리적 이기주의가 받아들여진다면, 도덕교육에 어떤 결과를 미칠 것인가? 당신은 그러한 결과를 받아들일 수 있다고 보는가?

6. 당신은 윤리적 이기주의가 비도덕적인 교의라고 보는가? 그렇다면, 왜? 그렇지 않다면, 왜?

7. 당신은 받아들일만한 윤리이론은 공적으로 지지 받을 수 있어야만 한다고 믿는가? 만일 내가 윤리학 이기주의라면, 나는 랜드여사의 교의나 윤리적 이타주의를 공적으로 지지해야만 하는가?

추천 도서

Browne, Harry, *How I Found Freedom in an Unfree world*, Macmillan, 1937.

Butler, Joseph, *Fifteen Sermons Preached at Rolls Chapel*, Oxford, 1726. 심리적 이기주의 비판의 고전서.

Feinberg, Joel, "Psychological Egoism," *Reason and Responsibility*, Wadsworth, 1985. 심리적 이기주의에 대한 반대 주장들을 논의한다.

Hobbes, Thomas, *Philosophical Rudiments Concerning Government and Society*, in *An Introduction to Ethics*, ed. by Dewey and Jurlbutt, Macmillan, 1977.

MacIntyre, Alasdair, "Egoism and Altruism," in *The Encyclopedia of Philosophy*, ed. Paul Edwards, Macmillan, 1967. 역사적인 접근이다.

Rachels, James, *The Elements of Moral Philosophy*, chs. 5 and 6, Random House, 1986. 심리적 이기주의에 대한 요약과 Ayn Rand의 윤리적 이기주의 변론에 대한 탁월한 비판. 김기순 역. 『도덕철학』 (서광사, 1984).

Rand, Ayn, *The Virtue of Selfishness*, New America Library, 1964. 윤리적 이기주의에 대한 열광적 변론.

윤리와 결과

여기서는 공리주의에 대해서 토론을 벌인다. 대화가 시작될 때 공리주의에 대해 우호적이었던 분위기는 '정의(正義)' 문제를 포함하여 많은 반론에 부딪치게 된다. 또다시 출현한 도노반은 공리주의가 과도한 요구를 담고 있는 윤리설이라고 공격을 퍼붓는다.

소피아 : 지난밤에 대화는 아주 이상하게 끝이 났습니다. 저는 교수님의 친구 분이 말하고자 했던 바를 도대체 알아들을 수가 없었습니다. 그 친구 분의 성함이 무엇이었지요?

피터 : 도노반입니다.

소피아 : 아, 그렇습니까? 도노반씨라고요, 아주 재미있는 분이더군요. 그 분은 철학에 대해서 무언가 알고 있는 분 같습니다. 그 분이 혹시 기분이 언짢았는지, 소외감을 느꼈는지, 아니면 우리의 대화가 좀 수준이 낮아 비웃지나 않으셨는지 모르겠습니다. 이 자리에 다시 오실 건가요?

피터 : 종잡을 수 없는 친구라, 잘 모르겠습니다.

보브 : 그 분이 말하기를 우리의 대화가 철학에 관한 것이라면 언제든지 자리를 같이 하겠노라고 말했지요. 그 분을 실망시켜서야 되겠습니까?

사라 : 보브씨, 그러면 당신이 말머리를 틀지 그래요.

보브 : 제가 근래에 들어 가장 좋아하게 된 애인이 둘 있다고 말씀드린 바 있지요. 즉, 철학과 등산 말입니다. 피터 교수님, 그런데 참, 질문 한 가지. 교수님은 우리 때문에 피곤하지 않으신가요?

피터 : 전혀 그렇지 않아요.

보브 : 그렇다면 계속하겠습니다. 사실, 우리가 윤리에 대해 이야기를 나누는 동안 윤리학 강의로 말하자면 진도가 제법 나간 셈입니다. 여기 마크도 동의합디다. 우리가 첫날밤 윤리학에 관해서 이야기를 나눈 후, 윤리적 물음들에 대해 다가갈 길을 제대로 찾아냈기 때문이 아닌가 합니다. 우리는 윤리를 종교와 사회의 관점에서 정의 내리고자 했지요. 그 양자 모두 일종의 권위에 호소하고자 했던 것이지요. 문제는 아주 명료했습니다. 즉, "하나님 혹은 사회가 그렇게 말한다는 바로 그 이유로 인해서 옳다는 것인데, 사실은 그렇지 않다는 것이다. 우리는 하나님의 명령이나 사회의 도덕 규칙들이 윤리적으로 받아들일 수 있는 것인지를 판단해야만 한다. 그런 것들이 있음에도 불구하고 우리는 우리의 판단력, 추론의 힘을 사용할 필요가 있다." 이것이 여러분들이 주장했던 바의 것이라 생각합니다.

피터 : 아주 좋습니다.

보브 : 그리고 나서 우리는 마크의 이기주의자인 친구에 대해서 논의했고, 그리고 나서 윤리는 단지 자기 자신의 선(善)을 얻으려고 하는 것이 아니라는 것을 결론 내렸다고 생각합니다. "윤리는 다른 사람들의 선도 고려해야 합니다. 그러나 여러분은 여러분 자신들도 중요하게 고려할 수 있다. 여러분은 다른 사람들만을 위하고 자신을 무시한 행동을 할 필요가 없다."

피터 : 아주 훌륭합니다. 윤리적 이기주의자들은 모든 사람은 자기 자신의 선을 극대화시키는 것이 옳다고 말합니다. 하지만 그러한 주장은 도덕적으로 받아들일 수 없는 행동을 초래합니다. 윤리적 이타주의자들은 다른 사람들의 이익을 증진시키기 **위해서만** 행동해야한다고 말합니다. 그것은 제가 "도덕적 신발 흙털개"라고 말하는 그런 사람들이지요.

보브 : 이 두 주장 이외의 입장은 없지요?

사라 : 아니, 있습니다. 그렇지요?

보브 : 있지요. 그러나 그것에 대해서 좀 좋게 보지 않습니다. 그것에 대한 논리적 대안은 공리주의(公利主義)라고 보는데, 피터 교수님, 맞습니까? 우리는 아스펜 연구소에서 몇 차례 그 문제에 대해서 회합을 가진 바 있었습니다. 제에게 가장 기억에 남는 것은 "비용-효과 분석(cost-benefit analyses)"과 "목적은 수단을 정당화하는가?"라는 것에 대한 긴 논의였습니다.

소피아 : 작은 아들러 박사. 진정하세요. 도노반씨가 공리주의에 대해서 말한 바 있지 않았나요? 그 분 또한 좋은 감정은 아니었던 것 같지만 말이죠.

안토니 : "비용-효과 분석"에 관한 이야기라면, 제가 공부하고 있는 '정부학'[79]과 관련해서 몇 마디 할 것이 있습니다.

사라 : 그게 도덕 문제와 어떤 관계가 있나요?

보브 : 적지 않다고 봅니다. 공리주의는 우리가 최대 다수의 최대 행복을 촉진해야만 한다고 주장합니다.

---

79) government studies. 정부의 제도와 운영에 연구의 중점을 두는 정치학 분야.

사라 : 그렇습니까? 제가 듣기로는 공리주의는 단지 실용적인 것이라던데…

피터 : 보브씨의 말씀이 맞습니다. 공리주의는 철학적인 의미를 가지고 있는 것입니다. 그것은 18세기 영국 철학자 벤담[80]이 개발하였고, 19세기 존 스튜어트 밀[81]에 의해서 가장 널리 통용되고 옹호되었던 도덕이론을 가리키는 것입니다. 공리주의는 오늘날에 있어서도 무엇이 도덕이며, 도덕적이기 위해서 우리가 무엇을 해야 하는가를 말해주는데 있어서 가장 강력한 일반론의 하나로서 거론되며 옹호되고 있습니다. 여러분들이 그것을 윤리적 이기주의와 윤리적 이타주의와 비교한다면, 왜 많은 사람들이 그 이론을 설득력 있다고 보는지를 알게 될 것으로 봅니다. 이기주의자들은 그들 자신들의 이익만을 생각하며, 이타주의자들은 적어도 이론상으로나마 다른 사람들의 이익만을 고려합니다. 공리주의자들은 우리가 행동할 때면, 우리 자신을 포함해서 **모든 사람들**의 이익을 고려할 것을 요구합니다.[82]

---

80) Jeremy Bentham(1748-1832). 영국의 법학자 윤리학자. 런던 출생, 옥스퍼드대학에서 법학을 배우고 변호사가 되었다가 다시 철학공부에 몰두하여 일생을 독신으로 지냈다. 공리주의의 창시자이며 공리주의학파의 중심적 인물. 그의 사상은 18세기 영국의 계몽기철학에서 준비되었다. J. Priestley의 『정부론』에서 "최대다수의 최대 행복"을, D. Hume의 『인간본성론』의 제3권 『도덕론』에서 "공리성"개념을 원용했다. 주저로 『도덕과 입법 원리』, 『법칙론 혹은 도덕의 과학』 (1834)가 있다.

81) John Stuart Mill(1806-1873). 영국의 철학자 경제학자. James Mill의 아들로서 런던 출생. 벤담의 조언에 따라 부친으로부터 조기교육을 받았다. 공리성의 개념에 의거하여 쾌(快)가 선이며 고(苦)이 악이라고 한 점은 벤담과 같지만 쾌를 모두 계산할 수 있다는 것을 부정하여 어느 종류의 쾌는 다른 종류의 쾌보다도 질적으로 우세하다고 하여 쾌락을 단순한 감각적 쾌락에서 정신적 쾌락에까지 확대하였다. 공리주의란 용어를 처음 사용하였다. 인간은 반드시 자기중심적이 아니고 동시에 동감정(同感情, compassion)의 충동을 가졌다고 하여 개인주의적 윤리관을 사회주의적 윤리관에까지 확대하려 하였다. 주저로는 『자유론』(1859), 『공리주의』(1863) 등이 있다.

82) 이런 의미에서 功利主義보다는 公利主義가 보다 타당한 번역이라 생각됨. 利를 꾀한다는 점에서는 전자가 타당하나, 모든 이들의 그것(公利)을 꾀한다는 점에서는 후자가 타당한 역어이다.

소피아 : 저는 그것의 강점을 이내 알아챌 수가 있네요. 도덕이란 것이 우리로 하여금 공평한 것을 요구하는 것이라면, 공리주의는 그러한 요구에 잘 맞는 것 같아 보입니다.

피터 : 그렇습니다. 만일 우리가 이기주의가 자신을 위해서 원하는 바를 다른 사람들에게까지 확대한다면, 우리는 쉽게 공리주의 관점에 이를 수 있습니다. 공리주의는, 도덕적 관점에서, 나의 이익이 나 이외의 다른 사람의 이익보다 도 더 중요하게 간주되어서는 안 된다고 주장합니다. 평등해야 한다는 것이지요. 공리주의는 도덕 판단은 이런 의미에서 사적인 것이 아니다(im-personal)라고 주장합니다. 우리가 행동할 때 우리가 마땅히 해야 될 것은 관련된 모든 사람들에게 최상의 결과를 만들어내는 것이어야 하는 것이지요.

사라 : 여전히 이득을 꾀하는 것 같이 들리는데요.

피터 : 그렇지만 공리주의는 무엇이 최상의 결과인지에 대해서 아주 구체적으로 규정하고 있습니다. 즉, 그 최상의 결과란 그 행위로 인해 영향받는 모든 사람들에게 전체적인 좋음 혹은 행복을 극대화하는데 있습니다. 간단히 말해서, 공리주의는 우리가 행동할 때 좋음을 극대화하고 사악함을 극소화하도록 해야 한다고 주장하는 것입니다. 도덕적으로 우리는 우리가 할 수 있는 최상의 상태를 가져올 수 있게끔 노력함으로써 세상을 보다 선하게 만들어야 한다는 것입니다.

사라 : 좋은 것 같은데요.

피터 : 랜섬씨, 당신은 "너희가 다른 사람에게서 바라는 것처럼 너희가 다른 사람에게 행하라," 그리고 "너의 이웃을 네 자신과 같이 사랑하라."는 예수의 가르침은 공리주의 도덕의 완벽한 구현이라는 밀(J. S. Mill)의 주장에 대

해서 아주 반가워하실 것 같은데, 어떻습니까?

보브 : 제가 제대로 이해한 것이라면, 공리주의가 실제로 중요하게 여기는 것은 바로 결과(consequences)라는 것 아닌가요? 즉, 언제나 최선의 결과를 산출하라, 맞지요?

피터 : 맞습니다. 공리주의는 도덕적 행동에 대한 평가가 오로지 그 행동의 결과를 판단하는 것에 근거하고 있기 때문에 때때로 **결과론**(consequentialism)으로 불리어집니다.

사라 : 그래서 공리주의는 목적이 수단을 정당화한다고 주장하는가요?

피터 : 그런데 여기서 주의할 필요가 있습니다. 결과론이 행위의 목적 혹은 결과가 도덕 평가의 토대라고 주장하는 것은 분명합니다. 그러나 결과를 가져오게 하는 그 수단 자체가 결과, 아주 나쁜 결과를 가질 수 있습니다. 그래서 공리주의가 그 단순 결과(results)가 좋으면 어떤 행위라도 인정하게 될 것이라는 생각하는 것은 지나친 단순 논리입니다.[83]

로즈 : 나는 철학자들이 왜 이 이론을 좋아하는지 알 수 있을 것 같습니다. 공리주의는 당신이 행동할 때 다른 사람들을 고려하며 가능한 한 행복하게끔 도우라고 말합니다. 저는 이에 동의합니다. 어찌되었건 많은 사람들이 생각하고 있는 것은 바로 이런 것이 아닌가요?

피터 : 만일 그것이 당신이 의미하는 바라면, 사람들은 공리주의적인 도덕적 추론을 하는 셈입니다. 사람들이 자신의 도덕적 결정을 내릴 때 흔히 하게

---

83) consequence와 result를 구별한다. result는 수단의 고려를 배제한 단순, 단기적 결과이다.

되는 아주 보편적인 방식이지요. 그것은 또한 공공정책 결정을 내릴 때 특히 유용한 것 같습니다. 우리는 우리가 고려하고 있는 바의 어떤 사회 정책들이 가져올 결과들에 대해서 알아야만 합니다.

사라 : 그렇다면, 대체 공리주의가 안고 있는 큰 문제란 무엇인가요? 비판받아야 할 것이 무엇인가요? 무엇이 논쟁점인가요?

피터 : 공리주의를 면밀하게 검토해보면, 많은 흥미로운 실천적이며 철학적인 의문들이 떠오릅니다. 예를 들면, 공리주의에 대해서 크게 공감할 수 있을 것 같은 사람들도 공리주의가 우리의 책무라는 부분에 대해서 **완전한** 해명을 해줄 수 있는가에 대해서 의문시하고 있습니다. 모르긴 해도, 가능한 많은 좋음을 만들어내고자 하는 것은 도덕적 삶의 모든 것이 아니라 부분에 해당되는 것입니다.

엘리스 : 저는 당장 한 가지 의문이 생기는데요.

피터 : 예?

엘리스 : 우리가 우리 행동의 결과들이 어떠한지를 정말 알 수 있는 가요? 우리는 실제적으로 우리 행동이 갖는 영향들에 대해서 확인해낼 수 있는 가요? 사실, 우리는 우리가 옳은 일을 행하고 있는 것같이 생각하지만 그 결과는 아주 엉뚱할 수가 있습니다. 그렇다면, 공리주의가 어떻게 결말나는지를 알 수 있을 것 같아요. 예를 들면, 공립학교에서 우리는 종종 수업을 엉망으로 만들며 교사들의 골머리를 아프게 만드는 이른바 문제 학생들을 볼 수 있습니다. 우리는 관련 학생들 모두를 위해서 최상의 어떤 것을 행하지 않을 수 없습니다. 하지만 그러한 조치들이 정말 옳은 일을 행한 것인지 아닌지를 알기란 아주 어렵습니다. 우리는 그 아이의 가정, 그 아이의 장래, 그의 능력뿐

만 아니라 그 행동으로 인해 영향받는 학생들 모두를 고려하지 않으면 안 됩니다.

피터 : 당신은 당신의 질문에 대한 답을 말씀하신 거나 다름없습니다. 우리가 결과를 정확히 예측할 수 있을까요? 우리의 추론은 올바른가요? 여러분들은 이제껏 여러분이 해온 옳은 일들에 대해서 만족하십니까?

엘리스 : 제가 말씀 드렸듯이, 그런 예측을 한다는 것은 어려운 일이지만, 때때로 아니, 자주 우리는 최상의 결과를 얻을 수 있다고 생각합니다. 우리는 심리 검사 결과에 근거하여 판단을 내리며, 많은 사람들과 대화를 나누며, 또 과거 경험에 근거해서 판단을 내리지 않습니까?

피터 : 저는 우리가 그 이상의 것들을 할 수 있을는지는 장담할 수 없을 것 같습니다. 대다수의 결과론자들도 우리가 행동의 결과들을 평가하고자 할 때 그와 관련되는 불확실하고 애매한 것들이 존재한다는 것을 기꺼이 받아들이려 할 것입니다. 우리는 우리 판단의 정확성이나 철저함을 지나치게 과장해서는 안 됩니다. 그러나 살다보면 아주 흔한 경우지만, **우리는** 우리 행동의 결과(result)에 대해서 건전한 판단을 내린다고 자신하는 것 같습니다. 만일 로즈씨가 입원한 친구를 만나러 가는 것이라면, 그녀는 친구가 위안을 받게 되리라고 추정하는 것처럼 말입니다. 만일 우리가 자녀들에게 벌을 주고 있다면, 우리는 그 벌이 아이의 미래 행동에 긍정적인 영향을 미치게 될 것이라고 생각합니다. 만일 우리가 구세군에게 헌금을 하면, 우리는 그것이 다른 사람들을 돕게 되리라고 믿습니다.

안토니 : 정부가 어떤 다양한 사회 정책들을 놓고 고려할 때 그 가능한 결과들을 예측하려고 애써야 함은 당연한 것이지요. 그래서 일례를 들면, 저는 소수인종 우대정책 프로그램들이 보다 많은 사람들을 그들에게 걸맞는 좋은 직

종과 전문직종에 취업할 수 있게 했다고 생각합니다. 그 프로그램들이 논란이 되고 있는 것은 알지만, 그 결과는 긍정적으로 나타나고 있다고 믿습니다.

마크 : 하지만 그 프로그램들은 공정한 것이었는가요? 그러한 할당제(quota)로 인해서 일부 함량미달의 소수 인종들이 직업을 얻는다면, 그건 역차별(逆差別, reverse discrimination)이 아닌가요?

랜솜 : 대학에서도 그 같은 일들이 일어나고 있습니다. 낮은 시험 점수의 흑인 학생들은 입학이 허용되는데 비해, 백인 남학생들이 의과대학에 들어가기란 하늘에서 별 따기이죠.

안토니 : 역사적으로 흑인들은 이 사회에서 인종차별의 희생자이어 왔습니다. 그로 인해 그들의 교육, 가정생활, 심지어는 백인 위주의 고등교육을 "성공적으로" 받는데 요구되는 시험 점수에 이르기까지, 삶의 모든 측면들에서 열악한 상태에 놓여 있었던 것입니다. 저는 소수인종 우대정책이 평준화의 장치로서 기여하는 바, 소수인종들이 보다 평등하게 경쟁하고 **모든 사람들**이 더불어 파이를 나누어 먹을 수 있는 보다 정의로운 사회를 만들 수 있다고 봅니다.

피터 : 물론, 우리는 그러한 선별적 우대 프로그램[84]에 관한 주장들에 대해서 동의하지 않을 수도 있습니다. 하지만 그것은 통상적으로 공리주의적인 논증으로써 옹호되거나 비판될 수 있는 좋은 예인 것은 분명합니다. 선별적 우대 프로그램으로 인해서 전체적인 좋음이 극대화됩니까? 그 과정에서 권리들이 부당하게 침해받지 않는가요? 사라씨, 당신도 알다시피, 가능한 한 많은 좋음을 만들어 내는 것이 **완전한** 도덕적 이상은 아닐는지 모릅니다.

---

84) preferential treatment program.

보브 : 저는 많은 문제들, 적어도 의문이라고 할 수 있는 것들이 있다고 봅니다. 아스펜 연구소에서 그런 것들에 대해서 대화를 나눈 바 있습니다.

피터 : 그렇습니까?

보브 : 공리주의자들이 우리는 최대 다수의 최대 행복을 만들어 내야만 한다고 주장한다면, 문제가 발생합니다. 그 말이 애매하다는 것입니다. 정말 우리는 **최대 행복** 혹은 **최대 다수**의 최대 행복을 만들어 낸다고 생각하십니까? 여러분 눈에는 아무런 문제도 보이지 않나요?

사라 : 아무 문제도 없는 것 같은데요.

보브 : 그렇다면, 좋습니다. 만일 제가 대학 장학금으로 지방 고등학교 학생들에게 기부할 5천불을 가지고 있다고 합시다. 그 돈은 제가 원하면 쪼갤 수도 있지만 저는 가능한 한 크게 사용하고 싶어합니다. 그렇다면, 아주 똑똑하면서도 생활이 어려운 어떤 한 학생에게 5천불의 장학금을 줄까요? 5백불 장학금을 열 명에게 줄까요? 천불 장학금을 다섯 명에게 줄까요? 아니면 다른 어떤 방식으로 줄까요? 보다 적은 숫자의 학생들에게 많은 도움을 줄까요? 아니면 각 개인에게나 그 액수의 규모로나 충분치는 않지만, 보다 많은 숫자의 학생들에게 도움을 줄까요?

소피아 : 아주 훌륭한 의문입니다. 보브씨.

엘리스 : 그러한 의문은 또한 최선의 결과가 무엇인지를 **어떻게 알 수 있을까** 하는 쟁점으로 귀착됩니다.

피터 : 이러한 것들은 결과론자들이 풀기 어려운 쟁점들입니다. 하지만 그

들이 통상 내놓고 있는 대답은 문제시되고 있는 "애매성"을 해소하고자 하는 그것입니다. 그들은 **전체**로서, 총합으로서, 최대의 선을 만들어 내고자 합니다. 만일 그들이 판단하기에 보다 적은 숫자의 사람들에게 더 많은 것을 주는 것이 보다 많은 좋음을 만들어 낸다고 보면, 그들은 그렇게 할 것입니다.

사라 : 하지만, 아무런 장학금도 받지 못하게 될 아홉 학생들에게 부당한 것이 아닌가요?

피터 : 바로 그로 인해서 공리주의자들의 계산법이 복잡해지게 됩니다. 보브씨는 한 명에게 장학금을 수여하는 긍정적인 효과와, 5백불조차 받지 못해 생기는 학생들의 부정적 효과들을 측정, 비교해야 할 것이다.

보브 : 그렇다면, 그 교의는 "최대 다수"의 최대행복인 것이 아닙니다. 우리는 "최대 행복"을 만드는 것이지요.

피터 : 그렇습니다. 철학자들의 말을 빌리자면, 최대의 전체 선, 혹은 최대의 유용성, 다시 말해서 행위의 결과로서 나타나는 부정적 효과 혹은 반가치[85]를 감하고 난, 결과의 전체 긍정적 가치로서의 유용성 바로 그것입니다.

보브 : 저는 또 다른 문제가 있다고 봅니다. 제가 공리주의자이고 제 수중에는 고등학교 상급생에게 기부할 5천불이 있다고 가정합시다. 열 명의 학생들이 일 년간 단지 여행 삼아 유럽에 가고 싶어한다 합시다. 물론 그들은 그렇게 될 경우, 아주 행복할 것입니다. 그런데, 만일 제가 그들의 비행기표를 사준다면 그들이 얻게될 기쁨과 그 돈으로 대학 입학금을 낼 학생들의 행복을 어떻게 비교할 수 있습니까?

---

85) disvalue. 反價値. 가치(긍정적 성격)이 없거나, 그것을 상쇄시키는 것. 예) 쾌락의 반가치는 고통이다.

소피아 : 혹은 마약 장사를 하기 위해 많은 돈이 필요한 학생이 있다면, 어떠하겠습니까? 집안이 가난하며, 부모가 실직상태에 있고 그가 마약을 팔아서 식구를 부양하고 있다고 하면 말입니다. 제가 유럽이나 대학교육을 받고자 하는 학생들에게 주기 보다 그 학생에게 돈을 대줌으로써 최대 행복을 만들어낼 수 있지 않을까요?

피터 : 그것은 공리주의자들에게 있어 해묵은 문제이지만, 만일 당신이 도덕적 의사결정이 갖는 불가피한 애매성을 다시금 인정한다면 아마도 조정이 가능한 문제일 것입니다. 사실, 밀은 그의 저서 『공리주의』에서 비슷한 문제 제기에 대해서 답하고자 했었지요. 그는 우리가 최대 행복을 도모해야만 한다고 주장했으며, 행복은 쾌락과 등가물이라고 주장했습니다. 일부 사람들은 이에 대해서, "밀의 표현처럼" "돼지의 교의"[86)]이라고 생각했습니다. 즉, 우리의 인생 목표가 우리 자신과 타인들에게 가능한 한 많은 쾌락을 만들어내는 것이라면, 우리는 돼지와 하등 다를 바 없다는 것입니다. 아시다시피, 그의 대답은 아주 유명한 것이지요. 일단 저는 그가 그것을 옹호한 방식에는 논리적 오류가 있다고 생각합니다.[87)] 하지만 기본적인 통찰은 건전하다고 봅니다. 그는 "만족한 돼지보다 불만족한 소크라테스"가 되는 것이 더 낫다고 말했습니다. 즉, 그는 어떤 종류의 만족 혹은 쾌락은 다른 종류의 그것들보다 질적으로 더 낫다고 생각했습니다.

---

86) doctrine worthy of swine. 돼지에게나 어울릴 주장. 물론 밀은 이 용어를 경멸적으로 사용했지만, 그를 비판하는 사람들은 이 용어를 가지고 역으로 밀을 비판했다.

87) 밀은 어떤 쾌락이 바람직한가의 결정은 "유능하기만 한 판관(즉, 쾌락의 전문가 hedonistic expert)"의 판결(투표로 결정)에 의해서 이루어져야 한다고 말한다. 하지만, 보다 고상한 쾌락을 맛보았으나 육체적 쾌락을 택하는 사람들은 배교자, 판단 능력이 없는 나약한 의지의 소유자라고 배제된다. 또 사디스트, 매조키스트. voyeur(성 엿보는 취미 소유자), 방화범, 혹은 많은 별난 쾌락의 선호자들, 시대 상황에 따라 상이한 쾌락을 선호하는 대중들은 어떻게 처리되어야 하는가? 판결에 관한 한, 이 사람들이 사람의 축에 끼지 못하고, 쾌락의 부류가 단 한 번만이라도 결정되어 버리면 그들은 공리주의의 원리를 적용하는 순간에는 사람으로 간주될 수 없다. 아래의 저자의 주장을 참고하시오.

소피아 : 앞의 예를 본다면, 여행을 가거나 마약을 팔아서 돈을 버는 것과 연관된 만족보다는 대학에 가거나, 새로운 것을 배우거나 지식을 연마하는 것과 연관된 만족 같은 것들이 질적으로 더 낫다는 것인가요?

피터 : 그렇습니다. 유럽 여행은 다소의 교육적 도움이 될지 모르나, 대학 교육으로 인한 장기적인 재화 효과는 유럽 여행보다 큰 것입니다. 고등 교육을 받음으로 인해, 보다 큰 행복이 초래될 것으로 보는 것이 합리적인 가정일 것입니다. 미래의 마약 판매인 또한 같은 식으로 생각됩니다. 첫째, 그 행위로 인해서 많은 잠재적인 파괴적 결과들이 야기될 것입니다. 밀매상은 체포되어 몇 년간 징역을 살게 되는지 모르며, 마약 경쟁 상대자들에 의해서 살해될는지도 모릅니다. 그가 마약을 팔게될 사람에게 미칠 영향력은 파괴적일 개연성이 높다는 것이지요. 그리고 그 밖에도 등등.

보브 : 하지만 최대 행복을 만들어내는 일 자체가 아주 복잡합니다. 우리는 참으로 행복을 정의할 수 있는 가요? 피터 교수님, 당신은 행복이 밀의 말처럼 단지 쾌락이라고 생각하십니까?

피터 : 밀 자신은 모든 유형의 문제들을, 최고선은 쾌락이며 "고상한" 쾌락과 "저급한" 쾌락이 존재한다는 그 자신의 교의로써 해결하고자 했습니다. 첫째, 저는 삶에 있어서 어떤 만족은 **어떤 의미**에서 보면 다른 것들보다 "더 좋은 것"이라는 그의 의견에 전적으로 동의합니다. 하지만, 그가 안고 있는 큰 문제점은 그가 쾌락이 삶에 있어서 유일한 가치라고 주장하면서-이 교의는 쾌락주의[88]라고 불린다-동시에 어떤 쾌락은 다른 쾌락보다 **더 좋다고** 주장한다는 점입니다. 수수께끼 문제는 간단합니다. "만일 어떤 쾌락이 다른 쾌락들

---

88) hedonism. 그리스어 hedone=즐거움/pleasure. 하지만 일상적 용어로서 관능적이며 감각적인 쾌락주의(향락주의)는 통상 epicurism이라 한다. 물론 이 용어는 정신적 쾌락주의를 역설한 Epicuros 학파에서 세속적으로 변용된 것이다.

보다 더 좋다면, 그리고 또한 쾌락이 삶에 유일한 가치라고 주장하면서도 그렇게 말할 수 있는 근거는 대체 무엇인가?"입니다. 자, 힌트. 밀은, 쾌락은 양뿐만 아니라 **질적**으로 차이가 있다고 고집하면서 자신의 교의를 정당화하고자 했습니다. 하지만, "그런 주장을 내세울 수 있는 그 표준은 대체 무엇이란 말입니까?"

보브 : 교수님의 말씀은 밀이 쾌락 이외의 어떤 것이 그 차이를 가져오게 한다고 주장했어야 하며, 그럴 경우 쾌락은 삶의 유일한 가치가 아닌 것이 된다는 말씀이지요?

피터 : 그렇거나, 적어도 밀이 그 차이는 실제로 전혀 질적인 것이 아니라고 말해야 했던가 해야만 논리에 부합되는 답변입니다. 교육이 아주 중요한 이유는 장기적인 이익들과 관계가 되기 때문입니다. 즉, 일생을 통해 얻어지는 만족의 **양**은 교육에 의해서 만들어집니다. 교육은 우리의 이해관심을 넓혀주며, 우리로 하여금 보다 많은 것들에 대해서 민감하게 만들어 주며, 교육은 자신의 관심사가 아주 제한되어 있는 사람들을 삶의 협소함과 따분함으로부터 해방시켜 줍니다.

안토니 : 맥주, 야구, 낚시에로의 확대 말이지요.

피터 : 물론이죠. 하지만 보다 깊은 차원의 문제가 있습니다. 쾌락이 삶의 유일한 가치입니까? 쾌락은 삶에 있어서 그 나머지 모든 것들을 가치 있게 만들어 주는 그 무엇이란 말입니까? 쉽게 말해, 쾌락이 없다면, 삶의 다른 것들은 모두 무가치하다는 것입니까? 요컨대, 우리는 쾌락주의를, 결과론이 토대하고 있는 가치이론으로서 받아들여야만 합니까? 저는 그렇게 생각하지 않습니다. 기발한 사고 실험(thought experiment)이 그것을 증명해 줍니다.

소피아 : 웬, 기발한 "사고 실험"?

피터 : 때때로 철학자들은, 우리가 믿기에, 실제로 참이 아닌 상상적 상황을 설정해 봅니다. 이런 상황들은 때때로 우리에게 어떤 철학적 쟁점들을 살피는데 흥미 있는 시각을 제시해 주지요. 여러분들은 데카르트의 유명한 사고 실험[89]을 기억하시는 지요?

보브 : 사악한 유령에 관한 이야기 말씀입니까?

피터 : 그렇습니다. 만일 많은 사람들이 믿고 있는 하나님과 같이 그렇게 강력한 귀신이 존재하여, 그 귀신이 나로 하여금 내가 보고 생각하는 그 모든 대상들을 거짓된 그것들로 알게끔 만든다면, 어떤 일이 생기겠습니까? 만약 이것이 참이라면, 제가 실재적으로 **알 수 있는** 것은 대체 무엇입니까? 그리고 만일 "안다는 것"이 그 어떤 사악한 유령도 존재하지 않음을 확신하는 것임을 의미한다면, 그렇다면 우리는 실재로 그 무엇에 대해 **안다고** 주장할 수 있는 것입니까? 그의 사고 실험은, 안다고 주장할 수 있기 위해서, 즉 우리 신념에 대해서 확신할 수 있기 위해서 충족시켜야 할 절대적인 기준이 무엇인지를 기발하게 포착해낸 것입니다. 만일 우리가 우리를 기만하고 있는 악령이 존재하지 않는다는 것을 증명할 수 없다면, 혹은 우리를 시험하고 있을지도 모를 그런 강력한 외계인은 존재하지 않는다는 것을 증명할 수 없다면, 아마도 우리는 그 무엇을 **안다고** 주장할 자격이 없는 것입니다.

---

89) Rene Descartes(1596-1650). 역사와 세계로부터 독립된 진리를 구하며, 난문(aporia)을 극한까지 추궁하는 것이 데카르트의 방법적 회의이다. 그는 우선 감각을 배제한다. "각성은 수면에서 확실한 표지에 의해 구별되지 않는다고 하므로, 모든 것은 꿈이라도 좋다고 하자. 그러나 꿈속에서도 둘 더하기 셋은 다섯이며, 사각형은 넷보다 많은 변을 갖지 않는다고 할 때, 수론(數論)이나 기하학은 의문을 품지 않을 것인가? 이를 데 없이 능력을 가진 교활하기 짝이 없는 악령(惡靈)이, 재치를 부려 나를 속이려고 궁리하고 있다고 생각해보자. 그러나 그것이 나를 기만하고 있다고 하면, 이 내가 이미 있다는 것에는 의심할 여지가 없다. 내가 있다, 내가 존재한다(Ego sum, ego existo)라는 언명은 필연적인 참이다."『성찰』

사라 : 오리무중과 같았던 철학시간이었지만 어렴풋이 그에 대한 기억이 나
긴 하네요.

보브 : 쾌락주의는 어떤가요?

피터 : 이 사고 실험은 다른 식으로도 해석되고 있습니다. "쾌락 기계" 혹
은 "경험 기계"가 있다고 가정합시다. 우리가 우리 자신을 이 기계에다 무한
정 내맡길 수 있고 따라서 삶의 모든 쾌락들을 경험할 수 있다고 가정합시다.
뇌에 전극을 부착하고 물탱크 안에 들어가 있으면, 모든 경험이나 쾌락을 섹
스, 음식, 우정, 창작활동, 놀이, 독서, 연구, 심지어 사고와 연관시킬 수 있다
고 가정합시다. 여러분이 원형질 덩어리처럼 그 탱크 속에 있는 동안은 전극
을 프로그램화하여 모든 삶의 가능한 경험들을 극대화시킬 수 있습니다. 자,
이처럼 당신은 긍정적 경험이 극대화되는 그런 삶을 원하시겠습니까? 그런
삶에는 쾌락이 **충만한** 것인가요?

소피아 : 물론 아니겠지요.

사라 : 전 잘 모르겠습니다. 영화 【스타 트렉】 에 나오는 한 장면이 연상되
네요.

피터 : 우리는 사람들이 스스로 쾌락 기계에 내맡기어 삶의 "쾌락"을 극대
화시키는 그런 세계에 살기를 원합니까?

소피아 : 아닙니다.

사라 : 아마 주말에만은 그럴지도 모르지요.

안토니 : 마약이야말로 그런 쾌락 기계의 일종이라 생각됩니다.

피터 : 이 사고 실험은 무엇을 증명해 보인 것입니까?

보브 : 제가 보기에는 그 실험은 삶에 있어서 가치로운 것은 쾌락이나 경험이 아니라 활동 자체라는 것을 증명한 것입니다.

소피아 : 그것은 마치 삶의 일상들은 쾌락을 경험함으로써만 아니라 그러한 것들을 **행하는 것**, 실제적으로 영위해 가는 것이 가치로운 것과 같습니다. 그것은 영화관에 가는 것과 그 영화가 의미하는 바를 생활하는 것간의 차이와 같습니다.

보브 : 하지만 영화는 적어도 삶의 반영입니다. 영화는 단순한 대리 경험보다는 더 좋은 것 같습니다. 사실, 삶은 대리로 경험하는 스릴에 불과할 것입니다.

피터 : 그렇다면, 삶에 있어서 좋은 것, 자신의 삶이 긍정적으로나 부정적으로 영향받을 수 있는 구체적 자아로 만들어 주는 것은, 누군가가 말하듯이, 우리 **내부에서** 일어나는 그것만이 아닙니다. 삶의 선재(善財, goods)들은 우리를 우리가 살고 있는 세계와 보다 실체적인 관계로 자리매김해 주는 것들입니다. 우리는 탱크 속에 떠다니는 원형질 덩어리이기를 원치 않습니다.

보브 : 만일 공리주의가 세상에서 행복을 극대화하고 불행을 극소화하고자 하는 것이라면, 교수님은 행복을 어떻게 정의합니까?

피터 : 저는 어떤 수학이나 과학 용어를 정의하듯이 행복을 그렇게 **정의할** 수 있다고는 보지 않습니다. 하지만 분명한 것은 행복은 심리적이거나 육체

적인 고통으로부터 해방되고, 의미 있는 동반자, 우정, 타자와의 관계에 의해 풍요로워지고, 따분하고 무익한 활동으로 맥빠지지 않으면서 창의적이며 유쾌한 직업, 최소한의 따분함과 아주 다양한 종류의 경험을 갖는 그런 직업으로 풍요로워지는 삶을 영위하는 것을 포함합니다. 인간 행복을 구성하는 것으로 여겨지는 간단한 많은 것들이 존재합니다. 결과론은 삶의 선재의 다원성을 보증해야 하며, 생산된 선재의 양과 어떤 선재의 상대적 가치에 관한 판단은 종종 부정확하다는 것을 인정해야 합니다. 크게 도움이 안되겠지만, 여러분은 그 어떤 윤리설도, 때때로 내포된 궁극 원리가 애매해서 그것을 어떻게 적용해야 되는지를 잘 알 수 없는 경우가 생기기 때문에, 때때로 내포된 도덕 규칙들간에 많은 갈등이 있기 때문에, 때때로 다양한 권리들이 주장되기 때문에 그런 애매성을 띠지 않을 수 없다는 것을 알게 되리라고 봅니다. 윤리설들이 도덕 생활의 모든 난제들을 속시원하게 해소시켜 주지는 않습니다.

안토니 : 피터 교수님, 방금 도덕적 규칙(rules)과 권리(rights)에 대해서 말씀하셨지요. 공리주의의 경우, 무엇이 그런 것들입니까?

피터 : 예를 들어 답하겠습니다. 제가 아주 가난하며, 직업도 없고 돈도 떨어지고, 가족들은 굶주리고 있는 상태인데, 길을 가다가 지갑을 보게 되었다고 가정해 봅시다. 주위에는 보는 사람이 아무도 없습니다. 지갑을 열어보니 천 달러가 들어 있었는데, 그 지갑 주인은 그 지역의 악덕한 자본가로 소문난 백만 장자였습니다. 저는 신용카드와 신분증 따위는 두고 돈만 꺼내서 급히 그 자리를 떠났습니다. 그러다가 잠시 섰습니다. 제가 그 돈을 갖는 것이 마땅한 것인가요? **도덕적인 의미에서**, 돈을 갖고서 자녀들에게 줄 음식과 의복을 사고, 여기저기 직장을 찾아 나설 수 있도록 제 자동차를 수리하는 것이 옳은 것, 제 권리인가요? 당신이라면 어떻게 하시겠습니까? 결과론자라면 어떻게 말할까요?

안토니 : 하지만 그건 절도입니다. 그것은 옳지 않습니다. 그것은 그의 돈이 아닙니다. 주님께서 "남의 물건을 훔치지 마라" 하셨습니다.

소피아 : 아니, 그렇지만 굶주린 자녀를 포함해서 "네 이웃을 사랑하라."고도 말씀하셨지요? 그 작자는 돈을 잃어버릴 자가 아닙니다. 그자는 그런 식으로 잃어버려도 **싸지요**. 돈을 챙기십시오. 괜한 감상에 빠지지 마시고 자녀들에게 먹을 것을 사다 주세요.

사라 : "목적은 수단을 정당화시킨다"라는 말도 있습니다. 그렇다면, 공리주의자들에게 절도도 괜찮다는 것 아니겠습니까?

소피아 : 임꺽정, 아니 피터팬 만세!

피터 : 단순화시키지 맙시다. 안토니씨가 공리주의에 있어서 도덕 규칙, 절도를 금하는 것 같은 도덕 규칙의 위상에 관해서 물어 보았지요. 그 질문은 공리주의에서는 답하기 아주 까다로운 또 다른 질문입니다. 만일 결과론자가 우리는 단지 최선의 결과를 산출하는 데에만 혹은 전체적인 선을 극대화하는 데에만 힘써야 한다고 주장한다면, 우리는 널리 받아들여지고 있는 어떤 도덕적 규칙들을 위반함으로써 그렇게 할 수 있습니다…그러면 우리는 그 규칙을 위반해도 좋은 것입니다. 아니 우리는 그렇게 해야 한다고 **요구받습니다**. 이런 의미에서 공리주의에는 잠재적으로 과격한 그 무엇이 존재한다고 말할 수 있습니다. 따라서 공리주의는 "추상적"이라는 점에서 혹은 구체적인 상황을 무시한다는 그것 때문에 비판될 수 없습니다. 이점은 일부 사람들을 혼란스럽게 만듭니다.

랜솜 : 저는 그것을 받아들일 자신이 없습니다.

피터 : 다른 한편으로 대다수의 경우, 널리 받아들여진 도덕 규칙들, 이를테면 "훔치지 마라," "거짓말하지 마라," "살인하지 마라"와 같은 것들은 어떤 행동 **유형**의 결과에 대해서 상대적으로 건전한 일반화들(generalizations)입니다. 만일 우리가 결과를 계산할 시간이 없고, 우리가 확신이 서지 않는다면, 그런 도덕 규칙들은 우리가 행동을 취할 때 도움이 되는 "경험 규칙"[90]들이지요. 실제로, 그런 규칙들을 오랜 동안 몸에 익히는 훈련을 받으면 아주 긍정적인 결과를 갖게 되는 바, 그것들에 의거해서 행동하고 그것들을 준수하게끔 아동들을 가르치는 것은 좋은 일이죠.

보브 : 하지만, 위기 상황에서 만일 우리가 널리 공인된 도덕 규칙들을 위반하는 것이 보다 큰 선이 되는 것을 확신한다면, 우리가 그렇게 해야 합니다.

피터 : 그렇습니다. 적어도 **행위 공리주의**(act utilitarianism)의 입장에서는 말입니다. 도덕 규칙에 대해 다소 다른 해석을 내리는 또 다른 공리주의 입장이 있습니다. **규칙 공리주의**[91]라고 하지요.

안토니 : 잠깐만요. 그것에 대해 이야기하기 전에, 권리에 대해서도 언급하셔야 하지 않을까요? 공리주의자들은 권리에 대해서 어떤 생각을 가지고 있습니까?

피터 : 어떤 종류의 권리 말씀인가요?

안토니 : 인권(human rights)에 관해 말입니다. 이를테면, 의사표현의 권리,

---

90) rules of thumb.
91) act utilitarianism vs. rule utilitarianism. 모든 사람은 관련된 모두에게 최대의 좋음을 가져오는 행위를 수행하거나, 그런 규칙을 따라야 한다. 전자는 행위공리주의, 후자는 규칙공리주의이다. 행위공리주의자들로는 벤담, 시지위크, 무어 등이 있고, 규칙공리주의자들로는 툴민, 노웰-스미스, 베이어, 싱어 등이 있다.

자유투표의 권리 등.

피터 : 사실, 공리주의의 시조인 벤담은 자연권(natural rights) 교의를 "허황
장세의 무의미한 말"이라고 불렀지요. 대다수 결과론자들은 그런 요구들
(claims)은 모호한 것이라고 생각합니다. 즉, 그들은, 권리라고 일컬어지는 그
런 애매하고 추상적인 소위 권리에 대한 요구들을 제거해 버리는 것이 보다
의미 있는 일이라고 느끼고 있습니다. 물론 이 말은 우리가 이들 소위 "권리"
들과 연관된 인간 선재들을 무시해도 좋다는 뜻은 아닙니다. 그 말은, 그런
요구들은 선을 생산하는 문제에 관해 언급하는 도덕설의 맥락에서 보다 바람
직하다는 뜻입니다.

보브 : 저는 공리주의가 권리와 관련한 큰 문제가 있다는 생각이 듭니다.
안토니씨는 소수인종 우대 프로그램에 관해서 언급했는데, 우리는 거기에 논
란거리가 있다는 것을 알고 있습니다. 그리고 나서 우리가 장학금을 예로 들
어 논의했을 때, 여러분들은 공리주의가 언제나 전체적인 선을 강조한다고
말씀들 하셨습니다. 설령 그것이 많은 사람들이 아주 행복한데 비해 일부 사
람들은 손해를 보게될지언정 그렇다고 말입니다. 만일 이런 사실들이 공리주
의에 부합되는 것이라면, 사람들이 불공정한 대우를 받을 때, 보다 많은 전체
적인 선이 만들어진다는 말이 아니겠습니까?

피터 : 예를 하나 들어주시겠습니까?

안토니 : 남아프리카 공화국에서는 어떻습니까? 그 나라는 부강한 자본주의
국가입니다. 하지만 흑인들은 부당하게 대우받고 있습니다. 여러분이 더 많은
행복이 소수자들을 위해서 생산되고 있다는 것을 증명할 수 있다할지라도,
인종차별정책[92]을 갖고 있다는 것은 부당한 것이지요.

---

92) apartheid. 아파르트헤이트. 남아프리카 공화국에서 자행되었던 인종차별 인종격리

피터 : 당신은 이 점에 있어서 좀더 조심스럽게 생각하셔야 합니다. 당신은 결과론자들이 무엇을 말하려는지 알고 계시지요? 그들은 그러한 부당한 제도에 의해서 야기되는 대중적 불행은 소수자들의 번영으로 상쇄되고 있지 **않다**고 말할 것입니다. 그리고 이러한 장기적인 사회적 불안정은 부정의가 일어나는 한 계속될 것입니다. 그들은 인종차별정책이 도덕적으로 받아들일 수 없다는 것은 바로 결과론적 근거에 의거한 것이라고 말할 것입니다.

보브 : 그렇지만, 사회의 기능이 잘 돌아가면서도, 소수 사람들이 예속되고 차별되는 그런 사회적 상황도 가능하지 않습니까? 그리고 그것은 공리주의 근거에 있어서 받아들여져야 하지 않는가요?

소피아 : 왜 남아프리카만 거론합니까? 남의 눈에 티는 보면서 자기 눈에 박힌 대들보는 보지 않는가 말입니다. 우리 나라의 경우 수백만의 집 없이 떠도는 사람들, 수백만의 빈민들, 의료혜택을 받지 못하는 수백만의 사람들이 있지 않습니까? 우리는 구조적 실업이라는 큰 문제를 가지고 있습니다. 그런 상황인데도, 우리는 언제나 우리가 지상에서 가장 부유하고 가장 번영된 나라라는 소리를 듣고 있습니다. 이 나라에는 최대의 "전체 행복"을 도모하는 제도로 인해 그 희생물이 되고 있는 사람들이 있지 않는가 말입니다.

안토니 : 저는 이 쟁점과 관련된 또 다른 상황을 알고 있습니다. 직장에서의 약물 검사에 대해서는 어떻습니까? 약물이 때때로 문제를 야기한다 해서 온통 야단법석을 피우고 있지요. 하지만 저는 제가 집에서 개인적으로 비교적 해가 없는 기분전환용 약물조차 사용했는지를 알고자 하여 자존심 상하는 검사를 받아야 한다는 것은 분명 제 사생활[93]을 침해하는 것이라고 생각합니다.

정책. 전국민의 2%밖에 안 되는 백인이 법률로써 흑인 등 토착민에 대해 직업의 제한, 노동조합 결성의 금지, 도시 외의 토지소유금지, 백인과의 결혼 금지, 승차분리, 공공시설 사용제한, 선거인명부의 차별작성 등 유색인종을 철저히 차별대우하여 세계적인 비난을 받았었다.

랜솜 : 하지만 사회는 가정이나 그 어디에서건 약물 남용에 대해서 관용을 베풀지 않습니다. 약물 남용이 오늘날과 같이 계속된다면 우리의 문명은 나락으로 떨어질 것입니다. 저는 그러한 모든 사생활 요구 주장들에 대해서 넌더리가 납니다. 특히 우리 사회의 존재 자체가 위협받는 지금과 같은 때에 말입니다. 음란물, 약물, 낙태. 그것들은 다 이와 같은 성격의 문제들입니다.

소피아 : 저는 가정에서 마리화나를 피우는 사람들보다는 집 없이 떠도는 수백만의 사람들에게 보다 관심이 갑니다.

랜솜 : 아니 크랙[94]을 흡입한다해도 말입니까?

보브 : 주제를 벗어나고 있어요. 피터 교수님 질서 좀 잡아 주세요.

피터 : 제 생각에는 아주 관련이 많다고 생각합니다. 저는 앞서 언급된 그 문제들에는 전체 사회적 선을 생산하는 것과 연관된 주장들과, 권리를 포함하는 주장들 혹은 비-결과론적이거나 비-공리주의적인 도덕적 가치들로 보이는 것을 포함하는 주장들간의 긴장이 담겨져 있다고 생각합니다. 일부철학자들은 권리를, 선을 극대화하는 것에 호소함으로써 침범될 수 없는 그런 도덕적 주장 유형들이라고 주장합니다. 그 일부 예들은 공리주의를 반대하는 많은 사람들에 의해서 제기된 주된 반대를 의미합니다. 그것은 종종 **정의의 반대**(justice objection)라고 불리어집니다. 비판가들은 도덕성에는 적어도 두 개의 주된 특징이 있다고 말합니다. 전체 행복을 산출하는 것과 그것을 공정한 방식으로 배분하는 것이 그것입니다. 공리주의는 적어도 이론상 부정의한

---

93) privacy. "개인의 자유로운 생활" "사람의 눈을 피해 있는 것" "타인의 간섭받지 않는 것" 등을 뜻하는 말. 이것이 우리 나라에서 하나의 권리로 인정받게 된 것은 70년대 무렵부터이며 제5공화국 헌법에 비로소 사생활의 비밀을 보장하는 규정이 설치되기에 이른다.

94) crack. 마약의 일종으로 헤로인보다 값이 싸면서 강력하며, 그 후유증이 심하다.

선의 배분을 인정하는 것 같습니다. 어느 누구도 다른 사람의 행복을 산출하는데 있어 단지 수단으로만 대우받아서는 안 됩니다. 사람들은 공정하게 대우받아야 합니다. 만일 제가 선재를 배분함에 있어서 오로지 피부색에 근거한다면, 저는 도덕적으로 적합치 못한 인성의 소유자로 분류될 것입니다. 인종은 무관한 것입니다. 사람들이 직업을 구하거나 대학에 입학하기 위해 경쟁할 때, 집을 사고 팔 때, 투표를 할 때, 무관한 것입니다.

보브 : 그렇다면, 정의란 다수자 집단이 최대의 전체 선을 만들어 내기 위해서 소수 집단을 이용해서는 안 된다는 것을 의미하네요?

피터 : 그렇습니다. 바로 그것이 주된 비판입니다. 달리 말해서 만일 여러분이 사회적 선을 산출하기 위해서 모종의 희생양을 이용했다면 부정의가 생길 수 있다는 것입니다. 예를 들면, 어떤 사회적 불안을 진정시키기 위해서 무고한 사람을 처벌할 수가 있게 되는 것입니다. 공리주의는 바로 그런 점을 용인하는 것 같이 보입니다.

소피아 : 교수님, 어찌 그렇게 자신 있게 말씀하시는 것 같지 않은데요.

피터 : 사실입니다. 이러한 고전적인 반증사례들의 상당수는 저에게 좀 현실과 동떨어진 것이며 억지로 꾸민 듯한 것이 아닌가 싶습니다. 현실 세계의 경우, 무고한 사람을 조작된 증거에 의해 단죄하고 부정의가 사회적 부패와 혁명을 낳는다는 것을 알고 있습니다. 정의에 대한 일시적인 위반이 가져오는 장기적인 결과는 좋지 않습니다. 그럼에도 불구하고 저에게는 그런 가상의 사례들이 결과론적 근거에 의거해서 만족되게 설명되는 것 같습니다. 하지만, 공리주의자들이 취할 수 있는 또 다른 길이 있습니다. 결과론의 정신을 유지하는 것이 저에게는 그럴듯한 길이라고 보입니다.

소피아 : 다음 문제로 넘어가기 전에 한 가지 문제를 제기해도 괜찮을까요?

피터 : 좋습니다. 해보세요.

소피아 : 저는 이 여행에 끼지 못할 뻔했습니다. 제가 만일 여기 오지 못했다면, 로즈도 오지 않았을 것입니다. 제가 대학 동아리 사무실에 가서 이야기를 하니까, 그들의 말은 여행에 대한 경비를 지원 받기 위해서는 적어도 여섯 명이 되어야 한다는 것이 방침이라는 것이었습니다. 그 이하의 인원에 대해서는 지원할 수가 없다는 것이지요. 이 여행이 금년 하계 마지막 여행이었으며 저는 꼭 참가하고 싶었고 다른 사람들도 그러했습니다. 문제는 제가 친구에게 친구 아버님의 장례식에서 사회를 보겠노라고 약속했다는 것입니다. 친구의 아버님은 남부에서 몇 년간 휴양을 하고 계셨는데 올 여름에 그만 허리를 다치셔서 회복이 잘 안 되는 상태였습니다. 제 친구는 다른 목사님을 모시면 된다고 말하는 것이었습니다. 저는 친구 아버님이나 다른 식구들을 만난 적은 없습니다. 하지만 저는 설사 제 친구가 저에게 이번 여행을 권한다 해도, 제가 그 일을 맡아야 하는 것이 옳다는 것을 알고 있었습니다. 그런데, 친구 아버님은 여행 5일 전에 돌아 가셨습니다. 저는 그 장례식에 참석하여 사회를 보았지요. 그래서 사실 어려운 결정을 내리지 않아도 되었습니다. 하지만 만일 제가 결정을 내려야만 되는 상황이 일어났다면, 저는 이 여행에 동행할 수가 없었을 것 같습니다.

로즈 : 너야 분명 옳은 결정을 내렸을 테지 뭐.

소피아 : 하지만 저는 장례식에서 무언가 도움을 준 것이 없습니다. 저는 그 친구 아버님을 알지 못했으며, 장례식에는 거의 사람들이 오지 않았습니다. 제 친구는 좀더 나은 목사님을 모실 수도 있었지요. 저는 어떤 좋은 일도 하지 못했던 것입니다.

로즈 : 네 친구에게는 제외하고 말이지?

소피아 : 그래. 하지만, 나는 그 친구가 나에게 원망하리라고는 생각지 않아. 하지만 나는 내 자신이 약속을 지켜야만 한다고 느꼈고, 그것은 실망한 사람들 그리고 내 자신의 행복보다도 더 중요한 것이라고 생각했다. 나는 이 여행에 정말 꼭 참여하고 싶었어. 하지만 나는 전체의 행복이 가장 중요하다고 생각한 적은 없어. 나는 약속이 가장 중요하다고 느꼈지.

보브 : 그렇다면 만일 당신이 공리주의자였다면, 당신은 약속을 지키는 대신에 여행에 참가했어야 했을 것입니다. 아주 재미난 내 이야기를 해 보겠습니다. 저의 부친이 돌아 가셨을 때, 부친 고향에 땅 일부를 내어 애견 묘지를 만들어 드리겠다고 약속했었지요. 좀 이상한 생각이 들긴 했지만, 워낙 부친이 애견을 사랑했었기에 그리 하겠노라고 약속 드렸던 것입니다. 저는 그 돈이면 보다 좋은 일을 할 수 있다는 것을 알고 있었지만, 부친과 약속을 했었던 것이고, 그래서 부친이 원하는 바를 해 드렸지요.

소피아 : 하지만, 친구인 브로드(Max Blod)에게 자신이 죽으면 자신의 원고를 소각해 달라고 부탁한 체코의 대문호인 카프카[95]의 이야기도 있지요. 만일 당신이 그 친구의 입장이고, 카프카에게 그리 하겠노라고 약속했다고 가정해 봅시다. 뒷날 카프카가 죽고 난 뒤, 그의 원고를 소각하기에는 그의 천재적 재능이 너무도 아깝다는 것을 알게 됩니다. 당신은 그의 원고를 태워 버려서는 안 되는 것입니다. 천만 다행으로, 친구인 브로드는 세상 사람들의 의견에 따라서 원고를 불사르지 않았고, 그래서 우리는 카프카의 훌륭한 작품을 볼 수 있게 된 것이지요. 그렇다면, 이 경우에 대해서는 어떻게 생각하십니까?

---

95) Franz Kafka(1883-1924). 오스트리아의 소설가. 프라하 유태인 집안에서 출생. 생전에는 거의 알려지지 않은 채 결핵으로 일찍 죽었는데, 초현실주의의 선구자로서 또 2차대전 후 실존주의의 유행과 함께 그 선구로서 일약 유명해졌다.

보브 : 그래도 제 뜻은 변하지 않습니다. 때때로 약속은 최대 선을 만드는 것보다 더 중요합니다…

피터 : 그것 또한 좋은 말씀입니다. 방금 말씀처럼, 때때로 약속이 전체적 행복을 만드는 일보다 더 중요하게 보이는 정도가 아닙니다. 어떤 사람들은 그 이상으로 강조합니다. 약속 지켜야 할 책무는 비-공리주의적인 책무입니다. 때때로 당신이 무엇을 할 것인가를 결정할 때, 당신은 최대 선을 산출하는 따위의 생각을 전혀 하지 않습니다. 당신은 단지 약속했었던 것이고, 그것을 지키지 않으면 안 된다고 생각한다는 것입니다. 그것이 바로 약속이란 것입니다.

소피아 : 하지만 때때로 우리는 보다 큰 선을 만들 수 있는 경우라면 약속을 파기합니다. 오후에 친구와 테니스 칠 것을 약속했으나 약속 장소에 가는 도중 교통 사고를 목격하게 되었다고 합시다. 저는 부상자를 도왔고 약속을 어기게 되었습니다. 그렇게 하는 일이 도덕적으로 옳은 일입니다. 그것이 보다 큰 선을 행하는 것이지요.[96)]

피터 : 아마 그것은 공리주의적 책무들은 때때로 비-공리주의적 책무들에 우선하는 경우가 있다는 것을 말하는 것이지, 공리주의적 책무가 **유일무이한** 책무라는 것을 말해주는 것은 아닐 것입니다. 하지만 저는 그럼에도 불구하고 공리주의자들이 그에 대해서 할 말이 있을 것이라고 생각합니다. 그들은 아마 약속을 지키고자 하는 당신의 마음과 애견의 묘지를 마련하겠다는 보브 씨의 마음은 일상적인 관행이거나 대중적 도덕에서 나오는 판단일 뿐이라고

---

96) 이 경우, 공리주의자에게 있어서 받아들일 수 있는 경우는 "더 큰 행복, 더 작은 불행"을 택하는 경우이다. 이와 다른 관점에서, 이러한 행위를 정당화하는 입장이 있다. 소위 "이중결과론 double effect"이다. 즉 하나의 행위가 이중 결과를 낳을 때, 진짜 본 동기에 의한 책임은 지지만 부차적 결과에 대해서는 책임을 지지 않는다는 견해이다.

생각할는지 모르겠습니다. 그들은 그러한 판단들을 받아들이지 않으려 할 것으로 생각되는데, 그 이유는 다름이 아니라 도덕적으로 말해 전체의 선이 가장 중요하다고 보기 때문일 것입니다. 아마 우리는 일반적 도덕들이 지니고 있는 보수적인 감상주의를 물리쳐야 할는지 모릅니다.

보브 : 저는 그것을 받아들이기가 아주 어려울 것 같습니다.

엘리스 : 저 역시 전체의 선과 정의가 양립할 수 있다는 확신이 들지 않아요.

안토니 : 저도 최대 행복이 개인 권리들과 마찰을 빚지 않을 것이라는 점에 대해서 자신이 없습니다.

사라 : 만일 공리주의자라면 절도도 할 수 있고, 약속을 깰 수도 있고, 권리를 침해할 수도 있다는 것입니까? 저는 그런 것들에 대해서 그렇게 쉽게 동의해서는 안 된다는 생각이 들었습니다. 때때로…

피터 : 다시금, 저는 복잡한 상황이 무시되는 가상의 예로부터 도출된 결론이나, 통상적인 일상의 도덕 판단으로부터 도출되는 편이한 결론들 중 그 어느 하나도 너무 쉽게 받아들여서는 안 된다는 것을 환기시키고자 합니다. 일반인들이 공통되게 갖는 판단이라 해서, 그것은 옳은 것이다라고 말할 수는 없습니다. 그리고 가상된 상황에서도 우리는 사람들을 복잡한 기대와 욕망을 가진 현실의 사람들로서 간주해야만 합니다. 그리고, 어느 경우든 이러한 공리주의에 대한 비판들에 대해서 반론을 제기하려는 공리주의의 또 다른 접근이 있습니다.

안토니 : 그것은 제가 도덕 규칙에 관해서 물었을 때 교수님이 언급했었던 것이지요?

피터 : 그렇습니다. **규칙 공리주의**[97]입니다. 간추려 말씀드리면, 전체 선을 극대화시킬 수 있는 규칙에 부합되는 행위들일 경우, 그 행위는 도덕적으로 옳다는 입장입니다.

사라 : 다시 한번 자세히 말씀해 주시겠습니까?

피터 : 행위 공리주의는 모든 행위에 대해서 그 각각마다 유용성 검증을 해 보아야만 한다고 주장합니다. 즉, 어떤 한 행위가 최선의 결과, 최대의 선을 만들어낼 것인가를 검사해야만 합니다. 규칙 공리주의는 최대 전체의 선은 도덕 규칙에 의거한 행위에 의해서 만들어지는 바, 굳이 매 행위마다 직접 검사를 하는 것이 아니라 간접적으로 그 결과의 검사를 하는 셈이 되는 것이지요. 어떤 도덕 규칙에 따른 모든 사람들의 행위가 최대 전체 선을 가져오는 경우, 그 규칙은 인정되거나 받아들여집니다. 우리로 하여금 약속을 지킬 것과 진실을 말할 것을 요구하는 규칙들은 사회적으로 아주 가치로운 것임에 의심의 여지가 없습니다. 행위 공리주의자들은 그런 규칙들은 **통상적으로** 최선의 결과를 산출하는 일정 행동 **유형들**에 관한 편의적인 일반화들이며, 그것들은 보다 큰 선이 만들어지는 구체적 상황에서는 깨어질 수 있는 것이라고 말합니다. 규칙 공리주의자들은 가치 있는 도덕 규칙에의 일치성이 행위를 옳은 것으로 **만든다**고 말합니다. 그들은 우리가 모든 사람들이 그것들에 의거해서 행동하는 경우 최대 행복을 만들어 주는 그런 규칙 체계들을 추구해야 한다고 말합니다.

도노반 : 어어. 그 규칙들간에 충돌이 빚어지면, 우리는 어떻게 해야 합니까, 피터 교수? [도노반이 그늘에서 걸어나와 소피아 곁에 앉았다.] 또 다

---

97) rule utilitarianism. 2차 대전 후, 1963년 Richard B. Brandt(1910-)가 처음 이 용어를 사용하여, 정교한 형태로 발전시켰다. 그는 규칙공리주의를 낙태, 자살, 전쟁규칙, 복지권 등에 적용했다. 그는 미 미시간대학교 명예교수로 있다.

시 멋진 철학적 토론의 장이 벌어진 것인가요? 안녕하세요, 철학자님들. [도노반이 사람들을 둘러보면서 웃는다.] 제가 혹시 방해가 되지 않았나 모르겠어요.

소피아 : 피터라고 반말을… 규칙들이 충돌한다고요? 우리는 어떻게 한다고요?

도노반 : 에에… 물론 우리는 최대 선을 산출하게 될 것을 행하지요. 이제 여러분들은 당신들의 오랜 친구에게로 되돌아갑니다. 그 진솔한 견해, 진짜배기 **순수** 원본, 단순하며 가식 없는 브랜드, 명백하고 유용한 **이론**, 그것이 바로 옳은 결과를 산출합니다. 우리네 철학자들, 우리 급진주의자들은 그 이론을 좋아합니다. 왜냐하면 그 이론은 절대론의 장황한 도덕적 보수주의를 상쇄시켜 주기 때문입니다. 특히, 우익분자들의 도덕적 보수주의를 말입니다. 행위 공리주의는 지배적인 공리주의적 통치자들이 원하는 모든 것을 여러분에게 제공해줄 수 있습니다. **대다수**의 경우에, 생각하지도 말고, 계산하지도 말고, 단지 그것을 행하기만 하라는 것입니다. 순한 양들이 그렇게 행동하지 않습니까? 전혀 문제가 없습니다. **하지만, 하지만**, 말입니다. 당신이 계산기를 가지고 있다면, 그야 그렇게 해야지요. 피터 교수, 맞지 않나?

피터 : 우리 학생들 말대로, 자네는 정말 지나치네. 아마 지금도 자네는 과도하게 단순화시키고 있는 걸세.

도노반 : 내가 말인가? 자네가 일단의 규칙들을 가지고 있다고 생각해 보게. 자네는 분명히 어떤 규칙이 가장 중요한 것인지 구체적 사례에 들어가면 혼란스러울 걸세. 갈등 사례에 있어서 가장 중요한 규칙들이나 그 규칙들을 통틀어 가장 중요한 규칙들이란 전체적인 선을 극대화시키는 것이 아니란 말인가?

피터 : 지금 도노반은 규칙 공리주의는 결국 매 행동에 대해서 구체적 상황에서 가장 좋은 결과를 산출하는 원리를 활용하게 된다는 것을 말하려 하는 것이지요. 다시 말해서 규칙 공리주의의 저변에는 행위 공리주의가 있다는 것입니다.

도노반 : 진실을 말하게나. 아주 중요한 걸세. 그렇다고 남의 감정을 상하게 해서는 안되네. 만일 자네가 공리주의 마술사라면, 자네는 자네가 "최대 행복"을 산출**할 수 있다**는 것을 아는 한, 자네는 그렇게 해야만 한다네.

피터 : 맞네 그려. 도노반. 나는 반대를 철회하겠네. 자네는 규칙 공리주의 자들의 수법들을 알고 있군. 핵심으로 들어가세. 그 "극단적" 결과론을 고수합시다. 많은 사상가들이 허공 따위에 적혀진 추상적이며 아주 일반적인 규칙들에 대한 골빈 맹목적인 숭배를 거부하기 때문에, 그들은 그 입장에 대해서 공감하고 있다는 사실을 강조하는 것은 당연한 것일세. 나 또한 내 자신이 공감하고 있음을 솔직히 인정하네. 하지만, 그게 내 말의 다는 아닐세.

도노반 : 그러면, 그것은 대체 무엇인가?

피터 : 우리는 그것을 우리의 도덕적 성찰에 포함되어야만 하는, 도덕이 요구하는 공평성의 심오한 표현이라고 생각하고 있다네.

도노반 : 피터 교수, 당신은 지금 마술과 같은 단어를 사용했네. "요구한다"(demanding)라는 단어 말이야. 요구한다는 그것? 한번 생각해 봅시다. [나머지 사람들을 쳐다보면서] 저는 여러분들이 그런 결과론을 받아들인다면 여러분들의 삶이 어떻게 될 것인가를 주의 깊게 생각해보기를 바랍니다. 도덕적으로 말해서 여러분이 삶에서 행해야 할 일은 아주 분명합니다. 즉, 여러분이 할 수 있을 때 가능한 한 가장 많은 선을 산출하는 것이지요. 하나의 자

아로서 당신은 어떤 존재입니까? 당신은 하나의 자원이며, 여러분이 부단히 해야 될 도덕적 과업은 선을 생산하는 것입니다. 유희를 즐길 시간이 없습니다. 당신은 도덕적 일 중독자입니다. 당신은 세상을 보다 좋게 만들기 위해서 삶에서 당신이 할 수 있는 모든 것을 하고 있습니까? 지금 이 자리에 있어야만 합니까? 지금 당신들이 행하는 이 배낭 여행은 자기-탐닉이 아닌가요? 당신들은 이 시간을 당신들 지역사회의 가난한 사람들을 위한 봉사활동에 써야 하지 않나요? 물론 여러분들은 잘 살고 계시지요. 여러분들은 얼마나 많은 돈을 자선 단체에 기부하고 계신가요? 물론, 공리주의자들에게 있어서 그것은 결코 자선이라고 할 수 없는 것이지요. 그것은 **의무**입니다. 적어도 당신과 당신의 가족에게 부정적인 영향을 끼치지 않는 정도에서 말입니다. 여러분들은 사치품을 전혀 사용하고 있지 않나요? 당신들은 세계 기아 기금에 기부할 수 있는 분들입니다. 피터 교수님께서 책무(obligatioin)와 **초과의무**(supereroga -tion)[98]의 차이에 대해서 좀 설명해 주시지 않겠습니까?

피터 : 책무는 우리가 생각하기에 도덕적으로 행할 것이 필수적으로 요구되는 그런 행위들을 가리킵니다. 초과의무적 행위란 의무를 넘어서서 도덕적으로 상찬(賞讚)할만하다고 믿어지는 그런 행위들을 말합니다. 도노반은 결과론은 우리에게 너무 많은 것을 요구하고 있다, 왜냐하면 결과론은 그가 생각하기에 초과의무적인 행위들을 우리가 행해야만 한다고 요구되는 것들-자선 헌금이나 타인을 위한 희생-로 바꾸어 버리기 때문이라고 주장하고 있는 것이지요.

---

98) 초과의무 개념이 철학사적으로 유구한 것이지만, 20세기에 널리 유행하게 된 것은 엄슨 Urmson의 『성자와 영웅들 Saints and Heroes』가 1958년 출간됨에 따른 것이다. 엄슨은 모든 행위들을 금지된 것, 단순히 허용 가능한 것, 책무적인 것들 세 부류로 분류하는 윤리학설들을 반대한다. 왜냐하면 이 세 부류의 분류는 성자와 영웅들의 행위들을 포착할 수 없기 때문이다. 엄슨은 또 다른 범주, 즉 초과의무적 행위들을 제안한다. 그는 윤리학설은 의무를 넘어서는 행위들과 의무에 의해서 요구되는 행위들 구분해야 된다고 주장한다.

사라 : 전쟁 중에 다른 사람들을 구하기 위해 수류탄 위에 몸을 던지는 행위 같은 것 말이지요.

랜솜 : 혹은 불타는 집안에 뛰어 들어 타인의 목숨을 구하는 것도 말예요.

도노반 : 여러분들이 지닌 규칙들에서조차, 선이 극대화되도록 그런 행동을 요구하는 것들이 존재하지 않나요?

피터 : 아마 없을 걸세. 왜냐하면 사람들은 커다란 인명의 희생을 요구하는 그런 도덕 규칙들을 무시할 것이기 때문이라네.

도노반 : 제가 이제까지 만난 본 가운데 가장 재능이 많았던 여성이라 할 수 있는 제 친구 이야기를 들어보세요. 우리는 학부 학생이었습니다. 그녀는 학교에서 가장 뛰어난 예술가로서 자타가 공인하는 훌륭한 화가였지요. 그녀는 문학을 사랑했는데, 그녀의 재능은 문학 교수들도 탐을 낼 정도였어요. 그녀는 철학에도 탁월했습니다. **하지만**, 그녀의 부친은 의사였는데, 아주 훌륭하고 이해심 많은 사람으로 딸에게 많은 영향을 주었지요. 그래서인지 그녀는 의학 대학에서 요구하는 기본 학과목을 이수했고, 학위를 받았지요. 그런데 그 다음 무엇을 해야 할지 결정을 해야만 했어요. 예술가? 대학원 진학? 문학? 철학? 의학? 정말 어렵고 어려운 선택이었지요. 그러나 만일 여러분이 공리주의자라면 그렇지 않았겠지요. 다른 재능들은 무시해버려라. 자아는 단지 선을 생산할 수 있는 영원한 잠재성일 뿐이다. 자아는 어떤 재능, 능력, 계획, 헌신, **개인적인** 사정을 지닌 구체적인, 고도로 특수한 존재가 아니다. 예술가와 철학자는 의사가 할 수 있는 만큼 전체적인 행복에 기여할 수 없다. 결과론자에게 있어서 딜레마란 존재하지 않지요. 자아도 말입니다.

피터 : 나는 그녀가 의학 대학을 선택하기로 결정했다 손치더라도 결코 놀

라지 않을 것이라고 감히 말할 수 있네. 왜냐하면 그녀는 의사가 됨으로써 세상을 위해 보다 많은 선을 행할 수 있음을 알 수 있었기 때문이라네. 아마 그녀 자신의 행복이 고통받아야 할 이유는 없을 걸세.

도노반 : 여기서 쟁점은 그것이 도덕적으로 반드시 **요구되는 것인가 아닌가**이라네. 그러한 도덕적 요구에 우리 자신의 개인적인 주장을 할 여지는 없다네. 자네는 맥키 교수[99]의 행위 공리주의에 대한 멋진 설명을 기억하지 않나? [고개를 돌려 주위를 보면서 말한다.] 그는 행위 공리주의가 너무도 비현실적이기 때문에 그것을 "**환상의 윤리학**(ethics of fantasy)"라고 불렀지요. 우리는 그렇게는 살수가 없습니다. 그렇게 산다는 것은 끊임없이 도덕적 선택에 매달리게 되는 그런 사람으로 남을 뿐입니다. 해야 할 일이 너무 많은 셈이죠.

랜솜 : 하지만 만일 밀(J. S. Mill)이 그것이 바로 "네 이웃을 네 몸과 같이 사랑하라."고 하신 예수님의 뜻이었다고 생각한다면, 당신은 우리가 예수의 가르침을 진지하게 받아들일 필요가 없다고 이야기하는 것이 됩니다.

도노반 : 맥키 교수도 말했지만, 환상의 윤리학에 대한 또 다른 해석일 뿐이지요. 제 말씀은 우리가 그러한 윤리를 **현실적으로** 진지하게 받아들일 수 없다는 것입니다. 우리는 우리 자신의 삶에 대해서 신경 써야 할 것들이 너무 많다는 말씀입니다.

소피아 : 이기주의로 돌아가는 것입니까?

---

99) John. L. Mackie(1917-1981). 오스트레일리아의 시드니 출생. 시드니대학교와 옥스퍼드대학교의 오리엘대학 졸업. 시드니대학교에서 도덕철학 및 정치철학 강사, 영국 요크대학교의 윤리학교수. 1974년 영국 아카데미 정회원. 주저로는 『Truth, Probability, and Paradox』(1973), 『Problems From Locke』(1976), 『Hume's Moral Theory』(1980), 『Ethics : Inventing Right and Wrong 』(1977)/진교훈(역), 윤리학 : 옳고 그름의 탐구(서광사, 1990)] 등이 있다.

도노반 : 이제 한 예만 들고 말겠습니다. 이 예는 피터 교수도 익히 알고 있는 실화입니다. 저의 또 다른 친구가 정말로 최상급의 교육 프로그램을 가진 유명한 대학 대학원 생물학과에 진학했습니다. 그가 대학원에 가서, 그와 함께 연구할 교수가 그 분야에서 가장 존경받는 사람이었는데, 그가 침팬지를 비롯한 다른 동물을 상상할 수도 없는 잔혹한 방식으로 연구에 활용하고 있는 것을 알게 되었지요. 제 친구를 그냥 탐이라고 부르기로 합시다. 탐은 제가 알고 있는 한, 가장 열성적인 동물 권리 운동가였습니다. 물론 여기에 계시는 피터 교수를 제외하고는 말이지요. 하여간 탐은 깊은 갈등에 놓이게 되었지요. 그 교수는 동물의 권리라는 것은 참으로 어리석은 발상이라고 생각했습니다. 만일 탐이 같이 일하고자 한다면, 그는 동물의 안전과 복지를 위해서 무언가를 해야만 하지만, 그 교수는 그 연구를 중단하거나 동물 사용을 중지하거나 하지는 않을 것입니다. 만일 탐이 그 프로그램을 그만 둔다면, 그 교수는 다른 누구에게 그 일을 맡길 것이고 동물 권리 운운은 물 건너가는 것입니다. 뿐만 아니라 그 교수는 동물 권리 운동가들을 경멸하면서, 탐에게 말하기를 만일 탐이 그 프로그램을 그만 두면 다른 프로그램에도 참여할 수 없게 될 것이며 그 분야의 어떤 연구물도 낼 수 없게 될 것이라고 은근히 협박했습니다. 그 교수는 그 분야의 주요 학술지들의 편집에 관계하고 있었습니다. 자 그렇다면, 무엇이 최대의 선을 가져올 수 있을까요? 탐은 무엇을 해야만 되나요? 만일 탐이 그 교수를 돕지 않는다면, 다른 누구, 동물애호에 무감각한 대학원생이 돕게 될 것입니다. 탐에게는 경력이 필요합니다. 탐은 동물을 **도울 수도** 있습니다. **그리고,** 탐은 이제 막 결혼한 상태이고 그의 부인은 곧 아기를 낳게 되어 있습니다. 산다는 것이 때때로 쉽지는 않지요?

소피아 : 저라면 제가 하고싶은 데로 하지요. 결코 연구에 참여하지 않을 것입니다.

도노반 : 결과론은 여기서도 전혀 어려움이 없다는 것을 시사하는 것 같이

보입니다. **분명히**, 탐은 장학금을 받아야 하고 교수의 연구를 도와야 합니다. 만일 그가 참여하지 않는다면 어떤 차이가 있을까요? 하지만 결국 탐은 참여하지 않았습니다. 왜냐하면 그는 **성실한** 사람이기 때문이었습니다. 그는 그의 가치관, 그 자신의 개인적 믿음을 선택했습니다. 그는 그가 설령 참여했다면 아마 더 커다란 "전체적 선"이 산출될 수 있을지 모를지라도 동물학대로 이루어지는 연구에 참여할 수는 없다고 믿었습니다. 피터 교수, 딜레마 아닌가? 그러한 도덕적 상황에서 우리의 사적인 믿음과 관련해서 우리는 어떻게 해야 하나?

소피아 : 만일 **너무** 사적인 것이라면, 만일 그것들이 다른 사람들의 이해를 무시하거나 해치거나 한다면, 우리는 다시금 이기주의 범주로 돌아가는 것이 아닌가요?

도노반 : 보시다시피, 저는 지금 산에 있으며 그 누구도 해치지 않고 있어요. 하지만 제가 힘껏 남을 돕고 있는 것도 분명 아닙니다. 결과론의 입장에서 볼 때, 도덕적으로 문제가 되는 것은 소수의 사람들에게 직접적인 해를 가하는 것만은 아닙니다. 당신들은 정의(正義)에 대해서 말씀하셨습니다. 그것 또한 내가 어떤 것을 **행하지 않는 그것도** 결과를 갖는다는 교의입니다. 그리고 저는 저의 적극적인 행위, 제가 참여함으로 인해서 야기되는 것과 마찬가지로 제가 **빠짐**으로 인해서 야기되는 결과에 대해서도 똑같이 책임을 갖습니다. 그러나 저는 완전한 삶을 살기 위해서, 즉 삶의 목적에 대한 저 자신의 개인적 신념에 충실하기 위해서, 저는 제 자신의 이러한 삶의 방식이 다른 모든 사람들에게 비-개인적으로 똑같이 적용될 수는 없다고 생각할 뿐입니다.

소피아 : 하지만, 도노반씨. 결과론은 우리가 다른 사람들, 모든 사람들에 대해서 **배려**(care)해야 할 것을 주장하고 있음을 당신은 인정해야만 합니다. 배려는 중요한 것입니다.

도노반 : 저의 입장에 무언가 문제가 있다고요? 사람들이 "도덕"이라고 부르는 신(神)이 저로 하여금 도덕적 광분자가 되기를 강요하기 때문에, 제가 제 인생을 포기하라는 말씀인가요? 도덕적인 삶으로 가는 다른 통로들도 있습니다. 설령 당신이 도덕적 성인군자가 아니라 할지라도, 그렇게 구속받거나 죄의식을 느끼지 마십시오. 그건 제 마음을 끄는 이상(理想)이 아니랍니다.

랜솜 : 하지만 우리는 예수님 같이 훌륭한 사람이 될 수 있지요.

도노반 : 물론, **그렇지요.** 그러나 제 말씀은 그게 아닙니다.

보브 : 그럼 무엇인가요?

도노반 : [잠시 가만히 있다가 웃으면서] 전 잘 모르겠습니다. 피터 교수, 자네는 어떠신가?

피터 : 빈정대지 말게. 어울리지 않네. 당신이 더 잘 알고 있을 텐데…

도노반 : 이렇게 말씀드리면 어떨까요. 선택하는 자로서, 자유로운 행위 주체자로서, 그의 삶이 존중받으며, 우리가 삶이라고 부르는 이 춤판에서 자신이 어떤 존재인가를 묻는 그런 자아이기를 원합니다. 그런 사람이 더 낫지 않은가요? [그는 일어서더니 공중으로 한 번 점프했다.] 저는 한 사람으로서 땅위에 있기를 좋아합니다. 이런 산과 같은 곳 말입니다. 당신들은 마시고 춤을 추어야 합니다. 저는 이 파티를 돕겠습니다. 당신들은 "망각의 호수"를 건너가야 하지 않습니까?

랜솜 : 그래요. 우리는 그 곳에서 며칠 머물러야 합니다.

도노반 : 멋진데요. 제가 춤추는 법을 가르쳐 드릴게요. 좋은 꿈꾸세요. [그는 일행에서 떠나갔다.]

사상가들의 담론

유용성, 혹은 최대 행복의 원리를 도덕의 토대로 받아들이는 그 신조는 행위는 그것이 행복을 도모하는 만큼에 비례하여 옳은 것이며, 행복의 반대를 도모하는 만큼에 비례하여 그른 것이라고 믿는다. 행복이란 말은 유쾌함, 그리고 고통의 부재를 뜻한다. 불행이란 말은 고통, 그리고 유쾌함의 박탈을 뜻한다. 그 이론에 의해 설정된 도덕 표준에 대해 좀더 명확하게 살펴보면, 언급되어야 할 것들이 아주 많다. 특히, 고통과 쾌락이란 개념에 어떤 것들이, 어느 정도까지 포함되는가는 대답되어지지 않은 채 남아 있다. 그러나 이들 보충 설명들이 이 도덕 이론이 토대로 삼고 있는 삶에 대한 이론-즉, 쾌락, 그리고 고통으로부터의 해방이 목적으로서 바람직한 유일한 것이며, 모든 바람직한 것들은 그것들 자체에 내재된 쾌락 때문이거나 쾌락과 고통의 부재를 증진하는 수단으로서나 그 어느 하나로 인해 바람직하다는 것-에 아무런 영향을 끼치지 않는다.

John Stuart Mill, 『공리주의』

만족한 돼지보다 불만족한 인간이 낫다. 만족한 바보보다는 불만족한 소크라테스가 낫다. 만일 바보들 혹은 돼지들과 다른 것이 있다면, 그것은 그들이 문제를 자기 쪽에서만 보는데 비해 상대자들은 문제의 양쪽을 다 본다는 것이다.

John Stuart Mill, 『공리주의』

'고급한' 쾌락들이 '저급한' 쾌락에 비해 선호되어야만 하는가 라는 물음은 아무런 실질적 중요성도 갖지 못하는 것 같다. 이미 하찮은 제도용 핀보다는 시가 낫다는 아주 훌륭한 쾌락주의적 논증이 존재하는 것이다. 지적되어 온 바와 같이, 보다 복합적인 쾌락들이 덜 복합적인 쾌락들보다도 비교할 수 없을 만큼 더 기름진 것이다. 그것들은 그 자체로서 즐길만한 것일 뿐만 아니라 그것들은 즐거움을 증진시키는 수단들인 것이다. 하물며, 대체적으로 그것들은 환멸, 육체적 쇠락이나 사회적 불화로 귀결된다. 시 감상가의 즐거움은 위스키 감상가의 그것에 더 나을 바가 없을지 모르나, 이튿날 아침 두통에 시달릴 위험은 없는 것이다. 게다가 전체적 행복은 대다수 인간 집단을 보다 큰 집단의 만족한 양이나 돼지들로 바꾸면 증대될 것인가 라는 물음은 상상을 펼쳐서라도 산 쟁점이 될 수 있는 그런 것이 아니다. 우리가 설령 그러한 대체가 바람직할 것이라고 추상적 수준에서 생각했다 할지라도, 우리의 생각들이 일반적으로 받아들여질 가능성은 거의 없는 것이다…

J. J. C. Smart, 「공리주의 윤리학설에 대한 개관」

공리주의적 사유는 그것이 상식과 전통적인 도덕적 사유와 다른 한도 내에서 실질적인 중요성을 가질 수 있다. 그럴 수 있는 중요한 측면은 공리주의는 정의와 옳음에 관한 일상적인 도덕관을 수용할 여지가 없기 때문이다. 그렇다고 해서, 이것이 공리주의자는 정의와 옳음에 관한 법적이며 관습적인 규칙들을 지지하지 않는다는 뜻은 아니다. 그는, 법적으로나 여론의 압력에 의해서나 집행될 수 있는 그런 규칙들이 아주 유용할 수 있다고 생각할는지 모른다.

J. J. C. Smart, 「공리주의 윤리학설에 대한 개관」

결과론의 포괄성, 수긍가능성 그리고 전반적인 합리성을 놓고 볼 때, 마음 깊이 느껴진 도덕적 신념이라 해도 그것이 그 이론에 들어맞지 않는다면, 그것을 무시하는 것은 비합리적인 것이 아니다. 만일 그것이 무의미하다거나, 많은 혹은 아주 많은 숙고된 도덕적 신념들을 무시한다면, 그것은 실제로 다른 문제가 될 것이긴 하지만 말이다.

Kai Nielsen, 「도덕적 보수주의에 대한 반대」

주요 용어와 개념

공리주의   경험 기계
목적은 수단을 정당화한다.   행복에 대한 정의
최대다수의 최대 행복   행위 공리주의 대 규칙 공리주의

결과를 예측하기   정의 반대
집합적 선   약속하기
쾌락주의   초과의무
쾌락의 양 대 쾌락의 질   "환상의 윤리학"
                                    성실

탐구 문제

1. 올바른 공리주의의 정식화는 무엇인가? 대중적인 정식화("최대다수의 최대행복")는 왜 애매한가?

2. 우리는 우리 행위의 결과들을 타당하게 예측할 수 있는가? 이것이 공리주의가 풀어야 할 숙제인가?

3. 왜 소위 "경험 기계"에 관한 사고 실험이 쾌락주의를 손상시키는지를 설명하시오.

4. 공리주의는 "급진적인" 도덕적 교의인가? 그것은 관습적 도덕과 갈등을 일으키는가?

5. 공리주의에 대한 정의 차원의 반대란 무엇인가? 사회적 상황에서 중요한 부정의의 장기적 결과란 무엇인가?

6. 일부 철학자들은 행위 공리주의를 이른바 "상황 윤리학"과 연관짓고 있다. 이것은 맞는 것인가? 그러한 것은 장점인가 단점인가?

7. 행위 공리주의는 의사결정과 도덕교육에 있어서 도덕 규칙을 갖는 것이 주는 중요성을 무시하고 있는가?

8. 규칙 공리주의에 의거해서 도덕적 옳음에 대한 정의를 세워 보시오. 규칙 공리
주의자들에게 도덕적 규칙이 어떤 계기로 등장하게 되었는가를 고찰하시오.

9. 책무와 초과의무의 차이를 설명하시오. 공리주의는 과도한 요구를 하는가?

10. 일부 철학자들은 도덕적 성인을 초과의무와 관련지어서 정의하려 한다. 당신은
이것이 도덕적 성인을 명료화하는 만족할만한 방식이라고 생각하는가?

11. 당신은 공리주의는 우리가 개인의 성실함에 두고 있는 가치에 대해서 만족할만
한 설명을 하지 못한다고 생각하는가?

12. 당신은 어떤 도덕 이론들이 도덕적 행위자에게 너무 많은 것을 기대한다고 생
각하는가?

추천 도서

Bayles, Michael, D., ed, *Contemporary Utilitarianism*, Anchor Books, 1968. 공리주
의에 대한 비판과 지지 논문들을 모은 훌륭한 책이다.

Bentham, Jeremy, *Introduction to the Principles of Morals and Legislation*, W.
Harrison, ed., Oxford, 1948.

Brandt, Richard, "Toward a Credible Form of Rule Utilitarianism," in *Morality and
the Language of Conduct*, H. N. Castaneda and George Nakhnikian, eds;
Wayne State, 1963.

Mackie, J. L., *Ethics; Inventing Right and Wrong*, Penguin, 1976. 행위 공리주의를
"환상의 윤리학"으로 규정한다. 진교훈 역. 『윤리학 : 옳고 그름의 탐구』 (서광
사, 1990).

Mill, John Stuart, *Utilitarianism*, London, 1861. 공리주의의 고전서이다.

Nielsen, Kai, "Against Moral Conservatism," *Ethics*, 82, 1972.

Nozick, Robert, *Anarchy, State and Utopia*, Basic Books, 1974. 백낙철 역.『아나키·국가·유토피아』(형설출판사, 1983).

Rachels, James, *The Elements of Moral Philosophy*, chs. 7 and 8, Random House, 1986. 공리주의에 대한 표준적 찬반 논의 요약. 김기순 역.『도덕철학』(서광사, 1989).

Smart, J. J. C. and William, Bernard, *Utilitarianism : For and Against*, Cambridge, 1973.

윤리와 인격

이 대화에서는 독일의 위대한 철학자인 칸트가 설파한 윤리성이 논의된다. 도덕의 '절대'성에 관한 로즈의 촌평은 보편적 도덕 규칙과 인간에 대한 무조건적 가치에 대한 존중에 관해서 열띤 의견 교환을 불러일으켰다. 대화는 소피아가 인간에 대한 존중을 강조하는 관점은 우리가 사람들을 도울 수 있는 상황에 직면할 때 무관심의 태도를 불러올 수 있는 것이 아닌가 하는 의문 제기로 마감된다.

로즈 : 피터 교수님, 아시다시피 저는 철학자가 아닙니다. 저는 우리가 나눈 대화의 절반도 이해하지 못하겠어요.

소피아 : 너는 언제나 자신을 낮게 평하려는 경향이 있어. 여러분, 하지만 이 여자야말로 뭐든지 할 수 있는 여자랍니다.

로즈 : 오, 그래? 내 자신은 못 믿겠는걸. 전 이런 대화를 나누어본 것이 처음이에요. 저는 아직도 우리들이 나누었던 이야기들을 실감하지 못하겠어요. 엊저녁 대화는 좀 혼란스러웠어요. 저는 이기심에 대해서 그리 심각하게 생각해본 적이 없어요. 마크씨, 죄송해요. 살다보면 이기적인 사람들을 만나게 되지요. 그런데 그런 사람들은 부모들이 그들에게 선한 사람이 되는 방법을 제대로 가르쳐주지 않았기 때문에 그렇게 된 것이 아닌가 라는 생각이 막 드네요.

피터 : 어떻게 하면 선한 사람이 되는데요?

로즈 : 저는 우리가 마침내 가장 훌륭한 윤리학적 견해, 즉 우리는 다른 사람을 배려해야 하며 우리가 의당 해야 된다고 생각하는 것을 행동으로 옮겨야만 한다는 결론에 도달한 줄로 알았어요. 그런데 지금 생각해보니, 무언가 매듭을 짓지 못하고 혼란스럽게 끝을 낸 것 같은데요. 제가 이해하는 바로는 다음과 같습니다. "만약 당신이 결과론자라면, 당신은 **어떤 것이라도** 정당화할 수 있다, 만약 당신이 그렇게 말한다면, 당신은 당신의 행복을 증대시키고자 노력하는 것이다."

피터 : 그게 그렇게 간단히 말할 수 있는 것은 아니지만, 하여간 방향은 맞는 것 같습니다.

로즈 : 그 다음에, 교수님 친구인 도노반씨가 어디서 온 분인 줄은 모르지만 하여간 무언가 흥미로운 말씀을 하셨습니다. 뭐라 하셨더라? 이 모든 이론들이 대체 무엇을 목적으로 꾸며지고 있다라고 하셨던가…? 저는 그 말씀이 무슨 뜻인지를 잘 모르겠어요. 하지만 그것은 우리가 다른 사람들을 배려해야 하며 우리가 옳다고 알고 있는 바의 것들을 행해야 한다는 생각을 가져야 한다는 말씀이 아닌지 모르겠어요. 우리는 우리가 어떤 것들을 행해야만 한다는 것을 **익히 알고** 있지요. 이를테면 우리는 남의 돈을 가져서는 안되며, 남에게 거짓말을 해서는 안됩니다. 약속을 깨서는 안됩니다. 오로지 결과만을 위해서 행해져서는 안 되는 어떤 것들이 있습니다.

소피아 : 로즈, 너무 많은 사례들을 열거하기보다는 그 가운데 하나를 선택해서 그렇게 해야만 하는 **어떤** 상황에 관해서 생각해보는 것이 낫지 않겠니?

로즈 : 그럼, 우리는 어떻게 자녀를 가르쳐야만 한다고 생각하니? 너의 양심이 수락하면 거짓말해도 좋다고 말하니? 네가 원하면 언제라도 해도 괜찮다고 말하니?

보브 : 로즈씨, 당신이 말씀하시고자 하는 취지에 공감합니다만, 우리는 다른 쪽 입장에 대해서 공정해야 합니다. 우리는 자녀들을 가르칠 때, 그 아이들이 "보다 중요한" 어떤 일이 생기면 절대적 규칙을 깰 수 있는 아주 드문 경우도 있다는 것을 이해할 만큼 좋은 판단력을 갖고 있지 못하는 한, 아마 우리는 절대론자가 되어야만 할 것입니다.

엘리스 : 그렇게 말씀하시면, 그건 절대적인 것들이 아니에요. 그건 "보다 중요한" 것이지요. 문제는 바로 그 "보다 중요한 것"이 무엇인가이죠. 그건 쉽게 말해서, "글쎄, 나는 내가 그렇게 하면 더 많은 선이 만들어질 수 있기 때문에 그것을 하겠다."라는 것이 아닌가요?

안토니 : 저는 그것보다 더 큰, 가장 큰 문제는 다른 데 있다고 생각합니다.

엘리스 : 무슨 말씀인가요?

안토니 : "우리는 약속을 지켜야 한다"거나 "남의 물건을 훔쳐서는 안 된다"와 같은 어떤 도덕 규칙들을 어기고자 할 때는, 더 큰 행복이 만들어질 수 있다는 것을 정말 확신할 수 있어야 한다는 것입니다.

엘리스 : 살인? 혹은 유괴도 말인가요?

안토니 : 모르겠습니다. 저는 "절대적"이라고 생각되는 규칙들을 어기는 것이 아주 옳은 일이 되는 경우가 있다고 생각합니다. 물론, 당신이 그 결과에 대해서 확신해야만 하지만 말입니다. 하지만 다른 문제는 때때로 사람들이 그른 것을 행하면서 그것이 다른 누구에게도 해가 되지 않기 때문에 괜찮다고 말하는 그것입니다.

피터 : 아주 흥미로운데요. 어젯밤, 우리는 결과 이외에 다른 도덕적 가치들이 판단의 중요한 기준이 될 수 있는 상황이 존재하는지에 대해서 궁금해 했었지요. 당신은 "비-결과론적 가치들이나 원리들"에 대한 호소가 중요한 경우가 적지 않다는 이야기를 풀어서 말하는 것이지요.

안토니 : 교수님은 역시 저보다 수가 높으시군요.

피터 : 솔직히 말씀드리자면 생각은 하고 있었지만, 그것을 짚어준 것은 바로 당신 아닌가요?

안토니 : 사실은 제 이웃 이야기입니다. 마크가 우리에게 자기 친구에 관해서 이야기했을 때, 저 또한 마음속으로 조지를 떠올리지 않을 수 없었어요. 저는 몇 년간 그의 이웃에 살았지요. 몇 년 전 일이었어요. 하지만 지금도 눈에 선합니다. 제가 주유소에서 제 소형 자동차에 무연 휘발유를 넣고 있었는데 조지가 덩치 큰 자신의 차를 몰고 와서 **유연** 휘발유를 넣기 시작했어요. 그는 저를 보더니 빙긋이 웃는 게 아니겠어요? 저는 그에게 무슨 일이 있냐고 물었지요. 그는 연료통이 망가져서 부속 하나를 빼버렸다고 말하더군요. 기름을 많이 먹을 텐데…? 오염이 심할 텐데…? 라고 물으니까, 그는 "이봐 친구, 나는 누구에게도 해를 끼치지 않네. 내 차가 뭐 큰 문제를 일으킨단 말인가? 나는 어쨌든 비싼 **무연** 기름을 넣을 수가 없네."라고 말했어요.

피터 : 그래서 당신은 뭐라고 말했습니까? 당신은 그에게 그렇게 해서는 안 된다는 생각을 갖게끔 했습니까?

안토니 : 저는 그에게 "모든 사람들이 다 그렇게 하면 어떻게 되는가?"라고 물었지요.

소피아 : 그랬더니 뭐라고 하던가요?

안토니 : 그의 대답은 간단했어요. "모든 사람들이 그렇게 하지는 않을 거야." "나는 좀 별난 사람이거든." 그 친구는 말이죠, 담배꽁초나 맥주 캔을 창밖에 던지고 세금 내는 것에 대해서는 불평하는 그런 친구예요. 그는 차를 팔 때마다, 돈을 더 많이 받기 위해서 삼만 킬로미터 정도는 조작해서 내놓는 친구죠.

소피아 : 정말, "친구"란 말이 맞아요?

안토니 : 나쁜 사람은 아닙니다. 그를 사회적으로 책임감 있는 사람이라고는 할 수 없지만, 그 자신은 늘 남에게 해를 끼치지는 않는다고 말하지요. 그는 자신이 나쁜 사람이라고 생각하고 있지 않아요.

피터 : 그렇다면 그는 자기 행동의 영향들이 보다 큰 사회적 전망에서 보았을 때 아주 사소하고, 그리고 **그가** 그런 행동들로부터 얼마간의 이익을 맛보기 때문에 자기 행동의 결과들은 부정적이지 않다고 주장하고 있는 셈입니다.

소피아 : 그는 별 수 없는 이기주의자인 것 같은데요.

피터 : 하지만 흥미로운 것은 그가 어떤 경우에는 옳은 것이라고 생각하며, 그의 행동의 결과들은 사회적으로 대소롭지 않으며 사실 그와 그의 가족에게는 긍정적인 요소가 있다고 생각하는 것은 아예 수긍이 가지 않는 것은 아니라는 것입니다. 그런데도 불구하고, 안토니씨 눈에는 그런 행동들이 여전히 거슬린단 사실입니다.

소피아 : 저 또한 마찬가지인데요.

엘리스 : 진짜 그 사람은 괴짜군요. 왜 남에게 폐를 끼칠까?

안토니 : 아니에요. 그 친구는 그렇지 않아요.. 그 사람은 좋은 친구이지요.

엘리스 : 누구에게 좋은 친구란 말입니까? 물론, 그의 중고차를 사게 되는 사람은 아닐 테지요?

안토니 : 그 친구는 정말로 자신이 그른 일을 하고 있다고 생각하지 않아요.

엘리스 : 주행기록 계기판을 조작하는데도 말입니까? 그건 사기입니다. 그는 사람들을 기만하고 있는 것입니다.

피터 : 부부간 사랑싸움으로 번져서는 안되겠죠? 자, 이렇게 해 봅시다. 안토니씨는 왜 아까 그 예를 꺼내셨나요? 안토니씨가 하고자 했던 비판은 정확히 무엇입니까? "모든 사람들이 그런 일을 하면 어떻게 되겠습니까?" "그 친구는 뭐라고 대답하려 하든가요?"

사라 : 그 친구 말이 옳습니다. 그 친구 분이 조지라고 하셨든가…? 조지는 자신이 하고 있는 바를 모든 사람들도 하지는 않을 것이다, 그래서 결과는 그렇게 나쁘지 않다고 말합니다.

엘리스 : 하지만 일부 사람이라도 그런 일을 한다면, 다른 사람들도 그렇게 할 것입니다. 그리고 만일 모든 사람들이 그렇게 한다면, 그 결과는 그야말로 큰 재난이 초래될 것입니다. 어쨌든 자동차에 오염방지 장치가 부착된 이유는 무엇이라고 생각하십니까? 사람들이 할 일 없어서 그렇게 한 것입니까?

안토니 : 하지만, 조지가 그런 행위를 한 것을 알 수 있는 사람들은 많지 않

아요. 대개는 알아낼 수가 없는 걸요.

피터 : 물론, 그는 남의 눈에 띄지 않게끔, 적어도 남이 모를 수 있게 그런 일을 할 수 있습니다. 그럴 경우, 그의 행동이 다른 사람들로 하여금 그와 같은 행동을 유발시킬 이유는 존재하지 않는다고 생각합니다. 하지만, 그건 안토니씨가 맨 처음 비판하고자 했던 의도하고는 다르지 않습니까? 그렇지요?

사라 : 모든 사람들이 전부 그것을 하게 됨으로써 오는 결과는 나쁘겠지만, 실상은 많은 사람들이 그 부속품을 빼버리지는 않을 것입니다. 그건 법으로 금지되어 있지 않습니까?

피터 : 그러면 비판하고자 하는 것은 대체 무엇입니까? 이제껏 우리가 알고 있는 도덕 원리와는 아무런 관계가 없나요?

사라 : 어떤 원리 말씀입니까?

피터 : 안토니씨는 "모든 사람이 다 그렇게 하면 어떻게 되는가?"라고 물었지요. 사실, 안토니씨의 바람은 **조지**가 만일 모든 사람들이 그가 하는 일을 똑같이 하고자 한다면 조지 자신이 좋아하지 않게 될 것임을 깨달았으면 하는 그것이었습니다.

사라 : 교수님 말씀은, "너희는 다른 사람들이 너에게 행하도록 바라는 바대로 그렇게 다른 사람에게 행하라."라는 것이지요?

피터 : 바로 그것입니다. 조지가 어떤 방식으로 행동하고 있고 그가 다른 사람들이 그 방식으로 행위하기를 바라지 않는다는 그것이 바로 도덕적 비판이 아니겠습니까?

안토니 : 분명히 그렇지요. 그리고 "만일 그가 다른 사람들이 그렇게 행동하기를 원하지 않는다면 그는 그렇게 행동해서는 안 된다." "그것은 마치 우리가 '당신은 당신이 어떤 사람이라고 생각하는가?'라고 묻는 것과 같다."는 것이지요.

피터 : 그렇다면 이 상황에서 그른 행위의 근거가 되는 것은 정확히 무엇입니까?

소피아 : 공평성이나 평등 문제가 포함되는 것인가요? 피터 교수님, 그건 당신이 앞에서 되풀이해서 언급했던 그런 것이 아닌가요? 그렇다면, 그건 우리 모두가 동일한 지위를 가지고 있다는 것을 다르게 표현하는 것에 불과하지 않습니까?

보브 : 일관성에 관련된 일입니다. 이 사람은 모순되는 사람이지요. 그는 다른 사람들이 하기를 원치 않는 그런 것을 하기를 원하는 사람입니다.

사라 : 하지만 모든 사람들이 다 똑같지는 않습니다. 저는 다른 사람들이 나와 같이 되기를 기대하지 않습니다.

피터 : 하지만, 도덕적으로 말해서, 도덕적 명령들에 있어서 가장 중심이 되는 것이 "**나는** 다른 사람들과 같다는 것"입니다. 다른 식으로 말씀드릴 수도 있어요. 비-결과론적인 전망에 서서 말입니다.

보브 : 그것에 대해서 좀더 말씀을 해 주시기 바랍니다.

피터 : 이런 유형의 도덕적 사고는 18세기 독일 철학자인 칸트[100]에 의해서

---

100) Immanuel Kant(1724-1804). 독일 고전철학의 시조. 비판적 혹은 선험적 관념론의

크게 강조되었습니다. 그의 사상은 쉽지 않은데, 그의 많은 견해들이 철학에 대한 매우 복잡하며 체계적인 접근에 근거하고 있기 때문입니다. 하지만, 그는 자신이 하고 있는 일은 당시 "일반적인 도덕의식"을 재구성하는 것에 다름 아니라고 분명히 말하고 있습니다. 칸트에게 있어, 옳은 것을 행하는가 아닌가의 성격 규명은 철두철미 의무(duty)에 따라 행하는 것, 다시 말해서 그 행위가 **자신의** 목적을 달성하는데 도움을 주거나, 자신이 가질 지도 모를 어떤 목표로 나아가는데 도움을 주기 때문이 아니라, 단지 자신이 옳은 것을 행하기를 바라기 때문에 그것을 행하는 것에 달려 있는 것입니다.[101] 자 그렇다면, 칸트에게 있어서 의무는 본질적으로 법칙에 대한 존중으로부터 행동하는 것과 관계된 것이었습니다. 그는 도덕 규칙들(moral rules)이란 절대적 구속력을 갖는 도덕 법칙들(absolutely binding moral laws)이라고 생각했습니다. 로즈 씨가 의미하는 도덕의 절대적 성격이 거기에 들어 있는 것입니다. 칸트에게 있어, 도덕에 있어서 **지고의** 원리는 우리가 절대적인 도덕 규칙들에 따라서 행동해야만 한다는 것이었습니다. 이러한 생각은, 로즈씨가 시사한 바와 같이, 어떤 것들은 **결과 자체를 위해서** 행해져서는 안 된다는 우리의 직관에 딱 들어맞는 것이지요.

사라 : 어떤 종류의 절대적 규칙들인가요?

피터 : 우리는 진실을 말해야 한다는 도덕 규칙 같은 것 말입니다. 또는 약

기초자. 도덕의 구체적 부분들에 대한 연구 그리고 윤리학에서 자연주의를 극복하고 연구대상으로서의 윤리학과 심리학을 구별하는 문제를 포함해서 윤리학의 주제를 보다 명료하게 볼 수 있게 한 칸트의 공로는 대단한 것이다. 칸트에 의하면, 일반적으로 도덕은, 외적 필연성과 자연적 인과율 영역과는 대조되는 인간의 자유 영역으로 규정된다. 도덕은 보편적 성격을 지니는 명령이라고 보았다. 주요 윤리학 저술로는 『도덕형이상학 근본 원리』(1785), 『실천이성비판』(1788), 『이성 한계내의 종교』(1793), 『도덕형이상학』(1797) 등이 있다.

101) 의무론(deontology)를 말한다. 그리스어 deon은 '묶는', '구속하는', 그리고 logos는 '가르침'으로, 즉 도덕적 책무에 대한 교의이다. 의무론이란 용어를 도덕이론을 정의하는 말로서 처음 사용한 것은 벤담(Jeremy Bentham)이었다.

속을 지켜라. 칸트는, 법칙의 가장 큰 특징은 그것이 모든 사람들에게 동등하게 미친다는 데 있다고 보았습니다. 즉, 보편적이라는 것입니다. 그래서 그는 보편적이 될 수 있는 도덕적 규칙들에 근거해서 행동하는 것은 곧 자신의 의무를 행하는 것과 같은 것이라고 보았습니다. 만일 당신의 행위의 근거가 되는 그 규칙을 보편화할 수 없다면, 당신은 법칙일 수 없는 하나의 지시에 따라서 행동하는 것이며, 따라서 당신은 엄격하게 의무로부터 행동하는 것이 아닌 것이 됩니다.

로즈 : 피터 교수님, 당신은 지금 제 정신을 쏘-옥 빼버리고 있어요. 지금 하신 말씀은 대체 안토니씨가 든 조지의 예하고 무슨 관계가 있단 말씀인가요?

피터 : 잘 들어보세요. 만일 도덕 법칙이나 규칙들이 보편적이라면, 그것들은 모든 사람들에게 동등하게 적용됩니다. 이는 내 자신을 도덕성의 구비요건에 대해 자의적인 예외로 만들 수 없다는 것을 의미합니다. 즉, 도덕적이고자 한다면, 자신도 보편적인 법칙이나 규칙에 적용되어야 한다는 것입니다. 조지는 그가 다른 사람들이 하지 않기를 기대하는 그 어떤 것을 하고자 원하고 있어요. 하지만 만일 우리가 그의 행동을 가지고 **"보편적으로 구속력 있는 도덕 규칙"** 을 만들고자 한다면 어떻게 되나요? 그의 행동은 어떤 규칙을 그려내나요?

안토니 : "오염방지 장치를 떼어버리는 것은 괜찮다."

피터 : 그러나?

안토니 : "그러나 다른 사람들이 그렇게 하는 것은 괜찮지 않다."

피터 : 혹은 "나는 오염방지 장치를 떼어낼 수 있지만 다른 사람들은 그렇게 할 수 없다." 내가 그것을 모든 사람들에게 적용되게끔 "보편화시키고자" 한다면, 어떻게 되겠습니까?

보브 : 아! 알겠다. 난 역시 천재! 그건 가능하지 않습니다. 당신은 그 규칙에 예외가 되고자 합니다만, 만일 그것이 모든 사람들에게 적용되면 그때 **모든 사람들**이 예외가 됩니다. 그렇게 되면, 그것은 예외가 아닌 사람은 한 사람도 없다라는 의미입니다. 보편적 적용이 불가능합니다.

피터 : 간단한 논리적 근거에 의한 것입니다. 그러한 규칙은 보편화될 때, 규칙 자체에 대해서 "자멸적인"[102] 어떤 것이 존재합니다. 그것이 모든 사람들에게 적용되는 것 자체가 논리적으로 문제가 됩니다. 이렇게 해서, 칸트 자신은 우리에게 우리의 의무가 무엇인지를 알려줄 수 있는 아주 실용적인 방법을 발견해냈다고 생각한 것 같습니다.

소피아 : 그 방법은, 우리에게 우리의 의무가 무엇이며 의무가 아닌 것이 무엇인지를 보여준다는 것입니까? 그렇다면, 안토니씨의 예는 우리에게 무엇이 도덕적으로 그른 행위인지를 보여 주고 있다는 말씀이죠. 즉, "그 방법은 만일 우리가 다른 사람들이 그렇게 행하기를 원치 않는 그 어떤 것을 행하기를 원한다면, 그러면 우리의 자의성(恣意性)이 그른 것임을 알려 준다." 제가 제대로 이해했는지 잘 모르겠습니다.

---

102) self-defeating. 자기-패배적인. 이와 대비되는 것으로서 self-fulfilling 자기-충족적이 있다. 양자 모두 어떤 주장이 그 주장 자체의 영향을 받아 그 주장의 의미를 좌절시키거나 완성시키는 것을 말한다. 해리스는 명제가 자멸적인가, 즉 내가 사용하는 규칙에 따라 행위하는 타인들의 행위에 대해 내가 정합되게(일관되게, 모순되지 않게) 동의할 수 있는지의 여부를 결정하기 위해서는, 모든 사람이 이 규칙을 사용하는데 필요한 조건들과 모든 사람들이 동시에 그렇게 행위할 때 정상적으로 나타나게 될 결과들을 실제 상황에 비추어 상상해 보아야 한다고 말한다. C. E. Harris, 『Applying Moral Theories』(Belmont, California : Wadsworth Publishing Company, 1986).

피터 : 잘 이해하시고 말고요. 이 부분에 관해, 칸트의 도덕적 사고와 관계된 풀어야 할 각가지 문제들이 있습니다만, 칸트가 예리한 통찰력을 가졌던 것은 분명한 것 같습니다. 우리는 자의적일 수 없습니다. 도덕은 우리를 다른 존재들과 묶어 줍니다. 그리고 우리의 도덕 판단 속에는 내재된 일종의 논리가 존재합니다. 그 논리는 당신에게 적용되는 것은 또한 나에게도 적용된다는 그것입니다. 이 논리는 그것이 조지와 같은 사람들에 의해서 범해질 때 가장 잘 드러납니다. 칸트의 "보편화가능성 검사(universalizability test)"-발음하기가 아주 어렵지만-가 그것을 가려 줍니다. 그것은 또한 우리가 우리의 약속을 지켜야 하거나 계약 관계를 깨지 말아야 할 의무에 관해서 생각할 때도 적용되죠. 예를 들면, 제가 지키고자 하는 의도 없이, 아마 어떤 어려운 상황을 빠져나가기 위해서 거짓 약속을 한다고 가정해 봅시다. 내가 가정하는 도덕 규칙은 무엇인가요? 그것이 보편화될 때 어떤 일이 생기겠습니까?

보브 : "나는 거짓 약속을 할 수 있다." 또는 보편화시키면, "모든 사람은 거짓 약속을 할 수 있다."겠지요.

피터 : 그렇다면, 문제는?

소피아 : 만약 모든 사람이 약속을 할 때 거짓말을 할 수 있다면, 그러면 어느 누구도 약속을 믿지 않으려 할 것입니다.

피터 : 다른 말로 하면, 그런 상황에서는 약속이란 것들이 존재할 수 없는 것입니다. 다시 말씀 드리지만, 그런 도덕 규칙은 보편화될 때, 그것에 대한 자멸적인 것이 존재하는 것입니다.

소피아 : 그러나 분명한 것은 때때로 약속을 파기하는 일이 옳은 경우가 있습니다. 우리는 이런 일을 한 두 번 겪어 온 것이 아니죠. 칸트는 정말로 우

리가 **결단코** 약속을 깨서는 안 된다고 믿었나요?

피터 : 그는 분명히 그렇게 믿었습니다. 우리는 거짓말해서는 안 되며 약속을 지켜야 할 절대적으로 구속되는 책무를 지니고 있다는 것입니다. 당신이 제기한 질문으로 되돌아 가 봅시다. 많은 철학자들은 칸트가 도덕 규칙은 어쨌든 보편적이어야 한다고 역설한 것은 옳다고 보고 있습니다. 그래서 만일 규칙이 보편적일 수 없다면, 그 규칙은 의심을 받습니다. 그렇지만 다른 한편으로, 설령 어떤 규칙이 보편적이 될 수 있다 할지라도, 그것이 곧 옳다는 것은 아닐 수도 있습니다. 예를 들어 생각해 봅시다. 이기주의의 제일 원리를 생각해 봅시다. "모든 사람은 그 자신의 자기-이익을 극대화하도록 노력해야만 한다." 우리 모두가 이 원리에 따라서 행동**할 수** 있습니까? 제가 보기에는, 그 원리에 대해서 자멸적인 것은 없습니다. 그러나 저는 그것을, 받아들일 수 있는 궁극적인 도덕 원리라고는 보지 않습니다. 칸트 자신이 직접 제시한 예 가운데 하나가 이 점을 잘 말해 줍니다. 그는, 다른 사람들이 도움을 필요로 할 때 우리는 다른 사람들을 도와야 할 의무가 있다고 생각했습니다. 왜냐하면 우리는 때때로 다른 사람들의 도움을 필요로 하기 때문입니다. 만일 우리가 다른 사람들이 어떤 때에는 우리를 도와주기를 기대하면서도 그들을 돕지 않는다면, 우리는 일관성을 갖지 못한다는 것입니다. 하지만, 만일 제가 다른 사람들의 도움이 필요한 경우에도, 제 자신이 도움 받기를 원하지 않는다면, 어떻게 되겠습니까? 저는 그래도 일관성은 계속 갖는 것입니다.

소피아 : 그것은 "다른 사람에게 행하라."가 갖는 큰 문제입니다. 만일 당신들 모두가 일관될 것을 요구받는다면, 그러면 당신들 모두가 일관된 개인주의자가 되는 것이 가능합니다. 그 사람은 다른 사람들을 돕지도 않을뿐더러, 남으로부터의 도움도 원치 않는 그런 사람입니다.

피터 : 그렇습니다.

소피아 : 그래도 여전히 다른 문제가 남습니다. 예를 들면, 때때로 거짓말하거나 약속을 깨는 것이 용납되는 경우입니다. 반드시 이기적인 것은 아니면서도 고려해야 할 보다 중요한 것들이 때때로 존재합니다. 제가 누군가와 만나기로 약속을 했는데 갑자기 어머니가 심장마비를 일으킨 경우를 가정해 보세요. 저는 어머니를 병원으로 모셔야 하기에 약속을 깨게 되지요. 이것은 그른 것이 아닙니다.[103]

피터 : 칸트의 검사를 거쳐 봅시다. 첫째, 무엇이 그 도덕 규칙이 될까요? 둘째, 그것은 보편화가능한가요?

소피아 : 음…"만일 나나 어떤 사람이 약속을 했지만 그 약속을 깸으로써 누군가의 생명을 구하는데 도움을 줄 수 있다면 그렇게 행동하는 것이 도덕적으로 옳다." 저는 이 규칙이 어찌해서 모든 사람들을 위한 도덕 규칙이 될 수 없다는 것인지 이해할 수 없어요. 이렇다고 해도, 우리는 대부분의 경우 다른 사람들의 약속들을 여전히 믿으려 하지 않습니까?

피터 : 동의합니다. 이것은 칸트의 윤리관이 가지고 있는 큰 문제중의 하나입니다. 그는 엄격한 절대적 의무감을 도덕의 본질적 요소로 보기 때문에, 정당한 예외들에 대해서 설명할 수가 없게 됩니다.[104] 그리고, 그가 자신이 제시한 예들에 있어서 논란이 되고 있는 그 도덕 규칙들에 관해 언급할 때, 그는 언제나 가장 일반적인 견지에서 언급합니다. 하지만 우리는 도덕 규칙들

---

103) 이에 대해 키케로(Marcus Tullius Cicero BC. 106-43)는 『의무론』에서 "약속한 당사자나 상대에게 불이익이 되는 경우, 약속은 지키지 않아도 된다."고 주장한다. 의무들간의 갈등 문제에 있어서 "최소한의 악 혹은 보다 덜한 악"을 선택하면 된다는 것이다.

104) 엄숙주의, rigorism. 라틴어 rigor=뻣뻣함에서 유래. 방임주의에 반대되는 도덕상의 엄격한 격률에 따르려는 주의. 또는 향락주의의 반대로서 감각적 쾌락을 악이라고 부정하고 이성의 엄격한 제약 아래 두는 금욕적 도덕설. 스토아학파, 경건주의, 칸트가 대표적이다. 유대적 신명설과 율법주의와 무관하지 않다. 엄숙주의는 종종 광신주의, 금욕주의, 때때로 도덕적 위선과 바리새주의(pharisaism)로 발전하기도 한다.

을 보다 상황적으로 진술할 수 있으며, 그리고 보편화의 결과들은 아주 상이할 수 있을 거라고 보여집니다. 그는 사실상 무엇이 상황에 관련된 도덕 규칙인지를 결정할 수 있는 방법에 대해서 설명하지 않고 있는 것입니다. 예를 들면, 한 행동이라 해도, 예를 들면, 어떤 상황에서는 약속이행의 위반으로 기술될 수 있는 것입니다.

로즈 : 그러면 우리는 다시 상황윤리학[105]으로 되돌아 왔네요. 그래서 좀 쉽다해도, 아직도 우리는 너무 이론적인 수준에 머물러 있으며, 옳은 것을 행동으로 옮기는 문제에 대해서 너무 안이하게 여기고 있다는 감이 듭니다.

피터 : 어떤 상황들의 특수한 여건들로부터 야기되는, 칸트에게는 아주 곤란한 또 다른 문제가 있다는데 주목해 봅시다. 만일 제가 소위 두 개의 "절대적" 의무들간의 갈등에 직면해있다면 어떻게 해야 합니까? 저는 제가 비밀을 지키겠다고 약속을 했는데, 제 약속을 지키기 위해서는 누군가에게 거짓말을 해야만 되는 상황에 놓여 있을 수 있습니다. 하지만 만일 약속을 지키는 것과 진실을 말해야 하는 것 모두가 "절대적" 의무들이라면, 저는 오도가도 못하는 상황에 처하게 됩니다.

소피아 : 그 이외도 다른 문제가 있습니다. 어젯밤 도노반씨가 하신 말씀들 말입니다. 저는 일리가 있다고 생각합니다. 공리주의는 모든 사람들의 선은

---

105) situational ethics. 선의 규정이 그때 그때의 상황에만 의존한다고 보고 보편적인 가치와 규범을 부정하는 윤리학을 가리킨다. 즉, 도덕 선택에 있어서 도덕원리, 규범, 평가를 지침으로 삼는 것이 아니라, 그 독특한 상황 자체가 선택의 가치를 규정한다고 보아 구체적 상황에 따르는 것이 옳다고 보는 윤리학의 한 경향. 상황이란 우리가 인식하고 의지하고 행위하면서 대결해야만 할 자연적 인간적(경제적, 사회적, 정치적, 문화적) 환경의 주어진 조건과 가능성을 말한다. 이 접근은 실용주의와 실존주의에 본질적인 것이며, 1940년 이래로 신학적 윤리학의 한 경향이 되었다. 미국의 신학자이며, 의료윤리학과 사회윤리학 교수인 플래처(Joseph F. Fletcher)는 그의 저서『상황윤리학』,『도덕적 책임』등을 통해 상황윤리를 율법주의적 윤리체계(legalism)와 대조시킨다.

각각 동일한 것으로 계산되어야 한다고 말합니다. 평등이죠. 자, 칸트는 나의 행동이 의거하고 도덕 규칙들은 모든 이들에게 적용되어야 하며 나는 내 자신을 예외로 할 수 없다고 말합니다. 나는 어떤 상황, 이를테면 안토니씨의 친구인 조지의 경우와 같은 상황에서는 그것을 받아들입니다. 하지만 나는 하나의 **독특한 자아**인 것입니다. 나는 다른 사람들에게는 기대하지 않는 색다른 삶을 살고자 행동할 수 있습니다. 모든 사람들이 다 성직자일 수 없는 것이며, 모든 사람들이 다 나와 같은 신념과 이해관심을 가지고 있는 것은 아닙니다. 모든 사람들에게 해당되지 않는 일을 행하는 것이 도덕적으로 용인될 수 있다 할 때, 우리는 뭐라고 말해야 됩니까? 칸트가 자의성을 배제할 수는 있겠지만, 정당한 예외까지도 배제하는 것은 아닌가요? 모든 사람들이 다 철학자, 목사, 법률가 혹은 테니스 선수일수는 없는 것입니다.

피터 : 칸트 도덕철학의 다른 부분을 살펴봄으로써 당신의 질문과, 도덕은 반드시 절대성을 가져야 한다는 로즈씨의 견해에 답할 수 있을 것입니다. 저는 그 부분은 아주 많은 사람들, 특히 최근 응용윤리학[106] 분야에서 연구하는 철학자들이 아마도 가장 중요하게 여기는 칸트 사상 영역일 것이라고 말씀드립니다. 여러분은 아까 자동차 주행거리를 줄여놓는 조지에 대해서 엘리스씨가 하신 말씀을 기억하시겠지요?

엘리스 : 저는 그것이 사기라고 말했지요.

피터 : 그리고요?

---

106) applied ethics. 넓게 말해서 응용윤리학은 사적 혹은 사회적이거나 어떤 정책 혹은 관행의 문제들의 윤리적 측면에 관한 연구(혹은 문제들에 윤리적 고려를 응용하려는 시도)인 것이다. 좁게 말하면, 응용윤리학은 윤리적 이유, 규칙, 원리, 이상, 가치들이 개인들이나 집단의 행위를 평가하는데 활용되는 그런 실천적 추론의 분야이다. 어느 경우든, 응용윤리학은 윤리학의 다른 철학적 과업들, 특히 메타윤리학(윤리적 개념과 추론에 대한 분석), 윤리이론(윤리학적 문제들, 개념, 원리, 추론, 그 정당화에 대한 포괄적인 연구)와 대조될 수 있다.

엘리스 : 조지는 사람들을 **이용**하고 있다···

피터 : 어떤 식으로 말입니까?

엘리스 : 제 남편은 이 얘기를 듣고 싶어하지 않을 겁니다. 하지만 조지는 사람들을 이용해요. 대기를 오염시키는 것이 바로 한 예이지요. 저는 이 부분에서조차도 조지가 자신의 이익을 위해서 다른 사람들을 교묘하게 조작하고 있는 것이라고 보죠. 이것은 마치 온 세상이 자신의 목적을 위해 써먹는 조지를 위해 존재하며, 그는 아무런 대가도 지불하지 않는 것과 같은 것이죠.

안토니 : 그건 맞지 않아요. 조지는 그렇지 않아요.

엘리스 : 당신이 그에게서 득을 본 적이 있어요? 당신은 마음만 좋아서 그를 마다한 적이 없지 않아요? 이제껏 그 사람을 도와주겠다는 사람을 본 적이 있나요? 그는 사람들을 마치 기계부품 정도로밖에 대하지 않아요.

안토니 : 여보, 사업을 하다보면 사람이 언제나 "좋은 양반"일 수만은 없는 거예요.

엘리스 : 하지만 적어도 **인간**(a human being)일 수는 있는 거 아니에요? 그래서 다른 사람을 인간(humans)으로 대우할 수 있는 거 아닌가요?

피터 : 뭐 마냥 대하지 말고요?

엘리스 : 아, 사업상 필요한 어떤 물건 마냥, 버려야 할 쓰레기 마냥 대우하지 말고 말이죠.

피터 : 이걸 한번 생각해 봅시다. 당신은 조지의 행동이 그가 사람들을 온당하게 대우하지 못한데서 나오는 것, 그가 사람들을 이용하고, 그들을 사람이라기보다는 물건과 같이 대우하는데서 나오는 것이라고 말씀하고 계십니다.

엘리스 : 맞습니다.

피터 : 당신은 칸트 자신이 그러했듯이, 사람(person)은 사물과는 반대되는, 근본적으로 독특한 어떤 것들이 있다고 가정하십니다. 칸트는 이 점을 자신의 윤리학의 주된 특징으로 부각시켰습니다. 그는 우리는 항상 다른 사람들과 마찬가지로 자기 자신에 있어서도 사람됨(personhood)의 핵심인 인간성(humanity)[107]을 **목적 자체**로, 그리고 **결코 단지 수단으로서가 아니게** 대우해야 한다고 주장했습니다. 사람들은 때때로 이 원리를 칸트의 **인격**(persons)[108] 존

---

107) humanity. 인간을 인간답게 만드는 그것이다. 인간성이라는 단어 자체는 인간을 다른 생명체와 구별하는 것, 인간의 자연 혹은 인간의 본질을 가리키지만, 인간의 연약함과 유약함, 비천함, 악함을 의미하기보다는 삶을 선도하는 규범적 이념으로 사용된다. 타인들과의 일상적 관계에서 인도주의 윤리를 표현하는 도덕적 특성이다. 인간성은 인간의 무조건적 가치에서, 즉 모든 개인적, 사회적, 정치적 노력의 궁극적 지향점인 인간의 자유, 인간의 존엄에서 출발한다.

108) 칸트에 있어서 인격으로 번역되는 person은 도덕적 행위자가 될 수 있는 자격을 가진 사람 또는 인간을 가리킨다. 일상언어에서는 생물학적 종으로서의 인간과 동의어로 쓰이지만, 인격이라 하려면 인격적 정체성을 요구한다. 이 인격적 정체성의 기준은 크게 실체적인 영혼을 인격성의 토대로 가정하는 입장(플라톤, 데카르트)과, 예컨대 두뇌 활동의 단순한 물리적 연속성이 인격의 조건으로 충분하다고 가정하는 입장(로크)이 있다. 통상 인격의 유무를 판가름하는 기준으로는 이성, 의식, 자기 의식, 의사소통 능력, 도덕적 의식 등으로서 '정상적인 판단력'이라고 하겠다. 기억과 이성을 소유하고 있는 건강한 인간 존재가 인격체인 바, 그들 존재만이 존중받아야 한다는 주장을 personism이라고도 한다.

다만, 우리나 동양권이나 덕의 윤리에서 일컫는 '인격(character)'은 좋은 품성으로써, 도덕적으로 훌륭한 인간을 가리키며, 이런 점에서는 '체현된 인간성'이라고 하겠다. 그 구체적 내용은 물론 다양하다. 그런가 하면, 가치 중립적인 용어로서 인격적 정체성과 유사하게 사용되기도 한다. 이 경우, personality(인성)이라고 표현할 수도 있을 것이다. 그리고 일반 사회에서 타인에게 비추어진 외양이나 이미지상의 성격을 가리키는 용어로 personality를 사용하기도 한다. 이들 용어들은 주로 심리학이나 사회학상의 용어들이다. 인격은 후천적이며 자기개발이나 교육을 통해서

중의 정식이라 부르는 바, 이것은 칸트의 궁극적인 윤리적 원리입니다. 이에 대해서 칸트 자신은, 우리가 보편적, 절대적 도덕 규칙에 기초하여 행동해야만 한다는 관념을 다른 방식으로 이해할 수 있게끔 제시한 것에 불과하다고 생각했지요.

보브 : 그게 어떤 건데요?

피터 : 아마도 우리는, 엘리스씨가 했던 것처럼, 칸트가 왜 사물과 사람간의 차이를 강조했는가를 생각해봄으로써 이것을 이해할 수 있을 것 같습니다. 그 차이란 무엇인가요?

사라 : 잠깐만요. 저는 목적과 수단과 같은 소리도 이해가 잘 안가요. 대체 무슨 뜻인가요?

피터 : 우리는 사람들을 목적으로 대우해야지 **단지** 수단으로 대우해서는 안 될 것입니다. 누군가를 단지 수단으로 대우한다는 것은 어떤 것과 같은 걸까요? 어떤 것을 수단으로 대우하는 예를 하나 들어주실 분, 안 계신가요?

사라 : 무엇에 대한 수단으로 말인가요?

보브 : 어떤 목적 혹은 의도, 목표에 대해서 가질 수 있습니다. 예를 들면 우리는 지금 통나무 위에 걸터앉아 있습니다. 우리는 통나무를 수단으로 이용하고 있는 것이지요, 그렇지 않습니까? 우리는 그것을 우리 목적을 위해 이용하고 있는 것입니다.

습득된 그것이다. 여하튼 본문에서의 person은 사물과 대비되는 의미에서 사람 혹은 인간의 의미가 강하다. 다만, 칸트의 용례를 중시하여 '인격'으로 번역했다.

피터 : 그 예를 놓고 볼 때, 사람을 단지 수단으로 이용한다면, 어떤 것일까요?

보브 : 제가 누군가보고 나의 통나무가 되어 달라고 요청하는 것일 테지요. 만일 제가 누군가를 그렇게 이용했다면, 저는 제 엉덩이가 물에 축축해지지 않고 보다 편안하게 그 사람 위에 앉을 수 있는 것이지요. 그런 경우 누군가를 수단으로 대우하는 것이 될 것입니다.

사라 : 좀 "엉뚱"하시군요. 그런 식으로 누군가를 이용하려는 사람이 어디 있어요? 아무도 그렇게 대해 주지 않을 거예요.

소피아 : 하지만 피터 교수님이 의미하시는 바를 좀 쉽게 이해하려 한다면, 무리가 없는 예이지, 뭐. 우리는 때때로 사람들을 마치 그들이 느끼고 생각하는 실제적 존재가 아니라 사물인 것 마냥 대우합니다. 우리는 사람들을 그들이 마치 우리 자신의 목적을 위해서 존재하는 것 마냥 그렇게 대우해서는 안 됩니다. 우리는 사람들을 가구 따위 마냥 대우할 수 없는지 모르나, 사람들은 다른 사람들을 이용하는 것이 사실입니다. 사람들은 다른 사람들을 이를테면 성적 대상물로 이용합니다.

마크 : 그러나 우리는 어떤 의미에서 다른 사람들을 이용해야만 합니다. 우리는 지금껏 그렇게 하고 있습니다. 저는 제 차를 고치기 위해서 정비사들에게 가지요. 그리곤 그들을 나의 목적을 위해서 이용합니다. 우리는 랜솜씨와 사라씨를 여행 안내자로서 이용하고 있는 것입니다. 우리가 상점에 갈 때, 의사에게 갈 때, 혹은 저 같은 **변호사**에게 갈 때조차도 우리는 사람들을 이용하는 것입니다.

피터 : 바로 그것이 칸트의 원리가 우리는 사람들을 **단지** 수단으로서 대우

할 수 없다고 말하는 이유인 것입니다. 우리는 그들을 존중해야만 합니다. 우리는 그들을 마치 그들이 **단순한** 사물인양, 우리의 목적에만 유용할 뿐인 그것 마냥 대우해서는 안 된다는 것입니다. 그렇다고 이것이 우리를 돕도록 사람들을 이용하는 것을 절대적으로 배제하는 것은 아닙니다.

사라 : 대체 무슨 차이가 있단 말씀이세요?

소피아 : 정비사를 이용하는 것과, 예를 들어 누군가를 노예로 이용하는 것 사이에는 엄청난 차이가 있지요. 당신은 무례하지 않고 친근하게 대함으로써 정비사를 존중할 수 있는 것입니다. 만일 당신이 누군가를 노예로 삼는다면, 당신은 그 사람의 자유와 존엄성을 부정하는 것입니다. 당신은 사람을 **단지** 사물, 즉 당신의 목적을 위해서만 사용하는 어떤 대상으로 대우하는 것입니다.

피터 : 그렇다면, 당신이 일컫는 "**존엄성**(dignity)"이라는 견지에서 대체 사람과 사물은 어떤 차이가 있는지 생각해 보시겠어요? 그 차이를 가치의 견지에서, 혹은 적어도 사람과 반대되는 사물의 가치를 측정하는 견지에서 생각해 보세요?

로즈 : 저는 때때로 "버림받은 아이"란 말을 들을 때, 그런 생각을 해봅니다. 아이가 버림받았건 아니건 간에, 아이는 아주 귀중한 존재인 것입니다.

피터 : 사물은 왜 가치를 갖는가요?

보브 : 가구는 사람들이 편하게 앉고 싶어하기 때문에 가치를 갖습니다. 사람들은 또한 멋진 가구를 좋아하지요.

피터 : 그러면 만일 가구가 "버림받았다면," 어떤 가치가 있는가요?

보브 : 아무런 가치도 갖지 않지요. 누구도 그것을 구매하거나 사용하려 하지 않을 것입니다.

피터 : 아이의 경우에는요? 아이는 어떤 가치를 갖나요? 그런 가치는 무엇에 의존하는 가요?

소피아 : 아이의 가치는 누구에게도 의존하는 것이 아닙니다. 당신은 아이나 사람의 가치를 계산할 수 없어요.

피터 : 바로 거기에 칸트의 참뜻이 담겨 있지요. 저는 이에 대한 좀더 멋진 표현을 알고 있어요. 즉, 그 가치를 측정하는 견지에서 볼 때, 사물이 그 가격에 있다면, 인격은 그 존엄성에 있다. 사물은 칸트가 "조건적 가치(conditional worth)"이라고 일컫는 그것을 가지고 있습니다. 사물의 가격은, 만일 우리가 돈으로 생각한다면, 사람들의 필요나 관심, 혹은 욕구들로 인해서 사람들이 그것에 부여하는 가치에 의해서 **상대적**이거나 조건화됩니다. 그래서 조건적 가치는 그 사물에 대해 **외적인**(external) 어떤 것에 의해서 부과된 것입니다. 인간의 존엄성은 아주 다릅니다. 인간은 무조건적 가치를 가지고 있습니다. 소피아씨가 말했듯이, 우리는 사람의 가치를 측정할 수 없습니다. 그것은 상대적인 것이 아니라 **절대적인** 것입니다. 어떤 이들은 사람은 무한한 가치를 갖는다고 말합니다. 그런 가치는 그 사람에게 **내재적인**(intrinsic)것이지, 어떤 외적인 근거들에 의존하는 것이 아닙니다.[109] 요컨대, 칸트는 사람은 그 가치의 견지에서 볼 때, 사물이라기보다는 **존재**라는 전적으로 상이한 범주에 속한다고 믿었습니다.

---

109) 본질적 가치라고도 한다. 이는 그 자체로서 가치를 가지는 경우를 말한다. 외재적 가치 extrinsic value는 A가 B라는 다른 목적을 위한 수단으로 쓰일 경우에 A가 가지고 있는 가치를 말한다. 흔히 수단적 가치 instrumental value라고도 한다. 위의 경우에 A는 수단적 가치를 가지며 그 가치의 내용은 B에 의하여 상대적으로 규정된다. '내재적'이란 '내적으로 관련된' 혹은 '개념적으로 관련된', '외재적'이란 '외적으로 관계된' 혹은 '경험적으로 관련된' 의미로 해석될 수 있다.

소피아 : 만일 당신이 사람을 사물로서 대우한다면, 당신은 그 인간의 존엄성을 부정하는 것입니다. 그렇다면, 당신은 그녀가 유용하다는 것을 발견할 때만 그녀가 가치를 가지고 있는 것처럼 그녀를 대우하게 되는 것입니다.

피터 : 그렇습니다. 여기에 바로 로즈씨가 말하는 도덕의 절대성의 의미가 있으며, 또한 칸트가 보편적 도덕 규칙에 근거하여 행동하는 것이 사람을 목적 자체로서 대우하는 것으로 보여질 수 있다고 믿었던 이유에 대한 답변이 존재하는 것입니다. 만일 칸트가 옳다면 도덕 규칙은 예외 없이 모든 사람들에게 적용된다는 것에 주목하십시오. 왜냐고요? 그것은 우리가 모두 "평등" 하기 때문입니다. 그러나 왜 우리가 평등합니까? 그것은 우리가 모두 측정될 수 없을 만큼 가치로운 존재들이기 때문입니다. 이것이 바로 우리가 우리 자신들에 대해서 그리고 일관성 있게 다른 사람들에 대해서 보아야만 하는 방식입니다. 그리고 로즈씨, 당신은 결과 자체를 위해서 행해져서는 안 되는 어떤 것들이 있다고 주장하십니다. 비결과론자들은, 우리가 언제나 그 존엄성, 즉 사람의 무한한 가치를 존중해야만 한다고 주장함으로써, 즉 사람은 다른 사람들에 의해서 이용되어야 할 사물처럼 대우받아서는 안 된다고 주장함으로써 이 입장을 계속 유지할 수 있습니다.

보브 : 그렇게 함으로써 보다 많은 선, 아주 많은 선을 산출할 수 있다할지라도 그렇습니까? 결과론자들은 "가장 좋은 결과를 가져올 것이라면 그 어떤 것도 할 수 있다, 비록 그런 일이 소수인종을 노예화하거나 무고한 사람을 처벌하는 것이라 할지라도 그럴 수 있다."고 말합니다. 칸트는 이에 대해서 동의하지 않는다고 봅니다.

피터 : 그렇습니다. 당신은 사람을 단지 사물로서나, 가장 많은 선을 도모하는 유용한 도구로서나 이용할 수 없습니다. 칸트의 인간 존중의 원리는 그런식의 대우가 도덕적으로 받아들여질 수 없다는 것을 보여주는 확고한 토대입

니다. 우리는 사람을 그런 식으로 이용하는 것은 **공정**(fair)하거나 **정당**(just)하지 않다고 말할 것입니다.

소피아 : 저는, 우리가 다른 사람들이 나와 같이 행동하기를 기대하지 않는 그런 방식으로 행동할 때에 관해서 던진 저의 질문에 대한 당신의 답변은 바로 그 원리를 사용하는 것이라고 생각합니다. 저는 유니테리언 목사로서 도덕적으로 나쁜 방식으로 사람들을 이용하지 않습니다. 그런데 대농장주들은 사람들을 이용하는 사람들입니다.

보브 : 저는 이 원리를 좋아합니다. 저는 칸트가 우리는 사람의 무조건적 가치를 존중해야 한다는 사실을 강조한 것이 옳다고 생각합니다. 하지만 저는 아직도 그 의미를 정확히 알지 못하겠습니다.

소피아 : 그 원리가 어떻게 적용되는지를 알지 못한다는 말씀인가요?

보브 : 당신이 사람들을 노예로 만들 수 없다는 것은 이해할 수 있어요. 그렇지만 만만찮은 문제들이 있어요. 저는 사업가입니다. 저는 회사의 선을 위해서 사람들을 해고하지 않을 수 없었습니다. 저는 그로 인해 어려움이 생긴다는 것을 알지요. 이것은 사람을 존중하는 마음이 없다는 것인가요? 제가 단지 사람들을 내 사업에 유용한 물건처럼 대우하고 있을 뿐이라는 건가요? 아니면 제가 기분이 언짢은 채로 출근해 비서가 있는지 없는지도 상관하지 않고 사무실로 들어갈 때 이것은 그녀를 사람이라기보다는 사물로서 대우하는 건가요?

소피아 : 당신은 지금 자문자답하려는 것입니까? 자 보세요. 제가 사람들이 다른 사람들을 이용하고 있다고 생각할 때 가장 먼저 생각나는 것은 여성 문제와 관계가 있습니다. 우리 사회에서 여성은 사람이 아니라 성적 대상, 사물

로서 대우받는 일이 적지 않습니다. 그런 일은 일상의 관계들에서, 매춘에서, 음란물에서 발생하며, 이제는 여성이 단지 비인격적인 아기 생산기계(씨받이)로 전락하는 경우도 발생합니다. 이런 일들을 결과론자들이 생각하는 관점에서 보는 것과, 칸트의 관점에서 보는 것의 차이를 살펴봅시다. 여성들은 침실에서, 일터에서, 유흥산업에서 착취당하고 있는 것입니다… 한 번 주위를 둘러보세요.

마크 : 하지만 여성들은 당신이 말하는 것처럼 "착취당하기"를 **선택**하는 경우가 많지 않습니까? 누구도 창녀가 되라고 강요하지 않아요. 누구도 포르노 영화관에 가라고 강요하지 않습니다.

소피아 : 그건 일부 경우에는 맞지 않는 이야기입니다. 그리고 모든 상황에서 우리는 사람들을 그들이 그렇게 하도록 몰아가는 사회적 힘들이 있다는 것을 인식해야만 합니다. 그 힘들은 우리들처럼 사회생활을 꾸려 나가는 사람들에게는 엄청난 압력을 가합니다.

마크 : 오, 그렇습니까? 계속하시지요. 당신은 여성들에게 다른 대안들이 없는 것처럼 그렇게 말씀하시는군요.

소피아 : 그리고 다른 소수인종들의 경우에는 어떻습니까? 저는 이따금씩, 소수인종들이 먹고살기 위해서 그런 일들을 할 수밖에 없을 때, 우리 사회가 그들로부터 인간의 존엄성을 제도적으로 앗아가고 있는 현실을 솔직히 인정하는지조차 의심스러울 때가 있습니다.

보브 : 눈이 있으면, 보라고요? 사람을 존중해야 한다는 이 관념 자체가 분명하지 않습니다. 우리가 사람들을 어떤 특정한 방식으로 착취할 수 없다는 것에 대해서는 알고 있죠. 그러나 그들이 착취당하기를 **선택**할 때조차도,

우리가 그 사람들을 존중해야만 하는가요?

피터 : 제 생각에는, 우리가 왜 사람의 가치를 그렇게 높게 보는가 하는 그 이유를 우리 스스로 반문해 본다면 보다 분명해질 것 같습니다. 바꾸어 말해서, 사람을 사물 혹은 동물과 아주 다르게 만드는 것은 대체 무엇인가요? 존엄성은 대체 어디에 근거하는 것인가요?

마크 : 제가 보기에는 존엄성은 우리가 선택할 수 있다는 사실에 있습니다. 우리는 자유롭고 책임질 수 있는 존재인 것입니다.

피터 : 당신이 방금 말한 의미로는, 동물들도 어떤 선택을 하지 않나요?

마크 : 아니지요.

피터 : 왜 아니라고 보나요?

마크 : 동물은 본능에 근거해서 행동합니다. 동물은 사고할 수 없습니다. 따라서 동물은 대안들에 대해서 사유할 수 있는 능력이 없는 것이지요.

피터 : 현재 어떤 이들은 적어도 **일부** 동물들은 당신의 의미에서 선택할 수 있다고 생각하고 있습니다. 하지만 사람이 적어도 당신이 말하는 것처럼 할 수 있다고 가정해 봅시다. 왜 사람들은 다른 대안들이 아니라 그 한 대안을 선택하는 걸까요? 특히, 인간 실존의 도덕적 차원에 관한 이 모든 논의들을 염두에 두고 생각해 보세요.

보브 : 그들마다 이성들을 가지고 있지요.

피터 : 어떤 종류의 이유인가요? 다시 말씀드리지만, 우리 논의에 초점을 맞춰 생각해 보세요.

소피아 : 우리가 우리 자신을 위해서 어떤 것들을 원할 때에, 일부 이유들은 이기적이거나 자기-이익적인 것들이죠. 하지만 때때로 우리는 도덕적 이유들로 인해서 어떤 일들을 합니다. 이것이 당신이 뜻하는 바가 아니신가 생각합니다만… 맞죠?

피터 : 맞습니다. 칸트학파는 우리가 도덕적 이유들에 근거해서 행동할 수 있다는 사실, 즉 우리는 우리가 옳다고 생각하는 바를 행하거나 우리의 의무를 행하고자 할 수 있다는 사실을 강조하고 있습니다. 우리는 우리의 행동들에 대해서 책임을 질 수 있는 존재입니다. 우리는 삶에서 해야 할 바를 우리 스스로 결정해야만 하는 **도덕적 행위자**(moral agent)인 것입니다.

마크 : 우리는 **선택하지** 않을 수 없습니다.

피터 : 그렇습니다. 자기-결정적 행위자로서, 우리는 **자율적**입니다. 많은 철학자들은 이 관념을 자신들의 윤리적 사고의 중핵적 요소로 삼고 있습니다. 사람을 합리적인, 자기-결정적 도덕적 행위자로서 존중한다는 것은 사람의 자율성을 존중해야만 한다는 것을 의미합니다. 여러분들은 이것이 사람들이 그들 자신의 선택을 할 수 있는 권리를 가지고 있다고 주장하는 근거라고 말해도 좋을 것입니다. 달리 말하면, 다른 사람을 존중하는 것은 우리가 각 개인들의 자유(liberty)[110]를 수호하는데 최대한의 배려를 해야만 한다는 것을

---

110) 도덕적 자유는 인간의 행위에 있어 물리적으로 자유로운 상태(신체적 강제가 없는 상태)와 도덕적으로 자유로운 상태를 구별하기 위한 것이다. 예를 들어 분노한 상태나 만취의 상태에서의 행동은 자유롭지 못한 것이라 말할 수 있다. 따라서 모든 자유가 반드시 올바른 것은 아니며, 단지 사려깊고 신중한 행위만이 진정한 자유라는 의미가 함축되어 있다. 무책임과 무의식 또는 광기에 대립되는 의미이다.

의미합니다. 우리는 사람들이 그들 자신의 삶에 대해서 내리는 판단들에 대해서 존중해야만 합니다.

보브 : 다른 사람들의 자율성을 존중하는 한, 그렇단 말씀이지요?

피터 : 그렇습니다.

보브 : 하지만, 음란물 문제를 생각해 봅시다. 저는 그 추악한 것들을 혐오합니다. 그런데 만일 사람들 스스로가 음란물에 관여하거나 즐기거나 하기로 선택하는 것이라면, 그건 용인될 수밖에 없다고 봅니다. 칸트라면 뭐라고 할까요?

마크 : 법적으로는 아동학대나 착취를 확실히 막을 수 있습니다. 왜냐하면 그들은 완전한 자율적 존재라고 보지 않기 때문이죠.

피터 : 칸트는 우리는 다른 사람들에 있어서와 마찬가지로 **우리 자신**에 있어서도 인간성을 존중해야 한다고 말합니다. 우리는 우리 자신들도 존중해야 할 의무가 있습니다. 그래서 저는, 만일 우리가 포르노 관여를, 타인들의 쾌락을 증대시키는 단순 도구로서 이용되는 일종의 비굴한 용인으로 간주한다면, 자기-존중의 의무가 포르노 관여를 도덕적으로 비난할 수 있는 근거로서 활용될 수 있지 않나 생각합니다.

안토니 : 하지만 사생활권에 대해서는 어떻습니까? 만일 제가 내 집안에서 외설적인 소설을 읽고자 한다면, 어떻게 됩니까? 그건 저의 도덕적 권리일 수 없다는 것입니까? 저는 어느 누구도 착취하려는 것이 아닙니다. 또 마리화나와 같은 마약을 이용하는 것은 어떻습니까? 그것도 다른 누구를 해치는 것이 아닙니다.

피터 : 우리는 이 문제에 대해서 앞서 이야기한 적이 있습니다. 앞의 두 경우 모두에서 저는 그것이 당신의 행위가 사회적으로 피해를 주게 될 것인지 혹은 그런 일을 함으로써 당신이 직접적으로든 간접적으로든 다른 사람들을 존중할 수 없게 될 것인지 아닌지에 달려 있다고 봅니다. 어느 경우든, 저는 **만일** 당신이 자율성을 당신의 근본적인 윤리적 가치로서 받아들인다면, 그러면 "혼자 있을" 권리, 사생활에 대한 권리가 당신의 도덕적 관점의 핵심이 될 것이다 라고 본 점에서는 당신이 옳다고 생각합니다.

마크 : 사생활권이나 사적 권리들은 다른 고려사항들에 비추어서 인정되어야 한다는 무수한 법정 사례들이 있습니다.

피터 : 흔히는 공리주의적 관점에서의 고려사항들이지요. 비-결과론자들은 무엇이 사람들에게 **선**인지를 판단할 수 있는 우리의 능력, 그리고 행위의 결과들을 정확히 계산할 수 있는 우리의 능력에 대해서 의구심을 가지고 있습니다. 그래서 그들은 자기 자신의 숙고된 판단을 할 수 있는 권리, 즉 선함을 극대화하기를 원하는 선의의 사람들에 의해서조차도 강제되지 않을 권리를 가장 근본적인 것으로 간주합니다.

소피아 : 하지만 그것은 극단으로 치달을 수 있습니다. 때때로 사람들은 스스로 다른 사람들에게 해가 가지 않는 일들을 선택하지만, 그들은 그들 자신을 해치는 일을 하기도 합니다. 우리는 사람들이 마약중독자가 되거나 도박으로 자신들의 삶을 망치거나, 안전의식조차 없어 헬멧을 쓰지 않아서 오토바이 사고로 머리를 다치게 되는 일들을 옆에서 나 몰라라 하고만 있어야 합니까?

사라 : 또 권투경기는 어떻습니까? 저는 스포츠를 좋아하지만 상대방이 정신을 잃도록 마구 때리는 권투경기를 도저히 볼 수가 없습니다. 저는 그들이

돈을 벌 수는 있지만 복싱이 심각한 두뇌 손상을 일으킬 수 있다는 의학적 증거를 알고 있습니다. 저, 불쌍한 무하마드 알리를 보십시오. 저는 그를 생각할 때마다 가슴이 저려옵니다.

보브 : 저는 안락사 논쟁이나 적어도 죽음과 관련된 어떤 유형의 결정들은 자율성 문제로 귀결되는 분위기 같습니다. 만일 당신이 자율성을 강조하고 어떤 사람이 아주 고통스러운 말기 질병 때문에 자신의 생을 마치기를 원한다면, 우리는 그의 결정을 받아 들여야만 하지 않겠어요? 하지만, 그것은 제가 아직도 받아들일 수 없으며 저의 교회도 받아들일 수 없는 입장입니다.

소피아 : 저는 문제가 없다고 봅니다. 어떤 경우에는, 죽어 가는 사람의 소망을 받아들이지 않는 것이 무정하다고 생각합니다.

피터 : 자, 봅시다. 저는 우리가 우리의 도덕적 삶을 밝혀줄 매우 중요한 윤리적 원리를 발견했을 것 같은 때조차도 적지 않은 난제들이 남는다는 것을 강조할 수밖에 없습니다. 우리는 그 원리가 현실 생활의 어려운 상황들에 어떻게 적용되는가, 그리고 그를 위해서는 판단이 불가피하다는 것을 이해해야만 합니다. 더욱 중요한 것은 우리가 결과론을 논의할 때 확인한 것처럼, 우리는 우리의 도덕적 삶의 모든 측면들이 이 전망으로 해명될 수 있는가 하는 곤혹스런 물음에 직면한다는 것입니다. 확실히 말씀드려서, 결과론의 도덕적 추론이 타당하지 않은 것이 아닙니다. 우리는, 우리의 행위들이 전체적인 총합의 차원에서 다른 사람들의 삶에 얼마나 영향을 미치는가에 대한 고려가 정말로 수긍가능한지,[111]정말로 합의를 얻어낼 수 있는 것인지에 관해 이야기

---

111) 윤리설에 대한 타당성 기준의 하나로 천거되고 있다. 즉, 윤리설은 수긍할 수 있어야 한다는 것이다. 정합성은 수긍가능성에 기여한다. 그밖에도 기성의 도덕적 확신과 갈등을 빚거나, 또는 상식을 어긋나는 것이어서는 수긍할 수 없게 될 것이다. 이밖에도 정합성(consistency), 유용성(usefulness), 정당성(justification)을 천거한다. C .H. Harris., Jr.『Applying Moral Theory』(Wadsworth, 1986).

하면서 그 논의를 시작했었지요. 기억 나시죠? 지금 우리는 인간을 존중하는 것에 관해 이야기하고 있습니다만, 우리는 공리주의적 사고가 갖는 적절성에 관해 외면할 수 없을 것 같습니다.

소피아 : 그렇다면 두 관점 모두를 가져서는 안 되는가요? 꼭 한 이론만이 **정답**이어야 하는가요?

피터 : 자기가 신봉하는 이론이 정답이라고 주장하는 이론가들이 심심찮게 있는 것이 사실이죠. 그런데 만일 당신이 도덕에는 **두 개**의 근본적인 전망들이 존재한다고 말하시면, 그 즉시 당신은 당신의 구체적인 도덕적 결정들마다에서 두 전망을 놓고 저울질할 때 나오는 갖가지 문제들을 맞게 된다는 것을 아셔야 합니다.

보브 : 그렇지만, 공리주의라는 한 전망 내에서도 경쟁적인 선들 혹은 상이한 도덕 규칙들을 무게질해야 할걸요.

피터 : 그렇습니다. 제가 말씀드린 바와 같이, 도덕 이론들은 도덕 선택의 문제들을 정리·종합하고, 해명하고, 그 실천적인 도움을 줄지 모르지만, 그 부담과 난제들을 완전히 떨쳐버릴 수는 없는 것입니다.

소피아 : 저에게 남아 있는 질문 하나를 하려 합니다. 마크씨가 방금 전에 이야기할 때 떠오른 것인데… 마크씨는 인간 존중의 원리가 각 개인들에게 그 자신의 일을 할 수 있는 공간을 마련해준다고 생각해서인지, 그 원리에 대해서 크게 공감하는 것 같았습니다. 다들 아시겠지만, 마크씨는 이기주의에 공감하고 있지요. 자, 그렇다면, 저는 마크씨가 "당신은 다른 사람들을 이용할 수 없다. 즉 당신은 다른 사람들을 착취할 수 없다. 당신은 무엇보다도 우선 다른 사람들의 독립성(freedom), 그들의 자유(liberty)를 존중해야만 한다."는

사실을 받아들일 것이라고 상상해 볼 수 있습니다. "만일 사람들이 그들 각자의 삶을 영위하면서 다른 사람들의 권리들을 명백히 침해하지 않는다면, 그때에는 그것이 받아들여질 수 있을 겁니다."[112] 그렇다면, 자선(charity) 행위는 어떻게 되죠? 다른 사람들을 돕는 행위는 어떻게 됩니까? 이렇듯, 인간 존중의 원리는 일종의 **도덕적 최소주의**(moral minimalism)로 귀착되는 것이 아닌가요? 그것에 따르면, 다른 사람을 해쳐서는 안되지만, 반드시 다른 사람을 도울 필요는 없는 것 아니겠습니까? 제가 무슨 말씀을 드리고자 하는지 아시겠지요?

피터 : 예, 알고 있습니다.

소피아 : 그리고 그것이 우리 사회 속에 반영되어 있고 말고요. 우리는, 다른 사람들에게 배려해야 하고, 관심을 쏟아야 하고, 도움을 줘야 하고, 이 땅의 고통받는 자들을 외면하지 말아야 할 의무에 관해서 보다는, 각기 자신들의 개인적 권리를 지키는 것에 관해서 더 많은 이야기를 하고 있는 것입니다.

피터 : 당신의 말씀을 철학에서 하는 말들로 바꾸면, "칸트의 전망은 선을 증진시켜야 할 의무나 다른 이들의 삶을 직접적으로 도와야 할 의무를 저버리면서까지, 다른 사람을 간섭하지 말아야 할 의무나 타인에게 위해를 가하지 말아야 할 의무를 지나치게 강조한다."는 것이죠.

소피아 : 바로 그것입니다. 칸트의 입장에서 볼 때, 우리는 다른 사람들을 도와서는 안 되는 것인가요?

---

112) 이는 "타인에게 위해(危害)를 끼치지 않는 한, 자신의 생명, 신체, 재산에 관해서 자기가 결정할 권한을 갖는다."는 "타자 위해의 원칙"를 가리킨다. 이는 원자론적 개인관에 근거한 자유주의 원리의 중요한 부분이다.

피터 : 칸트의 전망은 선이 배분될 때 사람들을 공정하게 대우해야 할 것을 요구하고 있습니다. 그렇다면, 그 공정해야 할 의무는 사람들의 삶에 직접적으로 영향을 미치게 될 것이 분명할 것입니다. 하지만 당신의 지적도 받아들여집니다. 칸트가 든 유명한 예 가운데 하나가 곤경에 빠진 다른 사람들을 도와야 하는 우리의 의무와 관계됩니다. 분명히, 만약 그것이 하나의 **의무**라면, 그는 그것이 보편화가능성의 원리로부터 뿐만 아니라 인간존중의 원리로부터도 도출되는 것이라고 생각합니다. 그는, 인간성을 목적 자체로 대우하는 것은 내가 다른 사람들의 목적을 포용해야 한다는 것을, 즉 내가 다른 사람들의 목적을 **나의** 목적으로 만들어야 한다는 것을 뜻한다고 믿고 있습니다.

마크 : 이해가 안됩니다. 그것은 제가 "존중"이라는 낱말을 이해하는 방식이 아닙니다. 저는 당신을 좋아하지 않거나 당신을 돕지 않으면서도 당신을 존중할 수 있는 것입니다. 당신의 말씀은 마치 칸트가, 사람을 존중한다는 것은 내가 모든 다른 사람들의 목적들을 나의 목적으로 만들어야만 한다는 것을 의미하는 것이라고 말하는 것처럼 들립니다. 당신의 말씀은, 모든 사람들의 선은 나 자신의 선과 동등하며 나는 관련된 모든 사람들의 최대의 선을 도모하도록 해야만 한다는 점에서 공리주의에 보다 가깝게 보입니다.

사라 : 저는 마크씨가 이야기하려는 의미를 알겠습니다. 저는 대학의 어느 코치를 **존중**합니다. 그러나 나는 그 사람을 좋아하지는 않습니다. 그는 나의 친구라 할 수 없지요. 그에게 호감을 갖긴 어렵지만, 그가 훌륭한 코치인 것은 분명합니다.

소피아 : 아주 훌륭하신 표현이십니다. 만약 우리가 다른 사람들을 존중한다면 그들에 대해서 어떤 **느낌**을 갖게 되리라고 생각하십니까? 만일 우리가 다른 사람들을 적극적으로 돕지 않는다면, 우리는 그들이 마땅히 받아야 할 존경을 스스로 부정하는 것인가요? 아니면, 다른 어떤 것인가요?

피터 : 예를 하나 들어 드리겠습니다. 세계적으로 수백만 명이 기아에 허덕이고 있습니다. 그 가운데에는 어린이들이 포함되어 있으며, 그 아이들은 영양실조와 굶주림으로 죽어가고 있습니다. 외람 되지만, 저는 여러분 가운데 이 사람들을 돕고자 하는 단체에 자신이 정말로 낼 수 있는 많은 돈을 내는 사람은 극소수라고 장담합니다. 저는 대다수 사람들이 쉽사리 사치품들을 사들이지만 그 돈으로 세계 기아와 싸우는데 사용할 수 있다는 사실을 미처 생각하지 못했던 것이라고도 확실히 말씀드릴 수 있습니다. 자, 저의 질문은 이렇습니다. 즉, 기아 해방을 위해 싸우는데 필요한 돈을 기부하지 못하는 것으로 인해 당신들은 그 사람들을 "존중"할 수 없는 건가요, 아니면 당신들은 그들을 어떤 식으로 **이용**하고 있는 건가요? 다른 한편, 만일 당신들이 그들을 이용하고 있지 않다면, 당신들은 세계 기아와 관련해서 당신에게 도덕적으로 요구하는 모든 것을 행하고 있는 것이라고 느끼십니까?

마크 : 저는 제가 자선을 베풀지 못한다고 해서 누군가를 이용하고 있는 것이라고는 생각하지 않습니다. 그건 그것, 자선인 것이죠.

피터 : 무엇에 대립됩니까?

보브 : 의무와 대립됩니까?

피터 : 그것은 의무를 넘어서는 것이지요, 마크씨?

마크 : 그렇습니다. 저는 사람들이 기부하는 행위는 훌륭한 일이라고 인정합니다. 하지만 그것은 그들의 돈인 것입니다. 자선은 그들에게 달려 있는 것입니다. 그들은 그 돈으로 그들이 원하는 것을 할 수 있는 권리를 가지고 있지요.

소피아 : 그 예를 가지고 무슨 말씀을 하려는지 알겠습니다. 저는 자선을 베풀지 않는 것이 굶주린 사람들을 존중하지 않는 것이 아니라는 데 동의합니다. 하지만 우리는 자선을 베풀어야만 합니다. 그들은 우리와 같은 **인간들**입니다. 그리고 우리는 그들에 대해서 무언가 느껴야만 합니다. 그들은 비참하고, 열악한 조건 속에서 살아가고 있는 데 비해 우리는 값비싼 옷을 입고 고급 자동차를 몰고 다닙니다.

피터 : 결과론자라면 무엇이라고 답하겠습니까? 우리는 자선을 베풀어야 합니까?

엘리스 : 물론이고 말고요. 만일 그것이 우리에게 손해가 되지 않고 다른 사람들을 돕는 것이라면 우리는 그렇게 해야 합니다.

안토니 : 피터 교수님, 당신은 어떻게 생각하십니까?

피터 : 저는 존중이 우리가 어려운 사람들을 부조해야 하거나 자선을 베풀어야 할 책무를 수반하는 것인지 확신할 수 없지만, 우리가 그러한 책무들을 가지고 있다고는 믿습니다. 그래서 저는 존중의 원리가 모든 우리의 책무들을 포섭하는 것이라고 생각하고 싶지 않습니다. 저에게는, 칸트 자신이 어떤 생각을 가지고 있었던 간에, 존중은 우리가 다른 사람들에 대해서 취해야 할 태도의 일종인 것 같습니다. 저는 당신들이 내놓으시는 예들을 보고 적지 않게 놀랐습니다. 밀(J. S. Mill)이 공리주의와 기독교의 "사랑의 윤리"를 결합시키기를 원했다는 사실을 기억해 주시기 바랍니다. 만일 다른 사람에 대한 저의 태도가 **존중**이라기보다는 **사랑**이라면, 다른 사람들의 삶에 적극적으로 기여한다는 차원에서 훨씬 더 많은 것들이 저에게 요구되는 것 같습니다.

소피아 : 저는 모든 살아있는 존재들에 대한 동정[113]을 강조하는 불교를 생

각해봅니다. 저에게는 동정은 존중과 아주 다른 것 같아 보입니다. 만일 내가 당신에게 동정을 가지고 있다면, 나는 진실로 당신에 대해서 무언가를 느끼는 것입니다. 그것은 거의 공감[114]과 같은 것입니다.

피터 : 아주 매혹적인 말씀입니다. 그 말은, 고려해볼 가치가 있는 또 다른 경향의 비판을 떠올리게 합니다. 당신은 석가모니가 **모든 살아있는** 존재들에 대한 동정을 격려했다고 말하십니다. 이것을 이웃을 사랑하라는 예수님의 말씀과 비교해 보세요. 『구약』에서도 엿보이는 이 원리가 참으로 보편적인 것인지에 대한 논란이 있습니다. 예를 들면, 니체는 극복해야 할 것은 바로 "가장 먼 사람들"을 사랑하는 것이어야 한다고 말합니다. 성 프란시스[115]는 물론이고, 인간 이외의 것들에 대해서까지 동정을 확대시키는 불교의 교리는 놀라운 것입니다. 이것을 칸트의 **인간** 존중에 대한 강조와 관련지어 생각해 보세요. 우리가 존중할 것으로 기대되는 것은 무엇인가요?

마크 : 사람들의 자유. 사람들이 선택할 수 있다는 그 사실이지요.

피터 : 그러면, 어떤 근거에서?

보브 : 이유들, 도덕적 이유들이지요.

피터 : 칸트는 인간의 합리성(rationality)[116]을 존중하도록 우리에게 요구합니

---

113) compassion. 慈悲. 憐憫.
114) sympathy. 共感. 배려, 도움, 선의적인 행위에서 자연스럽게 표현되는 이타주의적인 감정으로, 사랑, 관심, 동정, 동료의식 등과 유사하다. 공감은 감정이입(empathy)을 전제로 한다. 즉, 감정이입은 그렇게 할 수 있는 능력이고, 공감은 하나의 감정이다. 아담 스미스와 흄은 공감을 도덕적 감정의 근본이라 하였다. 상기한 불가의 동정은 공감보다 더 깊은 연민의 정이며, 인간 이외의 생명체까지 확대되는 것이다.
115) St. Francis(1182-1226). 이태리 앗시지 출생. 젊은 시절에 수도생활에 뜻을 세워 프란체스코회를 창설하였다. 기독교의 신비적인 신앙의 대표자의 한 사람이다.
116) 간단히 말하면, 이치나 이유에 부합되는 속성이다. 어떤 학자들은 같은 어원 라틴

다. 분명히, 칸트에게 있어서 합리적인 행위자만이 도덕적 고려의 대상입니다. 우리는 동물에 대한 직접적 의무가 없다고 그는 느꼈습니다. 칸트에 의하면, 동물 학대가 인간들에 대한 학대를 야기 시킬지는 몰라도, 동물에 대해서 잔인한 것에는 본질적으로 잘못된 점이 없다는 것입니다. 이것은 저에게 아주 잘못된 것이라고 생각됩니다. 그리고 그것은 "합리성을 도덕적 고려의 기초"로서 강조하는데서 나오는 것 같습니다. 저는 여러분들이 아마도 이것이 아주 논란의 여지가 많은 것임을 알게 되시리라고 봅니다. 저는 공리주의의 비조인 벤담에 동의합니다. 그는 감각능력(sentiency), 즉 고통을 느낄 수 있는 능력이 어떤 존재를 도덕적으로 고려함에 있어서, 그 존재의 이해관심을 고려함에 있어서 기초라는 신념을· 가졌던 사람입니다. 그의 말처럼, 우리가 동물의 도덕적 지위를 고려할 때, 우리는 "동물들이 추론할 수 있는가?" 혹은 "동물들이 말을 할 수 있는가?"라고 물어서는 안 되며, "동물들이 고통을 느끼는가?"라고 물어야 합니다.[117] 저는 우리가 사람들을 합리적인, 자기-결정적인 존재로서 존중해야 한다고 생각하지만, 또한 우리는 우리의 행위, 혹은 무위(無爲, nonaction)[118]가 "인간(*칸트의 인격)"으로서의 그 지위가 의심될 수 있

어 ration(reason)에서 나온 'rationality'와 'reasonableness'를 구별하여, 목적에 가장 효과적인 수단(그것이 어떠하든 간에)을 선택하면, rational하다고 하며, 자아와 타자들간에 일정한 공평한 관계, 공평성과 상호성을 갖는 관계를 유지하면, reasonable하다고 한다. 즉, reasonableness는 곧 도덕적 특성인데 비해서, rationality는 도덕과 무관한 경우가 많으며, 행위자의 목적이 오로지 자기이익에 관계하여 타인의 중요한 이익이나 권리에 반하는 것이며 비도덕적이기까지 한다.

117) 이런 입장을 동물중심적 환경윤리(animal-centered environmental ethics)라 한다. 싱어(P. Singer)는 도덕의 영역을 쾌락과 고통의 감수능력을 가진 모든 존재에로 확대하고 있다. 즉, 감감중심주의적(pathozentrisch)인 접근이다. 이 입장에서 공리주의적 관점을 취한다면, 긍정적으로는 '최대다수의 최대행복(쾌락)'이 목표이며, 소극적으로는 모든 유정자에 대한 '고통 최소화 윤리'가 목표이다. 싱어는 이런 관점에서 인간중심적 윤리를 '종차별주의(speciesism)'라고 칭했다. 쇼펜하우어의 '연민의 윤리'나 슈바이처의 '생명 외경'은 동물 보호의 이념을 정당화시킨다. 이런 입장에서 더 나아가, 식물까지를 포함한 모든 살아있는 생명체에로까지 확대하는 입장은 생물중심적 환경윤리이며, 일부이긴 하나 인간과 생물만이 아니라 무생물적인 생태계인 자연에까지 확대하는 입장도 있다. 이를테면 보전의 윤리(conserva-tion ethic)와 땅의 윤리(land ethic)가 그러하다.

118) 무위는 불위(不爲, inaction)과 구별된다. 무위는 어떤 행위의 단순한 부재라고 한

는 존재들[119]의 삶에 영향을 미치는 방식에 대해서도 민감해야 한다고 생각합니다.

보브 : 태아를 포함해서요? 그리고 중증의 지체아에 대해서도 말씀인가요?

피터 : 물론입니다. 합리성을 당신의 도덕적 관점의 중심(中心)에 자리하게 하는 것은 무언가 불완전한 것 같습니다.

소피아 : 그렇다면 우리는 결과론으로 돌아가는 것인가요?

피터 : 합리성의 불완전성과 타당성에 대한 우리의 이해를 심화시킨다는 의미에서만 그렇습니다. 즐거운 저녁시간이 되어서 고맙게 생각합니다. 좀 지치는 것 같습니다.

사라 : 지치는 정도에 불과하다고요? 저는 아예 진이 빠졌습니다. 발도 아프고요.

피터 : 신경을 많이 쓴 것 같아요. 좋은 밤 되세요, 여러분.

다면, 불위는 행위의 자발적이고 의도적인 억제이다.

119) 자유지상주의(libertarianism)의 전망에서 인격을 정의하고 있는 엥겔하트(미 : H. Tristram Engelhardt Jr.)은 인격을 다음과 같이 규정한다. 1) 모든 사람이 인격체인 것은 아니다. 2) 인격체가 될 가능성을 지닌 것(태아)는 현실적인 권리(생존권)을 갖지 못한다. 3) 자기의식, 이성, 도덕 감각을 가진, 대응능력(competence)이 있는 책임의 주체가 '엄밀한 의미에서의 인격'이다. 4) 유아나 치매에 걸린 노인은 '사회적인 의미에서의 인격'이며 생존권을 갖고 있지만 책임과 의무를 면제받는다. 5) '엄밀한 의미에서의 인격'에 관해서만 동의할 필요가 있다. H. T. Engelhardt, Jr., 『The Foundation of Bioethics』(Oxford : Oxford Univ. Press, 1986), p. 107. 물론, 피터(저자들)는 도덕적 고려의 대상을 '엄밀한 의미에서의 인격'을 넘어서야 한다고 주장하는 것이다.

사상가들의 담론

그러나 의지가 절대적으로, 그리고 무제약적으로 선하다고 불리어질 수 있으려면 법칙의 표상이 그것으로부터 기대되는 결과를 고려하지 않고서도 의지를 규정해야만 하는데, 그렇다면 그러한 법칙은 어떤 종류의 법칙일 것인가? 의지가 어떠한 하나의 법칙을 준수할 때에 의지에 생길지도 모르는 모든 충동을 의지로부터 빼앗았기 때문에 행위의 보편적 합법칙성 일반만이 남는다. 그리고 이 보편적 합법칙성만이 의지의 원리로 되어야 한다. 다시 말해서, 나 역시 나의 준칙이 하나의 보편적 법칙으로 되어야 할 것을 의욕할 수 있도록 행위해야 하고, 그와 다르게는 결코 행위해서는 안 된다. 그러므로 여기서 단순한 합법칙성 일반은, 어떤 행위를 위해서 특정한 법칙을 근저에 둠이 없이, 의지의 원리로 되는 것이며, 또 만일 의무가 반드시 공허한 망상이나 환상적 개념이어서는 안 된다면 의지의 원리로 되지 않으면 안 되는 것이다. 상식적 인간 이성도 그의 실천적 판정에 있어서 역기 이것과 완전히 일치하며, 상술한 원리를 언제나 안중에 가지고 있는 것이다.

Immanuel Kant, 『도덕형이상학의 근본 원리』

그러면 만일 최고의 실천적 원리가 있어야 한다면, 혹은 인간의 의지에 관해서 절대적 명법이 존재해야 한다면, 그 원리는 목적 자체이기 때문에 모든 사람에 대해서 필연적으로 목적으로 되는 것의 표상으로부터 의지의 객관적 원리를 구성하고, 따라서 보편적 실천적 법칙으로서 사용될 수 있는, 그러한 것이어야만 한다. 이 원리의 근거는 이성적 성질은 목적 자체로서 존재한다는 것이다. 인간은 필연적으로 자기자신의 현존을 그렇게 표상한다. 그러므로 이 원리는 그러는 한에 있어서 인간 행위의 주관적 원리이다. 그러나 다른 모든 이성적 존재자도, 또 나에 대해서도 역시 타당한, 바로 그 동일한 이성 근거에 의해서 그의 현존을 그렇게 표상한다. 그러므로 그러한 원리는 동시에 객관적 원리이다. 그리고 의지의 모든 법칙은 최고의 실천적 근거로서의 이 객관적 원리로부터 도출될 수 있다. 그래서 실천적 명법은 다음과 같이 될 것이다. 즉, 너 자신의 인격에서와 같이 다른 모든 사람의 인격에 있는 인간성을 언제나 동시에 목적으로서 사용하고 결코 수단으로서 사용하지 않도록 행동하라는 것이 그것이다…

Immanuel Kant, 『도덕형이상학의 근본 원리』

"인간에 대한 존중"은 그러므로 우리가 행해야만 할 것을 더불어 진지하게 논의할 다른 사람들에 대해서 취해야 할 태도를 요약하고 있는 원리이다. 그들의 관점은 권리주장과 이해관심의 원천으로서 고려되어야만 한다. 그들은 자신들의 이익인 것을 행하는데 있어서 누구로부터 간섭받지 않을 초견적 요구를 갖는 것으로 간주되어야 한다. 그리고 논의의 참여자로서 그들에게 어떠한 전횡적 태도도 보여서는 안 된다. 인간의 개념을 갖는다는 것은 개인을, 실천 이성의 사용의 전제들인 그런 원리들을 기초로 해서 행해지는 삶의 형식으로 존경의 대상으로 보는 것이다.

R. S. Peters, 「인간에 대한 존중과 우애」

자, 우리의 존중의 태도에 있는 다양한 구성요소들을 묶어 봅시다. 사람이란 그들 자신에게 이익이 되는 대상들을 추구하는 자기-결정적인 행위자로 생각하는 한, 우리는 그들에게 적극적인 공감을 보여줌으로써 그들을 존중한다. 칸트의 말을 빌리자면, 우리는 그들의 목적을 우리 자신의 목적으로 만드는 것이다. 사람을 규칙을 따르는 존재로 생각하는 한, 우리는 그들 자신들의 행위를 안내하는 규칙들이 그들에게나 우리 자신에게나 모두 적용될 수도 있는 이유들이 된다는 사실을 진지하게 받아들임으로써 그들을 존중한다. 그렇다면, 존중의 태도에서 우리는 두 개의 필수적인 구성요소를 가지는 것이다. 즉, 적극적인 공감의 태도와, 적어도 다른 사람의 규칙을 그들에게나 우리 자신에게나 모두 적용 가능한 것으로 보려는 자세가 그것들이다. 이 두 구성요소들은 사람들, 즉 합리적인 의지를 가진 것으로 생각되는 존재를 대하는데 있어서 적합한 존중의 태도를 구성하는 데 개별적으로는 필수적이며 함께는 충분한 것이라 하겠다.

R. S. Downie and Elizabeth Telfer, 『인간에 대한 존중』

주요 용어와 개념

모든 사람이 그렇게 한다면 어떻게 되겠는가?

사람 대 사물

절대적 규칙들

무조건적 가치 대 조건적 가치

보편화가능성

존엄

전횡

의무의 갈등

자율

인격(인간)에 대한 존중

도덕적 최소주의

단지 수단으로서만 대우하는 것

탐구 문제

1. 도덕적 규칙은 어떻게 "도덕적"인가? "절대적"이란 무슨 의미인가?

2. 어떤 사람이 어떤 행동을 두고 "모든 사람이 그렇게 한다면 어떻게 되겠는가?" 라고 따질 때, 거기에는 어떤 도덕적 비판이 담겨져 있는가?

3. 어떤 도덕 규칙들은 그것들이 보편화될 때 자멸적인 것이 된다면, 그 이유는 무엇인가? 예를 들어 설명하시오.

4. 추정된 두 개의 "절대적" 도덕 규칙들 간에 갈등이 빚어지는 예들을 제시하시오. 그러한 갈등은 어떻게 해결되는가?

5. 당신은 관습적 혹은 상식적 도덕이 결과론에 더 가깝다고 생각하는가 아니면 칸트주의에 더 가깝다고 생각하는가?

6. "어떤 사람을 단지 수단으로서만 대우하는 것"의 예를 들어보시오.

7. 사람과 사물의 차이를 설명하시오.

8. 어떤 사람의 자율에 대해 간섭하는 것은 도덕적으로 허용될 수 있는가?

9. 당신은, 인간을 "존중한다는 것"은 당신이 사람을 해치지 말아야 할뿐만 아니라, 반드시 사람을 적극적으로 도와주어야만 한다는 것을 뜻한다고 생각하는가?

10. 사람 이외에 우리가 "존중해야 할" 다른 어떤 존재들이 있는가? 있다면, 왜? 없다면, 왜? 만일 있다면, 어떤 종류의 "존중"이 온당한 것인가?

추천 도서

Donagan, Alan. *The Theory of Morality*, University of Chicago Press, 1977. 의무론에 대한 중요한 옹호론.

Downie, R.S. and Telfer, Elizabeth, *Respect for Persons*, Schocken Books, 1970.

Feldman, Fred. *Introductory Ethics*, Prentice-Hall, 1978.

Frankena, William. *Ethics*, 2nd ed. Prentice-Hall, 1973. 박봉배 역. 『윤리』 (한국기독교서회, 1973).

Kant, Immanuel. *Foundations of the Metaphysics of Morals*, trans. by Lewis White Beck, Bobbs-Merrill, 1959. 정진 역. 『도덕철학원론』 (을유문화사, 1970).

Peters, R. S. *Ethics and Education*, Scott, Foresman and Company, 1967. 이홍우 역. 『윤리학과 교육』 (교육과학사, 1984).

Ross, W. D. *The Right and the Good*, Oxford University Press, 1930.

일곱째 마당

윤리와 미덕

> 일행은 마침내 목적지인 '망각의 호수'에 도착했다. 여독을 풀기 위해 이틀간 휴식을 취했다. 마침 그곳을 지나던 예수회 사제 두 사람을 만났는데, 그들은 철학을 공부한 사람들로 소피아와 안면이 있었다. 그들은 덕(德)이야말로 도덕적인 삶에 기본적인 것이라는 입장을 옹호했다. 덕 관념은 잘 사는 것은 참으로 선한 것을 선택하는 좋은 습관을 개발하는 것과 관계가 있다. 논의는 아리스토텔레스와 아퀴나스와 연관된 목적론적 윤리설 전통에 따라 인간의 행복을 분석하는 것이 포함되었다. 대화는 그와 같은 접근에 있어서 하나님이 차지하는 위치와 무엇이 현대적인 도덕적 관점인가에 관해서 고찰하는 것으로 끝났다.

사라 : 제가 멋진 곳을 안내한다고 약속했었지요?

보브 : 그래요, 그랬지요.

랜솜 : 호숫가를 조그만 더 따라가면, 아주 기막힌 풍경이 펼쳐질 겁니다. 거기서 캠핑할 곳을 찾아봅시다. 아마 낚시하는 사람들도 있겠지요.

마크 : 낚시하는 사람들이라니?

엘리스 : 우리들만 있는 줄 알았는데…

사라 : 아까 보니까, 웬 차가 있더라. 가끔가다 마을에서 낚시하러 온 사람

들이 있어. 매일 그런 것은 아니지만 말이야.

일행이 호숫가를 지날 때 두 낚시꾼들이 쳐다 보더니 일행 쪽으로 걸어 왔다.

소피아 : 와! 이게 누구야? 어쩐지 어디서 들어 본적 있는 목소리라 했지. 잭과 스티브, 자네들이었구나.

잭 : 어때, 내가 우리가 이곳에서 만날 것이라고 말했지? 하지만 우리는 하마터면 못 볼 뻔했다. 스티브가 막 낚싯대를 거두려고 하는 참이었어.

사라 : 너희들 폭약을 사용한 것 같은데?

잭 : [웃으면서] 믿어 줘, 스티브가 수류탄을 사용했다면 차라리 고기들의 신세는 나았을 것이야. 스티브는 로키 산맥에서 가장 치사한 파리를 먹이로 쓰니까 말이지.

랜솜 : 우리 솔방울 따러 갈까요? 아니면 소피아 당신이 이 신사 분들을 소개시켜 주든가요?

소피아 : 아! 여러분 죄송합니다. 제 친구 잭 마틴과 스티브 길리암을 소개하겠습니다. 이 친구들은 예수회 목사들입니다. 우리는 지난해 지역 바티칸 공회의에서 함께 일했었지요.

보브 : 당신네들은 소피아를 만나기 위해서 이 곳에 오신 셈이네요.

잭 : 글쎄요, 꼭 그렇지는 않아요. 아시다시피, 우리 지역 수도회[120]는 매년

여기서 휴가를 즐기지요. 우리는 이 근처에 산장을 가지고 있습니다.

소피아 : 사실입니다. 잭과 스티브가 이 장소에 대해서 처음 말해주었던 걸요. 그런데 마침 대학 당국이 여기 여행을 재정지원을 한다는 말을 들었고 해서 참가하기로 했던 것이지요. 이 친구들은 지난봄에 우리가 여행 중에 이 곳에 올는지 모른다고 말한 적이 있어요. 이 친구들 또한 우리가 여기 있을 것이라는 것을 알았을 것입니다. 왜냐하면 이 친구들은 모두 대학의 교목들이거든요.

피터 : 물론이고 말고요, 저도 이 양반들을 알고 있어요. 사실, 잭은 우리학과에서 조교로 봉사하기도 했지요.

잭 : 몇 년 전이었지요, 교수님.

소피아 : 잭과 스티브 모두 이 지역 여러 학교에서 학생들을 가르치고 있습니다.

스티브 : [웃으면서] 맞습니다. 왜 한 곳이 아니라 여러 학교에서 가르치는지는 묻지 마세요.

보브 : 잠깐, 당신들은 지금 우리가 더 많은 철학자들을 만났다고 말씀하시고 있는 거지요?

로즈 : 당신네들이 우리가 지난 열흘간 시달렸던 것을 알았더라면, 아마 근

---

120) 자유로운 의지로서 청빈, 정결, 순명(順命)의 공식 서원을 하고 그것을 영속적으로 엄수하면서 공동거주생활을 하는 기독교적 완덕(完德)을 힘쓰는 카톨릭교회의 공동단체이다.

처도 안 오고 멀리 피했을 거예요. 저는 여러분들이 이 진지한 논의에 동참하시고자 한다면 용기가 필요할 것이라고 감히 말씀드립니다.

보브 : 당신이 지금 무슨 말씀을 하고 계신지 모르겠지만, 어쨌든 여기서 도망갈 구멍은 없다는 것입니다.

소피아 : 무슨 말인가 하면, 낮에는 랜솜씨와 사라씨가 산길을 안내하고, 밤에는 피터 교수가 도덕 철학의 길을 안내했다는 것이야.

스티브 : 정말예요? 멋진데요. 훌륭한 동반자를 만났네요. 잭은 여기서 며칠 동안 자기가 집필하고 있는 책에 대해서 이야기하던 중이었습니다. 그 책도 윤리학에 관한 것이지요.

보브 : 두 분을 뵙게 되어 아주 기쁩니다. 우리가 많은 도움을 받을 수 있을 것 같습니다. 좋은 말씀 부탁합니다. 두 분은 예수회에 계시니까 아무래도 아리스토텔레스(B.C. 384-332)와 토마스 아퀴나스(1224-1274)의 철학에 대해선 친숙하리라 봅니다. 그들의 철학이 우리의 논의에 어떻게 적용될 수 있는가 궁금합니다. 물론, 저도 그들의 사상에 대해서 약간은 알고 있어요. 왜냐하면 몇 년간 여름마다 아스펜 연구소에 갔었기 때문이죠. 서당개 삼년…아시죠?

소피아 : 보브씨는 아스펜 연구소에서 아들러 박사[121]와 같이 보냈어요.

로즈 : 소피아, 그만!

---

121) Mortimer J. Adler, 미 철학자로서 특히 아리스토텔레스의 덕론에 대해 깊은 연구를 하고 있다. 『쉽게 풀어쓴 아리스토텔레스』(1978) 저서가 있다. 첫째 마당의 각주를 참고.

보브 : 제가 전에 말씀드렸던가요?

소피아 : 그럼요.

스티브 : 저도 깊은 인상을 받았어요. 보브씨, 당신이 아들러 박사의 연구에 공감한다면, 우리는 아마 많은 문제에 대해서 의견을 같이 하리라고 봅니다.

보브 : 캠프를 친 뒤에 만나서 이야기 나눕시다.

스티브 : 저녁때까지 어떻게 기다리지요. 오늘, 송어들은 운이 좋은 셈이네요.

잭 : 그런 고기를 낚는 일은 좀 치사한 일인데도, 어떤 사람은 하고 있지. 그렇지 아닌가, 자네? 나는 이 바위, 저 바위 뛰어 다니다 보니까 피곤하네. 나는 내일 만나서 이야기해야겠네.

소피아 : 좋아! 하지만 자네는 몸조심하는 것이 좋을 거야.

다음날 아침, 잭과 스티브가 일행에 끼이게 되었다.

소피아 : [웃으면서] 이제 나타나신 것 보니 일이 다 끝나신 모양인데?

보브 : 당신들 오기만 기다렸소.

피터 : 당신들이 끼면 아마 대화가 새로운 방향으로 전개되리라고 기대돼요. 그런데 아까 잭이 집필하고 있다는 윤리학 책은 어떤 내용이 담겨질 건가요? 왜 그 책을 쓰게 되었지요?

잭 : 사실, 그 책을 쓰려고 마음먹게 된 것은 특정 분야에 대한 논의를 실은 제대로 된 윤리학 교과서가 좀처럼 눈에 뜨이지 않았었기 때문입니다. 교수님도 아시다시피, 교과서라는 것들이 막상 고르려고 하면 입맛에 맞는 책들이 적잖아요. 특히 덕(德, virtue)[122]의 관점에서 무언가 논의하려 할 때 더욱 그런 것 같았습니다. 제 동료들 중에도 그런 막막함을 느낀다고 말하곤 했지요. 그래서 그 부분에 대해 뭔가 채워볼 요량으로 용기를 냈던 것이지요.

로즈 : 덕이라고요. 덕 말고도 또 윤리학에서 이야기해야 될 것이 있나요? 제발 참아 주세요.

소피아 : "덕"이란 단어는 왠지 저에게 구닥다리 같은 소리로 들린단 말예요. 그것 말이지요, 마치 전통예절보존협회라든가 금주클럽과 같은 이미지가 떠오른단 말이야.

잭 : "덕"이란 용어는 때때로 도학자연 하는 사람이나 청교도들이 말하는 도덕규범과 상관되지요. 하지만 그것은 덕 윤리학을 제대로 이해하거나 평가하는 방법이 아닙니다. 사실, 덕 중의 덕은, 말하자면, 사람들이 그것으로 인해서 자신의 도덕적 결정들에 대해 융통성 있게 되는 그것이지요.

엘리스 : 상황윤리학 같은 것을 말씀하시는가요?

잭 : 그렇게까지 나갈 필요는 없어요. 하지만 덕은 우리의 도덕적 인격을 규정해주고 형성하기 때문에, 우리가 상황을 도덕적으로 보다 잘 이해할 수 있는 입지를 마련해 줍니다. 우리가 도덕적으로 어떤 사람이며 어떤 상태에 있는지를 깨달음으로써, 우리는 더 지성적일 수 있고, 도덕적 상황에 더 낫게

---

122) 그리스어 arete', 라틴어 virtus이다. 덕은 지속적인 훈련을 통해 획득한 삶의 태도, 즉 도덕적 선을 추구할 수 있는 정서적·인지적 능력과 힘의 소질이다.

대응할 수 있습니다. 이렇듯, 덕은 도덕적 선택에서 빚어질 수 있는 과오를 최소화시켜주는 하나의 열쇠입니다.

소피아 : "덕이 우리의 도덕적 인격을 규정한다."는 말씀은 무슨 뜻입니까?

잭 : 도덕적 삶에서 덕을 어떻게 강조하고 있나요? 윤리학은 행위(doing)에 관한 것일 뿐만 아니라 존재(being)에 관한 것이기도 하다는 말의 의미를 되새겨 보세요.[123] 달리 말해서 행동은 전반적으로 존재에 의해서 결정된다는 말이 있지 않습니까?

소피아 : 도무지 무슨 소리인지 모르겠어요. 빨리 피터 교수님이 한 말씀하시기 않으면 안됩니다.

스티브 : 잭을 용서해 주세요. 이 양반은 원래 추상적으로 말하기를 좋아하는 사람이죠. 아주 막 나가는 형이상학자인걸요. 조심하지 않으면, 당신을 가지고 놀 수도 있어요.

잭 : 죄송! 간단명료하게 말씀드리고자 최선을 다하겠습니다. 그럼, 본론으로 들어갑니다. 사람의 도덕적 인격은 그것이 선택과 행동에 영향을 미치지만, 인격 그 자체는 그러한 선택들과 행동들에 의해서 형성됩니다. 그렇다면, 덕이란 만족스런 도덕적 결정들과 그것들에 의거한 행동들로써 형성되는 **습**

---

123) 프랑케나는 이런 점에서 의무의 윤리학을 "행위의 도덕 morality of doing"이라고 하고, 덕의 윤리학을 "존재의 도덕 morality of being"이라고도 한다. William K. Frankena, 『Ethics』 (Englewood Cliffs : Prentice-Hall, 1973), pp. 65-67. 이 밖에도 테일러는 "의무의 윤리학 ethics of duty"과 "열망의 윤리학 ethics of aspiration" (Richard Talyor, 『Ethics, Faith and Reason』 (Englewood Cliffs, : Prentice-Hall, 1985), p. 4.), 핀콥스는 "문제풀이식 윤리학 quandary ethics"와 "덕 윤리학 virtue ethics"으로 구분한다. (Edmund L. Pincoffs, 『Quandaries and Virtues』 (Univ. Press of Kansas, 1986), p. 4.)

관(habits)입니다. 예를 들면, 당신은 정직하고 공정하게 행동함으로써 정직하고 공정하게 됩니다. 시간이 지나면 그런 행동들은 제2의 본성이 되어서 당신이 어떤 상황에 놓이게 되더라도 당신으로 하여금 장차 만족스런 선택을 할 수 있게 만듭니다. 하여간 덕은 그렇게 형성됩니다.

소피아 : "악덕(vices)"은 어떻습니까? 참, 스티브, 그 독한 담배 피우는 습관은 어디 갔어요?

스티브 : 잭과 며칠 동안 흥정을 벌였지요. 나는 담배를 끊고 잭은 내가 잡은 고기를 먹기로 하고 말이죠. 어때요? 공정한 거래 같지 않아요?

잭 : 스티브는 지금 누가 강에 사는 물고기들을 청소하고 있는지를 망각하고 있는 것 같아요. 이제, 좀 진지해집시다. 당신이 물은 바로 그 악덕이란 덕의 반대이지요. 악덕이란 그르게 선택하고 행동하는 습관입니다. 이를테면, 나쁜 결정을 내리는 경향이 배었을 때, 비겁하고, 부정직하고, 정의롭지 못한 것과 같이, 나쁜 것들을 행해 왔을 때, 악덕이 형성되지요.

로즈 : 그렇지만 당신이 그른 선택을 했다는 것을 어떻게 알 수 있는가요?

피터 : 맞습니다. 아주 정곡을 찌르는 질문입니다. 우리가 저녁마다 모여 논의하면서 줄곧 대답하고자 했던 바로 그것이었습니다. 저는 우리가 잭과 스티브를 만난 것에 대해서 기쁘게 생각합니다. 왜냐하면 이 두 양반들이 우리가 이제까지 듣지 못했던 그 질문에 대한 대답을 줄 것으로 확신하기 때문입니다.

스티브 : 로즈씨의 질문에 대답하겠습니다. "아주 일반적으로 말해서, 사람이 **옳은 욕망**(right desire)에 따라서 선택하고 행동할 때, 그는 옳게 선택하고

행동하는 것입니다."

보브 : 맞습니다. 아스펜 연구소에서 논의한 바 있던 아리스토텔레스의『니코마코스 윤리학』에는 그런 옳은 욕망에 대한 언급이 있었던 것으로 기억됩니다.

피터 : 그러나 그게 어떻다는 말씀입니까? 우리에게 무언가 알려주는 것이 없잖습니까? 정작, "옳은 욕망"의 의미를 말씀해 주셔야지요? 제 기억으로는, 아리스토텔레스는 결코 그 의미에 대해서 말한 바가 없었던 것으로 알고 있습니다.

잭 : 아리스토텔레스에 관한 한 교수님의 말씀이 맞습니다. 하지만, "옳은 욕망"의 의미는 그의 텍스트에서 암시되고 있지요. 옳은 욕망이란 당신이 마땅히 가져야만 하는 욕망이지요. 제가 표현하고 싶은 바로는 "참으로 좋은 것"이지요.

피터 : 그럼, 제 표현으로 바꾸어 볼까요? "참으로 좋은 것은 당신이 마땅히 욕구해야 할 그 무엇이다." 어때요?

잭 : 아주 좋습니다.

피터 : 하지만 옳은 욕망은 또한 당신이 마땅히 욕구해야만 할 그 무엇을 욕구하는 것이다…

잭 : 맞습니다.

피터 : 그러나 그 말은 옳은 욕망은 참으로 좋은 그 무엇을 욕구하는 데 있

다고 말하는 것이 됩니다. 당신은 지금 마땅히 욕구해야만 하는 그 무엇을 욕구해야만 한다고 말하는 것에 불과하지 않나요? 그렇다면, 그것은 순환논리입니다. 우리에게 아무 것도 알려주는 바가 없는 셈이지요. 당신이 이제까지 말한 것은 로즈씨의 질문에 대한 답이 되지 않습니다.

잭 : 소피아, 당신 말이 맞네. 나는 지금 큰 원을 빙빙 돌고 있는 셈이네…

소피아 : 잭, 말을 돌리지 마세요.

스티브 : 걱정하지 말게, 잭. 우리는 지금 세계 레슬링 태그 매치를 벌이고 있다고 생각하면 되네. 나와 교대하게. 내가 멋지게 헐크 선수에게 태클을 넣을 걸세. 자네도 알다시피 나는 자네 주장이 순환적이라는 피터 교수님의 예리한 공격을 방어한 기술을 가지고 있지 않나, 친구! 자, 그 원으로부터의 탈출구는 "참으로 좋은 것"이란 "그것이 우리가 마땅히 욕구해야 할 그 무엇이다."라는 말을 되풀이하지 않는 식으로 언급하는 걸세. 이것이 어떻게 가능하냐고요? 욕망의 영역내에 기본적인 구별이 가능하는 것을 지적함으로써 가능하지요. 우리는 **필요**(need)[124]와 **원망**(want)[125]을, 혹은 **자연적**(natural)[126] 욕망과 **후천적**(acquired) 욕망을 구별해야 합니다.

잭 : 그렇습니다. 아주 훌륭한 정리일세. 저는, 필요의 대상물들 혹은 자연적 욕망에 대해서는 "실재적으로 좋은 것(real good)", 그리고 원망의 대상이나 후천적 욕망에 대해서는 "외양적으로 좋은 것(apparent good)"이라는 표현을 사용합니다.

---

124) 인간의 자아실현에 꼭 필요한 어떤 것들의 의미를 갖는다. 요구라고도 번역된다.
125) 원망(願望)이란 용어는 충족되지 않을 수도 있다는 의미를 담고 있는 일종의 회구 또는 바람으로 이해할 수 있다.
126) 인간 "본성적"이란 의미로 이해할 수 있다.

스티브 : 좀 풀어서 알기 쉽게 하자면, "실재적으로 좋은 것"이란 **근본적인** (fundamental) 욕망을 가리키는 말로서 그것이 충족되지 않으면 인간으로서 생존하기 불가능한 것을 가리키는 것이지요. 이를테면, 영양, 건강, 지식들이 그 예입니다. 이런 것들이 없다면 완전한 인간적 삶, 행복한 삶을 영위할 수 없습니다. 하지만, 외양적으로 좋은 것은 개인의 취향과 기질에 다소 상대적인 욕망의 대상물들입니다. 따라서 그것들은 저에게는 전혀 좋은 것이 아닐 수도 있습니다. 즉, 그것들은 실재적으로 좋은 것이 되지 않을 수 있습니다. 예를 들면, 만일 매일 "잭 다니엘" 양주를 5분 2 가량을 마심으로써(외양적으로 좋은 것) 나의 영양상의 필요(참으로 좋은 것)를 충족시키기로 선택했다면, 저는 분명히 지각 있게 행동하는 것이 아닌 것입니다. 왜일까요?

마크 : "블랙 라벨" 대신 "그린 라벨"[127]을 마시기 때문인가요?

스티브 : 그럴지도 모르지요. 하지만 저의 외양적 좋음(내가 원하는 것)은 이 경우에 참으로 좋음(나에게 필요한 것)이 아니기 때문이라고 생각합니다.

보브 : 좋습니다. 스티브. 저는 아들러 박사가 그런 식의 많은 구별들을 하는 것을 보았습니다. 저는 당신이 로즈씨의 물음에 정답을 준 것이라고 생각합니다. 사람은 그가 필요로 하는 것을 욕구하는데 있어서 잘못될 수 없기 때문에, 사람이 필요로 하는 것을 너무 많이 가질 수 없기 때문에, 옳은 선택과 옳은 행동들이 겨냥하는 목표는 참으로 좋은 것들이다, 맞지요?

스티브 : 아주 훌륭하십니다. 토마스 아퀴나스 학술상 후보자라고 생각합니다. 윤리학은 외양적으로 좋은 것들에 관해서 건전하고 선별적인 선택을 하는 것에 관한 것들인데, 종국에는 그러한 선택들이 참으로 좋은 것들임이 드러난다는 말씀이죠. 그리고 사람들은 이러한 만족스러운 선택을 하기 위해서

---

127) 블랙보다 그린 라벨이 더 비싼 양주임.

사려[128], 용기, 절제, 정의와 같은 덕, 좋은 습관을 계발해야 합니다. 방금 이야기한 것처럼, 여러분들은 살아가는 동안 당신이 원하는 것이 당신에게 참으로 좋은 것인지 아닌지를 판단해야만 합니다. 덕은 당신들이 그것을 알아낼 수 있도록 해주며, 당신이 참으로 좋은 것들과 일치되는 그런 원망들에 의거하여 선택하고 행동하게끔 만들어 주며, 참으로 좋은 것들에 이르는 것을 방해하는 그런 것들을 선택하지 않게끔 해줍니다. 결국, 참으로 좋은 것들의 총화(總和)가 인간 행복이 아니겠습니까?

피터 : 하지만, 필요하다는 것 자체가 다소 모호하지 않은가요? 내가 어떤 필요를 가지고 있고 당신도 어떤 필요들을 가지고 있습니다. 그렇다면, 우리는 동일한 필요들을 가지고 있는 것인가요?

소피아 : 좋습니다. 일반적 수준에서의 필요들에 관한 언급은 아주 훌륭하지요. 하지만 개별적인 필요들에 관해서 말할 때, 저의 필요들에 대해서 말씀해주실 분이 대체 누구란 말인가요? [빈정거리는 말투이다]

잭 : 만일 자연적 욕망과 후천적 욕망을 구별하는 것이 타당하다면, 훌륭하게 사는 인간 생활, 즉 행복한 삶을 위한 필요들을 확인해 주는 공통된 자연적 욕망들을 여기 계시는 어느 분이라도 지적할 수 있는 것 아니겠어요? 저는 개개인마다 모든 것들이 다 똑같다고 말씀드리는 것은 아닙니다. 사람들마다의 차이가 있고 그것들이 주관적이고 상대적인 속성이 있다는 것은 원망(wants)에 관한 것이지, 필요(needs)에 관한 것은 아니라는 말씀입니다. 필요들은 인간 본성에 뿌리박고 있는 것이기 때문에 우리 모두는 동일한 필요를 가

---

128) 이때의 사려(prudence)는 앞서 말한 근대 이후, 현대적인 의미에서 도구적인 이성이나 자기-이익에 관한 고려를 뜻하지 않는다. 아리스토텔레스에 있어서 사려(prudentia)는 올바른 목적을 위해 올바른 행동을 선택할 수 있는 덕을 말하며, 이는 지적인 덕인 실천적 지혜(phronesis)와도 같은 의미로도 쓰인다. 하지만 칸트에 있어서 자기-이익 추구는 도덕적인 것이 아니다.

지고 있는 것입니다. 자, 이러한 저의 견해는 큰 강점을 갖습니다. 즉, 이러한 근거에 의해서, 윤리는 객관적인 기초를 갖게 되는 것이지요. 실재적으로 좋은 것들은 "잘 살은 인간 생활(human life well lived)"에 대한 표준(standards)[129]인 것입니다. 이런 식으로 윤리는 상대주의와 주관주의를 극복합니다. 필요를 충족시키기 위해서, 참으로 좋은 것들을 획득하기 위해서는, 그리스인이든 미국인이든 한국인이든 간에 관계없이 모든 사람들의 삶에 대해서 한 가지의 도덕적 계획만이 존재한다는 것입니다.

피터 : 신사 양반들, 많은 이견이 있어요. 사실, 너무 많아서 내 자신이 무엇부터 끄집어내야 할 지 모르겠어요. 먼저, 당신들이 호소하는 그 "인간 본성(human nature)"이라는 것부터 시작합시다. 이건 정말 풀기 어려운 문제들을 야기합니다. 우선, 저는 소위 '인간 본성'이라고 부르는 신비적이며 형이상학적인 것을 정립하고자 하는 그 어떤 노력에 대해서도 의구심을 가지고 있습니다. 여러분도 아시다시피, 인간 본성이란 개념은 철학에서는 한동안 유행에 뒤 처진 그런 것이어 왔습니다. 저는 본래 대륙 철학[130]을 잘 원용하지는 않습니다만, 메를로 뽕띠[131]의 말이 떠오릅니다. "본성을 가지고 있지 않은 것이 바로 인간의 본성이다."는 말 말입니다. 나는 당신들이 인간 본성이 존재한다는 것을 우리에게 확신시켜주기 위해서라면 이제까지 여러분들이 말했던 것 그 이상으로 많은 말을 해도 부족할 것이라고 생각합니다. 두 번째, 우리가 인간이 어떤 공통된 본성을 가지고 있다는 것을 인정한다할지라도, 이것이 당신들의 윤리적 입장을 지지해주는 것과 아무런 관계가 없습니다. 인간 본성에 관한 정확한 주장은 단지 기술적(記述的) 진리에 불과한 것입니다. 그리

---

129) 표준은 도덕적 기준으로 규범성을 갖는다.
130) 유럽 대륙으로 불란서나 독일철학을 가리키는 것으로 미국인들의 학문적 취향을 반영한 언급.
131) Merleau-Ponty, Maurice(1908-1961). 프랑스의 실존적 현상학자. "존재가 본질을 앞선다."는 의미와 같다. 즉, 그 어느 것도 인간에 대한 일반적 정의를 고정시키지 않으며, 실존하는 인간들이야말로 유일한 실재라는 것이다. 인간의 본질이 무엇인가를 자신들의 행동을 통하여 결정하는 것은 살아 있는 인간들이다.

고 기술적인 진리는 처방적(處方的) 주장, 즉, 윤리설이 펴고자 하는 그런 주장을 정당화시키는 데 결코 합당하지 않습니다. 기술적인 것으로부터 처방적인 것, 존재로부터 당위를 연역할 수 없기 때문에, 여러분의 인간 본성에 관한 이론은 설사 그것이 참이라 할지라도 당신들에게는 아무런 도움이 되지 않습니다.

스티브 : 저는 교수님이 인간 본성에 관한 책의 견해에 대해서 문제삼는 것에 대해 크게 이상하게 생각하지 않습니다. 인간 본성 개념이 현대 철학에서는 논의의 대상에서 멀어져 있는 것이라는 당신의 말씀은 전적으로 옳습니다. 하지만, 그럼에도 불구하고 현재의 추세는 좀 다르다고 생각되며, 인간 본성을 지지하는 주장을 펴고 있는 책과 저와 같은 그런 사람들이 적지 않게 있다는 것입니다.

피터 : 글쎄요, 정말 당신들이 자신이 있다면, 기꺼이 들어줄 용의가 있지요.

잭 : 스티브가 도와준다면, 우리는 이 비밀을 하나하나 벗겨 낼 수 있을 것입니다. 제가 먼저 말을 꺼내겠습니다. 저는 교수님이 왜 인간 본성의 존재 유무에 대해서 의문을 제기하시는지 이해합니다. 교수님이 그러시는 것은 아마 철학의 흐름에 대해서 민감하기 때문이 아닌가 합니다. 제가 의미하는 바는 이렇습니다. 과거 일부 철학자들이 인간 본성을 너무 추상적으로, 플라톤의 "본질"[132]과 같은 그런 어떤 것으로 취급했던 불행한 경우가 있었습니다. 사실, 그런 잘못된 사람들 가운데는 "자연법 윤리(natural law ethics)[133]"이라고

---

132) essence. 본질이란 사물의 궁극을 가리키는 그 무엇이다. 플라톤은 사물의 본질을 그 사물의 형상(形相, eidos) 즉 이데아(idea)라고 하였다. 이데아는 보편적인 것이며 이 현상계를 초월해 있으나 현상계의 사물을 존재케 하는 근본 요인을 이룬다. 이와 달리, 아리스토텔레스에게 우시아(ousia)라는 말은 어느 경우에는 질료와 형상으로 이루어지는 개물(個物)을, 어느 경우에는 개물의 본질 즉 개물을 개념으로 파악할 수 있는 것(즉, 정의(定義))을 의미하였다.

133) 자연법에 근거한 윤리. 자연법이란 단순히 관습 입법 기타의 제도에 의하지 않고

불리는 제가 속한 전통에 있었음을 고백합니다. 그들 사상가들은 인간 본성을 고지식하게도 불변의 "형상"[134]과 같은 것으로 간주하는 일이 적지 않았습니다. 그들이 그렇게 했던 이유는 그들이 융통성 없는 엄격한 도덕적 금지 규정의 목록들을 작성하고자 할 때 그 목적을 미화시키는데 도움을 주었기 때문이죠. 교수님이 이런 종류의 인간 본성관에 대해서 거부하시는 것은 아주 옳은 일이라고 생각합니다. 저는 교수님의 비판이 건실한 토대를 가지고 있다고 봅니다.

스티브 : 다행스러운 것은 인간 본성에 관한 그 그림이 전부는 아니라는 것입니다. 아리스토텔레스와 아퀴나스와 같은 일부 철학자들은 인간 본성이 존재하나 플라톤의 형상과 같은 그런 식으로 존재하는 것이 아님을 주장했습니다. 그들 견해에 의하면, 인간 본성은 우리가 비록 동일한 본성을 가지고 있을지라도 각 개별 인간에게서만 현실화되는 데, 이로 인해 윤리학이 어느 수준에서는 개인차를 고려하게 되는 것입니다. 유감스럽게도 현대 철학자들은 보다 세심하고 구체적인 아리스토텔레스의 해석보다는 플라톤적인 견해에 너무 지나치게 많은 관심을 보이고 있는 것이지요. 그로 인해서 인간 본성에 관한 문제가 우리에게서 멀어지게 되었고, 그것을 거부하게 된 것입니다.

잭 : 인간 본성을 의심하고 있다는 점에서는 현대 철학자들과 사회과학자들

사회 또는 인간의 본성에 근거한 법칙 또는 규범을 가리킨다. 이때 '자연 the natural'이란 '인간의 본성 human nature'과 '우주 일반의 자연적 질서'를 가리킨다. 이 자연법은 영구적 보편적이며, 역사적 제도에 대하여 원리적 이상적 의의를 가지고 종종 실정법의 이념적 원천, 비판의 기준으로 생각된다. 즉, 진정한 법은 자연과 조화된 바른 이성(理性)이며, 보편적이고 영구적이라는 것이다. 오늘날 통상 자연법은 카톨릭교회의 자연법 교의나 실정법의 상위법을 의미하는 것으로 사용된다. 고대 스토아학파, 중세 토마스 아퀴나스, 근대 그로티우스(H. Grotius), 사회계약설, 현대 신토마스주의에서 찾아 볼 수 있다.

134) forms. 형상이란 쉽게 말하면, 일종의 '설계도'이다. 플라톤은 그 형상이 사물을 초월하여 자체적으로 존재하는데(또는 개개의 사물 속에 공동으로 존재) 비해, 아리스토텔레스는 각 개물에 존재한다.

보다 오히려 생물학자들이 보다 더 현명하다고 생각합니다.

소피아 : 무슨 말씀이세요? 생물학자들이 어떠하기에 그렇게 생각하는데요?

잭 : 여러분도 아시다시피 생물학자들은 인간은 하나의 종(種)으로서 구분되게 만드는 어떤 유전적 특징을 가지고 있다는 근거에서 다른 동물과 인간을 기꺼이 구분하고 있습니다. 우리는 **호모 사피언스**(homo sapiens)라는 종입니다.[135]

보브 : 사회과학자들은 어떤 입장인데, 그러십니까?

스티브 : 제가 말하고 있는 사회과학자들이란 심리학자, 사회학자, 정치학자 그리고 인류학자들입니다. 그들은 일반적으로 인간 본성 개념을 의심하며 거부하는 경우가 많습니다.

엘리스 : 인간 본성 철학에 관해서 그들이 의심하게 된 어떤 이유들이 있습니까?

스티브 : 그 한 이유는 잭이 말한 것과 관계가 있습니다. 많은 철학자들과 같이, 사회과학자들은 추상적이며 고정된 인간 본성관에 기초한 도덕철학을 거부하고 있습니다. 그러나 다른 이유는 사회과학은 그 나름의 독특한 역사를 가지고 있다는 것입니다. 초기 인류학적 연구자들은 문화적 신념과 관행들이 다양하다는데 충격을 받았습니다. 이 사실은 인간 본성이 존재한다는 것을 가리키는 것으로 생각되는 요인들, 인간 경험의 공통된 요인을 무시하게끔 만들었던 것 같습니다.

---

135) 잭의 이 말 속에는 종(種)과 인간 본성과의 유사성을 강조하는 의미가 들어 있다.

소피아 : 당신들 두 분은 우리가 상대론에 관해서 논의할 때 빠져 있었습니다.

보브 : 우리는 상대론자들이 문화간의 차이에 대해서 과장하고 있다는 말을 했었지요.

잭 : 그러면 당신은 스티브가 말하고자 하는 바를 이해하시는 것입니다. 어쨌든, 많은 역사적인 이유들로 인해서, 인간 본성에 대한 신념은 오늘날 유행할 수 없는 것입니다. 적어도 철학자와 사회과학자들 사이에서는…… 그 이유야 어떠하든 간에 말입니다. 그러나 저는 그러한 지식인들이 과오를 빚고 있다고 믿습니다. 저는 인간 본성과 같은 것들이 존재하며, '신비적'이거나 '형이상학적인 것'에 호소하지 않고서도 그럴 수 있다고 생각합니다.

소피아 : 끼어 들어서 죄송합니다. 하지만, **당신**은 적어도 하나님이 인간 본성을 창조했다는 견해에 대해서 부정하지 않고 있기 때문에, 그 인간 본성은 형이상학적인 것을 분명 포함하는 것이 아닙니까?

피터 : 소피아 말이 맞지요. 일부 철학자들이 인간 본성 개념에 매력을 느끼는 것은 이유중의 하나가 바로 그것이 하나님을 내포하고 있기 때문이 아닌가요?

잭 : 하지만 인간 본성이 반드시 하나님을 포함할 필요는 없습니다. 제가 말씀드리고 있는 것은 인간 본성의 기원에 관한 것이 아닙니다. 저는 단지 인간 본성이 존재한다는 것에 대해서 말씀드리고 있을 뿐입니다. 인간 본성이 진화의 산물이든 하나님의 창조적 행위에 의한 것이든 간에 말입니다.

보브 : 혹은 둘 다이거나…

잭: 양자를 다 인정하는 것은 논의의 핵심에서 벗어나는 것입니다. 하여간, 인간 본성의 기원을 두고 제가 말하고자 하는 것이 아닙니다. 다만 인간 본성이 존재한다는 것입니다. 그리고 인간 본성에 대한 저의 주장은 모든 인간들이 공유하고 있는 기능(capacities)이나 잠재기능(potentialities)이 있다는 것입니다. 이런 기능들은 또한 인간적 욕구이기 때문에, 그것들의 충족 없이는 인간은 무언가를 할 수도 없고 살아갈 수도 없습니다. 참으로 좋은 것들은 옳은 욕망의 대상들이며 그것들이 인간 행복의 열쇠인 것입니다. 이제 이들 기능들에 관한 그 어떤 신비적인 것도 존재하지 않습니다. 그것들은 모든 인간 생활에서 자명한 것이며, 그리고 의식이 깨어있는 사람이라면 적어도 내면적으로는 그것들을 알고 있는 것입니다.

피터: 그러면 그러한 공통의 잠재기능들이란 것들은 무엇을 가리키는 가요?

잭: 그것들은 모든 인간들이 공유하고 있는 신체와 정신의 기능들입니다. 그 가운데 일부는 우리가 이미 언급했던 것들이지요. 예를 들면, 인간은 어떤 영양상의 기능을 가지고 있습니다. 만일 이것들이 충족되지 않는다면, 인간은 영양실조에 걸리거나 최악의 경우에는 죽음에 이르지요. 아주 간단히 말해서 인간은 음식과 물을 필요로 합니다. 다른 신체상의 잠재기능 혹은 필요들이 존재합니다. 예를 들면, 우리는 건강, 활력, 그리고 어떤 신체적 쾌락을 필요로 합니다. 게다가, 인간이 행복하고자 한다면, 사랑과 지식과 같은, 생활 속에서 충족되어야 하는 공통된 정신의 기능들도 존재합니다. 또한 사람은 적절한 사회적·정치적 환경에서만 실현될 수 있는 어떤 잠재기능들을 가지고 있습니다. 예를 들면, 사람은 잘 살기 위해서는 일정한도의 자유를 필요로 합니다. 따라서 인간의 필요들은 우리로 하여금 좋은 사회와 나쁜 사회를 판단할 수 있는 표준을 제공하는 것이지요.

스티브 : 잭은 두 가지 점을 말한 것 같습니다. 첫째, 우리가 인간 본성을 구성하고 있는 이들 공통 기능들을 가지고 있다는 것을 말했습니다. 둘째, 이들 기능들은 또한 선천적, 자연적 욕망 혹은 필요라고 말했습니다. 그것들은 우리가 진정으로 그리고 충실한 의미에서 인간적이라고 부를 수 있는 삶을 살기 위해서는 반드시 충족되어야 할 그것들이었습니다.

잭 : 그리고 덕은 우리가 우리 자신과 다른 사람들을 위해서 이들 자연적 욕망들을 충족시킬 수 있도록 하게끔 하는 선택을 내리는데 필수적인 것들입니다.

피터 : 저는 공통의 잠재기능들을 확인하는 것이 우리가 인간 본성을 가지고 있다는 것을 정당화시킨다고 그렇게 확신하지 않습니다.

스티브 : 저는 아직도 교수님이 인간 본성은 어떤 플라톤의 형상과 같은 종류의 그것을 가지고 있다는 것에 대해서 의심하고 있다는 생각이 듭니다. 그러나 인간 본성은 모든 인류에게 공통된 특성들의 모습 바로 그것입니다. 이들 특징들은 공통의 잠재기능들인 것입니다. 만일 우리가 그것들을 구현한다면, 우리는 인간으로서 잘 살 수 있는 것이지요.

잭 : 인간 본성을 구성하고 있는 이들 잠재기능 모두가 다 인간에게만 독특하게 존재하는 것은 아니라는 점은 재론할 필요가 없습니다. 그들 중 일부는 다른 생물들도 공유하고 있는 것들입니다. 이를테면, 성장, 영양, 지각과 같은 것들 말입니다. 하지만 그중 일부는 인간에만 독특한 것으로써 이를테면 지적 지식과 자유로운 선택에 대한 기능들이 그것들이지요.

스티브 : 피터 교수님, 저는 이러한 주장이 인간 본성은 플라톤 학파와 같이, 어떤 형이상학적인 이론의 고안물이 아니라는 것을 입증시켜 주는 것으

로 보고 싶습니다. 그것들은 인간이 어떤 특성들을 공유하고 있는 바, 그 중에는 인간만이 가지고 있는 것들이 있다는 것을 말해주는 것입니다.

피터 : 글쎄. 인간 본성이 존재한다는 것을 받아들이건 아니건 간에 그것은 큰 차이가 없지요. 제가 앞서 말했듯이, 인간 본성 이론은 도덕이론을 확증할 수 없는 것입니다. 왜냐하면, 기술적인 진리는 처방적인 결론을 정당화시킬 수 없기 때문입니다.

잭 : 피터 교수님. 그러한 반론에 대해서 다음과 같이 말씀드리고자 합니다. 저는 우선 기술적인 진리와 같은 그런 것이 존재한다는 가정에 대해서 이견을 가지고 있습니다. 진리라는 것은 하나의 가치입니다. 진리임에 대한 주장은 하나의 규범판단입니다. 진리는 또한 지식을 가리키는 또 다른 단어인 것입니다. 그리고 지식은 실재적으로 좋은 것, 올바른 욕구의 대상인 것입니다. 따라서, 존재-당위 논쟁은 사이비(似而非) 문제인 것입니다. 제가 부정하는 것은 저의 도덕철학이 "존재"로부터 "당위"에로의 전이가 존재한다는 것을 제안하고 있다는 바로 그 가정입니다. 교수님도 아시다시피, 도덕적 경험에 있어서 우리는 이미 "당위"의 영역에 존재하고 있는 것 같습니다. 우리는 조만간 불리어져 나갈 것임을 희망하면서 무대 뒤에서 대기하고 있는 것이 아닙니다. 우리는 이미 도덕적 무대 위에 서있는 것입니다. 단지 인간 존재라는 그것으로 인해, 자연적 욕망들로써 우리는 이미 가치의 영역에 들어앉아 있는 것입니다. 저의 인간적 기능들은 욕망, 지식에 대한 욕망을 포함한 그것들인 것입니다. 그리고 이로 인해 저는 매우 중요한 점을 지적하게 됩니다. 즉, 욕망들은 충족될 수도 충족되지 않을 수도 있는 것이기에, 실재적으로 좋은 것들과 외양적으로 좋은 것들을 구별해 내야 한다는 것입니다. 그러한 결정을 내리기 위해서, 저는 덕, 즉 저에게 실재적으로 좋은 것을 선택할 수 있는 고도로 발달된 능력(ability)을 필요로 하는 것입니다.

스티브 : 저는 잭이 말한 것에 몇 마디를 추가하고 싶습니다. 첫째, 저는 기술적 진리가 존재한다는 것을 부정함에 있어서 잭의 정도까지는 아니라고 말씀 드릴 수 있습니다. 논의를 위해서 잠시 피터 교수님의 입장에 서 보겠습니다. 교수님은 기술적인 판단으로부터 규범적인 판단을 끌어 낼 수 없다는 흄[136]의 견해에 동의하는데 있어서는 아주 옳는지 모릅니다. 하지만, 처방적 판단으로부터 기술적 판단을 연역할 수 있음은 확실합니다. 다른 과학들에서와 마찬가지로, 교수님이 모든 것을 증명할 수 없는 것처럼(즉, 교수님은 어떤 전제를 가지고 시작할 수밖에 없습니다.), 윤리학에서도 어떤 제1의 원리가 존재해야만 합니다. 그 출발점은 자명한 처방적 진리, 즉 다른 모든 처방적 주장들의 토대로서 기여하는 어떤 처방적 진리인 것입니다. 보브씨가 잘 아실 걸로 기대합니다만, 아들러 박사는 이 점을 주장했지요. 아들러 박사님은 우리에게 자연적 욕망과 후천적 욕망에 대한 구분을 명심하라고 요구하십니다. 이 구분에 비추어서, 그 분은 자명한 처방적 판단이 존재한다고 주장합니다. 즉, 사람은 실재적으로 좋은 그 모든 것을 욕구해야만 한다는 것이 그것입니다.

피터 : 왜 그 명제가 자명한 것인가요?

---

136) David Hume(1711-1776). 스코틀랜드 출생. 그는 23세 때 그의 첫 번째 철학적인 저술 [인간 본성에 관한 논문]을 집필했다. 이 저서는 완결된 것이 아니었다. 이것을 가필하여, 그의 원숙하고 유명한 두 개의 저서를 발간했는데, 그것들은 『인간오성론』(1748)과 『도덕원리론』(1751)이다. 그는 '존재'로부터의 '당위'연역을 의심스러운 눈길로 보았던 최초의 사람이었다. 그는 다음과 같이 말한다. "내가 지금까지 만났던 모든 도덕적 체계에서 항상 알게 된 것은 이러하다. 즉, 저자들은 잠시동안 일상적인 추리 방법으로 진행하고 신의 존재를 확립하여 인간사를 관찰한다. 그런데 갑자기 내가 발견하고서 놀라게 되는 일은 명제의 통례적 결합, 즉 '이다.'와 '아니다.' 대신에 '해야 한다.' 또는 '아니 해야 한다.'와는 아무런 관계가 없는 명제는 하나도 못 만나게 된다는 사실이다. 이러한 변화는 알아차릴 수 없으나 극히 중요한 것이다. 왜냐하면 이 '해야 한다.' 또는 '아니 해야 한다.'는 어떤 새로운 관계 또는 긍정을 표현하므로 그것에 대한 필연성은 반드시 설명되어야 하기 때문이다. 그와 동시에 왜 그것이 있을 수 없는 일로 보이는가, 어떻게 이 새로운 관계가 이와는 전적으로 다른 모든 관계로부터의 연역일 수 있는가에 대한 이유도 밝혀져야 한다."

스티브 : 그 이유는 사람은 그 반대를 생각할 수 없기 때문이라는 것이지요. 교수님도 그러리라고 보는데, 어떤 사람이 자신에게 참으로 나쁜 것들을 욕구해야만 한다고 생각하는 경우가 있겠습니까? 아니면, 자신에게 실재적으로 좋은 것을 욕구해서는 안 된다라고 생각하는 경우가 있겠습니까? "참으로 좋은 것"이란 말이 갖는 바로 그 의미 속에는 그것을 욕구해야만 한다는 것이 내포되어 있습니다. 이것은 그 용어의 실제적 의미와 관계되는 것이기 때문에, "실재적으로 좋은 것"과 "해야만 한다"는 용어를 다른 식으로 관련지어 생각하는 일은 불가능한 것입니다.

피터 : 그러나 당신이 말하는 인간 본성 철학이 이것과 어떻게 관련됩니까?

잭 : 저는 그 질문에 대해서 답할 수 있다고 생각합니다. 그것은 스티브가 방금 언급한 자명한 처방적 진리에 비추어서 인간 본성에 관한 기술적 주장을 이해하는 문제라고 생각합니다. 만일 "어떤 사람에게 참으로 좋은 것이면 그것을 욕구해야만 한다는 자명한 처방적 진리"가 있다면, 우리는 이 명제를 기술적 진리와 결합시킬 수 있으며(기술적 진리라는 개념이 의미 있다는 것을 인정하면서) 그리고 그로 인해서 도덕적 결론을 정당화시킬 수 있는 것입니다. 예를 들면, 우리는 모든 인간은 본래적으로 알고자 하는 욕망을 가지고 있다는 기술적 진리를 우리의 자명한 처방적 진리와 결합시킬 수 있으며, 그리고 그로 인해서 우리는 사람은 지식을 추구하거나 욕구해야만 한다는 도덕적 결론을 도출할 수 있습니다.

스티브 : 우리의 주장은 "존재"로부터 "당위"를 도출할 수 없다는 흄의 비판에 대해서 어떤 해를 끼치는 것은 아닙니다. 제 판단으로는 흄은 도덕의 처방적 토대에 대해서 제대로 이해하지 못했으며, 따라서 또 다른 무의미한 논쟁거리를 우리에게 남겨 놓은 셈이라고 봅니다.

피터 : 당신의 의구심처럼, 저 또한 의구심이 없는 것은 아닙니다. 하지만, 소피아가 말씀하실 무언가가 있는 것 같습니다.

소피아 : 저는 잭과 스티브 두 신부가 사용한 한 단어에 대해서 묻고 싶습니다. 그 단어는 "행복"입니다. 당신들은 우리가 행복에 이르기 위해서는 덕을 가져야만 한다고 했지요. 그때 "행복"이란 대체 무엇을 의미하는가요? 저는 스티브가 행복을 실재적으로 좋은 것들과 연관짓는 것을 들었습니다. 하지만 저는 수긍되지 않습니다. 참으로 좋은 것들이란, 당신이 말하는 것처럼, 모든 사람들이 필요로 하는(need) 그것들입니다. 그렇지만 우리는 행복을 우리가 원하는(want) 그런 것으로 생각하지는 않나요? 행복이란 아주 개인적인 것이 아닌가요? 제 말은 행복이란 사람에 따라서 아주 다양한 것이 아닌가라는 말입니다. 분명히, 나를 행복하게 만드는 그것이 당신이나 다른 사람을 행복하게 만든다 라고 뜻하시는 것은 아니겠지요?

스티브 : 저는 "뜻한다"는 정도가 아니라, 바로 그렇다고 "천명"하고 있는 것입니다. 우리의 도덕적 생활에서 개인은 우리가 원하는 것에 관해서 선택을 내릴 때를 계산한다는 것을 기억하십시오. 하지만 행복은 우리가 원하는 것을 단지 얻는 것 그 이상임이 분명합니다. 우리가 원하는 것은 우리에게 참으로 좋은 것이어야만 합니다. 그렇지 않으면, 우리의 인간 본성은 불완전하며, 우리는 불행한 것입니다. 만일 행복이란 것이 단지 우리가 원하는 것을 얻는 그것에 관한 일이라면, 우리는 그것을 비참한 행복이라고 부를 수 있을 것입니다. 인간은 자신이 원하는 바를 가집니다. 그렇지만 그는 도덕적으로 발달이 지체되고 병들은 존재입니다. 아주 냉철하게 볼 때, 우리는 그를 행복한 사람이라고 부르지 않습니다. 왜냐하면 그가 원하는 것이 그가 원해야만(ought to)하는 것과 일치하지 않기 때문입니다.

피터 : 신사 양반, 잠깐. 그 논리는 괴이한 혼란을 불러옵니다. 만일 행복이

란 것이 우리가 원하는 것을 얻는 그것이 아니라면, 그러면 행복은 행복하지 않은 그 어떤 것이 되고 맙니다.

잭 : 무슨 말씀인데요?

피터 : 자, 어떤 사람이 자신이 원하는 것을 얻지 못할 때 어떤 일이 일어 나겠습니까?

소피아 : 그 사람은 낙담하게 되지요.

피터 : 그러면 낙담은 행복과 동류의 것이 됩니다. 하지만 이것은 받아들일 수가 없습니다. 왜냐하면 우리는 일상적으로 낙담을 행복의 장애물로 말하고 있기 때문입니다. 다시 말해서, 우리는 우리의 행복, 즉 우리가 원하는 것이 얻어질 수 없을 때 우리는 좌절한다고 말하는 것이지요.

잭 : 저는 그 문제에 대해서 다음과 같은 말씀을 드리고 싶습니다. 우리는 현대 철학자들의 뇌리에서뿐만 아니라 대중문화에서도 잊혀진 어떤 구분 방식을 되새겨 보아야 합니다. 아들러 박사는 우리는 **규범**(norm)으로서의 행복과 **종착점**(terminus)으로서의 행복의 차이를 이해해야 한다고 주장했습니다. 현대 철학자들은 행복을 종착점으로, 다시 말해서 사람이 도달할 수 있고 안주할 수 있는 심리적인 만족 상태로서 간주합니다. 이런 의미의 "행복"에 의하면, 그 개념은 즐거움으로 가득 찬 삶과 같은 것입니다. 자, 의심할 바 없이, 만일 당신들이 그런 행복 개념을 받아들인다면, 당신들은 참으로 좋은 것들이 행복을 규정한다는 저의 견해를 받아들이기 어려울 것입니다. 왜냐하면 저의 견해는 "원하는 것"이 "필요로 하는 것"(마땅히 원해야만 하는 것)에 희생되어져야 하는 그런 삶을 요구할 수 있기 때문입니다. 이것은 그들의 삶을, 불쾌한 경험으로 채워진 이야기들이 되게끔 합니다.

보브 : 오! 알겠어요. 행복이란 순간 순간의 삶에 관한 문제라기보다는 전체로서의 삶에 관한 문제라고 보는 것이군요.

스티브 : 보브씨, 훌륭하십니다. 책이 지금 말하고자 하는 것은 아리스토텔레스의 도덕철학과 현대 이론들간의 차이를 정확하게 꿰뚫어본 것입니다. 아리스토텔레스의 견해에서 보면, 행복은 다른 것들 가운데 어떤 하나가 아니라 얻어진 모든 좋은 것들의 총화인 것입니다. 그렇다면, 행복은 우리 삶에서 추구되어야 할 목적이며, 규범적으로는 우리의 선택들이 건전한지 아닌지를 우리에게 가려주는 표준인 것입니다. 하지만, 그것은 사람이 적어도 현 생활에서는 얻기 어려운, 다시 말해서 현실에서 획득하여 누릴 수 있는 어떤 구체적인 좋음, 어떤 특정 상태가 아닌 것입니다.

소피아 : 아! 저는 어느 구석인지는 모르겠지만, 좌우지간 종교 냄새가 나는 것 같습니다.

스티브 : 글쎄요. 사회 일각에서는 그렇게 말씀하시는 데, 그것도 일리가 없진 않을 테지요. 하지만, 그 점에 대해서는 나중에 다루었으면 합니다. 지금 제가 행복에 관해서 말하고자 하는 논지는 우리는 그 어떤 사람에 대해서도 그가 죽을 때까지는 행복한 사람이라고 부를 수 없다는 아리스토텔레스의 대담한 주장에 잘 요약되어 있다는 것입니다. 그가 그때 말하고자 했던 것은 행복이란 어떤 사람의 전 생애에서 작동하는 하나의 규범이라는 것입니다. 그것은 어떤 사람의 삶이, 이 시점에서 전체적으로 보았을 때, 행복하였는가 아니었는가를 평가하기 위해서 회고적으로 사용된 규범인 것입니다.

소피아 : 이제 당신의 말뜻을 알 것 같기 시작합니다. 하지만, 저는 아직도 "종착점" 혹은 "규범"과 같은 말의 뜻은 아직 혼란스럽습니다.

잭 : 예를 들면 도움이 될는지 모르겠습니다. 종착 목적의 한 예는 여행의 목적지라 할 수 있습니다. 이를테면 우리처럼 "망각의 호수"가 그것일 것입니다. 예행 계획을 세우고, 여행에 나서고, 그리고 목적지에 도착합니다. 거기에 도달하면 당신은 그 도착을 즐거워하고, 아름다운 풍경에 빠져들고, 목적지에서 휴식을 취함으로써 기쁨을 만끽할 수 있습니다. 규범적인 목적의 예는 아주 판이합니다. 발레 공연을 예로 들어봅시다. 공연은 하나의 과정입니다. 그것은 탁월성(excellence)의 표준에 따라서 공연되는 과정입니다. 하지만 사람들은 그 공연에 대해서 그 공연이 끝날 때 이 목적이나 규범이 충족되었는지 아닌지에 관해서 판단할 수 있을 뿐입니다. 그리고 당신이 "망각의 호수"에 이르고자 하는 당신의 욕망이 당신의 여행에서의 한 요인인 것처럼, 그 목적은 발레 공연에서의 한 요인인 것입니다. 그러나 후자와 같은 목적, 즉 도착점은 도달되어서 누릴 수 있는 어떤 것이지만, 전자는 그런 식으로 도달될 수는 없는 그런 것입니다. 왜냐하면, 그것은 과정, 활동에 대한 표준 혹은 규범이며, 그것은 그 활동이 끝났을 때만이 충실하게 적용될 수 있는 표준이기 때문입니다.

스티브 : 다른 예를 하나 더 들게 습니다. 만일 제가 당신에게 로즈 바울 게임[137] 전반전이 끝난 뒤 그 경기가 탁월한 경기였는가 하고 묻는다면, 저는 만일 당신이 다음과 같이 대답하면, 전혀 이상하게 생각하지 않을 것입니다. 즉, "지금까지 경기를 참 잘했었습니다. 하지만 저는 경기가 끝나기 전에는 탁월한 경기인지 말씀 드릴 수가 없군요."라고 말이죠. 경기는 완전히 진행될 때까지 탁월성의 규범에 의해서 완전히 평가될 수 없는 것입니다. 인생도 마찬가지가 아닐까요? 삶이 마치기 전까지는 행복이란 표준에 의해서 완전히 측정될 수 없는 것입니다.

---

137) The Rose Bowl. 매년 1월 1일 행해지는 대학미식축구의 패자 경기. 이 명칭은 미국 Los Angeles 교외의 pasadena에 있는 스타디움 이름에서 유래.

마크 : 도대체 저 좀 살려 주세요. 요점이 무엇인가요?

잭 : 지금까지 이야기의 요점은 행복은 만족이라든가 어떤 다른 유쾌한 심리적 상태로 생각해서는 안 된다는 것입니다. 행복은 규범적 원리이지, 심리학적 원리가 아니라는 것입니다. 심리적 만족이란 영원성 혹은 그 시기를 불문하고 도달되거나 얻어지는 만족의 상태를 가리킵니다. 하지만 스티브와 제가 주장하는 바는 행복이란 것은 많은 것 중의 어떤 하나, 즉 성취되거나 머무를 수 있는 하나의 선으로서가 아니라 **총체적 선**으로서 간주되어야 한다는 것입니다.

스티브 : 잭이 지적한 바와 같이, 그러한 것은 행복은 종착적 원리라기보다는 규범적 원리라는 아리스토텔레스의 통찰을 현대 사상가들이 제대로 인식하지 못한데서 나온다는 것이지요. 그래서 현대 도덕 사상가들이 쾌락주의와 공리주의와 같은 그런 막다른 골목에 봉착한 것이 아닌가 합니다. 그런 주장들은 행복을 만족의 상태, 심리적 상태로 잘못 생각하게 만듭니다.

잭 : 그것은 또한 현대 사상가들로 하여금 덕을 오해하게 만들었던 것입니다. 덕이란 쾌락이나 만족 혹은 어떤 다른 종착적 가치에 대한 수단에 불과한 것이 아닙니다. 덕은 잘 사는 전체적 삶을 위한 하나의 조건입니다. 예를 들면, 우리는 특정 목적을 달성하기 위해서 지적으로 적합한 수단들을 선택하기 위해서 신중해야 할 필요가 있습니다. 모든 것들이 갖추어질 때, 이 목적들이 우리의 궁극적 목적인 행복을 구성하게 됩니다. 그런 수단들이 모험 같은 것들을 포함할 때, 그러면 용기의 덕이 필요합니다. 그런 수단들이 중용의 덕을 요구할 때, 그러면 절제의 습관이 필요합니다. 재론의 여지가 없는 이야기이지만, 우리는 이 세상에 홀로 태어나 있는 것은 아닙니다. 인간 본성은 또한 사회적이며 공동체적입니다. 이것은 우리가 다른 사람들과 관계하는 방식이 우리 자신의 행복에 있어서 한 요인이라는 것을 의미합니다. 결과적으

로 정의의 덕은 모든 사람들의 실재적으로 좋은 것들에 대한 추구가 가치 있게 되는 그런 사회 질서를 만드는데 필요한 것입니다.

스티브 : 만일 덕이 잘 사는 전체적 삶을 위한 하나의 조건이라면 모든 덕들은 완벽해야 하며 개인의 삶과 행동에 존재해야만 한다는 것도 부연해야 합니다. 그것들 가운데 단지 몇 개만을 계발하는 것으로는 충분하지 않습니다. 그런 사람은 통합된 도덕적 인격을 가지고 있는 것이 아닙니다. 그런 사람은 자신의 행복을 촉진시키기보다는 좌절시키는 사람입니다.

소피아 : 그러나 그것은 맞지 않는 이야기일 수 있습니다. 결점을 갖지 않은 사람은 없지 않습니까? 우리는 언제나 선한 사람일 수는 없지 않습니까?

잭 : 그렇고 말고요. 할 일없이 담배만 피는 양반을 보면, 맞는 이야기이지요.

스티브 : 여보세요, 저는 이런 상황이 일어날 때 이해하기 좋은 도덕적 예화로 사용되는 그런 담배를 피는 사람이란 것 알아주세요. 내가 담배 피운 것은, 도덕적 덕은 "지식이 곧 덕은 아니다"라는 것을 아는 그런 덕과 다르다는 것을 일깨워 준다는 말입니다. 저는 담배가 몸에 좋지 않다는 것을 알고 있지만, 다른 요인들, 이를테면 쾌락이나 다른 열정으로 인해 내가 알고 있는 그 지식에 따라서 행동하지 못합니다. 도덕적 지식은 단지 우리가 행해야 할 것, 혹은 행해서는 안될 것을 일러줄 뿐입니다. 그래서 우리는 모든 덕들을 개발해야만 합니다. 만일 당신이 몇몇 좋은 습관들을 가지고 있다면, 그것은 권장할만한 일입니다. 하지만, 그것만 가지고는 당신이 좋은 사람, 온전한 사람,[138] 완전히 성숙된 도덕적 인격의 소유자가 되기에는 충분하지 않습니다. 바꾸어 말하면, 덕은 사람의 좋음을 목표로 하지만 악덕은 사악함, (겉보기에는 좋은 것 같지만) 그 좋음을 손상시키는 어떤 것을 겨냥합니다. 따라서 만일 어떤 사

---

138) integrity. 성실함 혹은 통합된 도덕적 습관.

람의 생활 속에 악덕이 있다면, 그 사람은 유덕한 행위들에 의해서 추구되는 그 좋음에 반하는 결정을 내리게 될 소지가 많습니다. 악덕과 미덕의 뒤섞임은 도덕적 삶에 대한 시야를 흐리게 하며, 그 사람이 도덕적 인격을 발전시키는데 있어서 일종의 내란과 같은 상태를 야기합니다. 이렇듯, 어떤 사람이 모든 덕들을 습득하기 전까지는 결코 덕스러운 존재라 할 수 없다는 아리스토텔레스의 지적은 아주 지당한 것입니다.

보브 : 어떤 특수한 덕과 악덕들의 경우, 이러한 갈등은 어떤 모습으로 나타나는가요?

잭 : 예를 들자면, 과식하거나 과음하는 사람은 어리석은 것입니다. 왜냐하면 그는 그른 목적을 위한 수단을 선택하는 경향이 있기 때문입니다. 마찬가지로, 정의롭지 못한 사람은 사려적이지 못할 것입니다. 그가 아무리 많은 재주를 가지고 있다 할지라도 말입니다. 그는 설령 자신의 결정이 자신에게는 옳은 목적으로 보일지라도 그것이 그른 목적을 겨냥한 것이기 때문에, 그는 적절한 수단을 선택하지 못합니다. 마찬가지로, 절제와 동시에 겁쟁이일 수 없으며, 용기가 있으면서 절제하지 못하는 사람일 수 없습니다. 만일 한편으로 그가 자신의 참된 선을 좋아하게끔 해주는 용기와 자기통제와 같은 습관을 계발하며, 다른 한편 그가 마땅히 추구해야 할 것으로부터 멀리하게 만드는 부주의와 불공정과 같은 습관을 개발한다면, 그 사람은 지각 있는 도덕적 생활을 가질 수 없는 것입니다.

피터 : 수단과 목적에 관한 말씀에 대해 저는 마음이 편치 않습니다. 덕은 우리의 행복을 목표로 합니다. 행복은 하나의 목적, 설령 그것이 규범적 목적이라 할지라도 그렇습니다. 행복은 분명 하나의 목적인 것입니다. 하지만, 이것은 당신이 목적론적[139] 윤리설, 즉 도덕적 경험은 표준으로 삼는 그 목적에

---

139) 목적론이란 목적에 의한 설명을 말한다. 이를테면, "눈이란 보라고 만들어진 것이

의해서 판단된다는 견해, 따라서 도덕적 생활은 "어떤 목적을 위한 수단"이라는 견해에 마음을 두고 있다는 것을 뜻합니다. 그런데, 만일 당신이 목적론적 윤리설을 지지한다면, 당신은 그것을 옹호해야만 합니다. 당신은 왜 목적론적 윤리설이 정당하다고 봅니까?

스티브 : 이제 점점 골치가 아파지기 시작합니다. 하지만 교수님이 유독 인간에만 국한된 행동을 염두에 두신다면, 그 물음에 대해서 답할 수 있을 겁니다. 인간이 인간답게 행동할 때, 인간은 다른 동물들과 구별되게 행동하는 것입니다. 인간은 인간 종으로서 그들에게 특유한 기능(capacity)들에 의거해서 행동합니다. 인간과 다른 동물들이 어떤 공통된 행동을 한다는 것은 참입니다. 이를테면 음식을 소화시키는 것, 생장하는 것, 보고 듣는 것 등등 말입니다. 그러나 우리 인간들은 또한 우리 본성 특유의 방식으로 행동하는 기능을 가지고 있습니다. 즉, 다른 동물들은 갖지 못하는 우리만이 가지고 있는 역량(power)에 따라서 행동할 수 있습니다. 자, 그러면 이제 사람이 인간 특유의 방식으로 행동할 때, 그는 그의 행동들을 통제하는 역량을 가진다는 것이 분명합니다. 자유와 의도가 바로 그것을 말해줍니다. 이것이 의미하는 바는 우리는 이성과 의지를 통해서 우리의 행동에 대한 지배력을 갖는다는 것입니다. 하지만 의지는 욕구나 욕망의 능력(faculty)[140]인 것입니다. 따라서 의지는 의지를 움직일 대상으로서 그 선을 요구합니다. 이것은 사람들이 사람 특유의 방식으로 행동할 때 그들은 그 선을 위해 행동한다는 것을 의미하는 것이지요.

피터 : 하지만 **어떤** 선이 아니라 하필이면 **그** 선이어야 합니까?

다." 원인에 의한 설명을 제안하는 기계론과 반대된다. "그것이 이러이러한 기관으로 구성되어 있고, 이러이러한 법칙들을 따르기 때문에 눈은 본다."

140) 영혼의 능력. 철학에 있어서, 여러 행동의 근원으로서 인간에게 인정된 세 가지 힘, 즉 사고, 감수성 그리고 의지를 가리킨다. 통상 faculty는 정신적 역량에 대해 사용되는 반면, 기능(function)은 생리적 역량을 가리킨다.

잭 : 이유는 다음과 같습니다. 우리가 많은 상이한 선들을 욕구할 수 있긴 하겠지만, 우리는 그 각각을 그것이 실재적으로 선한 것인지의 관점, 즉 그것이 실재적으로 우리에게 완전한 것이거나 혹은 우리를 실현시킬 것인지의 관점에서 욕구한다는 것입니다. 그래서 제가 우리는 선을 욕구한다고 말할 때 저는 여러 개의 선들 가운데 한 특수한 선이라는 의미에서 그것을 가리키는 것은 아닙니다. 제가 "그 선"을 가지고 의미하는 바는 무엇이 선인가에 관한 그 어떤 판단에 있어서도 공통적으로 나타나는 그것을 가리키는 것입니다. 즉 그것은 저에서 완전한 것이거나 충족적인 것, 즉 실재적인 선 바로 그것입니다.

피터 : 그 말은 행복이란 어떤 구체적 선택들을 가능하게 하는 관점이 아니란 말인가요?

잭 : 글쎄요. 행복에 대한 욕망이 그 관점입니다. 만일 우리가 실재적으로 선한 것들의 총체에 이른다면, 그러면 우리는 그 욕망에 도달한 것입니다. 이것은 우리가 행복은 규범적인 목적이라고 말할 때 의미하는 바로 그것입니다.

피터 : 혼란스럽습니다. 당신은 아리스토텔레스의 윤리학을 옹호하고 있다고 주장합니다. 하지만 당신의 행복 개념은 내가 이해하고 있는 아리스토텔레스의 그것보다 아주 큰 것입니다. 그는 행복은 우리의 합리적 활동의 완성이기에 인간에 의해서 도달될 수 있는 최고의 삶은 관조적(觀照的) 삶[141]이라고 주장하지 않았던가요? 그는 우리가 관조를 완성하는 정도에 따라서는 신

---

141) contemplative life. 실천적 태도를 버리고 내외의 대상을 조용히 관찰하는 일. 진지임과 동시에 최고선에 드는 일. 원래 그리스어 theoria 라고 하여 본래는 연극을 "본다"는 뜻을 가졌으나, 후에 이성에 의해서 "본다" "생각한다" "고찰한다"는 의미를 갖게 되었다. 아리스토텔레스는 테오리아를 실천을 가리키는 프락시스(praxis)와 대립시켜, 대상에 작용하지 않고 그저 정관(靜觀), 관조(觀照), 관상(觀想)한다는 뜻으로 보았다. 그 중에서도 순수형상인 신(神)을 관상하는 일을 철학의 최고 목적이라고 하였다.

과 같은 경지에 이를 수가지 있다고 말합니다. 이것은 철학교수의 삶이 최고이며 최상급의 삶이 되게끔 합니다.

랜솜 : 누가 그것을 시비하겠습니까?

잭 : 저는 아리스토텔레스의 텍스트를 놓고 토론하는데 더 이상 골머리를 앓기 싫습니다. 하지만 교수님은 아주 중요한 해석상의 핵심을 일깨워 주셨습니다. 제 소견입니다만, 아리스토텔레스의 행복 개념은 흔히 잘못 해석되고 있는 것 같습니다. 합리적 활동은 인간에게만 존재하는 것이며 인간에게 꼭 들어맞는 활동이라고 말한 것은 참입니다. 그러나 그가 말하는 "합리적 활동"이란 철학자들이 "유비적"[142]이라고 부르는 그것입니다. 바꾸어 말하면, "합리적 활동"이란 표현은 인간 존재가 진정으로 인간적인 삶을 사는데 필요한 모든 활동들을 망라하는 것입니다. "합리적 활동"이란 구절은 이성 혹은 지성의 작용뿐만 아니라 이성의 영향으로 행하게 되는 활동들까지도 가리키는 말입니다. 관조적 삶은 인간적으로 사는 사람에게 가장 현저한 활동일지는 몰라도, 그것이 꼭 선남선녀의 배타적 관심사는 아닌 것입니다. 그것을 배타적 활동으로 만드는 것은 실제적으로 불합리한 것이 될 것입니다. 기껏해야 그것은 어쩌다가 그렇게 될 수 있는 그것입니다. 다른 인간적 욕망들을 소홀하면서까지 그것을 추구하는 것은 도덕적으로 무의미한 삶이 될 것입니다. 사실, 자신의 다른 필요들에 유념하지 않는다면 관조적 삶조차 결코 영위할 수 없는 것입니다. 흥미로운 사실입니다만, 아리스토텔레스가 몸소 지적인 덕들은 도덕적 덕들을 전제로 한다고 주장함으로써 이 점을 분명히 했습니다. 인간적 선이란 많은 것 중에 어떤 한 특수한 선-이를테면 관조와 같은-을 가리키는 것이 아닙니다. 인간적 선이란 참으로 좋은 것들, 이를테면 지식, 우정, 건강, 등과 같은 것들의 여러 개들로써 누적적으로 도달될 수 있는 것입니다.

---

142) analogy. 類推. 어느 특수한 경우에서 다른 특수한 경우를 미루어 짐작하는 것으로 간접추리의 하나이다.

아리스토텔레스는 이 점에 있어서 많은 오해를 받고 있습니다.

스티브 : 맞습니다. 아리스토텔레스가 말하고자 했던 것은 행복은 하나의 선이 아니라 **총체적 선**이라는 것입니다. 행복은 **하나의 관점**, 즉 어떤 것이 나를 참으로 충족시키거나 완전하게 하는가 즉, 참으로 선한 것인가를 내가 판단할 수 있게 만들어 주는 표준인 것입니다. 바꾸어 말해서 우리는 과오를 빚을 수 있습니다. 그리고 우리가 과오를 빚었다는 것을 알게 될 때, 우리는 우리의 선택과 행동을 바꾸려는 동기를 가집니다. 우리가 필연적으로 의지하는 것은 아닙니다. 올바른 욕구에 관한 나의 지식만으로는 나로 하여금 올바르게 행동하게끔 원인 지우는데 충분하지 못합니다. 나의 행동들은 말하자면 정념(passion)과 편견 그리고 어쩌면 다른 요인들에 의해서 크게 지배받기 때문입니다. 돌려 말하면, 지식은 덕이 아니라는 표현이지요. 당신이 해야만 할 것을 아는 것이 당신이 실제로 그것을 행할 수 있게 하는 충분 조건은 아닌 것입니다.

보브 : 하지만 저는 지식은 덕이라고 생각했습니다. 지식은 좋은 습관, 사람으로서 살아가면서 마땅히 개발시켜야 할 어떤 것이 아닌가요?

잭 : 그 말은 맞습니다. 하지만 지식은 지적 혹은 이론적 덕이지 도덕적 덕은 아닙니다.

보브 : 어떤 차이가 있단 말씀인가요?

잭 : 지적인 덕은 사고하는 습관을 완전하게 해주는 반면, 도덕적 덕은 행동하는 습관을 완전하게 해줍니다. 지혜와 바른 추론은 이론적 덕의 예들이지만, 사려와 용기는 도덕적 덕의 예들인 것입니다.

소피아 : 착한 소년 소녀와 같이 행동하는 법을 배워라. 그러면 그렇게 될 것이다. 도덕적 덕을 얻어라. 그러면 당신은 행복에 이를 것이다. 저는 다만 사로 듣는 그런 소리가 얼마나 부질없는 것인지 확인하고 있답니다. 착한 사람들은 손해만 보고 있고, 잇속을 챙기는 사람들은 결국 악한 사람들이지요. 당신네들은 너무 당신네 이야기에만 빠져 있었어요. 자, 여기 냉수가 있어요.

스티브 : 당신의 뜻을 이해하며 일리가 있다고 생각합니다. 그리고 그 말씀은 일부 철학자들에 대한 강한 반대 의견이십니다. 하지만 그 말씀은 저에게는 해당되지 않습니다. 왜냐하면 제가 말하고자 했던 것은 덕은 행복의 충분조건이 아니라 필요조건이라는 것입니다. 당신의 반대는 플라톤과 스토아 철학자들, 즉 행복은 덕을 획득하면 보장된다고 생각하는 그런 사람들에게 해당됩니다.

잭 : 맞습니다. 이들 철학자들은 너무 극단적으로 나아갔던 바, 그들은 심지어 덕스러운 사람은 고문을 받는 동안에조차도 만족할 수 있다고 믿었던 것입니다.

피터 : 아주 고약한 고문대 위에 아주 좋은 사람들이 있었던 셈이군요.

스티브 : 그러한 플라톤적인 견해는 아주 순진한 것입니다. 왜냐하면 그것은 행복에의 도달은 덕 그 이상의 것에 의존한다는 우리의 상식적인 이해와 대립되기 때문입니다. 행복하기 위해서는 사람들은 운(運, luck)도 좋아야만 합니다. 아리스토텔레스는 이것을 깨닫고 있었으며, 그 점에서 관해서 플라톤의 철학과 달랐습니다.

잭 : 결과적으로 아리스토텔레스의 입장은 다음과 같이 정리될 수 있을는지 모르겠습니다. 즉, 행복은 전체적 삶에서 **덕과 행운**에 의해서 도달될 수 있는

모든 실재적으로 좋은 것들을 누적적으로 소유하는 것이라고 말입니다. 행복은 덕만의 일이 아닙니다.

소피아 : 좋은 운이 필요하다는 이러한 지적은 중요합니다. 그것은 "소수인종 우대조치"와 같은 프로그램들이 왜 필요한 것인지를 설명해 줍니다.

스티브 : 맞는 말씀입니다. 우리는 어떤 의미에서 보면, "자연의 제비뽑기"라는 손에 놓여져 있는 것입니다. 따라서 정의로운 사회란, 말하자면 시민들이 공정의 덕을 가진 그런 사회란, 혜택받지 못한 사람들을 위한 장치들을 제도화해서 그들 또한 행복에 이를 수 있는 그러한 덕들을 계발할 기회들을 제공해야 할 것입니다.

랜솜 : 저는 뒷전에 앉아서 당신네 철학자들 편에서 말하는 우리가 어떻게 살아야만 하는가에 대한 논의들을 쭉 들었지요. 당신들은 만일 우리가 이것을 하면 우리는 우리 자신을 완성시킬 것이나, 우리가 저것을 하면 우리는 파멸할 것이라는 식으로 말하고 계십니다. 진실은 신을 제외한 그 누구도 완전하지 못하며, 궁극적으로 인간의 복지는 하나님의 선물임을 명심하세요.

스티브 : 랜솜씨, 당신의 그 지적은 아주 지당하십니다. 아리스토텔레스가 우리에게 준 것은 타당하지만 또한 불완전합니다. 인간이 본성적으로(즉, 하나님 없이 그들 자신의 힘으로) 도달할 수 있는 행복은 기껏해야 불완전한 행복입니다. 현생에서의 우리의 완전은 단지 상대적인 완전인 것입니다.

소피아 : 아하. 같은 패거리였군요. 저는 종교가 이 모든 것 뒤에 숨어 있지 않았나 했는데, 틀리진 않았군요.

스티브 : 우리는 끝내는 거기에 이르게 된다고 말씀 드린 것 기억 나세요?

하지만, 저는 종교가 저의 결론 이면에 숨어 있다기보다는 저의 결론을 이끌어 냈다고 말해야겠습니다. 바꾸어 말하자면, 도덕철학은 그것이 완전해지기 위해서 종교를 이 정도까지 의지하고 있다는 말씀이죠. 즉, 하나님과 우리의 초자연적 통일에 대한 **희망**을 고려해야 한다는 것입니다. 왜냐하면 당신도 아시다시피 만일 인간의 의지가 완전을 욕구한다면, 그것은 궁극적으로 하나님을 소유함으로써만이 완전하게 될 수 있기 때문입니다. 그렇다면, 하나님은 엄격히 말해서 우리의 참된 행복, **완전선**(summum bonum)인 것입니다.

보브 : 알겠습니다. 우리가 이제까지 행복, 즉 **총체적 선**(totum bonum)에 관해서 말한 것들은 단지 우리의 **자연적** 복지(well-being)에 속하는 것이라고 말씀하시려는 것이지요?

피터 : 당신이 뜻하는 바는 완전성에 대한 우리의 욕망은 우리의 자연적 삶에서 실현될 수 없는 것이기에 하나님의 존재가 증명된다는 것이지요? 저는 그 논증에 대해서 많은 문제가 있다고 생각합니다.

스티브 : 하나님의 존재가 아니라, 단지 하나님에 대한 **필요**를 말하는 것입니다. 사람은 신이 존재한다고 믿건 안 믿건, 그리고 인간의 삶이 하나님에 의해서 초자연적으로 완성될 수 있다고 믿건 안 믿건 간에 그건 자유입니다. 제 논지는 우리의 자연적 존재의 불완전성 때문에 신앙이 어떤 정당화 근거가 된다는 것입니다. 자, 우리의 자연적 삶들이 초자연적 것과 관계되어 있기에 우리의 참된 행복이 실현될 수 있다는 희망을 가져 봅시다.[143]

---

143) 토마스 아퀴나스는 신의 존재 증명을 다음과 같은 방식으로 시도하고 있다. (1) 운동에 의한 증명, (2) 능동인에 대한 증명, (3) 우연성에 의한 증명, (4) 완전성의 단계에 의한 증명, (5) 세계 질서에 의한 증명(목적론적 증명). 여기서는 칸트의 도덕론적 논증을 염두에 둔다. 칸트는 최상선은 영혼의 불멸을, 완전선은 하나님의 존재를 요청(postulate)한다.

잭 : 아퀴나스의 논증 하나를 예를 들면 좀 더 명료해지지 않을까 생각합니다. 그의 논증은 다음과 같습니다. "우리가 선이라 칭하는 그 어떠한 개별적인 사물이나 개별적 선들의 어떠한 조합도 '선 자체(the Good)'가 아니거나 '선 자체'에 대한 우리의 욕망을 충족시킬 수 없다. 이러한 연유로, 우리의 욕망은, 만일 그것이 충족되려면, 완전한 '선 자체'에 도달을 요구한다. '선 자체'는 현재의 삶에서는 알 수가 없다. 따라서, 선 자체는, 결국, 다른 삶에서 발견된다."

스티브 : 잭이 정리해준 이 논증은 기독교 도덕 신학의 정당성 근거에 속합니다. 도덕적 삶이 완전해지려면, 사려, 용기, 절제, 정의와 같은 철학적 미덕들에다가, 신과의 통일도 준비하지 않으면 안 된다는 것이지요. 이것은 우리의 힘으로서는 행해질 수 없는 것이기 때문에, 하나님이 직접 우리에게 믿음, 희망 그리고 자선이라는 일정한 신학적 미덕들―이른바 "주사적(注賜的)"덕[144] 들―로서 은총을 내림으로서 이 준비를 담보해주시는 것입니다. 그러나 물론 우리는 이 은총을 기꺼이 받아들이려는 자세를 가져야 합니다.

피터 : 자선에 대해 말씀하시니깐, 내가 앞서 제기하고 싶었던 비판이 하나 생각납니다. 그것은 "도덕적 관점"과 관계가 있습니다. 나에게는 당신의 입장이 제대로 도덕적 관점을 담고 있는 것 같지 않아 보입니다. 철학적 도덕에 관한 당신의 설명에 무언가 부족한 점이 있다는 생각이 듭니다. 아마 이것이

---

144) 카톨릭적 견해에 따르면 가장 넓은 의미로서의 이성을 갖춘 자에게 특유한, 또 그 본질과 본질을 근거짓는 요소에 다시 그 이상의 구비할 것으로서 갖추어지는 항상적 능력을 말한다. 좁은 뜻으로서의 덕은 항상적인 능력에 새겨진 경향으로서 이에 의하여 덕은 윤리적으로 선한 행위로 나타나는 특별한 경향과 숙련을 갖는다. 그 본성 위에 아무런 초자연적 목적에 관련되지 않은 것이 자연적 덕(virtus naturalis)이며 초자연적 목표를 지향하는 덕을 초자연적 덕(virtus super-naturalis)이라고 한다. 인간은 그 윤리적 행위에 있어 존재상 초자연적 목표에 부합하는 활동을 할 수 있도록 인간에게는 성성(成聖)의 성총(聖寵)과 동시에 그만한 초자연적 능력도 주어진다. 그 능력이 선에 대한 도움이나 액착은 성령에서 혹은 수련에서 얻어진다. 그 전자를 주사적 덕(virtus infusae)라고 하고 후자를 획득적 덕(virtus acquisitae)이라고 한다. 인간의 궁극 목표인 신에게 직접 관계하는 초자연적 덕은 신망애(信,望,愛)이다.

당신의 설명을 도덕적이지 못하게 만드는 것 같습니다. 왜냐하면 도덕은 단순히 **타산적 사려주의**(prudentialism)가 아니기 때문입니다. 다시 말해서, 도덕은 단지 자기 자신의 좋음을 추구하는 것이 아니라는 것입니다.

소피아 : 오 감동, 감동 자체입니다. 바로 제가 생각해왔던 바와 너무도 똑같습니다.

피터 : 당신의 견해에 의하면, 윤리학의 핵심은 개인이 그의 사적인 좋음에 도달하는 것입니다. 그러나 그것은 도덕적 관점이 들어설 여지를 남겨두지 않습니다. 당신은 도덕철학의 모든 것을 환상적인 아리스토텔레스의 언어로 치장한 이기주의로 만드는 것이 아닌지요?

잭 : 답변 드리겠습니다. 우선 정의(正義)의 덕은 도덕적 관점과 깊게 관계하고 있다는 점을 말씀드리고 싶습니다. 정의는 일정한 공평성을 요구합니다. 정의는 우리가 다른 사람들을 똑같은 본성과 자연적 욕망을 지닌 동등한 인간 존재로서 간주하기를 요구합니다. 인간 본성에 대한 관여 없이 정의를 담보하는 것은 어렵습니다. 그렇지 않다면 우리의 타인과의 관계는 자의적인 것이 되고 말지요. 정의는 단지 다른 사람들의 삶이 우리 자신의 그것과 같이 같은 욕구에 근거하고 있고 같은 현실적 선들을 추구하고 있다는 바로 그 이유 때문에 우리가 다른 사람들의 욕구들을 존중하고 인정해야 할 것을 요구합니다. 공정하게 함으로써 내 자신을 돕는다는 것은 참입니다. 하지만 저의 동기는 또한 제가 가치로운 어떤 능력에 의거해서 독특하게 발달된 삶인 어떤 인간 삶의 본성을 객관적으로 인정하고 평가하고 있다는 의미에서 무사(無私)한 것이며 이타(利他)적이라 까지 할 수도 있는 것이지요.

스티브 : 피터 교수님, 당신이 이 쟁점을 부각시켜 주신데 대해 고맙게 생각합니다. 그것은 자연법 윤리학과 현대 도덕이론들 간의 또 다른 차이점을 부

각시켜 주고 있습니다. 왜냐하면 교수님도 아시다시피 **"도덕적 관점"**을 크게 강조하고 있는 것이 바로 현대 도덕 철학자들이 갖는 특성이기 때문입니다. 그들은 도덕적 관점을 둘러싸고 너무 많은 이야기를 하고 있는 것 같습니다. 만일 어떤 사람이 이러한 현대 철학자들의 접근에 대해서 의구심을 갖는다면, 그는 윤리학을 보다 포괄적으로 인식할 수 있게 되는 바, 그것을 적절한 맥락에 넣어서 도덕적 관점을 갖게 되는 것이지요. 그 맥락은 "좋음(good)의 관점에 비추어서 옳음(right)을 설명하는 것"입니다. 하지만 현대 철학자들은 이러한 질서를 때때로 전도시키는 실수를 저지르기도 합니다. 즉, 옳음에서 선을 설명하는 그것 말입니다. 그들은 옳음이란 것이, 인간 삶에 대해서 선한 것을 "선험적으로 이해하기 때문에 분별 가능한 것일 뿐"이라는 사실을 흔히 간과합니다. 이러한 과오는 칸트의 철학에서 아주 분명합니다. 그의 정언 명령-그것은 단지 황금률의 재정식화이기 때문에 고귀한 정감을 갖긴 하지만-그것이 선한 것에 관한 진술을 인간 삶에 제공하지 못하면 공허한 격률[145]에 지나지 않는 것입니다. 고대와 중세 도덕철학자들은 잘 이해하고 있는데 비해, 현대 도덕 철학들은 이 점을 놓치는 감이 있습니다. 그 점에 대한 인식 정도에 따라서 그들이 막다른 골목에 이르는 정도가 나타날 것입니다.

잭 : 사실, 제가 인격의 덕을 제기한 이유는 제가 도덕적 관점에 민감하다는 것을 말해줍니다. 근본적으로 도덕적 관점은 자선이라는 덕에 의해서 제공되는 것입니다. 다음과 같이 생각해볼 수 있지 않을까요? 즉, 인간의 욕망은 그 무엇보다도 선을 갈망합니다. 하지만 우리가 현재의 삶에서 경험하는 그 어떤 것도 선 자체는 아닙니다. 또한 우리는 우리 자신의 행복보다도 선을 갈망합니다. 타인들 속에서 하나님을 보게 됨으로써 우리는 우리 자신들보다

---

145) maxim. 준칙(準則)이라고도 함. 고대에는 논리상의 주요 명제를 뜻했으며 근대에 와서는 증명 없이 인정된 명제 또는 자명한 공리(公理)의 뜻으로 쓰이고 있다. 여기서는 칸트의 용례처럼, 개인이 자신을 위해서 택하는 행위의 규칙으로서, 보편적인 도덕법칙과 구별된다. 오늘날에는 행위의 규칙 및 윤리적 원리 등을 간단히 나타낸다.

훨씬 더 그들을 사랑할 수 있습니다. 즉, 우리가 철학적 도덕을 완성하는데는 궁극적으로 신앙이 요구된다는 것을 인식하게 될 때, 그러면 우리는 또한 자선이라는 덕이 인간 관계에서의 도덕적 관점을 어떻게 강화시켜 주는 지를 알게 될 것입니다.

스티브 : 피터 교수님, 솔직히 말해서, 저는 도덕적 관점이라는 개념이 도덕철학자들이 기독교로부터 차용한 것이고, 후에 그들이 그것에 대해 세속적으로 정당화하려 해왔다는 주장에 대해서 의구심을 갖습니다. 도덕철학에 있어서 현대적 실험의 아이러니는 현대 도덕철학은 기독교 및 도덕적 관점에 대한 기독교의 강조가 없었다면 그것의 기본 원리들, 어휘들, 문화적 맥락도 갖지 못했을 것이라는 점입니다. 때때로 저는 현대 도덕철학이 그 나름대로 독자들을 가지고 있는 단 하나의 이유는 독자들이 현대 도덕적 담론의 기본 어휘들을 이해하기 위해서 기독교에 의해서 여전히 교화되어 있기 때문인지 여부에 대해서 궁금합니다. 좀 냉소적으로 말해서, 현대 도덕 철학은 서서히 쇠퇴해 가는 기독교 문화에 기생하고 있다는 것입니다. 기생충은 숙주의 건강에 해를 끼칩니다. 시간이 가면 숙주의 생명을 앗아갈는지도 모릅니다.

잭 : 저는 도덕적 관점에 대한 호소가 권위를 얼마나 오래 연장시켜갈 수 있을 것인지에 대해서 의심합니다. 사실, 저는 현대 도덕 및 정치 담론에 있어서 거의 모든 중요한 원리들이 우리 유대-기독교 문화와 전통에 의거하거나 그것을 이용하고 있다는 주장에 대해서 회의적입니다. 기독교 교계가 더이상 이런 원리들을 그들의 맥락에 제공하지 않을 때 우리는 어디에 존재하게 될 것입니까?

소피아 : 글쎄요. 우리의 도노반씨가 여기에 있었으면 합니다. 저는 도노반씨가 무언가의 생각을 가지고 있다는 느낌을 받았습니다. 어쩌면 대안이 되지 않을 까도 생각합니다.

피터 : 저는 나의 오랜 친구인 도노반이 당신의 논지를 잘 이해하고 있을뿐더러 수용하기조차도 한다고 느꼈습니다. 그에게 있어서 하나님은 죽었습니다. 제 자신에 대해서 말씀 드리자면, 저는 아직도 우리가 도덕적 관점에 대한 세속적 정당화를 제공할 수 있다고 믿고 싶습니다. 저는 우리의 유일한 선택지가 기독교와 니체[146] 사이에 있다고 믿고 있는 사람은 아닙니다.

스티브 : 누가요? 도노반씨가 말예요?

피터 : 자, 커피가 준비되었으니 잔이나 채우세요. 대학원 시절과 그때 만났던 사람들에 대해서 이야기를 해 주겠습니다…

사상가들의 담론

그렇다면, 우연한 일정 기간 동안이 아니라 생애 전체를 통하여 온전한 덕을 따라 활동하며 동시에 외양적인 선들도 충분히 지니고 있는 사람을 행복하다고 말해서는 안 된단 말입니까?… 확실히 미래란 우리에게는 분명치 않은 것인데, 그러면서도 우리는 행복이 하나의 목적이요, 모든 점에서 궁극적인 것이라고 주장하고 있습니다. 만일 그렇다면, 우리는 살아 있는 사람들 가운데서 이상의 조건들을 갖추고 있는 그리고 또 앞으로도 갖추게 될 사람들을 행복하다고 해야 할 것입니다…

Aristotle, 『니코마코스 윤리학』 I, 10

---

146) Friedrich Wilhelm Nietsche 1844-1900. 독일 생철학의 대표자, 시인. 니체는 자신이 살던 시대의 문화를 연구하고나서 유럽이 위기에 놓였다는 결론을 내렸다. 그의 견해로는, 그것이 쇠락의 시기와 허위 가치들의 횡행이 임박했음을 의미하는, 즉 '지고한 가치들이 그 가치로움을 상실하고 있음'을 의미하는 허무주의출현에 의해서 확증되고 있다는 것이다. 여기에는 종교가 그 책임이 있다고 말한다. 유럽 문화 속의 기독교 도덕은 노예의 도덕으로서 모든 가치를 전도시켰다는 것이다. 본능과 삶을 파괴하는 기존 도덕과 선악을 초월해 있는 '권력에의 의지'와 '초인'의 등장을 역설한다. 니체의 사상의 핵심은 가치의 창조자는 바로 인간 자신이라는 것이다.

사유에는 긍정과 부정이 있듯이, 욕구에는 추구와 회피가 있다. 그래서, 도덕적 덕은 선택에 관계된 인격의 상태이며 선택은 숙고된 욕구이기 때문에, 그 선택이 좋으려면 그 추론도 참이어야 하며 욕구도 옳은 것이어야 하며, 그리하여 후자는 전자가 주장하는 바의 것을 반드시 추구해야 한다는 것이다. 그런데 이러한 종류의 지력과 진리는 실천적인 성질을 갖는다. 즉, 실천적인 것도 제작적인 것도 아닌, 관조적인 성질의 지력에 있어서 좋은 상태는 진리인 것이며, 나쁜 상태는 거짓인 것이다. (왜냐하면 이는 지력과 관련된 모든 것이 만들어 내는 것이기 때문이다.) 한편, 실천적이고 사유적인 부분에 있어서 그 좋은 상태란 올바른 욕구와 일치하는 진리인 것이다.

Aristotle, 『니코마코스 윤리학』 VI, 2

나는 도덕적 덕들이 인간의 자연력을 넘어서지 않는 어떤 목적을 지향한 좋은 작업들을 갖게 해주는 한, 인간의 작업을 통해서 도덕적 덕을 획득하는 것은 가능하다고 대답한다. 덕이 획득되는 것이 (하나님의) 자비 없이도 가능하다는 것이다. 그것은 많은 이교도들의 경우에조차도 그렇다. 하지만 그것들이 초자연적인 최종 목적에 비례하여 좋은 작업들을 갖게 해준다면, 그 덕들은 참으로 그리고 완벽한 덕의 성격을 갖춘다. 그 덕들은 인간들의 행위에 의해서 획득될 수 없고, 하나님에 의해서만 주입될 수 있다. 도덕적 덕들과 같은 그런 것들은 자비 없이는 존재할 수 없다.

St. Thomas Aquinas, 『신학대전』 II, I, Q. 65, a. 2

모든 우리의 자연적 욕구들이나 필요들은 옳은 욕구들이므로, 우리는 우리가 필요로 하는 것을 원해야만 한다. 왜냐하면 그것들은 우리에게 참으로 좋은 것들이기 때문이다. 한가지 도덕철학의 자명한 원리란 우리는 다른 무엇을 위해서가 아니라 우리를 위해서 참으로 좋은 모든 것을 추구해야만 한다는 것이다. 이 원리는, 그 반대되는 것을 생각조차 할 수 없기 때문에 부정될 수 없는 것이다.

Mortimer Adler, 「윤리학 : 기원전 4세기와 서기 20세기」

행복 추구는 그것이 직접적으로 목표로 삼는 그 좋은 삶이 다른 누구의 좋은 삶이 아니라 자기 자신의 좋은 삶이라면 그 만큼 이기적인 것이 된다. 하지만 우리가 다른 사람들의 행복을 고려하지 않고서는 성공적으로 행복을 추구할 수 없다는 것을 인식하게 될 때, 우리의 자기-이익은 몽매한 상태로부터 깨어나게 된다. 우리는 전적으로 이기적이며 전적으로 성공할 수 없다.

이러한 이유는, 아리스토텔레스에 의하면, 우리가 이제까지 고려해온 도덕적 덕의 두 측면이 충분하지 않기 때문이다. 절제와 용기 이외에 정의가 존재한다. 정의는 우리 친구들이나 우리가 사랑하는 사람들뿐만 아니라 모든 사람들인, 다른 사람들의 선을 염려하는 것이다. 정의는 또한 우리가 살고 있는, 모든 것을 감싸는 사회-우리가 국가라고 부르는 사회-의 선을 염려하는 것이다.

Mortimer Adler, 『쉽게 풀어 쓴 아리스토텔레스』

만약 우리는 역사적 진공상태에서 행위하며, 우리의 결정과 선택은 우리의 과거 행동들의 결과에 의해 영향받지 않으며, 행위란 단지 합리적 평가와 육감적 추구에 관한 것에 불과하다고 생각하고 싶다면, 우리는 우리의 그 낙관론이 잘못된 것임을 즉각 알게 될 것이다. 도덕 생활에서의 문제는 어떤 격려된 행위 수행의 그것이라기보다는 도덕적 변화 혹은 전환에서의 문제인 것이다. 이러한 현실의 우울한 측면은 우리의 지난 도덕 역사와 대립되게 행동하는 것이 그리 단순하지 않다는 것이며, 그 희망적 측면은, 만약 우리의 도덕적 역사가 올바른 이성과의 조화를 보여 주는 것이라면, 우리가 어리석으며 그릇된 어떤 것을 한다는 것이 거의 어렵다는 그것이다.

만일 습관, 즉 어떤 한 방식으로 행동하려는 정착된 성향 그것이 도덕 생활의 한 사실이라면, 적합한 종류의 습관, 즉 좋은 습관, 덕을 획득하는 것은 가장 큰 중요성을 갖는 것이 명백하다.

Ralph McInerny, 『토마스 아퀴나스의 윤리학』

주요 용어와 개념

미덕(덕)	잘 사는 것
악덕	자연법
도덕적 인격	인간 본성
올바른 욕구	사실-당위 문제
실재적 선 대 외양적 선	자명한 진리
자연적 욕구 대 후천적 욕구	규범으로서의 행복

종착점으로서의 행복   지적 덕
지식과 덕   도덕적 덕
신학적 윤리학   신학적 덕

탐구 문제

1. 덕이란 무엇인가? 우리가 오늘날 "덕 있는 사람"이라고 말할 때 무슨 의미인가? (소피아의 언급을 상기하시오.)

2. 실재적 선과 외양적 선의 차이는 무엇인가? 가능한 한 많은 예들을 들어보시오.

3. 잭과 스티브에 의하면, 미덕과 선함의 관계는 어떤 것인가?

4. 어떤 주요한 미덕들이 어떻게 우리가 실재적 선에 이르도록 해줄 수 있는지 설명하시오.

5. 피터 교수가 인간 본성론과 이른바 "사실–당위" 문제에 대해 의심을 갖는데 대해서 어떤 반응이 있었는지, 그에 대해서 요약하시오.

6. "종착점"으로서의 행복 개념과 "규범"으로서의 행복 개념의 차이를 설명하시오. 우리는 어떤 사람을 그가 죽기 전에는 그를 행복하다고 불러서는 안 된다는 아리스토텔레스의 해석에 대해서 당신은 어떻게 생각하는가?

7. 어떤 사람이 단지 어떤 중요한 미덕들을 획득했다해서, 우리가 그 사람을 덕 있는 사람이라고 부르는 것이 옳은 것인가?

8. 삶에 있어서 주된 미덕들은 어떤 것들인가?

9. 좋은 사람이 된다는 것이 그 사람의 행복을 보장하는가?

10. 덕은 그 자체로 보상되는가?

11. 잭과 스티브는 도덕적 관점을 종교와 어떻게 연관짓고 있는가?

12. 누군가가 선한 사람이 되기 위해서는 윤리학 지식이 반드시 필요한가?

추천 도서

Adler, Mortimer. *Aristotle for Everybody*, Macmillan. 1978. 2장 "행위자로서 인간"
은 아리스토텔레스 윤리학에 대한 탁월한 안내이다.

_____, *Reforming education*, Geraldine van Doren, ed. Macmillan, 1988.

_____, *Six Great Ideas*, Macmillan, 1981. 특히 존재-당위 문제를 잘 다루고 있다.

_____, *Ten philosophical mistakes*, collier books, 1985. 장건익 역. 『열 가지 철학
적 오류』(서광사, 1992).

Aquinas, St. Thomas. *Summa Theologiae*. Ottawa Institute of Medieval Studies,
Ottawa. 1941.

Aristotle, *Nicomachean Ethics*, in The Basic Works of Aristotle, Richard McKeon,
ed., Random House. 1941. 최명관 역. 『니코마코스 윤리학』(서광사, 1984).

MacIntyre, Alasdair, *After Virtue*, 2nd ed., University of Notre press, 1984. 지난 십
년 간 가장 널리 읽혀진 윤리학 서적에 속한다. 이진우 역. 『덕의 상실』(문예출
판사, 1997).

McInerny, Ralph. *Ethica Thomistica*, Catholic University of America press, 1984.

Nussbaum, Martha. *The Fragility of Goodness : Luck and Ethics in Greek Tragedy and philosophy*. Cambridge University Press, 1986.

여덟째 마당

윤리와 여성

배낭 여행을 다녀온 뒤, 소피아는 친구 안나를 대학 캠퍼스 교수휴게관에서 만난다. 소피아는 여성은 도덕적 상황을 남성과는 다르게 접근한다는 길리건 (*Carol Gilligan*) 교수의 주장을 화제로 삼는다. 피터 교수와 그의 친구 호바트는 소피아와 안나의 대화에 끼게 된다. 호바트의 계약론적 도덕관은 길리건 교수가 '배려의 전망'이라고 부르는 것과 대조적이다. 대화는 피터가 현재의 여러 정향을 놓고 볼 때 배려의 윤리학은 중요하지만 도덕사상사를 통해서 보자면 그리 새로운 것이 아니라고 주장하는 것으로 끝난다.

소피아 : 안녕. 오늘에야 만나다니, 참 반갑구나. 그렇게 바쁘니?

안나 : 늘 그렇지 뭐. 강의 준비, 보고서 평가, 위원회 모임, 몸이 두 개라도 모자라겠어.

소피아 : 그런데 참 잊을 뻔했다. 네가 나한테 추천했던 길리건[147] 교수의 글을 읽었단다. 배낭 여행 때 나눈 대화 덕분인지, 정말 이해가 잘 될 뿐만 아니라 흥미진진하더라. 정말 재미있었어. 사실, 나는 이 문제에 대해서 모임 같은 게 있어서 논의하고 싶더라. 어디 스타디 그룹 같은 거 없니?

안나 : 그거 마침 잘됐네! 상급반에서 길리건에 대해서 다루고 있는 중이야.

---

147) Carol Gilligan, 하바드대학교 사범대학원 교수. 발달심리학에 근거하여 여성과 도덕, 도덕교육에 관한 연구를 하고 있음.

그 주제는 언제나 격론을 일으킨단 말이야…

소피아 : 길리건 교수는 내 마음속에 응어리진 것들을 너무나 잘 표현해주고 있지 않겠니. 어, 저기 피터 교수님이 오시네.

피터 : 소피아! 잘 지내시죠? 이제 산중에서 문명세계로 돌아왔으니 잘 적응하고 계시겠지요?

소피아 : 좀 어려웠어요. 그 여행이 얼마나 멋졌든지 아직도 눈에 삼삼해요. 우린 지금 재미난 이야기를 하고 있는데, 같이 하시겠어요?

피터 : 끼어만 주신다면 영광이지요. 여기 호바트라는 친구를 소개하지요. 이 친구는 우리 대학 정치학과에서 강의를 맡고 있습니다. 어이, 호바트. 이 분은 소피아이시라네.

소피아 : 그러면 이쪽은 제 친구 안나 브란트입니다. 여성학과에서 강의를 맡고 계시죠. 피터 교수님은 철학과 교수님이신데, 산악 여행을 부전공으로 하시고 있지.[웃으면서] 이전에 안면이 있으시죠?

피터 : 아닙니다. 우리 대학이 참 크다는 것을 새삼 알겠네요. 여러분을 만나게 되어 반갑습니다. 저는 여성학과가 대단하다는 소문을 익히 듣고 있죠.

소피아 : 글쎄, 말예요. 제가 배낭 여행에서 돌아와 안나에게 우리가 가졌던 천일야화와 같은 "윤리학" 얘기들에 대해서 말해 주었지 않았겠어요. 그런데, 이 친구는 저보고 우리가 나누었던 것과 색다른, 대안적인 윤리학이 있다면서, 그것을 읽어보라고 추천해 주었지요. 여러분들은 혹시 길리건 교수의 『다른 목소리로 *In a different Voice*』(1982)라는 책을 읽은 적이 있으세요?

피터 : 아니오, 하지만 그 책에 관해서는 많은 논의가 있다는 것은 알고 있어요. 철학과 동료 여교수가 자주 말하곤 해요. 호바트, 자네는 어떤가?

호바트 : 나 역시 아직 읽어보진 못했네. 우리 학과의 칼슨 교수가 내가 남성 편향적 사고의 소유자라고 빈정거리곤 하지. 하지만 저는 정치이론이나 도덕이론을 다루는 여성주의자들이나 길리건 교수의 책을 읽진 못했어요. 사실, 저는 그만한 가치가 있는 것인지 잘 모르겠습니다. 저는 여성주의라는 것이 적어도 그 극단적 형태에서만큼은 지탱가능한 지적 프로젝트가 될 것인지에 대해서 자신할 수 없습니다. 그건 어쩌면 유행병 같은 것이 아닌가 싶습니다.[148] 차라리 저는 여성에 대한 역사적인 불평등 사례들은 인정합니다. 정치적으로나 도덕적인 차원에서 말이죠. 그리고 저는 여성들의 권리 향상을 지원하는 운동에 대해서는 적극적입니다. 하지만 그런 극단적인 입장들에 대해서는 좀 의심쩍습니다.

소피아 : 어떤 극단적인 입장들 말씀인데요?

호바트 : 제가 이해하는 바로는, 일부 여성주의자들은 서구 문명의 정치적 및 도덕적인 개념 장치들의 상당수가 편견에 기초한 것, 남성 위주라는 것을 주장하고 싶어합니다. 마치 대다수의 사상가들이 남자들이었기 때문에 가장 근본적인 철학적 개념들부터가 왜곡되었다는 듯이 말이죠. 저는 사실 그러한 주장을 받아들일 수가 없을뿐더러, 심지어 그 말이 도통 무슨 뜻인지도 모르겠어요.

안나 : 혹시 제 표현이 예의에 벗어나는 듯하게 보여도 양해해 주세요. 호

---

148) 이러한 견해가 흔히 여성주의에 대해 제기되는 반대론이다. 즉, 분석적이지 못하면서 여성의 예속을 지적하는 불평들을 무정형하게 모아놓은 것이라거나 하나의 정치적 수사에 불과하다는 것으로 보는 입장이 그것이다.

바트 교수님, 교수님이 그런 책들을 일부라도 읽어 보셨더라면, 적어도 그 의미 정도는 아실 것이라고 생각됩니다. 솔직히 말씀드리면, 읽어보지도 않으시고 평을 가한다는 것은 좀 실례가 아닐까요?

호바트: 저는 괜찮습니다. 부담 갖지 말고 말씀하세요. 저는 어떤 주장이나 설득에도 개방적입니다.

안나: 제가 그렇다고 모든 여성주의자들에 대해서 잘 알고 있다는 말씀은 아닙니다. 다만 저의 전공이나 개인적 관심은 심리학이라는 것을 알려 드립니다. 서구의 지적 전통에 대한 보다 근본적인 비판들에 대해서 저는 그리 오래 떠들 만큼 정통하지는 못합니다. 저는 도덕발달심리학에 관한 길리건 교수의 저술들이 정말 영향력 있고 중요하다고 생각합니다.

피터: 하지만 제가 이해하기로는 길리건의 저술은 도덕 및 정치 이론에 관심 있는 여성과 남성들 **모두에게** 많은 영향을 미치는 것 같습니다.

안나: 그건 그렇습니다.

소피아: 호바트 교수님…

호바트: 그냥 호바트씨라고 편하게 불러 주세요.

소피아: 호바트씨, 제가 길리건에게 흥미를 느끼고 있는 이유는 한 개인 그리고 한 여성(female)으로서 제 자신의 도덕적 경험을 알고 싶어하기 때문입니다. 피터 교수님에게서 들으셨는지 모르겠지만, 우리가 서로 만나게 된 것은 최근 배낭 여행에서입니다. 피터 교수님은 철학교수이고 윤리학을 전공하셨기에, 우리는 피터 교수님에게 첫날 저녁 몇 가지 질문을 했었고, 그로

인해서 윤리학에 관한 열띤 많은 논의가 벌어지게 되었죠. 사실 그것들은 제가 평소 고민해왔던 것이기도 하지요. 저는 유니테리언 목사이기에 이런 부류에 대한 생각들을 제가 설교하게 되는 사람들과 이야기를 나누고 싶어합니다. 저는 솔직히 상아탑의 현학적인 대화에 대해서는 흥미가 없어요. 제가 관심을 갖는 것은 생활하고 있는 일상의 사람들, 생활 속의 고민들이지요. 그래서 저는 우리가 여행에서 나누었던 화제들에 대해서 일반 사람들도 생각하고 대화할 수 있는 기회가 마련되었으면 하지요. 저는 도덕이란 무엇이며, 생활 속에서 마땅히 해야된다고 하는 것들에 대해서 일반인들은 어떻게 생각하고 있는지가 몹시 궁금합니다. 저는 길리건 교수가 중요한 무언가를 **저**와 같은 사람들, 우리들에게 말해주고 있다는 말을 들었습니다.

피터 : 길리건이 말하는 바에 대해서 좀 말씀해주시겠습니까?

소피아 : 안나가 나서는 것이 나을 것입니다. 다만 제가 드리고 싶은 말씀 이렇습니다. 길리건은 도덕발달에 관한 연구에 다양한 사례들을 원용하여, 남자와 여성 모두에 대해서 일련의 질문을 던졌습니다. 그리고 그녀는 남성과 여성으로부터, 그녀의 표현대로 한다면, "상이한 도덕적 목소리"를 듣는다는 결론을 내리게 되었지요. 여기서 잠깐 간단한 실험을 해볼까요? 저는 이런 것들에 대해서 안나와 피터 교수님 두 사람에게는 이미 실험을 마친 셈입니다. 그러면 호바트 교수를 놓고 말해 볼까요? 어때요, 그렇게 해봐도 될까요?

호바트 : 좋습니다.

소피아 : "당신이 생각하기에 도덕이 무엇인지를 우리에게 말씀하세요." 길리건은 그렇게 묻는 다양한 반응들을 기술합니다. 잠시만요[그녀는 『다른 목소리로』 책장을 빨리 넘기면서] 여기다! "만일 당신에게 있어 도덕은 무

엇을 의미하는가 라는 물음을 받는다면, 당신은 그것을 어떻게 요약해서 말씀하시겠습니까?" 호바트씨, 당신은 어떻게 말씀하시겠습니까?

호바트 : 제가 도덕 철학자가 아닌 것을 알고 계시잖습니까? 저는 정치이론에 더 관심이 있습니다.

소피아 : 더 잘 되었습니다. 좀더 구체적이지 않으시겠습니까?

호바트 : 저는 잘 모르겠습니다. 저의 도덕관은 정치철학적인 색채가 가미되지 않았나 하는데요.

소피아 : 재미있을 것 같은데요.

호바트 : 저는 여기 철학자 친구가 너무 진부하다고 여기지 않았으면 합니다. 하지만 저로서는 우리가 일컫는 도덕이란 것의 기원과 목적은 그리 신비스런 것이 없다고 생각합니다. 도덕 법칙은 어떤 형이상학적인 천상에서 쓰여진 것도 아니며 어떤 마술적인 이성의 직관에 의해서 포착되지도 않습니다. 서구 전통의 대다수 위대한 사상가들과 마찬가지로, 저는 도덕을 인간 본성과 관련지어 이해하고자 하지요. 즉, 우리는 스스로를 어떻게 인식하고 있으며, 우리는 어떤 종류의 목적들을 가지고 있는지의 관점에서 말이죠. 우리가 더불어 살아가야만 한다는 것은 분명하며, 또한 우리가 언제나 막무가내의 이기주의자는 아니라 할지라도, 우리는 확실히 우리 자신의 생활, 우리 자신의 이익에 가장 관심을 갖는 경향이 있다는 것도 분명한 것 같습니다. 이런 의미에서, 저는 타자에 대한 우리의 관심은 제한적이라고 기술한 홉스의 견해가 본질적으로 옳다고 믿습니다. 이런 사실을 놓고 볼 때, 도덕이란 본질적으로 우리가 문명화된 사회 생활을 갖고자 한다면 불가피한 유용한 사회적 장치인 것 같습니다. 도덕은 "구성되거나 만들어지는 것"입니다. 도덕은 그것

이 없는 경우보다는 있는 경우가 대단히 좋은 우리의 상황을 가져오게 하는 유용한, 기능적인 장치인 것이지요. 이것이 제가 보는 도덕입니다.

피터 : 혹시 가능하다면, 그것을 계약론적 관점에서 풀어 말해 줄 수 있는 지…

호바트 : 물론 가능하지. 저는 반복하지만 도덕이란 것이 크게 신비스런 것이 아니라고 생각합니다. 저는 물론 사람들이 실제 어떤 역사적 시점에서도 어떤 명시적인 계약이 있었던 것도 아니며, 어떤 구체적인 사회 혹은 정치 집단의 도덕을 구성하는 합의들이 존재했었다고는 생각하지 않습니다. 하지만 계약론적 관점에서 보는 도덕관은 **왜** 우리가 도덕을 가지고 있으며, 그 주된 내용은 **어떤** 것인지를 보여주는 일종의 개념적 도구로서 강력한 것입니다.[149]

소피아 : 우리가 도덕을 가지고 있는 이유는 뭔가요?

호바트 : 그것은, 구심점이 되는 어떤 도덕적 교지에 따라 행동하며, 이들 규칙들을 가르치고, 다른 사람들이 그것들을 믿고 따르기를 기대하며, 일반적으로 그 사회 제도를 우리가 가질 수 있는 최선의 것으로 강화하는 것이 각 사람들의 이익이 되기 때문입니다. 우리 자신의 생활은 이것으로부터 득을 얻게 됩니다.

소피아 : 당신은 어떤 도덕적 규칙들에 대해서 말씀하시고 있는 건가요?

호바트 : 더불어 살기 위해서는 부정의한 살인, 절도, 거짓말, 약속 파기를

---

149) 계약을 역사적 사실로 보지 않는다는 견해는 일찍이 흄에 의해서 시도되었고, 칸트와 피히테는 이것을 완전히 이론적 가설로 취급하였다. 하지만 이 가설은 기원적 원리 특히 신권설에 대항하여 시민혁명을 추진하고 근대국가의 변증으로서 근대국가의 기구의 이론을 지지하고 있다.

금하는 규칙을 갖지 않으면 안 됩니다. 사회가 존재하기 위해서는 이들 규범들을 밥먹듯이 위반하는 관행이 존재해서는 안 됩니다. 우리는 그런 행동을 금하는 사회 상황에서 살게 됨으로써 이로움을 향유하는 것이며, 그래서 그러한 종류의 묵시적인 합의가 존재하는 것입니다. "나는 당신이 그리한다면 나 또한 그렇게 할 것을 동의한다."는 식으로 말이죠. 이러한 기본 규칙들은 모든 사람들에게 평등하게 적용되며, 그 규칙들이 범해질 때 다양한 수준의 사회적 견책들이 온당한 것입니다. 만일 규칙들이 깨어지면, 저변의 암묵적인 합의도 깨어집니다.

소피아 : 당신은 도덕이 단지 진실을 말하는 것, 살인이나 훔치지 않는 것, 약속을 지키는 것, 그 이상의 것들로 이루어져 있다고 생각하지는 않으십니까? 도덕이라 함은 보다 깊은 어떤 것이 존재하지 않나요?

호바트 : 도덕은 합리적인, 자기-이익을 추구하는 행위자들이 사회 생활의 기초로서 동의할 규칙이나 규범의 집합체로 구성되어 있다고 말하고 싶습니다. 그것들은 자신의 목표나 목적을 추구하는데 있어서 행해야 할 것들, 그리고 해서는 안 될 그런 것들에 관한 규칙들인 것입니다. 기본적으로, 저의 입장은 우리가 행동할 때 다른 사람들의 권리를 어떻게 존중해야 하며, 다른 사람들의 권리를 침해해서는 안 되는가를 우리에게 일러주는 규칙들을 포함하는 것이 도덕이라고 봅니다. 피터 교수, 내 의견이 철학자들이 받아들이기에는 너무 진부하지 않은가? 어때?

피터 : 전혀 그렇다고 생각하지 않네. 아주 설득력 있는 관점이지. 그것은 우리가 왜 도덕을 가지고 있는지, 그 기본 내용은 무엇인지, 그 위상은 어떠한지, 그리고 사람들은 왜 도덕적이어야 하는지를 잘 설명해 준다네.

소피아 : 왜 그렇다고 보시는가요? 왜 사람들은 도덕적이어야만 합니까?

호바트 : 그렇게 하는 것이 각 사람의 이익이 되기 때문입니다. 만일 우리가 서로간의 권리를 존중한다면, 각 사람은 자신의 개인적인 인생관을 자유와 관용이란 분위기 속에서 추구할 수 있는 것입니다.

소피아 : 당신의 말씀을 정리하면 이런 건가요? 즉, "사회는, 살아가야 할 방법을 스스로 선택해야 하는 독립적이며, 자율적인 자아들의 집합이다. 그리고 도덕은 모든 사람들에게 공정하고 평등하게 적용되는 규칙의 활용을 통해서 개인들을 묶는 합의를 위한 토대이다. 이들 규칙들은 경쟁하는 이익들을 비교 측정하고, 그 갈등을 해결하고, 그리고 옳은 혹은 공정한 행동 노선을 취할 수 있게끔 도와주는 데 활용된다." 맞습니까?

호바트 : 그런 것이지요.

소피아 : 자, 안나. 네 의견을 말해 주겠니? 너는 길리건에 대해서 나보다 더 많이 알고 있잖니… 지금 이분의 말씀은 그녀가 자신의 책에서 기술하고 있는 바로 그 도덕에 관한 남성적 접근과 정확하게 일치하는 것 같은데…

호바트 : 갑자기 웬 남성?

안나 : 길리건은 그와 같은 견해를 **정의의 전망**(justice perspective)라고 부르면서, 그녀가 여성들이 도덕적 문제들에 대해서 접근하며 도덕적 방안을 구안하는 전형적인 방식이라고 생각하는 그녀의 **배려의 전망**(care perspective)과 대비시킵니다. 그녀는 우리들이 도덕적 상황들을 이러한 두 관점에서 각기 상이하게 조직하려는 경향을 가지고 있으며, 여성들은 전형적으로 권리와 규칙과 정의의 견지에서보다는 배려와 책임의 견지에서 보려는 경향이 강하다고 믿고 있습니다.

호바트 : 이것이 남성 혹은 여성과 무슨 관계가 있단 말입니까?

소피아 : 안나, 왜 『다른 목소리로』에 나오는 핵심을 설명해 주지 않는 거야?

피터 : 그렇게 하시지요. 저도 길리건의 연구에 대해서 정말로 무언가 배우고 싶습니다.

안나 : 여러분들은 길리건이 일차적으로 초점을 맞추고 있는 것이 특정한 도덕발달이론들, 특히 여성 경험을 체계적으로 무시하고 있는 콜버그[150]의 이론에 대한 것임을 유념해주시기 바랍니다.

피터 : 그러면 당신은 길리건이 주로 심리학자들에 대해서 대응하는 것으로 여기는 것입니까?

안나 : 우선은 그렇습니다. 하지만 그녀의 연구는 다른 지적 분야들에도 중대한 영향을 미쳤습니다. 콜버그의 실험들은 남성을 대상으로 하였고, 그의 도덕발달이론[151]은 도덕적 성숙은 권리와 정의 관념들을 활용하고 추상적으로

---

150) Lawrence Kohlberg(1927-1987) 인지 심리학의 기수. 콜버그의 도덕교육론은 인지 심리학의 기본 명제들에 기초하고 있다. 콜버그는 교육의 과업을 개인의 심리적 인지적 구조와 사회적 환경의 상호작용에 의해 촉진되는 도덕발달의 자연적 과정을 자극하는데 있다고 보았다. 성숙된 도덕성은 자기 자신을 다른 사람들과 동일시하는 '정의' 원리에 입각해 자신의 행동을 할 수 있는 능력을 갖는 것이다. 주저로 『정의를 위한 교육; 플라톤 견해에 따른 현대적 진술』(1970), 『도덕발달의 의미와 측정』(1979), 『도덕발달의 철학』(1981) 등이 있다. 길리건은 물론 콜버그의 제자였다.

151) 콜버그는 도덕적으로 충분한 기능을 발휘하는 도덕적 행위자가 되기 위해서는 반드시 거쳐야 할 6단계가 있다고 말한다. 1단계는 '벌과 복종 정향'으로 아이들은 벌이라는 채찍을 피하고 보상이라는 당근을 받기 위해서 시키는 대로 행한다. 2단계는 '도구적인 상대론적 정향'으로 제한된 상호성의 원리-네가 내 등에 낙서를 했으니까 나도 네 등에 낙서를 한다-에 근거하여 자신의 욕구를, 경우에 따라 남의 욕

추론할 수 있는 능력에 의거한다는 관념을 강조했습니다. 그런데 여성들은 이런 추상적인 추론 유형에 있어서는 다소 떨어지는 것으로 나타났습니다. 따라서, 콜버그 이론에 의하면, 여성들은 남성들에 비해 도덕적으로 덜 발달하는 전형을 보이는 것으로 판단됩니다.

소피아 : 도덕적으로 미성숙하다고?

안나 : 그렇지. 하지만 길리건의 연구는, 문제가 있는 것은 바로 콜버그의 틀이었지 여성들의 도덕적 사고 능력에 있는 것이 아님을 제안한 것이지. 그녀는 여성들은 도덕 상황을 접근할 때 상이하게 생각하는 바, 그것은 그들이 무언가 부족하거나 덜 성숙하게 생각하는 것이 아니라는 것을 알아냈던 것이지. 그리고 여성들이 생각하는 독특한 방식, 여성들이 도덕 문제들에 대해서 접근하는 그 방식, 그들이 도덕적 상황의 요소들을 조직하는 그 방식은 아마도 그들이 아주 이른 시기에 발달하게 된 그 방식의 함수일거라는 것이지.

피터 : 어떻게 해서 그렇게 되었는가요?

안나 : 일부 발달 이론가들에 의하면, 결정적인 심리학적 배경은 다음과 같

구를 충족시키는 것을 행한다. 3단계는 '대인상호간 조화 혹은 "착한 소년-멋진 소녀" 정향'으로, 사춘기 아이들은 다른 사람들의 인정을 받기 위해서 지배적인 규범들에 동조한다. 4단계는 '"법과 질서" 정향'으로 권위에 대한 존중을 표시하거나 단지 기성 사회질서 자체를 위해 질서를 지키려 한다. 5단계는 '사회계약적 입법주의적 정향'으로, 성인들은 타인에게 해가 되지 않는 한 자기가 원하는 대로 행동할 수 있다는 본질적으로 공리주의적인 도덕관을 갖는다. 6단계는 '보편적 윤리적 원리 정향'으로, 성인들은 어떤 관습적 도덕에 대해 비판할 수도 있기에 충분한 보편적인 도덕적 관점을 제공하는 본질적으로 칸트적 도덕적 관점을 취한다. 성인들은 자기-이익, 타인의 의견, 법적 관례의 강요에 의해 지배받지 않고 정의, 상호성, 각 개인으로서의 인간존재의 존엄성에 대한 존중과 같은 그런 보편적인 원리들을 스스로 입법하며 스스로 부과한다. 또 추후 콜버그는 7단계의 '자연법적 태도' 정향(아가페적 사랑)도 상정했었다. 하지만, 교육적 실효성에서 보면, 단계 6조차도 큰 의미를 갖지 못했다. 시민교육의 차원에서 그는 4, 5단계를 중시했다.

습니다. 한 개인의 성격 구조는 아주 이른 시기에 형성됩니다. 특히, 성격 형성에 핵심이 되는 성 정체성[152]은 세 살까지 확정됩니다. 하지만 정체성을 형성하는 과정은 남자와 여자가 아주 상이합니다. 어머니는 일차적인 배려 제공자이기 때문에, 아이와 어머니와의 관계가 토대적인 것이 됩니다. 어린 여자아이들은 자신들을 여성으로서 경험하며, 그들의 정체성은 **애착과 연관**(attachment and connectedness)이라는 감정의 맥락에서 발달합니다. 어린 남자아이들은 **개체화**(individuation)를 강조하는 정체성을 발달시키는데, 그들은 스스로를 엄마와 분리된 존재로서 경험하며, 남성적(masculine) 정체성의 관념은 이 **분리와 독립**(seperateness and independence)을 강조한다는 것입니다.[153]

소피아 : 그렇다면, 타인, 세상에 대한 연관과 애착의 감정들이 여성의 발달에 전형적인 것이 된다는 말이지?

안나 : 그렇지. 여성들은 다른 사람들에 대한 보다 강한 연관 감정을 가지고 발달하는 경향이 있으며, 이것이 여성들이 도덕적 상황을 접근하는 방식에 중요한 역할을 한다는 것이지.

피터 : 알겠습니다. 심리학자들에 의하면, 여성 정체성은 당신이 말하는 것처럼 관련되어짐 혹은 연관되어 있음과 아주 밀접하게 연합되어 있는 반면, 남성 정체성은 "분리되어 있음" 혹은 "개체화됨"에 대한 보다 강한 강조와 함께 발달한다는 것이군요. 저는 이 주장이 어떻게 도덕이론과 관계를 맺게

---

152) gender identity. gender는 사회적, 문화적 성을 가리킨다. 이 때 남녀의 각 특성은 남성성(masculinity)와 여성성(femininity)이다. sexuality는 성욕을, 그리고 sex는 생물학적인 성구별이나 성적 행위를 가리킨다.

153) 이에 비해 프로이트의 주장은 보다 성(sexuality)와 관계되어 있다. 그는 전-외디푸스 단계와 외디푸스 콤플렉스에 의해서 도덕 관념이 형성된다고 본다. 남자아이는 거세불안(castration anxiety)과 동일시(identification)로 인해 초자아(아버지의 가치체계나 사회적 양심)가 일찍 발달함에 비해, 남자 성기가 없는 여자아이는 기성 문화에로의 유입이 늦어진다.

되는 지에 대해 알 것 같습니다. 하지만, 말씀을 계속해 주세요.

호바트 : 저는 벌써 모든 것이 실제로 서너 살 혹은 여섯 살까지 결정된다는 심리학적 설명들이나, 그들이 현재 주장하고자 하는 그 모든 것들에 대해서 의구심이 생깁니다. 분명히 말씀 드려서, 우리가 아이들을 도덕적으로 교육시키고자 한다면, 우리가 아이들에게 해야 할 일 중의 하나는 그들로 하여금 다른 사람들에 대해서 어떤 공감이나 애착 감정을 느끼게끔 도와주는 것입니다. 그러나 우리는 또한 아이가 한 개인이 되기를 바랍니다. 그 아이가 남자아이 건 여자아이 건 말입니다. 그래서 그 아이가 그 자신의 선택을 내릴 수 있고 적어도 어느 시점에 이르러서는 그 자신의 삶을 통제할 수 있는 능력을 갖게끔 말입니다.

소피아 : 설명 방식이야 어떠하든 간에, 연구 결과가 길리건 교수가 언급하고 있는 그런 성차(性差)가 **실재로** 존재한다는 것을 보여준다면, 당신은 그것을 무시하시면 안 됩니다.

호바트 : 제가 무시하는 것은 아무 것도 없습니다. 저는 단지 그와 같은 심리학적 이론화 방식에 따르게 되면, 남자아이들은 독립된 개인들이고 여자아이들은 다른 사람들에게 부착되어 있다고 말해야 되는 데, 그건 잘못된 것이라는 겁니다. 일반인들로서, 부모들로서 우리는 아이들을 개인으로서 그리고 집단의 구성원으로서 발달을 유도하고, 그 아이들을 온당하게 가르쳐야 할 과제를 갖는다는 당연히 말해야 하지 않을까요? 안 그렇습니까?

안나 : 제 생각에는 길리건이 그 점에 대해서 동의한다고 봅니다. 하지만, 실제로는 도덕발달 이론들은 특정한 자아관 및 타자와의 관계관을 강조하는 도덕적 성숙관을 강조해왔습니다. 따라서 그러한 견해는 사실상 일면적인 것이지요. 게다가, 소피아의 지적은 옳습니다. 그 쟁점은 부분적으로 경험적인

것입니다. 길리건의 연구들은 남성과 여성들이 도덕 쟁점들에 대해 접근하는 방식에 있어서 성차가 존재하고 있다고는 것을 입증했던 것이죠. 그리고 그 차이들은 사람들이 가상적이 아니라 현실의 실제적 쟁점들에 관해서 생각할 때, 실생활에서 실질적인 영향을 미치게 된다는 것을 밝혀낸 것입니다.

호바트 : 그 말끝마다 덧붙이는 "성차"라는 것이 대체 어떤 것들인지 저에게는 아직도 분명하게 떠오르지 않습니다.

소피아 : 내가 대답해도 될까?

안나 : 좋아.

소피아 : 책의 앞부분에서 길리건은 콜버그가 사용한 한 예에 대해서 논의합니다. 그 예에서 보면, 하인즈라는 어떤 남자는 부인의 생명을 구할 수 있는 약을 필요로 합니다. 그는 그 약을 살만한 큰돈을 가지고 있지 못합니다. 그리고 그 약을 발명해낸 약사는 결단코 한 푼도 깎아 주지 않으려 합니다. 그래서 그 남자는 부인의 목숨을 구하기 위해서 그 약을 훔칠 것인가 아닌가를 결정해야만 하는 상황에 처해 있습니다. 열 한 살 짜리 남자아이들과 여자아이들에게 그 남자는 그 약을 훔쳐야 하는지 아닌지를 묻고, 이어서 추가 질문을 합니다. 길리건은 한 남자아이와 한 여자아이의 대답을 전형적인 것으로 보고 집중적으로 탐구합니다.

호바트 : 예가 좀 적군요.

소피아 : 그 책에는 많은 예들이 나옵니다. 하여간에, 잭이라는 남자아이는 정확하게 논리를 구사합니다. 그는 규칙들을 응용하며, 재산의 가치보다 생명의 가치가 상위의 것이라고 측량해 내고, 그 갈등을 해결하는데 큰 어려움을

겪지 않습니다. 약을 훔치라는 거죠. 하지만 아미라는 여자아이는 아주 어려워하며 고민하는 시간이 많았습니다. 여자아이는 그 상황을 단순히 논리적인 정확성을 가지고 추상적인 규칙을 적용하는 문제라고 보지 않았습니다. 훨씬 더 복잡한 것들이 그 상황에 있다고 봅니다. 그 아이는 남자아이보다 어떤 확신감을 덜 갖습니다. 그 아이는 만일 그 하인즈가 약을 훔치면, 다른 일들이 발생한다는 것을 알고 있었습니다. 하인즈는 감옥에 갈 수도 있으며, 그 일은 부인에게 엄청난 충격이 될 것입니다. 그 부인은 종전보다 악화될 수도 있는 것입니다. 그 여자아이는 부인이 죽어서도 안 된다고 생각하지만, 그렇다고 해서 남편이 약을 훔쳐야 한다고도 생각하지 않습니다. 그 아이는 다른 대안들을 생각해내고자 했습니다. 그 아이는 하인즈가 약사에게 솔직하게 털어놓고, 그 문제를 해결하기 위해서 함께 자리하여 대화하기를 원했습니다. 여자아이는 행동 방향들이 상호 충돌될 수 있고 현실적인 결과들이 고려되어야만 하기 때문에 사람들이 관련되어 있는 복잡한 전체적인 관계 구조를 보았던 것입니다.

안나 : 길리건에게 있어서, 일부 심리학자들에게 장애 혹은 도덕적 미성숙으로 보였던 것들은 실제로는 상이한 접근으로 인한 결과였던 것입니다. 남자아이는 그 상황을 규칙과 엄격한 가치체계의 적용의 문제, 논리적 혹은 추상적 근거이유에 의해서 말끔하게 해소될 수 있는 그런 것으로 보았던 것이지요. 또한 길리건은 여자아이와 남자아이의 놀이에 있어서도 차이가 있다고 말합니다. 남자아이들은 논란을 해소하기 위해서 모든 사람들에게 공정하게 적용될 수 있는 규칙들을 가진 게임들을 즐기려 하는 경향이 있습니다. 여자아이들은 놀이에 있어서 관계(relationship)에 관심을 두는 경향이 있습니다. 약사의 예에서, 여자아이는 그 상황이 가진 세세한 것들에 대해서 훨씬 더 민감합니다. 그 여자아이는 관련된 관계들을 숨기고 둘러대지 않는 맥락적 판단(contextual judgement)의 필요성에 대해서 절감합니다. 그 아이는 약사 편에서의 배려 필요성, **응답**(response)의 필요성을 느낍니다.

소피아 : 29 페이지에 다음과 같은 말이 나옵니다. "각자가 따로 서서 존재하는 사람들의 세상보다는 관계들로 구성되는 세상, 그리고 규칙체계를 통해 서기보다는 인간적 연관을 통해서 자리잡혀 있는 세상을 보면서, 그 여자아이는 그 딜레마의 난관은 약사가 그 부인에 대해서 응답하지 못하는데 있다고 생각한다."

안나 : 그 아래 줄을 좀더 읽어보지.

소피아 : "두 아이 모두 합의의 필요성을 인식하고 있으나 그 필요성을 다른 방식으로 생각하고 있다—남자아이는 사람과 무관하게(impersonally) 논리와 법칙체계를 통해서, 여자아이는 관계상의 교류를 통해서 사람을 중심으로 (personally) 생각한다."

안나 : 여자아이는, 그 상황을 단지 추상적이며 사람과 무관하게 규칙을 적용하는 것을 넘어서 더 많은 감정으로 접근했던 것 같아 보입니다.

피터 : 하지만 그 여자아이의 대응에도 일종의 논리가 있는 것은 분명하지요. 당신은, 그것을 맥락적 사고이며, 배려와 애착이라는 관념들에 의해서 인도된다고 말씀하고 계십니다.

안나 : 제 생각에는 그건 상이한 종류의 논리라고 생각합니다.

피터 : 저는, 당신이나 길리건에 있어서, 권리와 규칙에 중심을 두는 도덕은 개인을 본질적으로 분리되어 있거나 격리된 존재라고 보는 견해를 강조합니다. 이런 의미에서, 호바트의 계약론적 견해는 이런 범주에 속합니다. 도덕은 갈등을 공정하게 해결하기 위해서, 사회생활을 가능하게 하기 위해서, 개인적, 자율적 생활이 가능할 수 있도록 합리적인, 자기-이익을 추구하는 개인들

에 의해서 공평하게 적용되는 규칙들의 활용을 요구합니다.

안나: 그렇습니다. 여성은 우리를 연결하는 관계의 유대들을 강화하는 "배려의 활동들"을 지향하는 눈으로 도덕 상황을 접근하는 한편, 그것은 우리로 하여금 다른 사람들에 대해서 보다 깊고 민감하게 책임감을 느끼게끔 만듭니다. 그것은 결코 도덕적 미성숙이 **아닙니다**. 배려의 관점은 **대응성**과 **민감성**(responsiveness and sensitivity)을 요청합니다. 그렇지만 그것은 도덕적 추론을 단순한 논리적 재단이나 규칙들의 추상적인 응용, 그 이상의 것으로 자리매김해 줍니다.

소피아 : 저는 도덕 문제를 "추상적으로 보는 것"과 "어려운 선택들에 연루된 사람들의 '삶에 관한 실제 이야기(actual story)'로 보는 것"으로 구분한 것에 깊은 인상을 받았습니다.

안나: 길리건은 어디에선가 도덕 문제를 남자아이들의 경우처럼 **일종의 수학 문제** 같이 보는 것과, 우리가 도덕적 상상을 하거나 눈앞의 실제 상황을 즉각적으로 파악하게 될 때에, 그 전개되는 **연관과 관계들에 관한 서사적 이야기**(narrative)를 **재구성하는 것**으로 보는 것을 대비시킵니다. 전자의 도덕적 추론 방식은, 연속되는 것이 아니라 분리된 시간대로서의 그 특정 순간에 초점을 맞추면서, 관련된 가치들을 "측정"하기 위한 합리적 잣대를 가지고 냉정하게 분석하는 것과 같은 것입니다. 후자의 도덕적 추론 방식은, 단절된 것이 아니라 과정상 한 부분으로서의 그 순간을, 복잡한 관계들을 담고 있는 이야기들, 대응에 대한 필요성, 그리고 연관을 강화하는 배려의 활동들을 지니는 사람들의 역사, 그 역사의 한 순간으로 보는 것과 같습니다.

소피아 : 이에 대한 자세한 설명은 길리건의 "임신중절에 관한 연구"에서 가장 잘 드러나고 있습니다. 저는 모든 남성분들이 그 부분을 읽어 보셔야 한

다고 생각합니다. 정말로 인상적이었습니다. 그 낙태 논쟁은 이러한 두 도덕적 전망들간의 갈등을 극명하게 보여 주고 있습니다. 여러분들은 아마 고마고마한 "권리" 주장들을 비교 측정하는 것을 보게 될 것입니다. 그러나 이들 상황들은 아주 구체적인 것들이며, 특수한 것들입니다. 한 여성이 이 상황에서 무엇을 해야 할 것인가를 결정해야만 할 때 맥락은 매우 중요한 것입니다. 그리고 개인적 선택을 명하는 절대적 규칙들이 매우 비현실적인 것이 되는 이유는 다름 아닌 바로 맥락의 중요성 때문인 것입니다. 여성은 낙태 문제를 이른바 태아의 "권리" 차원에서만이 아니라 여성이 지니고 있는 여러 관계들, 즉 임신이 발생한 연관 체계 차원에서 본다는 것입니다. 일부 임신중절 반대론자들(pro-lifer)은 마치 이런 상황에 처해 있는 모든 여성들은 "무책임한 것"처럼 이야기들 합니다. 하지만, 결정 내리기가 아주 괴롭도록 어려운 이유는 바로 여성들은 자신의 연인, 가족, 자라고 있는 태아, 그리고 심지어는 자기 자신에 대한 책임의 윤리에 아주 민감하기 때문인 것입니다.[154]

안나 : 길리건은 이러한 내용을 자신의 책 100 페이지에 아주 멋지게 요약하고 있어요. "여성들과의 면담에서 끊임없이 부상하는 도덕적 명령은 배려가 내리는 명령, 즉 현실의 실제적이며 부인하기 어려운 고통을 가려내서 줄여야 할 책임인 것이다. 남성에게 있어서 도덕적 명령은 오히려 타인들의 권리를 존중해야 하고 따라서 생명과 자기-충족에 대한 권리들을 침해하지 말아야 한다는 명령인 것이다… 그런데 남성들이 배려를 취하게 되는 경우, 보다 적극적인 책임이 요구된다는 인식과 그 경험은, 무간여 원칙을 중시하는

---

154) 콜버그에게 있어서 도덕적 자아는 예외 없이 모든 사람들에게 절대적 법칙들을 입법화하는 개인인데, 반해서 길리건에게 있어서 도덕적 자아는 껄끄로운 인간관계 문제들에 대해 상호간 동의할 수 있는 해결책을 확인하고자 다른 개인들과 함께 노력하는 개인이다. 길리건은 여성의 도덕발달을 3 수준(수준 1 : 자아중심적 혹은 이기적, 수준 2 : 과도한 이타주의적 혹은 자기-희생적, 수준 3 : 자신의 이익도 타인과 같이 중요시하는 타인과의 함께하는 자아(self-with-others)), 2 과도기(1→2 과도기 : 수준1의 이기적 성향에 대해 비판적으로 반성하는 시기, 2→3 과도기 : 배려가 지나치게 타자만을 지향한다는 점에서 인간관계의 비형평에 대한 반성의 시기)로 설명한다.

도덕이 초래할 수 있는 잠재적 무관심을 교정해주며, "논리"에 대한 관심으로부터 "선택의 결과"에 대한 관심에로의 전환을 가능하게 한다."

호바트 : 하지만 저로서는 잘 이해가 안 되는 것이 있네요. 당신은 "'권리의 도덕'에 대한 강조는 어쨌든 보다 '남성지향'적이다. 적어도, 개인들은 공동체로부터 독립된 존재, 자율적 행위자라는 전제에 비추어 볼 때." 라고 말합니다. 하지만 여성의 **권리들**, 즉 선택할 권리, 특정 직업을 추구할 수 있는 권리, 동등한 수당을 받아야 할 권리 등에 대한 이야기들은 전부 어떻게 된 것들입니까? 이 모든 권리들이 여성을 위한 권리라고 주장하는 동시에, 권리의 도덕을 어떻게 성 편견의 발로라고 비판할 수 있겠습니까?

안나 : 저는 길리건이 그러한 긴장(tension)에 대해서 모르고 있는 바가 아니라고 생각합니다. 그녀는 여성의 권리에 대한 논의를 별도의 한 개장으로 설정하여 다루고 있습니다. 132 페이지에 보면 다음과 같이 적혀 있지요. "하지만 더 큰 문제는 개인적 요구들을 지지하는 '자연적 유대들'을 풀어헤쳐 버리는 권리의 도덕과, 상호의존성을 내세워 자아와 타자간의 구분을 흐리게 만들면서 그러한 권리 주장들을 관계의 구조망에다 짜깁기하려는 책임의 도덕 간의 긴장으로부터 발생한다."

호바트 : 그렇다면, 이러한 소위 "긴장"이라는 것은 어떻게 해소될 수 있는 가요? 그것은 긴장입니까, 아니면 단지 불일치에 불과한 것입니까?

안나 : 그건 긴장입니다. 그래서 그것은 쉽게 해소되거나 해명될 수 있는 것이 아닙니다. 그것은 우리가 각 개인으로서 갖는 우리 자신의 정당한 이해 관심들과, 우리가 타인들과의 상호의존성으로 인해서 느끼는 책임들간의 갈등을 해결하고자 노력하는 우리들의 경험 속에 생생하게 존재하고 있는 것입니다.

소피아 : 그것이 우리에게 의미하는 바는 이러한 도덕적 이상들이 상호 보완적이지 않으면 안 된다는 것입니다. 그것들은 실재적으로 분리되어 있거나 모순적 관계에 놓여 있지 않습니다. 여성들의 권리 운동은 여성들이 그들 자신의 욕구들에 대해서 보다 많이 생각하게 만들기 위해서, 그리고 절대적인 자기-부정이나 가정사에 대한 몰입을 마치 여성적 이상인양 생각하는 것을 막기 위해서 아주 중요한 일입니다.

안나 : 길리건이 주장하고자 했던 것은 정확히 바로 그것입니다. 1970년대 여성 운동에 관해 언급하는 과정에서 그녀가 여대생들에게 말하고자 했던 것이 149 페이지에 다음과 같이 나옵니다. "자기 부정의 금욕주의적인 주장을 문제시하고, 무지의 환상을 선택권에 대한 인식으로 환기시키면서, 여성들의, 권리의 본질적 개념, 즉 자아의 이해관심은 정당한 것일 수 있다는 것을 깨우치고자 분투했습니다. 이런 의미에서, 권리 개념은 여성의 자아관을 바꾸어 놓았는바, 그들 자신들이 보다 강한 존재라는 인식과 그들 자신의 욕구들을 서슴없이 고려해야 한다는 인식을 갖게 만들었습니다. 자신들의 주장이 결코 위험스럽지 않게 보일 때, 관계의 개념은 지속되어 온 '의존의 유대'로부터 '상호의존의 역학'으로 변화됩니다. 그러면 배려의 관념은 타인을 침해하지 말라는 명령을 무력화시키는 것으로부터 자신과 타인들에 대해서 책임 있게 행동하여 관계를 유지하라는 명령에로 확대됩니다." 그녀는 여성들은 이제 자비(慈悲)에다 정의(正義)라는 양념을 칠 수 있으며, 자신에 대해서 뿐만 아니라 타인들에 대해서도 배려할 수 있다고 말합니다.

호바트 : 동감입니다. 전적으로 동의합니다. 하지만 당신은 마치 길리건의 저작이 중요한 이유가 그녀가 여성의 **독특한** 도덕적 목소리에 주목했다는 점 때문인 것처럼 이야기하고 있습니다. 그런데 지금 당신은 그 두 개의 관점들이 상호보완적이라고 말하고 있습니다. 만일 여성의 배려의 도덕이 남성적 편견의 산물 혹은 **절연**과 **개체화**(detachment and individuation)에 대한 남성적

강조의 산물로서 비판되고 있는 정의 혹은 권리의 도덕에 의해 중재되어야만 한다고 한다면, 그 여성의 배려 도덕을 놓고 **독특한** 것이라고 말할 수 있는 것입니까?

안나 : 그것이 도덕적 상황을 접근하는데, 그리고 어려운 구체적 선택들을 하는데 있어서 정당한 방식이라는 의미에서 보면 확실히 독특한 것입니다. 그것은 여성들의 도덕 발달에 보다 전형적인 모습들입니다. 그리고 여성들이 콜버그의 척도에 의해 도덕적으로 미성숙한 수준으로 평가되었을 때, 사실 이 차이점들은 무시되거나 아주 조롱거리로 여겨지기까지 했었던 것입니다.

호바트 : 그러시다면, 당신은 또다시 길리건의 입장을, 어느 한 도덕관을 **배타적인** 도덕적 전망으로 무비판적으로 수용하는 심리학 이론의 맥락에서 주로 보고 있는 것입니다.

안나 : 그렇습니다. 하지만 권리와 분리된 개인들에 대한 그러한 일관된 강조가 분명히 우리 사회에, 그리고 지배적인 도덕 및 정치적 담론에 영향을 미치고 있습니다. 만일 우리가 사람들의 상호관계를 우연적인 것으로 관련짓는 추상적인 계약적 합의보다는, 공동체적 삶을 구성하고 있는 연관의 유대들을 강조한다면, 그러면 우리의 사회 생활과 우리의 사회적 판단들은 변화될 것입니다. 그것은 우리의 사회제도와 공동체의 문제에 대해서 생각하는 방식에 변화를 갖다줄 것입니다. 우리는 집 없는 사람들에 대해서 배려해야만 합니다. 우리는 광고와 도색물에 비쳐지는 여성의 이미지에 대해서 배려해야 합니다. 우리는 지역내의 무단 도벌에 대해서 그리고 환경재난이 사람들에게 미치는 결과에 대해서 배려해야 합니다. 만일 우리가 우리 개인적 이야기에 속하는 소집단들, 공동체에 대한 연관이 현재의 우리 자신과 얼마나 직접적으로 관계되고 있는가를 알게 된다면, 그것은 정부의 공공 활동에 대해 갖는 사고와 우리는 어떻게 살아가야만 하는가에 대한 생각을 바꾸어 놓을 것입니

다. 우리의 공적 생활, 우리의 공동체 의식에 어떤 문제가 있어 왔습니까? 저는 이들 쟁점 모두가 연관, 그리고 배려와 책임에 대한 여성주의자들의 강조와 무관할 수 없다고 봅니다.

소피아 : 피터 교수님. 당신은 이제껏 듣고만 계셨잖아요. 철학자로서, 길리건의 생각에 대해서 어떻게 보시는 가요?

피터 : 저 자신이 길리건의 논문을 검토한 바 없기에 뭐라고 말씀드리기에는 좀 주저하게 됩니다. 이 주제는 아주 흥미롭기는 하지만 저는 적어도 도덕철학 입장에서 보면 이 주제가 그다지 새로운 것인지에 대해서 잘 모르겠습니다.

소피아 : 길리건의 생각이 중요하지 않다는 말씀인가요?

피터 : 아닙니다. 제가 말하고자 했던 것은 절대 그것이 아닙니다. 도덕성에 있어서 배려에 대한 강조는 아주 중요하다고 생각됩니다. 다만 그러한 시각이 새로운 어떤 것은 아니라는 말씀입니다. 이를테면, 전형적인 여성의 도덕적 사고에 대한 길리건의 분석에 대해 당신이 말씀한 바를 제 나름대로 이해한다면, 그것은 맥락적인, 즉 고도로 개체주의적인[155) 것 같습니다. 원 책자에서 예시된 어린 여자아이는 중요할 것으로 보이는 많은 구체적인 사항들을 감안하기를 원했지요. 아니 적어도 생각으로 만큼은 그러했지요. 맞지요?

안나 : 맞습니다. 잠깐만요…여기 100 페이지에 다른 구절이 있습니다. "실제적 딜레마의 견지에서 가설적 딜레마를 재구성하려 하거나 사람들의 성격과 그들이 살고 있는 공간에 관해서 빠트린 정보들을 탐색하거나 제공하려는

---

155) particularistic. 혹은 특수주의적. 보편주의 universalism에 대립어. 보편주의는 보편자(전체)를 개별자(개인)의 상위에 두고, 후자는 전자에 참여함으로써만 존재성과 의의를 갖게 된다는 주장. 개체주의는 현실은 개체, 개물로 되어 개별적인 것만이 진실이라고 하는 주장.

여성들의 성향은 그들의 판단을, 원리들의 계서적 순위와 의사결정의 형식적 절차들로부터 거리를 두게 만듭니다. 개별적인 것에 대한 이러한 고수는 그 어떠한 현행의 발달론적 단계 진술들과 상이한 딜레마와 도덕문제 일반을 지향하는 것을 의미합니다."

피터 : 물론, 저는 심리학적인 발달이론에 대해서는 뭐라고 말씀드릴 수 없습니다. 다만, 맥락에 대한, 즉 도덕적 상황의 **특수한** 성격에 대한 강조는 이미 도덕철학사에서 보면 오래 전부터 있어 왔던 것입니다. 아리스토텔레스는 예를 들면 실천이성의 판단은, 우리가 진실로 진실하거나 정직해야 할 것인가를 결정해야만 할 때, 고도로 맥락적이라는 것을 강조했습니다. 정직은 하나의 덕입니다. 그래서 부정직해도 될 어떤 상황에서, 노골적인 정직함으로 말미암아 누군가의 감정을 상하게 할 경우라면, 그것은 **과도한** 정직일 수 있다는 것입니다. 어떤 정확한 수학적 공식이나 어떻게 하는 것이 마땅하다고 알려주는 연산방식이 존재하지 않습니다. 그것은 상황과 개인적 경험에 의존합니다. 이와 마찬가지로, 만일 당신이 당신의 중핵적인 도덕적 미덕에 주의를 기울인다면, 그러면 배려하는 사람이 되는가 아닌가의 문제는 다양한 구체적 상황 속에서 주의 깊은 선택을 하는가 아닌가에 달려있는 것입니다. 그리고 그런 일이 어떻게 행해지는가, 어떻게 하면 주의하는 사람이 되는가는 아주 맥락적인 것입니다. 저는 배려와 맥락에 대한 길리건의 강조를 **덕의 윤리학** 전통에 아주 딱 들어맞는 것으로 봅니다. 또한 모든 구체적 상황에 아주 일반적인 원리를 적용할 것을 강조하는 어떤 윤리설들도 맥락의 특수성들을 강조해야만 할 것입니다.

소피아 : 결과론설과 같이 말입니까?

피터 : 그렇습니다. 행위 결과론자들은 바로 이와 같이 상황의 특수성들을 강조합니다.

소피아 : 그것 참 재미있는데요. 안나, 길리건 책 좀 이리 줘봐··· 저는 배낭여행에서 가졌던 우리의 토론 덕으로 이것을 생각해 보았습니다. 결과론이나 공리주의와 아주 흡사한 방식으로 여성들이 도덕에 관해서 언급하는 경우가 있습니다. 제가 노트를 해놓았지요. 21 페이지에 보면, 여성들은 "자신이 묶여져 있는 다른 사람들을 갖는 것, 그리고 또한 내가 책임을 지고 있는 사람들을 갖는 것을 가치 있게 여긴다고 말한다. 나는 세상에 대해서 책임을 지고 있다는 아주 강한 의식, 즉 나는 나의 안락을 위해서만 살수는 없으며, 세상에 존재한다는 사실이 나에게 내가 세상을 좀더 살기 좋은 곳으로 만들기 위해서 행할 수 있는 의무, 비록 그것이 아무리 작은 것이라 할지라도 그 의무를 부여하고 있다는 생각을 갖는다." 길리건은 "이렇듯 콜버그의 주제는 상호간의 권리를 침해하는 사람들을 우려하지만, 이 여성은 누락(omission)의 가능성, 즉 당신이 다른 사람을 도울 수 있을 때 당신이 그들을 돕지 못하는 것에 대해서 걱정한다."라고 길리건은 말합니다. 우리는 여행 중에 이에 대해서 언급한 바 있습니다. 그것은 우리가 가능한 한 많은 선을 도모할 것을 기대하는 결과론적 도덕설과 아주 비슷하게 들립니다. 상기해 보세요. 우리는 이러한 견해의 주장에 대해서 이야기한 적이 있잖아요. 그것은 바로 이 여성이 말하고자 하는 것과 다를 바가 없습니다.

피터 : 그리고 여러분들이 바로 이러한 근거에서 "인격 존중의 도덕"에 대해 문제를 제기했던 것, 그것은 일차적인 명령이 타인을 도와야 할 책임감을 적극적으로 느끼기보다는 타인에게 위해(危害)를 가하지 않으면 괜찮다라는 일종의 **도덕적 최소주의**로 귀결될 수 있었다는 것도 상기해보세요.

소피아 : 또는 타인에 대한 배려에 대해서 말이죠?

피터 : 그렇습니다.

소피아 : 54 페이지의 다음 구절을 잘 들어보세요. 길리건은 약제사 사례에 대해서 책임을 다하는 성숙한 여성에 관해서 언급하고 있습니다. "클레어가 그 약제사는 그의 거절에 대해서 도덕적으로 책임을 가지고 있다고 생각하는 바와 마찬가지로, 그녀는 도덕적인 사람이란 그 처신에 있어서 '관련된 모든 사람들에 미치는 결과를 진지하게 고려하는' 사람이라고 정의"하면서, 도덕을 연관에 대한 인식에 연결시킵니다. 그것은 공리주의와 하등 다를 바 없는 것 같습니다.

안나 : 하지만 공리주의는 "계산적"이지 않습니까, 그렇지요? 당신은 어떤 행동이 최선의 결과를 가져올 것인지를 알기 위해서 쾌락과 고통을 산술적으로만 계산하지는 않지요? 길리건이 배려에 대한 명령을 진술하고 있는 바는 그와 다른 것입니다. 그것은 보다 "정서"와 "도덕적 상상력"에 관한 것입니다.

피터 : 저는 종종 계산에 대한 공리주의자들의 강조는 오도된 것이라는 생각을 합니다. 우리가 우리의 행동이 타인들에게 미칠 영향을 고려한다라는 말은, 우리가 실제로 어떻게 생각하고 있는가에 대한 정확한 기술(記述)이라기보다는 결과에 대해서 유념하라는 비유에 가까운 것입니다. 우리는 실제적으로 인간의 행복과 같은 것들을 **수량적으로** 계산할 수 없습니다. 어떠한 경우에는, 우리는 배려의 윤리를 일종의 비계산적 결과론이라고 말할 수도 있을 것입니다. 그 주된 규범이 타인에 대한 배려라고 한다면 말입니다. 이런 의미에서 보면, 그것은, 도덕철학자들이 다른 용어들, 이를테면 선의(bene-volence), 자선, 심지어 사랑과 같은 용어들을 사용하면서 강조하고자 했던 그 표현과 다를 바 없는 것 같습니다. 저는 또한 이 윤리를 "덕의 언어"로서나 또는 "의무 혹은 원리적 윤리의 언어"로서도 표현할 수 있다고 생각합니다. 그러나 우리가 이미 언급했던 것처럼, 그리고 **많은** 도덕 사상가들도 제안했던 것처럼, 도덕에는 적어도 두 개의 근본적인 전망들이 존재할는지 모릅니다. 길리건과 그 밖의 여성주의자들은 우리에게 신기하거나 새로운 어떤 것

을 내놓고 있는 것이 아닙니다. 모르긴 해도 그들은 우리의 공적인 도덕 및 정치적 담론에 널리 퍼져 있는 권리의 언어가, 묵시적이든 명시적이든, 우리가 덜어줄 수도 있는 고통들에 대해서 **일종의** 도덕적 무관심 혹은 무관심할 가능성을 은폐하려는 경향이 있다는 점을 지적한 것은 옳은 것 같습니다.

안나 : 그녀는 이것을 다른 부분에다 적용하는 놀라운 재주를 가지고 있습니다. 그녀는 우리 모두가 "억압과 버림받음(oppression & abandonment)" 모두에 의해서 쉽게 상처받을 수 있다고 말합니다. 만일 정의와 권리의 언어가 "억압"에 대한 대응에 있어서 중요한 것이라면, 그러면 배려의 언어는 사람들 사이에 존재하는 "버림받음"의 감정에 대응할 우리의 필요성을 잡아내 주는 데 중요한 것입니다. "연관되어 있음"을 강조하는 도덕이 중요한 이유는 바로 이 때문입니다.[156]

소피아 : 우리는 타인과의 연관 감정을 분명히 가지고 있습니다. 제가 생자배기 이기주의나 자기-이익의 윤리가 길을 잘못 들었다고 판단하는 이유는 바로 이 때문입니다. 만일 우리가 우리의 관계들, 우리의 연관들, 그리고 우리가 우리의 이야기들을 함께 살리는 방식, 그것들에 의존하고 있는 것이라면, 그러면 자신의 **자기-이익**을 위해서 행동하는 것과 오로지 **타인들**을 위해서 행동하는 것간에 흑백과 같은 구분은 존재할 수 없는 것입니다. 나 자신은 이미 타인을 포함하고 있는 것입니다.

피터 : 죄송하지만, 강의시간이 되어서 가야겠습니다. 학생들이 기다리고 있습니다. 호바트, 자네는 어떤가?

---

156) 배려의 윤리학을 도덕교육에 적극 활용하고자 하는 사람은 N. Noddings이다. 그녀의 책 『Caring : A Feminine Approach to Ethics and Moral Education』(Univ. of California Press, 1984)과 최근에 나온 『The Challenge to Care in Schools : An Alternative to Education』이 도움이 된다.

호바트 : 나도 지금 일어서야 하네. 안나와 소피아 두 분이 저에게 많은 생각거리를 주신 셈입니다. 두 분의 말씀을 숙제로 삼아, 여성주의자들이 말하고자 하는 것들에 대해서 살펴 볼 작정입니다. 토론이 아주 재미있었습니다. 감사합니다.

사상가들의 담론

대안적 입장을 기술함에 있어서, 나는 도덕적 관심을 일으키는 상이한 관계 차원에 뿌리박고 있는 두 개의 도덕적 시각을 중심으로 도덕발달에 관한 설명을 재구성하고자 한다. 흔히 도덕적 추론과 동등하게 여겨지는 정의의 시각은 도덕 문제를 보는 하나의 방식으로 재형성되며 배려의 시각은 대안적 이상이나 틀로서 제안되고 있다. 대안적 시각 또는 도덕적 정향으로서의 정의와 배려의 구분은 경험적으로 정의에 대한 관심으로부터 배려에 대한 관심에로의 이동이 도덕적 문제의 구성 내용에 관한 정의를 변화시키며, 동일한 상황을 상이한 방식으로 보여지게 만들고 있다는 관찰에 기초한다. 이론적으로, 정의와 배려의 구분은 사고와 감정, 이기주의와 이타주의, 이론적 추론과 실천적 추론간의 유사한 구분들을 관통한다. 그것은 다음의 사실을 환기시키고 있다. 즉, 공적이며 사적인 모든 인간 관계들은 평등과 애착 양자 모두의 관점에서 규정될 수 있으며, 불평등과 단절 양자 모두는 도덕적 관심의 토대를 구성하고 있다는 것이다. 모든 이들이 억압과 방기 모두에 상처받을 수 있기 때문에, 두 개의 도덕적 시야-정의의 시야와 배려의 시야-가 인간 경험에 반복해서 나타나는 것이다. 다른 사람을 불공정하게 대하라는 것이 아니며, 어려움에 놓인 누군가에게 등을 돌리라는 것이 아닌 도덕적 명령은 이들 상이한 관심들을 포착한다.

Carol Gilligan, 「도덕적 정향과 도덕 발달」

정의의 관점에서 볼 때, 도덕적 행위자로서의 자아는 사회적 관계의 토대에 반대하는, 자아와 타인들의 갈등하는 주장들을 평등이나 평등한 존중의 표준(정언 명령, 황금률)에 반하는 것으로 판단하는 인물로서 나타난다. 배려의 관점에서 볼 때, 그 관계는 자아와 타인들을 한정짓는 인물로 나타난다. 관계의 맥락 안에서, 도덕적 행위자로서의 자아는 어려움을 지각하며 그 지각에 반응한다. 도덕적 관점에서의 이동은 "무엇이 공정한 것인가?"라는 도덕적 물음으로부터 "어떻게 대응할 것인가?"라는 물음에로의 변화로 드러난다.

Carol Gilligan, 「도덕적 정향과 도덕 발달」

하나의 도덕적 시각으로서의 배려는 덜 다듬어져 있고, 그 용어를 기술하기 위해 도덕이론에서 마련된 어휘는 없다. 하나의 도덕적 결정의 틀로서의 배려는 자아와 타인이 상호의존적이라는 가정, 행위를 대응적인 것으로 보는, 따라서 행위를 자아내부로부터 방출되는, 즉 "자기-통어된" 것으로 보는 관점이라기보다는 관계 속에서 일어나는 것으로 보는 관점에 반영된 가정에 기초하고 있다. 대응적인 것으로 간주되는 자아는 개념 규정상 타인들과 연관되어 있으며, 인간 상호작용과 인간 언어의 조직화하려는 경향들에 의해서 지각에 대응하며, 사건을 해석하며, 통제되는 존재이다. 이 틀 내에서, 자아로부터이건 타인으로부터이건 간에 단절은 도덕적으로 문제성이 있는 것이다. 왜냐하면 그것은 도덕적 맹목적성과 무관심-어려움을 분간할 수 없거나 어려움에 대응할 수 없게 되는 것-을 조장하기 때문이다. 어떤 대응이 배려를 구성하는가 그리고 어떤 대응들은 타인에게 상처 주는가에 관한 물음은 개개인 자신의 관점들이 다른 사람들의 그것들과 상이할 수도 있다는 사실에 주목하게 한다. 이런 맥락에서 정의는 그들 자신의 관점에서 사람들을 존중하는 것으로 이해된다.

Carol Gilligan, 「도덕적 정향과 도덕 발달」

…[우리는] 배려의 도덕성과 정의 도덕성간의 길리건의 구분은, 남성이건 여건이건 간에 모든 인간 존재들의 마음속에 품고 있는 구분이라고 믿는다. …하지만 우리가 보기에는 도덕이란 단어에 대한 이 두 개의 감각은 동일한 수준의 일반성과 타당성으로 존재하는 두 개의 상이한 도덕적 정향들을 표상하지 않는다. 우리는 정의를 합리적인 것이며 동시에 감정이입의 태도를 함축하고 있는 것으로 보고 있다. 우리가 다음과 같은 제안을 하는 것은 바로 이러한 이유에서이다. 즉, 다양한 도덕적 딜레마와 정향들이 놓여질 수 있는 하나의 차원이 존재한다는 것이다. 사적인 도덕적 딜레마와 특수한 책무를 담고 있는 정향들은 이 차원의 한 끝을 나타내며, 표준의 가설적 정의 딜레마와 정의 정향은 다른 한쪽을 나타내는 것이다.

Lawrence Kohlberg, 『도덕발달의 심리학』

주요 용어와 개념

도덕의 계약이론   연관 대 개인적 권리들
정의 관점   덕으로서의 배려
도덕적 성숙   맥락주의
배려의 활동들   억압과 방기

탐구 문제

1. 도덕적 사고에 있어서 성차에 대한 길리건의 강조는 도덕 상황에 대해 당신이 취하는 것과 일치하는가? 즉, 만일 당신이 여성이라면, 당신은 도덕적 상황을 길리건이 기술하는 것처럼 구성하려는 경향이 있는가? 길리건의 견해에 대한 당신의 입장은 어떠한가?

2. 당신은 남자아이들과 여자아이들이 여전히 우리 사회에서 아주 다르게 사회화되고 있다고 믿는가? 당신은 이러한 '사실'이 도덕적 의사결정에 성적 차이들이 존재한다는 주장을 정당화해준다고 생각하는가?

3. 호바트의 도덕에 관한 계약론적 견해의 장점과 단점은 무엇인가?

4. 도덕적 '성숙'이란 무엇인가? 부정적으로 말해서, 도덕적 의사결정에 있어서 비성숙의 징후들은 어떤 것들이 있겠는가?

5. 여성의 도덕적 목소리에 관한 길리건 교수의 견해에 대한 피터 교수의 비판을 요약하시오. 당신은 그에 동의하는가?

6. "배려" 혹은 연관의 윤리학은 임신중절에 관해 어떤 방향, 즉 임신중절 합법화 지지하는 쪽(pro-choice)이나 임신 중절 합법화에 반대하는 쪽(pro-life) 가운데 어느 쪽으로 귀착될 것인가? 당신의 입장을 설명하시오.

7. 이들 대화를 읽고 난 뒤, 당신은 길리건이 전형적으로 '남성적'인 것으로 특징화 하는 그런 류의 도덕적 추론을 그녀가 제대로 정확하게 기술했다고 보는가? 성숙한 도덕적 추론이란 윤리학에서 "남성적" 전통을 대표하는 것으로 기술하는 콜버그의 견해를 받아들이는 것은 잘못된 것인가?

추천 도서

Gilligan, Carol, *In A Different Voice : Psychological theory and Women's Development*, Harvard University Press. 1982. 허란주 역. 『다른 목소리로』(동녘, 1997).

Gilligan, Carol, "Moral Orientation and Moral Development," in *Women and Moral theory*. Eva Kittay and Diana T. Myers, eds. Rowman and Littlefield. 1987. 자신의 입장을 요약하고 최신의 연구자료를 보완한 중요한 논문이다.

Kohlberg, Lawrence. *The Psychology of Moral Development*. Vol Ⅱ, Harper and row, 1984. 이 책에서 길리건에 대해서 응답한다. 김민남 역. 『도덕발달의 심리학』(교육과학사, 1988).

나가는 글 : 윤리학은 그만한 가치가 있는가?

여행에서 돌아온 지 2주일이 되던 날, 여행에 참가했던 대다수 사람들이 피터 교수님 댁에서 열린 파티에 모였다. 사라와 랜숌은 다 같이 여행을 통해 가졌던 대화의 결론을 맺는 것이 재미있지 않겠는가 하는 제의를 했다. 모두들 저녁식사를 마치고 이야기를 나누자 어느새 밤은 이슥해 졌다. 그리고 우리의 대화도 이제 막을 내리게 된다. 그 마지막 대화들에 대해 귀를 기울여 보자.

엘리스 : 여행이 어쩌나 인상적이었던지, 제 자리로 돌아오는 것이 아주 힘들었어요!

소피아 : 정말 그래요. 그 맑게 빛나던 햇살과 아름다운 자연, 솔잎 향기 그윽한 저녁 바람, 고요함. 나에게 정말 좋았어요. 일상을 지겹도록 만드는 T.V., 온갖 세상의 잡일들, 문명으로부터 탈출, 벌써 또다시 그리워져요.

마크 : 도노반씨와 같은 양반이 왜 그런 곳에서 살고 있는지를 알 수 있을 것 같아요. 하지만 우리야 생계를 꾸려 나가야 지요. 산 속에서는 할 수 있는 일이 없잖아요.

피터 : 도노반 그 친구를 제가 어제 도서관에서 만났지요. 오늘 파티가 있다고 말했어요. 그 친구가 왔으면 하는데, 올는지는 모르겠어요. 예측불허의 인물이니까요.

보브 : 시내에서는 그가 무얼 하고 있었던가요?

피터 : 도노반의 친척들이 시내에 살지요. 또 가끔은 책을 사러 오지요.

보브 : 피터 교수님, 가을 학기 강의 준비는 잘 되어 가시는지요?

피터 : 거의 다 끝났습니다. 강의 준비는 다 되었고, 강의 계획서만 입력하면 됩니다.

사라 : 이번 학기에도 윤리학 강좌를 맡습니까?

피터 : 그렇습니다. 그런데 여행 중 논의에서 얻은 몇 가지 아이디어가 있어 강의 중에 시도해볼 작정입니다.

이때 누군가가 노크를 했다. 피터 교수가 나가 문을 열었다. 도노반이었다.

피터 : 도노반! 호랑이도 제 말하면 온다더니… 들어오게.

도노반 : 음, 제법 근사하군. 소크라테스는 가난했었지. 그는 가진 게 없었어. 당신은 봉급을 받는 직업 철학자이니 그렇게까지 살수는 없을 것이고… 하여간 멋진 곳이군!

피터 : 자네, 이 분들 다 기억하시나?

도노반 : 물론이고 말고. "망각의 호수"에서의 마지막 날 밤, 우리는 진지한 논의를 벌였고, 그때 서로를 알았지. 여러분, 안녕하세요? 하지만 말입니다. 여러분이 이 철학자 친구를 데려가지 않았더라면, 그 쓰잘 데 없는 철학에 대해서 왈가불가 하는 헛수고를 덜었을 것이고, 그래서 아주 멋진 추억을 남기

셨을 텐데요. 애석합니다. 어때 교수님, 내 말이 맞지 않나?

피터 : [웃으면서] 구제불능의 친구 같으니… 하지만 오늘 저녁은 아무리 그래봤자, 나는 끄덕도 하지 않을 걸세!

도노반 : 숨 좀 돌려야겠네. 아직 초저녁인데 서두르지 말게나. 우선 맥주 한 잔 주게. 그렇지 않으면 자네 대화를 방해하겠네.

소피아 : 도노반씨, 그렇지 않아도 당신은 피터 교수가 이번 가을 학기에 구상하신 윤리학 강좌에 대해서 막 이야기하려는 참에 들어오셔서, 이미 대화를 중단시켜 놓은 상태입니다.

도노반 : 윤리학 강좌라! 하, 그건 완전히 시간 낭비예요.

사라 : 도노반씨, 대화의 초점을 흐리지 맙시다.

도노반 : 헤이, 나의 오랜 친구여, 벌써 열 받으셨나?

피터 : 어림없네.

보브 : 근데, 당신한데 열 받은 건 접니다. 저는 이미 윤리학 강좌를 몇 해 여름 동안 들었던 사람입니다. 또 우리가 배낭 여행 중 나눈 대화들은 야간 윤리학 강좌와 다를 바 없었지요. 왜 윤리학 강좌들이 시간낭비라고 생각하시는지 좀 말해 주시겠어요?

도노반 : 그건 구멍가게와 같은 영세산업이지요. 윤리학 교수들에게는 호경기이지만 말입니다. 사람들은 서구사회의 도덕적 퇴조, 우리 사회에서의 도덕

적 진공상태에 대해서 크게 걱정하고 있지요. 그래서 윤리 교육[157]을 시켜야 한다고 아우성입니다. 윤리학, 기업윤리, 의료윤리, 공학 윤리. 진저리가 납니다. 완전히 시간낭비죠. 사람들에게 윤리학 강좌를 개설한다고 해서 그들을 보다 착하게 만들 수는 없어요. 사람들이 강좌를 들을 때, 이미 그들은 나름대로 형성된 인격을 지니고 있는 것이지요. 어떤 사람은 이미 선한 인격을, 어떤 사람은 그렇지 못한 인격을 지니고 있지요. 선한 인격을 가지고 있는가 아닌가는 사고의 문제가 아니라 훈육의 문제입니다. 좋은 부모를 만나는 것이 아주 중요하지요. 그건 훌륭한 철학자가 되는 것이나 "공리주의자라면 그것에 대해서 어떤 입장을 취해야 되는가?" 따위의 질문을 던지는 것과 무관한 것입니다. 사람들에게 쓸모 없는 윤리학 강좌를 수강하게 해서 그들이 보다 선하게 될 수 있다고 생각해서는 곤란합니다.

피터 : 윤리학의 주된 목적은 단지 그것만이 아닐세. 그건 부수 효과이거나 그다지 중요치 않은 명제[158]일수 있네. 내가 윤리학을 가르치거나 윤리적 성찰을 할 때 내가 의도하는 바는 분명히 그게 아니라네.

소피아 : 그렇다면 그 목적이란 무언가요?

피터 : 저는 **어떤 하나의 목적만**이 있다고는 생각하지 않지요. 저는 윤리학 강의를 듣거나 우리처럼 윤리적인 관심사에 대해서 대화를 나눌 때 많은 일들이 일어날 수 있고 또 일어나고 있다고 생각합니다.

소피아 : 이를테면, 어떤…?

---

157) 미국의 도덕교육의 약사 및 현재적 상황에 대해서는 박장호, 『윤리와 응용』(경성대출판부, 1998)과 박장호 역. 『인격교육론』(백의, 1998) 참조.
158) Corollary. 系. 이미 얻어진 정리(定理)로부터 즉시 도출될 수 있는 명제, 혹은 주요한 명제로부터 도출되기는 하나 그다지 중요하지 않은 명제를 가리키기도 함.

피터 : 우선, 윤리적 성찰은 자기-성찰의 기회를 준다고 생각해요. 저는 학생 중에 "저는 제가 누군지 잘 몰랐어요."라면서, 강의 시간 중 가졌던 토의가 자기 자신을 명료화하고 자신의 도덕적 신념들이 어떠한 것들이었는지를 발견하는데 큰 도움이 되었다고 말하는 경우를 수없이 들었지요. 저는 윤리적 성찰이 **자기 자신에 대한 지식이나 이해**[159]를 높이는데 도움이 된다고 믿습니다.

사라 : 당신이 말하는 자기 자신에게 묻는다는 의미는 자신이 기본적으로 이기주의자냐 공리주의자냐를 묻는다는 그 말씀인가요?

보브 : 혹은 칸트주의자냐? 아니면 자연법론자이냐?

마크 : 랜솜씨가 말하는 신명설 윤리를 빼놓아서는 큰 일 나지요.

피터 : 그런 것도 물론 포함되지요. 우리는 자신에게 우리가 무엇을 믿고 있고 왜 그것을 믿는지 물을 수 있지요. 맨 처음에는 무엇이 우리의 기본 원리들인지 잘 깨닫지 못할 수 있습니다. 그리고 우리가 이전에는 전혀 생각해보지 못했던 쟁점들에 대해서도 생각할 수도 있게 되지요.

도노반 : 아하, 놀랍군요. "가치 명료화"[160]로서의 윤리학이라! 우리에게 필요하고 말고요. 그보다 더 많은 무의미한 소리들을 우리가 사회과학들로부터 다년간 들어 왔지요.[빈정대는 투이다.] "자 모두 손을 잡고 우리가 참으로

---

159) self-knowledge.

160) value clarification. 가치명료화란 자신이 추구하는 가치를 여러 과정을 통해서 알아내고, 내면화시키는 가치교육의 주된 접근법이다. 60년대 중반부터 80년대 후반까지 미국에서 널리 활용된 방법이다. 여기서는 가치를 개인적이며 상대적인 것으로 보는 바, 특정 가치를 주입하는 것을 목적으로 하지 않고, 가치화(valuing : 선택-존중-행위)를 통해서 개인 스스로의 가치를 확인하는 것이 목적이다. 개인주의 및 다원주의 사회에 걸 맞는 도덕교육의 한 방편으로 제안되었고, 인격교육의 등장과 더불어 많은 비판을 받고 있다.

무엇을 느끼고 있는가를 서로에게 말해 봅시다." 얼마나 따분합니까? 저는 대학원에서 "도덕적 문제들"이란 필수 토론 강좌를 가르친 적이 있었지요. 학생들은 놀랍도록 한결같았어요. 그들은 똑같은 이야기를 계속해서 말했어요. 자신들의 문화, 부모님, 종교에 대해서 완벽하게 표현했어요. 하지만, 사소하고 진부한 신원증명 같은 것에 대한 지식이라면 자기에 대한 지식이 대체 무슨 소용이 있단 말입니까?

피터 : 나는 평소에 자네가 적어도 일부 학생들에 대해서 인지는 모르겠으나 대체로 학생들을 과소 평가하는 경향이 있다고 느끼네. 나는 자네의 말에 일부 동의하네. 어떤 점들은 부모의 양육방식에 의해서 길들어지고 무의식적으로 형성된 결과들이라 것을 인정하네. 하지만 윤리학이란 단지 우리가 현재 믿고 있는 바를 명료화하는 일만은 아니네. 윤리학은 반드시 **자기-비판**(self-criticism)을 담고 있어야만 하네. 그렇지, 자네 말 따나, 우리는 모두 어떤 것들이 만들어낸 결과물이네. 하지만 반성적 존재로서의 우리는 우리의 관습적인 도덕적 신념들이 합리적으로 정당화될 수 있는 것인지를 물을 능력을 가지고 있다네. 여러분, 이따금씩 도덕철학자들이 제안하는 중요한 하나의 구분법이 있습니다. 도덕 철학자들은 **관습적 도덕**[161]과 **반성적 도덕**[162]을 구분합니다. 사람은 부모나 문화가 일러준 것을 그대로 떠맡을 수 있습니다. 하지만 사람들은 또한 관습적이거나 전통적인 도덕을 철학적 비판의 대상으로 삼을 수도 있는 것입니다. 사실 윤리학은 중요한 의미에서 우리를 보다 좋은 사람들로 만들 수 있습니다. 만일 자율적인 존재, 즉 어떻게 살아야 하는가에 대해서 스스로 결정하는 일들이 보다 좋은 것이며, 그리고 윤리학적 성찰이 자율성 발달에 중요한 요소라면, 저는 윤리학 강의를 듣는 것이 실제로 사람을 더 좋게 만들어 준다고 생각합니다.

---

161) *customary morality*. 혹은 *conventional morality*.
162) *reflective morality*. 혹은 *critical morality*.

도노반 : 오, 그래요, 피터. 당신은 여전히 세상을 구원하시려고 애쓰는군요? 강의실에 들어가서서 당신의 논변을 뽐내지만 학생들은 요지부동이지요. 당신은 누구도 논리적으로 꼼짝 못하는 채식주의를 지지하는 주장을 펴고, 학생들 또한 큰 감동을 받지요. 하지만, 학생들이 숯불 그릴에다 지글거리는 햄버그를 구우면서 그에 대한 토의를 계속한다는 걸 알고 계시나, 친구?

피터 : 간혹 그렇기도 하지만 언제나 그런 것은 아니라네. 어떤 학생들은 윤리학적 성찰에 의해서 변화된다네. 설령 변화되지는 않았다 치더라도, 가장 훌륭한 논증이 어떤 것인지에 대해 자신의 솔직한 견해를 밝힌다네. 관습적 도덕에 근거한 신념들을 비판해 본다는 것이 그것들을 거부한다는 것으로 받아들여서는 곤란하네. 배워왔던 것을 성찰하여 자신의 도덕적 신념이 비판이라는 시험대에서 견디어낼 수 있다는 것을 깨치게 될 수 있지 않은가 말일세.

도노반 : 아니면, 여러분은 그 내용이 무엇이든 간에 일단 행하기로 결정한 것을 **합리화**[163]시키기 위해서 윤리학에서 익힌 정교한 논증들을 써먹을 수도 있고 말고…

피터 : 다시 말씀드리지만, 저는 사람이 행동하거나 자신의 신념을 표현하거나 상반되는 주장에 맞서게 될 때, 거기에는 큰 영향력을 행사하고 있는 문화와 가정이 존재한다는 것을 인정합니다. 인격은 부분적으로 유아기나 아동기와 같은 이른 시기에 형성됩니다. 하지만 덕(德)이란 것은 우리의 많은 선택과 성찰들에 의해서 재형성될 수 있는 것들입니다. 저는 우리가 반성적 사고를 할 수 있는 연령에 이르면 이미 형성된 그 틀은 평생동안 변화될 수 없는 것이라는 견해를 믿지 않습니다. 윤리학에서의 합리적 비판은 분명 실효

---

163) rationalize. 이 때 '합리화'란 부정적인 의미를 갖는다. 원래 합리화란 이유나 원인을 규명한다는 점에서 '정당화'와 같이 긍정적인 의미를 갖지만, 심리학에서는 실제 의도된 이유와 다른 이유를 제시함으로써 자신의 어려운 처지를 벗어나려는 기제를 말한다. 여기서는 사고중심의 윤리교육에 대한 부정적 측면을 가리킨다.

가 있는 것입니다.

소피아 : 어떻게 그렇습니까?

피터 : 우리의 토의가 어떤 식으로 펼쳐져 왔는가를 한번 보세요. 우리가 철학적, 즉 윤리학적 성찰을 하기 시작할 때 우리는 이미 도덕적 삶에 발을 들여놓은 것입니다. 예를 들면, 우리는 우리가 이미 지니고 있는 도덕적 신념 체계가 **일관성**을 지니고 있는지에 대해서 언제나 물을 수 있습니다. 우리가 도덕적 옳음이나 도덕성에 관한 아주 일반적인 주장들을 펼 때, 우리는 그러한 견해를 지님으로써 **어떤 결과**가 나올 것인지를 조사할 수 있는 것입니다. 우리가 신명설을 비판했던 방식을 기억해 보세요. 그리고 규범적 상대론과 공리주의에 대해서도 했던 그 방식을 말이죠.

보브 : 제 생각인데요, 논의했던 교의들 가운데 어떤 것들은 우리의 도덕적 삶을 안내할 이론으로서 받아들이기 어렵다는 것을 증명할 수 있었다고 확신합니다.

피터 : 많은 철학자들도 당신의 생각에 동의할 것입니다. 그렇게 보면, 적어도 우리는 받아들일만한 윤리학설로서의 합리적으로 수긍되는 후보자들을 좁혀갈 수 있게 됩니다.

소피아 : 우리 논의에서 다뤄지지 않았던 한 가지는 이들 물음들이 꽤나 이해하기 어려웠다는 것이 아니었을까요? 이것들은 사실상 아주 복잡한 주제들인데도, 한편에서는 너무도 쉽게 단순화시키기도 하지요. 저는 요즘 대형 서점에 가서 『출세를 하라』와 같은 책이나 서가에 꼽힌 랜드(Ayn Rand)여사의 책명들을 보게 될 때 이러한 사실로 인해 충격을 받습니다. 사람들은, 다른 경우에도 마찬가지이겠지만, 도덕분야에 있어서 무언가 좀 간단명료한 것이

없을까 원하는 것 같습니다. 별 생각 없이 살아가는 사람들에게 "옳고 그름이 명백한" 해답이 있다고 확신시켜 줄 수 있는 누군가가 있다고 생각하는 것 같습니다.

보브 : 윤리학은 또한 우리가 도덕의 여러 차원에 대해서 보다 민감하게끔 만들어 준다고 봅니다. 때때로 착한 사람들도 그들이 별 생각 없이 하는 것들, 이를테면 휴지를 버리는 일이 도덕적으로 어떤 의미를 갖는지 무감각할 수 있거든요.

피터 : 좋은 말씀입니다. 저는 윤리학을 일종의 "감수성을 다듬는" 활동이라고 보는 생각을 좋아합니다. 주위에 도덕철학을 공부한 사람들이 있을 때 아주 효과적이지요. 그것은 마치 우리가 도덕적 논증들에 점점 더 익숙해지고 있는 것과 같거나, 적어도 우리가 도덕적 관점에서 행위들을 고려하는 습관에 젖어드는 것과 같은 것입니다. 하지만 윤리학은 더 중요한 목적이 있지요. 일부 철학자들은 그것을 윤리학의 일차적인 목적이라고 말합니다.

소피아 : 그게 뭔 데요?

피터 : 실천적인 것이 아니라 이론적인 것이지요. 결국 윤리학은 한 분과 학문으로서 철학에 속하는 것입니다. 철학은 지식을 추구합니다. 윤리학의 정당화가 그 실천적 의미에만 기초해야 한다고 생각하는 것은 잘못일는지 모릅니다. 사변적 활동으로서 철학은 우리의 도덕적 삶의 제일 원리에 대한 이론적 이해를 추구합니다. 어쩌면 철학자는 아주 고약한 사람일는지도 모릅니다. 그럼에도 불구하고 도덕을 이해하고자 하는 것은 그 자체로서 값진 것입니다. 높은 개념적 명료성은, 도달될 수 있기만 한다면 그 자체로서 값진 것입니다. 궁극적으로 윤리학은 지식에 관한 것일 겁니다. 그리고 부차적으로는, 우리가 그 지식을 가질 때 윤리학이 삶에 영향을 줄 수 있을 것입니다.

도노반 : 포기! 자네는 어쩔 수 없네. 윤리학은 기대할 것이 없습니다. 철학도 기대할 것이 없습니다. 여러분들은 뜬구름을 잡으러 하는 것입니다.

피터 : 그렇다면 자네는 철학이 기대난망이라는 것을 우리에게 입증하기 위해서 우리와 같이 철학 토의에 참여하고 있는 건가, 친구? 자네는 지금 일관성을 잃고 있네, 그렇지 않은가?

도노반 : 이크, 한 방 맞았네! 조심해야지. 그렇다면, 표현을 좀 달리해서, 자네가 몸소 보여주고 있는 그런 철학은 도움이 안 되는 것이다. 어때? 아니면, 그 이상인가?

피터 : 얼마간은 그런 셈이지. 자네가 말하는 그 속셈이야 나는 관여할 바가 아니지만 말일세.

도노반 : 자네는 정말 제대로 된 올바른 이론을 원하지 않나? 우리의 도덕적 삶을 제대로 그려내는 올바른 이론적 그림을 찾는 거 말일세. 자네도 아시겠지만, 소피아씨는 방향만은 제대로 잡았네. 그 대중적 도덕주의자들[164]은 과도한 단순화를 일삼는다네. 전통적인 도덕철학도 매 한 가지이지. 설령 내가 철학적 윤리학은 "수긍할만한 후보이론들의 범위를 좁혀줄 수 있다"는 견해에 동의한다 할지라도, 자네는 여전히 내적으로 일관되며 직관적으로 매혹적인 것 같은 둘 혹은 그 이상의 이론들 중에서 택일해야 문제를 갖고 있다네. 그걸 합리적으로 어떻게 처리하겠나, 피터 교수? 어떤 한 이론만으로는 그것

---

164) moralist. 도덕가라고도 한다. 도덕군자. 다양한 의미로 사용되나 다소 부정적인 의미로 쓰이는 경우가 적지 않다. 이를테면, 세상의 모든 일을 상식적인 도덕에 대한 강조나 실천으로 해결될 수 있고 도덕운동을 벌이거나, 도덕교육에 있어서 교화나 훈계로 도덕적 인간을 육성할 수 있다고 보는 사람들을 가리키기도 한다. 혹은 도학자연 하는 사람들을 의미하기도 한다. 사회주의 진영에서는 현실의 전개를 지배하는 객관적 법칙에 의거하지 않고 추상적 이념과 소망 따위에 의거해서 사회 현상을 평가하려는 사람을 가리킨다.

을 확실히 해낼 수 없다네. 각 이론마다 삶의 복잡성을 보다 단순화하고, 그 래서 거짓된 이론적 구조로 환원시키고 있지. 포기하게! 만족스런 이론을 찾 겠다는 마음을 아예 포기하게나.

피터 : 자네는 우리가 윤리이론으로부터 기대하는 것을 너무 높게 평가하는 것 같네. 방금 말한 바로 그런 것들, 즉 윤리적 성찰이 우리에게 주는 그 긍 정적인 측면들을 하나도 포기해서는 안 된다네. 그 이유는 바로 우리가 이러 저러한 목적들 모두를 묶을 수 있다고 생각하는 것 자체가 의심될 수 있는 것이기 때문이라네. 그리고 어떤 철학자들은 자네의 의견이 동의하지 않네. 윤리 이론은 성공적일 수 있을 걸세.

도노반 : 그렇게 되면, 우리가 왜 도덕을 우리 삶에서 가장 중요한 가치로 받아들여야만 하는가라는 문제가 남을 걸세. 그걸 어쩌겠나, 응?

피터 : 자네가 지금 "왜 도덕적이어야 하는가?"라고 묻고 있는 것이라면, 나는 그 물음을 기꺼이 접수하여 논의하겠네. 하지만 여기 우리 친구들이 이 토의에 너무 지칠 것 같네.

소피아 : 피곤합니다. 하지만 이 격론 때문에 그런 것은 아닙니다. 다음주에 기회가 있지 않을까요?

도노반 : 언젠가는 제가 머무는 산장에 다시 오시지 않겠어요? 그때 우리 한번 크게 이야기해 봅시다. 여러분, 안녕. 안녕.

사상가들의 담론

가치의 존재와 본질에 대해서 철학적 성찰을 할 수 있는 여지는 확실히 존재한다. 하지만 그것의 실천적 의미는 제로이다. 일상생활에서 옳고 그름을 가리는 것은 그렇게 어려운 일이 아니다. 그 어려운 부분이란 자신이 완벽하게 잘 알고 있는 그 해야 될 것을 제대로 하지 못하는 나태함과 비겁함을 극복하는 그것이다.

Michael Levin, 「쓸모 없는 윤리학 강의」

도덕철학은 인간 행위의 의문들을 체계적으로 탐구하는 것이기 때문에, 사람들은 이들 물음들에 대한 자신들의 생각을 명료히 하기 위해 도덕철학자들의 글들을 공부한다. 도덕철학자들의 글은 우리가 제대로 평가하지 못하는 중요성을 밝혀주면서 우리 경험의 제 측면들을 해명해 줄 수 있다. 그것들은 우리의 주의를 환기시키며 우리로 하여금 우리가 당연한 것으로 여기고 있는 것들에 대해 비판적으로 검토하지 않을 수 없게 만든다. 그 글들은, 우리의 신념들이 미처 우리가 인식하지 못하는 의미들이나 상호연관성을 담고 있다는 것, 우리 신념들 간에는 우리가 눈치채지 못하는 당착이 있을 수 있다는 것, 그리고 우리가 추구해야 될 새로운 사상적 동향들을 시사할 수 있다는 것을 보여줄 수 있는 것이다.

Jack Glickman, 『도덕철학 : 입문』

만일 우리가 그로 인해 모순된 도덕원리들을 갖지 않게 되고, 우리가 믿고 있는 원리들을 이해하는 일과, 우리가 우리의 도덕 원리들이 가져올 결과들에 대해서 분명히 인식하고 일시 유행하는 도덕론들을 경계하는 일이 보다 좋은 일이라면, 도덕철학에 대한 세심한 연구는 우리를 보다 좋은 사람으로 만들 수 있다.

Fred Feldman, 『입문 윤리학』

도덕적 성숙은, 개인이 그 자신의 도덕적 신념에 관한 이유와 근거를 밝힐 수 있는 능력을 계발함에 따라서 일어난다. 도덕적으로 성숙한 사람은 사회의 도덕 규범을 맹목적으로 취하거나 다른 문화의 도덕체계들에 손쉽게 충격 받지 아니하면서, 어떠한 도덕 규범 체계들에 대해서나 명료하고, 차분하게, 그리고 조리 있게 생각할 수 있는 사람이다. 그런 사람은 그런 규범들을 받아들이며 거부해야 할 좋은 이유들을 제시할 수 있는 방법을 익히거나, 도덕적 추론의 한계를 깨우치거나, 혹은 왜 그러한 추론이 성립될 수 없는지를 알고 있다. 그의 결론의 내용이 어떠하든 간에, 그 결론들은 그 자신의 성찰에 기초하여 이른다. 그러면 그런 사람은 자신이 헌신할 평가 기준과 행위 규칙들을 스스로 결정할 수 있다.

Paul Taylor, 『윤리학의 원리』

도덕철학은 이른바 "언어학적 전환"이란 것이 문제 해결에 보다 가시적인 도움을 주지 못한 철학의 한 분야이다. 이는 철학의 다른 분야들처럼 도덕철학이 우리가 말하는 것에 관한 성찰과 적절한 관계가 있다는 것을 부정하는 것이 아니다. 사실상, 한 수준에서 그것이 우리가 말하는 것에 대해 보다 깊은 관계를 가졌다면 더 나을 수 있었을 것이다. 그것의 만연된 과오란 윤리적 삶에 너무도 간단한 모형, 즉 그것이 우리가 현실에서 사용하고 있는 개념에 관한 것인가 아니면 우리가 그것에 의해서 인도되어야만 하는 도덕 규칙에 관한 것인가 하는 관점을 강요하고 있다는 것이다. 이 지속되는 뒤틀림에 대한 한 교정은 사람들은 자신들과 다른 사람들이 그들의 삶을 어떻게 영위하고 있는가에 관해서 언급하고 있는 아주 다양함에 주의를 기울이는 것이었을 것이다.

Bernard Williams, 『윤리학 그리고 철학의 한계』

그렇다면 우리는 그런 주제들에 대해서 그리고 개략적으로 진리임을 암시하는 그런 전제들을 가지고 언급하는 것에서, 그리고 단지 대부분 참인 것들에 대해서 그리고 진배없는 결론에 이르는 그런 종류의 전제들을 가지고 언급하는 것에서 만족해야 합니다. 그러므로 동일한 취지에서, 각각의 진술 유형은 받아들여져야 합니다. 왜냐하면 주제의 성격이 허용하는 한도에서 각 사물의 부류에 있어서의 정확성을 추구하는 것이 교육받은 사람들의 특징이기 때문입니다. 수학자로부터 개연적 추론을 받아들이고 수사학자로부터 과학적 증명을 요구하는 것은 마찬가지로 어리석은 것이 명백합니다.

Aristotle, 『니코마코스 윤리학』

추천 도서

Feldman, Fred, *Introductory Ethics*, Prentice-Hall, 1978. 도덕철학의 가치에 대한 간
략하면서도 통찰력 있는 논의가 전개된다.

Glickman, Jack, ed. *Moral Philosophy : An Introduction*, St. Martin's Press, 1976.

Levin, Michael, "Ethics Courses : Useless," *New York Times*, November 25, 1989.
대학의 윤리교육에 대한 비판이 실려 있다.

Taylor, Paul, *Principles of Ethics*, Dickenson, 1975. 김영진 역. 『윤리학의 기본원리』
(서광사, 1985).

Williams, Bernard, *Ethics and Limits of Philosophy*, Harvard University Press,
1985. 전통 도덕이론들에 대한 비판서.

옮기면서

이 책은 Randolph M. Feezell과 Curtis L. Hancock 두 교수가 집필한 『*How Should I Live?* : *Philosophical Conversations About Moral Life*』 (N.Y. : Paragon House, 1991)을 완역한 책입니다.

윤리교육에 종사하면서 갖게된 작은 바람의 하나는 윤리학에 대한 흥미나 사전지식이 그다지 많지 않은 대학 신입생들에게나, 기존 학교 교재로는 왕성한 지적 욕구를 채우기 미흡하다고 느끼는 고교생들에게 권장할만한 적절한 윤리학 입문서가 있었으면 하는 것이었습니다. 전공자들을 위한 훌륭한 입문서들은 많이 있지만, 무언가 좀 딱딱하고 왠지 손에 잘 잡히지 않는다는 이야기들을 들어 왔었습니다. 이를테면 "눈 높이 교재"와 같이 교육적 고려가 담긴 그런 것이 필요하다는 것이지요. 우연찮게 접한 이 책이 다소나마 그 바람과 요구에 부응할 수 있지 않을까 생각했습니다.

이 책의 저자들은 25 년간의 윤리교육의 경험을 가지고, 학생들이 알고 싶어하는 것, 학생들에게 가르쳐야 할 핵심 내용들, 그리고 양자를 효과적으로 충족시킬 수 있는 흥미 있는 교수법을 이 한 권의 책에 대화의 형식을 빌어 고스란히 담았습니다. 교사로서의 열정과 사명감이 없었으면, 또한 축적된 연구와 결집된 노력이 없었으면 쉽지 않은 일입니다. 그러면서도 흔히 "이론 생산"과 "교육에의 응용"간에 빚어지는 지체 현상을 잘 극복한 것 같았습니다. 이를테면, 여성과 도덕, 덕의 윤리학 등과 같은 비교적 최근에 부각된 관심영역과 쟁점들에 대한 숙성된 논의가 그러한 것들이지요. 이런 점에서 보면, 사실 이 책은 "윤리를 가르치는 사람들"에게 많은 시사를 주고, 부러움을 사는 것이라 생각했습니다.

다소 짧은 기간의 번역 작업이라 여러모로 부실한 것 같아 송구스럽습니다. 독자의 이해를 돕기 위해 간간이 역주를 달았지만, 군더더기가 되거나, 오히려 원저자들의 뜻을 오도하지나 않았을까도 걱정됩니다. 양해와 질정을 부탁드립니다. 그런가 하면, IMF사태로 의기소침한 작년 여름, 초등 3학년인 아들 녀석이 "아빠는 남의 나라 책을 번역하는 게 좀 그렇다고 생각지 않나요?"라는 말로 적지 않은 충격을 준 적이 있었는지라, 우리 자신에 대한 글쓰기에 소홀함과 무기력함도 마음에 걸리긴 마찬가지입니다.

번역 과정에서 친절한 도움을 주신 Curtis L. Hancock과 Randolph M. Feezell 교수님, 한국어판 출판에 호의를 베푼 Paragon House 출판사의 Ms. Laureen Enright, 흔쾌히 재정지원을 약속한 경성대학교 당국, 그리고 번거로운 수고를 마다 않으신 출판부 여러분에게 감사의 마음을 전합니다.

1999. 4.

역 자

찾아보기

윤리와의 대화 : 나는 어떻게 살아야 하는가?

지은이 / R. M. Feezell & C. L. Hancock
옮긴이 / 박장호

초판1쇄 발행 / 1999년 4월 30일
초판2쇄 발행 / 2002년 3월 10일
초판3쇄 발행 / 2014년 2월 28일

펴낸이 / 송수건
펴낸곳 | 경성대학교출판부
출판등록 | 1985년1월28일 제331-1985-000001호
주소 | 부산광역시 남구 수영로 309(대연동)
전화 | (051) 663-4195, 4196
팩스 | (051) 663-4199

ISBN 978-89-7314-089-3 (03190)